Soziale Kohäsion und Vielfalt in Stadtquartieren

Rainer Kilb
(Hrsg.)

Soziale Kohäsion und Vielfalt in Stadtquartieren

Widersprüche – Diskussion – Umsetzungsverfahren

 Springer VS

Hrsg.
Rainer Kilb
Frankfurt, Deutschland

ISBN 978-3-658-45230-8   ISBN 978-3-658-45231-5 (eBook)
https://doi.org/10.1007/978-3-658-45231-5

Die Deutsche Nationalbibliothek verzeichnet diese Publikation in der Deutschen Nationalbiblio-grafie; detaillierte bibliografische Daten sind im Internet über https://portal.dnb.de abrufbar.

Planung/Lektorat: Cori Antonia Mackrodt
Springer VS ist ein Imprint der eingetragenen Gesellschaft Springer Fachmedien Wiesbaden GmbH und ist ein Teil von Springer Nature.
Die Anschrift der Gesellschaft ist: Abraham-Lincoln-Str. 46, 65189 Wiesbaden, Germany

Wenn Sie dieses Produkt entsorgen, geben Sie das Papier bitte zum Recycling.

Einleitung: Gemischte Stadtquartiere und soziale Kohäsion, ein Widerspruch?

Je öfter von der Notwendigkeit einer Förderung *sozialen Zusammenhalts* gesprochen wird, umso weniger scheint der Glaube vorhanden, dass dieser derzeit gewährleistet ist. Unterstellt wird dabei aber, dass ein solcher Zustand, sei es auf gesamtgesellschaftlicher, kommunaler oder quartierbezogener Ebene überhaupt erreichbar ist. Was aber, wenn dies einer Überforderung eines Gemeinwesens gleichkommt, einem Gemeinwesen, welches gerade durch seine Vielschichtigkeit, der Unterschiedlichkeit seiner Bewohnerinnen und Bewohner[1] und deren Lebensformen und soziokulturellen Gewohnheiten gekennzeichnet ist? Dem Begriff des *sozialen Zusammenhalts* komme die Funktion zu, „das Gefangensein in der Gegenwärtigkeit aller Handlungen semantisch zu entschärfen." Der Soziologe Armin Nassehi (2023, 108) kommt zu dieser Erkenntnis, nach der eine solche Attribuierung der Selbstbeschreibung eines von uns erwünschten gesellschaftlichen Zustands gleichkomme, der nie erreichbar sei. Zu vielfältig seien die modernen gesellschaftlichen Strukturen, zu selbstreferenziell und autopoietisch die verschiedenen, nebeneinanderstehenden Subsysteme unserer funktional ausdifferenzierten modernen Gemeinwesen, ganz gleich, ob dies die Gesellschaft als Ganzes, Städte, Dörfer oder auch einzelne Quartiere betrifft. Parallel dazu existieren zahllose sozialwissenschaftliche Befunde zu materiellen, kulturellen, sozialen und politischen Polarisierungstendenzen, die darauf hindeuten, dass gesellschaftliche Kohäsionskräfte eher rückläufig sind. Oder lässt sich gesellschaftliche

---

[1] Aus Gründen der Lesbarkeit benutzen wir kapitelweise abwechselnd das generische Maskulinum oder Femininum. Gemeint sind stets alle Personen unabhängig von ihrer geschlechtlichen Identität. In Kapiteln mit inhaltlich eindeutiger Fokussierung auf ein bestimmtes Geschlecht, wird die jeweils spezifische Schreibweise verwendet.

Atomisierung gar auf bauliche stadtplanerische Defizite zurückführen, wie der Pritzker-Preis-Träger Riken Yamamoto festhält. Sein Befund lautet, dass in sämtlichen Kulturen das soziale Leben in einem Schwellenraum zwischen öffentlichen und privaten Räumen stattfindet und die moderne Architektur genau diesen Raum aufgegeben habe (Maak 2024, 11). Vor dem Hintergrund solcher Erkenntnisse und Einschätzungen lässt sich die Frage, was unsere Gesellschaft zusammenhält, zunächst einmal als berechtigtes Anliegen interpretieren, in dessen Rahmen selbst idealistisch anmutende Zukunftswünsche ihren Platz haben sollten.

In diesem Zusammenhang muss aber auch der semantische Gehalt des Kohäsionsbegriffs hinterfragt werden. Steht dieser eher für einen Gefühlszustand, wie das Zusammenhaltsempfinden in einer Familie, einer Jugendgang, einer auf Wettkampf orientierten Fußballmann- oder -frauschaft, eines solidarischen Streikverbandes oder einer kriegerisch bedrohten militärischen Einsatztruppe? Oder aber besitzt er deskriptiv analysierende Aussagekraft hinsichtlich einer gruppen- oder gemeinschaftsinternen Beziehungsstruktur?

Der Begriff des sozialen Zusammenhalts hat, unbenommen dessen, sowohl auf der sozialwissenschaftlichen Ebene Konjunktur – hier meist im Kontext des Befundes zunehmender diverser Gesellschaftsstrukturen – als auch im *politischen Diskursraum*. Ein solcher „politischer Diskursraum" entsteht dort, wo verschiedene Menschen miteinander klarkommen müssen, wo diese ein Stadtquartier, einen städtebaulichen Rahmen gemeinsam nutzen und mit den dortigen Lebensformen und sozialen Strukturen umgehen können müssen, und dies oftmals völlig unabhängig davon, welche Voraussetzungen sie hierfür mitbringen. Ein funktionierender sozialer, kultureller und politischer Diskursraum ist naturgemäß in Vielfaltsstrukturen notwendiger als in homogenen Quartieren. Denn im Vielfaltsquartier sind Konflikte nicht nur wahrscheinlicher und häufiger, sie dürften auch intensiver auftreten und schwieriger zu regulieren sein. War es in der mittelalterlichen Stadt noch das ökonomische Aufeinander-Angewiesen-Sein der vielen unterschiedlichen handwerklichen Berufsstände und des Handels in jeweils eigenen Stadtvierteln, das eine Stadtgesellschaft irgendwie zusammenhielt, so stellt sich heute die Frage nach ähnlich zentrifugal wirkenden Kräften im städtischen Raum. Neben einer eher abstrakt anmutenden funktionalen Mischung von Wohnen, Versorgen, Bildung, Freizeitgestaltung und Arbeiten bleibt hier zunächst nur der Impuls übrig, sich miteinander verständigen zu müssen, um ein gelingendes Miteinander gewährleisten zu können. Je deutlicher sich die Sozialstrukturen einer Gesellschaft polarisieren, umso mehr scheint die Frage berechtigt, wie sich Interaktionen, gegenseitige Wahrnehmung, wie sich Verständigungen und gegenseitiges Vertrauen in der diversen und polarisierten Breite einer Sozialstruktur herstellen lassen.

Grundsätzlich stellt sich deshalb in der Stadtentwicklung die Frage, in welchen stadträumlichen Maßstäben es am besten gelingt, mit gesellschaftlicher Vielfalt so umzugehen, dass sich diese im „politischen Diskursraum" nicht nur abbildet, sondern auch konstruktive gemeinsame Aktivitäten entfalten kann. Bei den städtebaulichen Maßstäben wäre der Frage nachzugehen, wie kleinteilig Vielfaltsstrukturen auf bestehende Quartiere oder Neubaugebiete herunterzubrechen wären, oder ob eine stadtweite Vielfalt besser in Form verschiedener, sozial homogener Stadtteile und Quartiere, nach dem Motto: „Gleich und gleich gesellt sich gern" angelegt sein sollte. In anderen Worten: kleinteiliger Vielfalt würden sozialräumliche Fragmentierung und Segregation gegenüberstehen. Ob allerdings solche Strukturierungen überhaupt planbar sind, bleibt höchst umstritten und unklar.

Ganz gleich aus welchen Gründen der Kohäsionsbegriff Konjunktur erfährt, hier soll es um das Verhältnis zwischen sozialräumlichen Vielfaltsstrukturen in Städten, Wohn- und Lebensquartieren einerseits und dem sozialen Zusammenhalt als Qualitätsmerkmal einer als „sozial nachhaltig" definierten Quartiersentwicklung gehen. Man könnte zunächst annehmen, dass sich sozioökonomische und soziokulturelle Vielfaltsstrukturen erschwerend oder gar negativ auf das Entfalten sozialer Bindekräfte auswirkten. Selbst wenn dies der Fall wäre, könnte es aus verschiedenen Gründen sinnvoll sein, sozial gemischte Strukturen in Stadtteilen und Quartieren anzustreben. Plausible Argumente wären etwa, die gewöhnlich entstehenden Konflikte sozialräumlich direkter und überschaubarer regulieren zu können und partizipative Prozesse dahingehend anzustoßen, ein Gemeinwesen möglichst zivilgesellschaftlich organisiert weiterzuentwickeln. Auch könnten sich über die selbstorganisierte Konfliktregulation demokratische Formen der Kompromissbildung in der Interessenvielfalt einer Bewohnerschaft vielleicht sogar von selbst vermitteln. Die Bewohnerinnen würden zum sozialen Handeln animiert, was wiederum dazu beitragen könnte, sich als gesellschaftlich Teilhabende und nicht als Übergangene wahrzunehmen. Es sollen deshalb die Bezüge zwischen vier Komponenten der Stadtentwicklung kontextual betrachtet werden: den diversen Ausprägungen multikultureller Vielfaltsstrukturen in städtischen Räumen unterschiedlichen Typs (1), den Gemeinwesen bezogenen Zielvorstellungen sozialer Kohäsionsfähigkeit (2), dem sozialen Handeln im Konsens-Konflikt-Verhältnis (3), und all dies im Rahmen sozialräumlich geprägter demokratischer Erfahrbarkeit (4). Eine solch kontextuelle Betrachtungsweise ist in ihrer Komplexität anspruchsvoll, da empirische Erkenntnisse auf normative Zielvorstellungen treffen und damit deren Evaluierung schwierig gestaltet. Hierzu eignet sich vor allem eine multidisziplinäre Herangehensweise. Aus stadtplanerischer und architekturorientierter Perspektive werden morphologisch ästhetische Aspekte thematisiert, aus den Perspektiven von Sozialer Arbeit und Soziologie dagegen „sozialer Outcome", nämlich gelingende Selbstorganisationsfähigkeiten sowie Kohärenz und bestenfalls Kohäsion in einem Gemeinwesen. Die Perspektive Sozialer Arbeit eröffnet Einblicke in die Verwobenheit zwischen spezifischen Stadtentwicklungsprozessen und psychosozialen Hilfs- und Begleitformen, die das Zusammenleben zumindest rudimentär sichern sollen. Aus wissenschaftlicher Perspektive Sozialer Arbeit können gerade Prozesse in den Neugründungsphasen des Gemeinwesens ‚Quartier' näher beleuchtet werden, die von entscheidender Bedeutung für dauerhaft gelingendes Zusammenleben sind. Empirische Erkenntnisse und langjährige Erfahrungen aus der gemeinwesenorientierten Sozialen Arbeit lassen sich somit für Neubau- und Stadtentwicklungsprozesse verwerten.

Das Buch gliedert sich in einen Theorie- und einen praxisorientierten Teil. Im theoretischen Teil wird im ersten Kapitel zunächst den historischen Etappen strukturbezogener Stadtentwicklungen nachgegangen, unter besonderer Berücksichtigung sowohl von Aspekten segregierter als auch sozial gemischter Stadtquartiere. Diese werden im Zusammenhang gesellschaftlicher Ungleichheitsverhältnisse und deren Auswirkungen auf integrative sowie desintegrative Impulse hin betrachtet. Es folgen Darstellungen wissenschaftsbasierter Erkenntnisse zu Bedingungen und Kohäsionseffekten in sozioökonomisch und soziokulturell gemischten Quartieren in Deutschland und der Schweiz, um daraus Vorschläge abzuleiten für typologisch unterschiedliche städtische Transformationskonzepte.

In einem zweiten theoretischen Abschnitt (Kap. 2) werden Begrifflichkeit und Gegenstand sozialer Kohäsion thematisiert, ebenfalls in historischer wie in aktueller gesellschaftspolitisch rekonstruktiver Reflexion. Hierbei stellt sich vor allen Dingen die Frage, wie sich sozialräumliche Kohärenz und Kohäsion herausbilden, wie sich das Verhältnis zwischen Individuum und Gruppen- bzw. Gemeinschaftsbildungen darstellt und welche gruppendynamischen Schritte von Vergemeinschaftung in neuentstehenden Quartieren zu erwarten sind. Es folgt eine Auseinandersetzung mit der Thematik sozialer Nachhaltigkeit in städtischen Quartieren. Ergänzend thematisiert *Christina Budde* in Kapitel drei im Rahmen eines Exkurses spezifische Aspekte „feministischer" bzw. gendersensibler Architektur und Stadtentwicklung.

Das vierte Kapitel befasst sich mit der Annahme, dass Friktionen und Konflikte als Katalysatoren demokratischer Lernprozesse und Verfahren in Vielfaltsquartieren fungieren können und somit Dreh- und Angelpunkte der Verständigung darstellen. Erst hierüber entstehen sowohl Bindekräfte als auch Trennungsmöglichkeiten zwischen diversen Einzelnen und kollektivem Ganzen. *Ralf Vandamme* konzentriert sich in Kapitel fünf aus politikwissenschaftlicher Perspektive auf die Entwicklung demokratischen Handelns als Interessenwahrnehmung und Interessenaushandlung. Er betrachtet vor allem das Zusammenwirken kommunaler Politikansätze mit zivilgesellschaftlichem Engagement.

Der Arroganz von Theoretikern gegenüber der Praxis entspricht die Ignoranz von Praktikern gegenüber allem Theoretischen; diesem breit geteilten Befund soll mit dem zweiten und handlungspraktischen Teil des Buches entgegengewirkt werden. Der Praxisteil widmet sich den verschiedenen Perspektiven innerhalb der interdisziplinären Kooperation einer Planungskommission, die den Entstehungsprozess des Spinelli-Quartiers, einer Mannheimer Konversionsfläche, begleitete. Zunächst erfolgt im Sinne eines Theorie-Praxis-Diskurses in Kapitel sechs eine Projektbeschreibung am Beispiel von Ideenentwicklungen, von Planungen und Umsetzungsaktivitäten im Spinelli-Quartier durch die Urbanistin *Sally Below* und dem Stadtplaner *Jens Weisener*. Die im Rahmen eines soziokulturellen Projektes zur Förderung lebendiger Quartiersentwicklung gewonnenen Erfahrungen aus der Verzahnungstätigkeit zwischen Bewohnerinnen, Organisationen und Institutionen einer bestehenden historischen Siedlung und den Hinzuziehenden des Spinelli-Neubauquartiers werden mit all ihren begleitenden Schwierigkeiten und Erfolgen dargestellt. *Rainer Kilb* betrachtet in Kapitel sieben dagegen eher soziostrukturelle Aspekte der Planung im neu entstehenden Quartier. In diesem Zusammenhang werden auch Planbarkeitsgrenzen aufgezeigt.

Die verschiedenen interdisziplinären Perspektiven sind Gegenstand der nachfolgenden Kapitel. *Achim Judt* stellt exemplarisch das Planungs- und Umsetzungsmanagement der MWSP dar, einer von der Stadt Mannheim eingesetzten stadtnahen Projektentwicklungsgesellschaft, der die Aufgabe zukam, die ehemals militärisch genutzten Konversionsflächen als neue Stadtteile bzw. Stadtquartiere zu entwickeln (Kap. 9). Es folgen Darstellungen aus ganz unterschiedlichen Blickwinkeln auf Planungs- und Umsetzungsprozedere, aus architektonischer Sicht durch *Elke Reichel* (Kap. 10), aus landschaftsplanerischer Perspektive durch *Elke Ukas* (Kap. 11), und aus stadtökologischer Perspektive durch *Dita Leyh* (Kap. 12). Da gelingendes Zusammenleben in sozioökonomisch und soziokulturell gemischten Neubauquartieren in der Regel einer Unterstützung bedürfen wird das Quartiermanagement als eine grundlegende Methode ausführlicher thematisiert (Kap. 13). *Anja Lösch* stellt in Form eines sogenannten „Aufsiedlungsmanagements" Unterstützungsangebote während der Einzugsphase neuer Mannheimer Quartiere vor (Kap. 14), während *Heike Bülter* ihre langjährigen Erfahrungen am Beispiel einer klassischen Quartiersarbeit in einer ehemals segregierten Siedlung einer Kleinstadt im Rhein-Main-Gebiet rekonstruiert (Kap. 15). Es folgt im letzten Kapitel ein Ausblick mit der Fragestellung der Übertragbarkeit des vorgestellten Mannheimer Modells. In einem Anhang werden abschließend noch Evaluationskriterien für das Mannheimer Modell dargestellt.

Einige Redundanzen sind der Art der Vorgehensweise geschuldet, denn das Buch soll sowohl in Einzelkapiteln als auch als Gesamtwerk in seiner thematisch begründeten und aufeinander aufbauenden Abfolge lesbar sein.

Mannheim und Frankfurt am Main   Rainer Kilb
Mai 2024

Inhaltsverzeichnis

Herausgeber- und Autorenverzeichnis

Über den Herausgeber

Rainer Kilb, Prof. (em.); Dr. phil. Diplompädagoge; Professur für Theorie und Praxis Soziale Arbeit an der Hochschule Mannheim, Fak. für Sozialwesen; ehem. Innovationsprofessur an der FH Koblenz; Sozialpädagoge im Jugendzentrum Frankfurt-Sachsenhausen; Wissenschaftlicher Mitarbeiter im Institut für Jugendforschung und Jugendkultur und im Institut für Sozialarbeit und Sozialpädagogik (ISS) in Frankfurt am Main; Mitglied in der Planungskommission Spinelli-Areal Mannheim

Autorenverzeichnis

Sally Below, Urbanistin, Kuratorin und Expertin für nachhaltige städtische Transformationsprozesse, Inhaberin des Büros sbca, Dozentin u. a. an der TU Berlin, Mitinitiatorin des Spinelli FreiRaumLabs

Christina Budde, Lehramt Anglistik und Sozialkunde (Sek. II); ehem. Kuratorin im Deutschen Architekturmuseum (DAM) in Frankfurt am Main; Pädagogische Mitarbeiterin an der VHS Frankfurt am Main;

Heike Bülter, Diplompädagogin, Gemeinwesenmoderatorin, EU- Fundraiserin; ehem. Sozialpädagogin in der Lern- und Spielstube des Sozialkritischen Arbeitskreises Darmstadt e. V.; Jugendbildungsreferentin LAG Soziale Brennpunkte

Hessen e. V.; Quartiersmanagerin und Leiterin des Stadtteilbüros Hattersheim am Main (Caritasverband Main-Taunus und Hattersheimer Wohnungsbaugesellschaft).

Achim Judt, Architekt; Geschäftsführer der MWS Projektentwicklungsgesellschaft mbH, Mannheim; Mitglied in der Planungskommission Spinelli-Areal Mannheim.

Dita Leyh, Prof'in, Dipl.-Ing. Architektin und Stadtplanerin DASL, Professorin für Städtebau, Landschaft und Entwerfen an der Hochschule Darmstadt (hda), Partnerin des ISA -Internationales Stadtbauatelier in Stuttgart; Zertifizierte DGNB-Auditorin für nachhaltige Stadtquartiere; Mitglied in der Planungskommission Spinelli-Areal Mannheim

Anja Lösch, Volkskunde und Politikwissenschaft (M.A.), PR-Beraterin (DUK); Bereichsleitung Organisation/ Quartiersarbeit bei der MWS Projektentwicklungsgesellschaft mbH, Mannheim; ehem. Leitung der Presse- und Öffentlichkeitsarbeit Carl-Auer Verlag und Verlagsgruppe Beltz; cruh21, Hamburg; strategische Projektberatung Schwerpunkte grüner Wasserstoff und Offshore Wasserstoffprojektentwicklung, zuständig für den Aufbau und Organisation des AquaVentus e. V.

Elke Reichel, Prof' in, Dipl.-Ing. und Freie Architektin BDA, Professur für Entwerfen und Gebäudetypologie an der TU Darmstadt, Gastprofessuren an der FH Erfurt, der TU München, der TU Berlin; Mitgesellschafterin der Reichel Schlaier Architekten GmbH; Mitglied im Präsidium und Bundesvorstand des BDA 2013–2019; Mitglied in Gestaltungsbeiräten der Städte Freiburg und Konstanz; Mitglied in der Planungskommission Spinelli-Areal Mannheim.

Elke Ukas, Landschaftsarchitektin bdla; Gründerin EU Landschaftsarchitekten Karlsruhe; Mitarbeit SETUP Landschaftsarchitektur Karlsruhe/ Leonberg; Mitglied in der Planungskommission Spinelli-Areal Mannheim.

Ralf Vandamme, Prof. Dr. phil. Politikwissenschaft; Professur für Politische Bildung, Partizipation und Kommunalpolitik an der Hochschule Mannheim, Fak. für Sozialwesen; ehem. Wissenschaftlicher Mitarbeiter im Institut für Sozialarbeit und Sozialpädagogik (ISS) in Frankfurt am Main, Kommunalberater für Bürgerschaftliches Engagement beim Städtetag Baden-Württemberg.

Jens Weisener, Dipl.- Ing. Stadt- und Regionalplanung, Städtebau (MA Architecture in Urban Design); Stadt Mannheim, Fachbereich Stadtplanung, stellvertretender Leiter der Projektgruppe Konversion der Stadt Mannheim; Beauftragter für Planungs- und Baukultur; ehem. Mitarbeiter bei Albert Speer & Partner GmbH, Berlin und Frankfurt am Main; Mitglied in der Planungskommission Spinelli-Areal Mannheim, Mitinitiator des Spinelli FreiRaumLabs.

Abbildungsverzeichnis

Tabellenverzeichnis

Teil I
Theoretische Grundlagen

Sozial gemischte Stadtquartiere als geopolitische Grundlage demokratischen Handelns in pluralen Gesellschaften

1

Rainer Kilb

Um der Fragestellung der Publikation nachzugehen, ob soziale Mischstrukturen in Quartieren mit sozialer Kohäsion einhergehen können, soll zunächst die Abfolge historischer Leitbilder der Stadtentwicklung unter diesen Aspekten betrachtet werden. Es folgt eine ebenfalls zunächst historisch akzentuierte Betrachtung städtischer räumlicher Organisation, die wiederum in einem Kontext mit sozialer Ungleichheit sowie Integrations- bzw. Desintegrationseffekten thematisiert wird. In einem nächsten Schritt werden wissenschaftsbasierte Erkenntnisse zu Bedingungen und Kohärenzeffekten sozioökonomisch und soziokulturell gemischter Quartiere aus aktuellen Studien in Deutschland und der Schweiz vorgestellt. Aus beiden Befunden werden Vorschläge für ein typologisch differenzierendes konzeptionelles Herangehen an die Thematik „Vielfaltsquartier" abgeleitet. Der Fokus in diesem Kapitel liegt zunächst auf einer Betrachtung, unter welchen historischen gesellschaftlichen Bedingungen einerseits sog. „Vielfaltsquartiere" bereits existierten, welche aktuellen Erfahrungen es mit diesem Quartierstyp gibt und welche Folgerungen für zukünftige Transformationsprozesse hin zu sozial gemischten Quartieren zu ziehen wären. Da in diesem ersten Analyseschritt der Kohäsionsbezug bereits eine Rolle spielt, wird auch hier das begriffliche Verständnis von Kohäsion und sozialem Zusammenhalt thematisiert, bevor eine detailliertere Diskussion im 2. Kapitel erfolgt.

R. Kilb (✉)
Frankfurt, Deutschland
E-Mail: r.kilb@hs-mannheim.de

1.1 Geschichte städtischer Leitbilder von der „funktional geteilten" zur „gemischten Stadt"

„Eine Stadt besteht aus unterschiedlichen Arten von Menschen; gleiche Menschen bringen keine Stadt zuwege" (Aristoteles 1981). Die Stadt oder die Metropole sei durch ihre Anhäufung von Differenz eine Integrationsmaschine an sich; diese Feststellung ist gleichermaßen von Gelehrten der Antike, von Stadtforschern wie auch von Politikern einschlägiger Couleur heute insbesondere im Kontext von Integrationsbemühungen immer wieder zu vernehmen. Vor allem Großstädte seien durch ihre überregionale und in der Regel international-globale Ausrichtung Zentren ökonomischer wie kultureller Austauschbeziehungen und deshalb auch zur Integration von Fremden, von Verschiedenheit und Fremdem besonders geeignet.

Schaut man genauer in besagte *Integrationsmaschine Stadt* hinein, so wird man erkennen, dass diese „Maschine" ein hochkomplexes Gebilde darstellt und häufig an vielen Stellen mit unterschiedlichen Geschwindigkeiten läuft, dadurch zwar chaotisch wirkt, gleichzeitig aber doch, wie von unsichtbarer Hand gesteuert, nach einer ganz bestimmten Ordnung funktioniert, manchmal sich auch in Abwärtsstrudel hineinbewegt und nur schwer regulierbar erscheint. Chaotisches wie Geplantes halten sich im günstigen Fall die Waage und vermitteln genau das, was wir an Großstädten einerseits lieben als auch gleichzeitig abstoßend finden: Solidarität und extreme Unterschiedlichkeit und Gegensätzlichkeit, Menschenmassen und Anonymität, körperliche Nähe bei gleichzeitiger Einsamkeit, Reibungen und Kollisionen, Durcheinander und kleine ,Armeen' zur Aufrechterhaltung der öffentlichen Ordnung, geordnete wie dissoziale Verkehrsabläufe, Ungleichzeitigkeiten von Entwicklungen, Überreizung der Sinne und Abgestumpftheit, Arbeitsteilung und räumliche Trennungen. Häufig bleibt unklar, weshalb sich städtisches Leben letztendlich in singulärer Form herausbildet, so wie wir es konkret in jeder einzelnen Stadt als jeweils spezifische urbane Eigenheit oder Identität wahrnehmen können (vgl. Löw 2008).

Die Städte in ihrer Vielzahl an Lebenswelten, an Gelegenheiten, an Nischen und perspektivischen Optionen dabei ausschließlich auf ihre integrativen Impulse zu reduzieren, wäre zu kurz gegriffen. Im Gegenteil, in fast dialektischem Verhältnis gelingt Integration häufig nur bei gleichzeitiger Exklusion des- oder derjenigen, die nicht innerhalb eines von der Mehrheit oder auch von den mächtigeren Gruppen definierten „normativen Korridors" unterzubringen sind. Städte bieten also einerseits Rückzugs-, Abspaltungs- und Trennungsmöglichkeiten räumlicher Art für sozioökonomische Schichten und für lokale, ethnische, kulturelle wie soziale Milieus, als auch Gelegenheiten zur Begegnung dieser, im besseren Fall auch zu gemeinsamen Erfahrungen oder sogar zum Miteinander an.

Bei genauerem Hineinsehen in die Abläufe dieser ‚dialektischen Integrations- und Segregationsmaschine Stadt' lassen sich über die Betrachtung von deren historisch gewachsener, arbeitsteiligen Struktur ihre einzelnen Funktionen in den verschiedenen geografischen Teil-Räumen, schließlich ihre integrativen, wie desintegrierenden Wirkungen herauslesen.

Insgesamt stellt sich die Geschichte des Städte- und Siedlungsbaus als Entwicklung historisch-gesellschaftlicher Versuche dar, die städtischen Funktionen sowie die jeweiligen Lebensbereiche räumlich zu organisieren. „Das Verhältnis zwischen öffentlichem und privatem Raum in einer Stadt, die Beziehung zwischen ihrer Bau- und Freiraumstruktur, das Verhältnis der Stadtmitte zur Gesamtstadt, das der Wohnungen zur Arbeit, zur Versorgung, zu Erholungsmöglichkeiten – solche und ähnliche Zuordnungsfragen (...) definieren die Stellung des Einzelnen in der Gemeinschaft, zeigen, auf welche Weise sich die jeweilige Zeit mit den Bedürfnissen, den Lebensbedingungen der Menschen auseinandersetzt" (King 1985, 314). Luise King unterscheidet dabei städtebauhistorisch zwischen „Wachstumszeiten" mit der Ausprägung hierarchischer und zentralisierender Ordnungsstrukturen einerseits und eher „bedürfnis- und sozial orientierten ‚rationalen Phasen', die Gleichheit, Ausgleich, Gleichgewicht anstreben und dezentrale Ordnung bevorzugen" (ebd., 315), andererseits. Erstere seien verbunden mit „Trennungsprozessen", innerhalb derer Faktoren wie „gegenseitige Hilfe und öffentliche Aufmerksamkeit" zunehmend ersetzt würden durch zentralisierte Dienstleistungs-, Versorgungs- und Verwaltungsapparate" (ebd., 318); Letztere seien dagegen Ausdruck demokratischer Entwicklungen in der Stadtorganisation, die sich erstmals in den Reformen der 1920er Jahre, später in den Trabantenstadtteilen der 1960/1970er Jahre, dann in den stadtteilorientierten Bewohnerinitiativen ab den 1990er Jahren und aktuell wieder im Leitbild der gemischten oder durchmischten Stadt offenbaren. In zahlreichen Fällen haben sich ehemals sozial gemischte Stadtteil- und Bewohnerstrukturen entweder durch Gentrifizierungsprozesse, oder aber durch innerstädtische Weg- und Zuzugs-Migration Besserverdienender entmischt und damit schichtungs- und milieubezogen homogenisiert. Hieraus ließe sich die Frage ableiten, ob sich die Menschen, entgegen sämtlichen gegenteiligen Planungs- und Strukturierungsphantasien, doch immer wieder nach dem Prinzip „Gleiches zieht Gleiches an" verhalten und gut gemeinte Mischungsvorstellungen durchkreuzen.

Die historische Entwicklung der Städte-Leitbilder verläuft gut nachvollziehbar in folgenden Entwicklungsschritten:

- über die diversen Chartas von Athen 1933, der „funktionalen Stadt",
- als funktional geteiltes fordistisches Stadtmodell, 2003 in westeuropäischen Ländern,
- parallel hierzu in der ehemaligen DDR und Osteuropa der modernen, klassenlosen „sozialistischen Stadt",
- anschließend der „vernetzten Stadt" (SRL 2003)
- und zuletzt den beiden Leipzig-Chartas 2007, einer „nachhaltigen Stadt"
- und 2020, der „transformativen Stadt".

Die einzelnen Stationen verändern Städte und deren Sozialstrukturen in Westdeutschland und Westeuropa nach 1945, angefangen von der funktionalen Trennung und Teilung, verbunden mit funktionaler und sozialer Entmischung in Anlehnung an Le Corbusier 1933, über die „autogerechte Stadt" der 1960er Jahre in Westdeutschland, einer Orientierung der Anknüpfung an historisch jeweils singuläre Stadtspezifika hin zu einerseits ökologisch akzentuierten Aspekten von klimabezogener Resilienz („Schwammstadt") und andererseits digital aufgestellter „Smart City"-Vorstellungen. Aus diesen jeweils gesellschaftlich gewachsenen historischen Spezifika heraus sollte die „neue Stadt" weiter wachsen können mit den seit den 2000er Jahren gesellschaftspolitisch relevanten Überlegungen zu multikultureller und altersbezogener Vernetzung und zu strukturellen, funktionalen und sozialen Mischungen. (SLR 2003, 19).

In der ehemaligen DDR entstanden auf kriegszerstörter oder abgebrochener Innenstadtfläche (Ostberlin-Marzahn, Dresden), innenstadtnah (Halle-Neustadt, Leipzig-Grünau, Chemnitz-Fritz-Heckert-Siedlung) oder als „Neue sozialistische Stadt" (Eisenhüttenstadt, Wilhelm-Pieck-Stadt Guben, Schwedt, Hoyerswerda) insgesamt knapp 400 große Plattenbausiedlungen bzw. Plattenbau-Städte mit sozial gemischter Bewohnerschaft, die sich in der Ära der sog. „Shrinking-Cities" nach der Wende häufig wieder entmischten oder teilweise auch zurückgebaut wurden (Wüstenrot Stiftung 2018, 174 ff.).

Seit 2016 wurde zudem das Leitbild der sog. 15-min-Stadt, einer „Stadt der kurzen Wege" reaktiviert, das eigentlich auf die Ideen Ernst Mays in den 1920er Jahren in Frankfurt am Main zurückgeht (vgl. Hirdina 1984, 24 ff.). Hierunter ist eine rasche Erreichbarkeit der täglichen Alltagsversorgung (Arbeit, Mobilität, Soziales, Gesundheit, Nahversorgung, Freizeit, Bildung, Naherholung), und damit ein Dezentralisierungsimpuls innerhalb der Städte zu verstehen. Die aktuellen Leitbilder orientieren sich somit wieder stärker an der Tradition der historischen Struktur der alten „europäischen Stadt": verdichtet, funktional und sozial gemischt (vgl. Harlander 2020, 94).

Eine weitere und recht neue Perspektive auf die aktuelle Stadtentwicklung erfolgte durch die zweite Frauenbewegung sowie extreme frauenbezogene Benachteiligungen insbesondere in Ländern des sog. „globalen Südens" durch den Ansatz „feministischer" oder geschlechtergerechter Stadtplanung (Gender Planning) seit den 1970er Jahren. In seiner hiesigen Auslegung dominieren Fragestellungen zu angstbesetzten und für Frauen unsicheren städtischen Räumen, zur Verbesserung von Wegenetzen im Kontext meist weiblicher Care-Tätigkeiten sowie zu funktional gemischten kompakten Quartieren mit Nahversorgungsmöglichkeiten. Gendergerechte bzw. gendersensible Stadtplanung begreift sich dabei meist als kommunale Querschnittsaufgabe und ist modellhaft und institutionalisiert bisher in Wien umgesetzt (Kern 2022; Kail 2005) (vgl. Exkurs in Kap. 3: „Feministische Stadtentwicklung").

Orientierend sind aktuell die 2016 verabschiedeten vier strategischen Stadtentwicklungsleitbilder der Stärkung von Wettbewerbsfähigkeit, der Sicherung der Daseinsvorsorge, der Steuerung und nachhaltigen Entwicklung von Raumnutzungen sowie der klimagerechten und auf die Energiewende orientierten Gestaltung (Jessen 2018, 1402 f.). Unter dem dritten Aspekt einer nachhaltigen Stadtentwicklung von Raumnutzungen lässt sich das Konzept des Leitbilds der „kompakten und durchmischten Stadt" verorten, welches seit den 2000er Jahren „fast einen offiziösen Status erlangte" (Jessen 2018, 1403). Jessen benennt vier zentrale Zielelemente der kompakten und durchmischten Stadt:

- *„Hohe Baudichte:* Sie steht für die Trendumkehr von disperser Siedlungsentwicklung und ungesteuerter Suburbanisierung hin zur verdichteten Stadt und damit für Vorrang für Innenentwicklung und Nachverdichtung; Konzentration der Verdichtung an den Haltepunkten des ÖPNV; soweit neue Stadterweiterungen erforderlich sind, soll dies für alle Nutzungen (Wohnungsbau, Industrie- und Gewerbebau usw.) in verdichteten Formen erfolgen.
- *Nutzungsmischung:* Trendumkehr von monofunktionalen hin zu möglichst feinkörnig funktionsgemischten Strukturen: Stadtteile statt Siedlungen; Erhalt bestehender Funktionsmischung; nachträgliche Nutzungsanreicherung in bisher monofunktional strukturierten Gebieten.
- *Öffentliche Räume:* Stützung öffentlichen Lebens durch belebte Erdgeschosszonen, Straßenräume und Plätze als wesentlicher Bestandteil der städtebaulichen Konzepte gegen die Tendenz der Privatisierung öffentlicher Räume, ihres Funktionsverlusts und der Erosion sozialer Kontrolle; Rückkehr von Baublock, Korridorstraße und Parzellenbebauung.

- *Ökologisch aufgewertete Räume:* Verbesserung der „Aufenthaltsqualitäten"
  in Quartieren zur Stärkung der nahräumlichen Orientierung in Freizeit und
  Versorgung: Wohnumfeldverbesserung; Verkehrsberuhigung; Hofbegrünung;
  stadtnahe Freiflächen" (ebd., 1404).

Unbestimmt bleibt allerdings die für eine multikulturelle und sozioökonomisch
plurale Gesellschaft relevante Frage sozialer Vielfaltsmischungen in der Stadt
und ihren Stadtteilen, Siedlungen und Quartieren; einer für moderne und damit
demokratieorientierte Stadtentwicklung wohl entscheidende Fragestellung.

Die Stadtleitbilder passen sich also in kurzen zeitlichen Abständen immer wieder an neue technologische, gesellschaftliche und sozialräumliche Erfordernisse
an, die in bestehenden historischen baulichen Strukturen ihren Ausgang nehmen
und diese selbst entweder in ihren Nutzungen verändern oder auch obsolet werden lassen. Am Ende heutiger Stadtleitbilder steht dann in der Neuen Leipzig
Charta ein etwas euphemistisch anmutendes ‚Planungsverständnis', nämlich auf
disruptive Entwicklungen vorbereitet zu sein und auf diese reagieren zu können.
Also mit etwas zu rechnen, mit dem man zum aktuellen Zeitpunkt eigentlich
noch nicht rechnen, noch es erahnen oder sich darauf vorbereiten kann. Hier
wären dann eher fiktionale Szenarien angesagt, zumindest aber ein Denken in
verschiedenen Szenarien.

Historisch, wie auch aktuell interessant bleibt aber der Aspekt, dass über
nahezu sämtliche Stadtplanungsepochen an einer ungefähren Bewohnerzahl von
maximal 30.000 als Richtgröße für ein funktionierendes Gemeinwesen, also
einem Stadtteil, festgehalten wird (King 1985, 318). Beim Stadtviertel oder Quartier geht man dagegen eher von einer Einwohnerschaft um die 5000 aus. Unklar
bleibt, wie sich verschiedene Formen, also Mischungen in der soziostrukturellen Zusammensetzung der lokalen Bevölkerung auswirken auf eher günstige oder
auch ungünstige Entwicklungen von Gemeinwesen, also den Stadtteilen, Quartieren und Siedlungen. Wer oder was passt mit wem zusammen, wer oder was
schließt sich eher aus? Hinzu kommen als offene Fragestellungen die Mischungen unterschiedlicher Funktionen in den einzelnen Stadtteilen oder Quartieren
bzw. deren Verhältnis zur Gesamtstadt. Bei letzterer ist die Funktionsmischung
wiederum entscheidend für die Mikrostrukturen einzelner Stadtteile. Diese diversen funktionalen Aspekte werden in der Neuen Athen-Charta (SLR 2003, 15 ff.)
differenziert nach Stadtbewohnern und Stadtnutzern. Danach sind Städte neben
ihrer Wohnfunktion, „Arrival Cities" und kulturelle Fixpunkte für Migranten (vgl.
Saunders 2013), Arbeits- und Pendlerorte, Einkaufs- und Touristenorte, Orte von

Kultur und Events. Die mit diesen Funktionen einhergehenden, teilweise nicht in der Stadt selbst lebenden Stadt-Nutzer verteilen sich räumlich sehr ungleich in den Städten und beeinflussen auf ganz verschiedene Art und Weise das soziokulturelle Klima in den Stadtteilen und Quartieren. Feldkeller (2020, 37) plädiert zusammenfassend für eine Zielvorstellung von Stadt, die „ein Nebeneinander (und Ineinander) des fordistischen und des urbanen Konzepts" einschließt. Was soziale Mischungen betrifft, geht er eher von deren Nichtbestimmbarkeit aus. Für verschiedene Wohnbedürfnisse, Lebensgewohnheiten und Stadtvorstellungen seien verschiedene Stadtentwicklungsvorstellungen angemessen, die sich in einer Art Wettbewerb, zwischen den durch die gegensätzlichen Regime geförderten Lebensweisen und den gesellschaftlichen Möglichkeiten der Nachurbanisierung bestehender Siedlungsteile entscheiden (ebd.). Vergleichsweise ähnlich fällt der Befund Jessens (2018, 1408) aus, Stadtplanung stehe „vor der unauflöslichen Aporie, einerseits ohne Leitbilder nicht planen zu können und andererseits zu wissen, dass es umfassende und zugleich konsistente Leitbilder nicht geben kann."

Fragestellungen sozialer Bewohnermischungen und deren Planbarkeit sollen deshalb anschließend auch aus vergangenen Erfahrungen heraus reflektiert werden. Dies könnte von Bedeutung sein, wenn es um die Planung zukünftiger Quartiere, oder auch um die gezielte Umstrukturierung bestehender Stadtteile, Siedlungen oder Quartieren geht. Detaillierte Planbarkeit und damit Antizipation ist hierbei – das sei an dieser Stelle bereits angemerkt – nur eingeschränkt möglich, denn soziale Entwicklungen sind vornehmlich deshalb sehr komplex, da unvorhersehbar viele Variablen in ebenso kompliziert verlaufenden sozialen Prozessen zu einem meist singulären verbindenden Ganzen oder auch zu einer Ansammlung von Nebeneinander, manchmal auch von Gegeneinander und Durcheinander führen können. Wie hierbei die Ermöglichungswahrscheinlichkeiten für gelingendes Miteinander zu schaffen wären, soll im Folgenden diskutiert werden.

Zunächst aber werden bisherige Entwicklungen von Segregation, von Integrations- und Desintegrationsphänomenen sowie die Funktion des städtischen Raums thematisiert. Denn erst auf einer solchen Ist-Stands-Analyse lässt sich Zukünftiges vorstellen und ggf. auch planen.

1.1.1 Ethnisch-kulturelle, ökonomische und religiös begründete Segregation in der historischen Stadtentwicklung

Ethnische oder auch nationale, religiös begründete und kulturelle Segregation lassen sich seit der Antike nachweisen. Der griechisch-türkische Kunsthistoriker Spiro Kostof spricht von „Grenzen im Stadtinnern" (1993, 102) und differenziert zwischen Einmauerungen als physischer Abtrennungsversuch und Diskriminierung und nicht materiellen Grenzen. Einmauerungen existieren bereits im hellenistischen Antiochia. Dort wurden die vom Land zwangsumgesiedelten einheimischen Syrer von den griechischen Siedlern durch Mauern abgetrennt. Solche Ein- oder Abmauerungen innerhalb der Städte bleiben aber die Ausnahme, häufen sich allerdings immer wieder im Falle der Juden zunächst im byzantinischen Reich, später im 13. Jahrhundert auch in England und Mittelosteuropa.

Im Allgemeinen gibt es zwei Formen der räumlichen Segregation im Mittelalter: Die Fremden – also die reisenden Handelsleute, die durch Warentransporte und -verkäufe zu Wohlstand kommen – werden in speziellen Gästehäusern einquartiert, um sie von den Einheimischen fernzuhalten. In den größeren Städten nennt man die Handelshäuser auch „Nationen".

Eine weitere Segregationsform ist die ethnische und religionsspezifische. Die verschiedenen in den Handelsstädten anzutreffenden Ethnien lebten in eigenen Viertel wie etwa die Spanier in Neapel oder die Dalmatiner, Deutschen, Armenier oder Juden in Venedig. Das dortige Jüdische Ghetto befindet sich in Insellage inmitten der Stadt; es konnte abends an den beiden Brückenübergängen abgeschlossen werden. Wenn nicht gleich auf Inseln verbannt, so sind die Viertel zumindest durch breite Straßen voneinander abgegrenzt. Interessant ist, dass die historische Viertelteilung von Armeniern, Christen, Juden und Muslimen in Jerusalems Altstadt trotz kriegerischer Spannungen bis heute Bestand hat (Abb. 1.1).

Dieses Prinzip wird später auf die Stadtgründungen in den Vereinigten Staaten übertragen. Dort findet sich Ende des 19. Jahrhunderts auch der Ursprung einer ökonomisch-ethnischen Segregation (z. B. in Chicago). So verbannt man beispielsweise die häufig in Wäschereien beschäftigten Chinesen 1880 aus den Wohnvierteln, da die Wäschereien damals als öffentliches Ärgernis galten. Im Umfeld der schließlich außerhalb der Wohnviertel neu aufgebauten Wäschereien, die sowohl ökonomische als auch kommunikativ-soziale Funktionen in

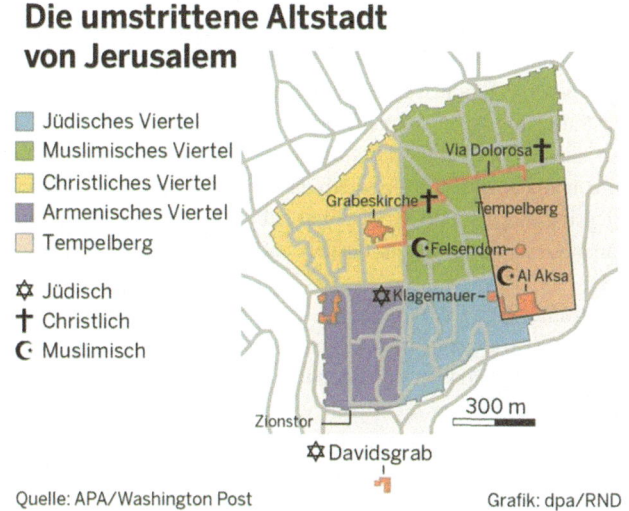

Abb. 1.1 Ethnische Vielfalt in getrennten Quartieren der Altstadt Jerusalems

den Migranten-Communities übernehmen, wachsen allmählich die so genannten China-Towns.

Auch in Südostasien ist es üblich, dass eingewanderte Chinesen und Inder zur größten Bevölkerungsgruppe in den Küstenstädten aufstiegen und räumlich von den einheimischen Thais, Burmesen oder Vietnamesen (Saigon/Ho-Chi-Minh-Stadt, Hoi-Hang) getrennt leben. Ähnliches entwickelte sich in den kolonisierten Territorien in Südamerika, Afrika und Asien. In Deutschland finden wir ethnische Segregationsentwicklungen erstmals über die Ausgrenzungen der Juden, später durch Ansiedlungen von Hugenotten und Waldensern. Häufig vermischen sich frühzeitig ethnische Trennungen, die gleichzeitig auf ökonomischer Ungleichheit beruhen. So lebte die jüdische Unterklasse meist in kargen Unterkünften außerhalb der Stadtmauern.

Im späten Mittelalter – vor allem im nördlichen Europa – wohnen die Wohlhabenden in stattlichen Häusern an den Hauptplätzen und den ausfallenden Handelsstraßen, die Handwerker und Tagelöhner eher an den Stadträndern oder in eigenen Vierteln; die Privilegierteren wegen der dominanten Westwindwetterlagen eher im westlichen, die Ärmeren im Umfeld der Industrie im östlichen Teil der Städte. Im Wohnungsbau während der Industrialisierung folgen dann in den Großstädten oftmals Klassentrennungen auf einer Parzelle. Die Besitzenden lebten in den unteren Geschossen der straßenseitigen Gebäude, Dienstboten, Tagelöhner, Arbeiter eher in den oberen Stockwerken oder den Hinterhofgebäuden. Später ziehen die Reichen in Landhäuser an die städtische Peripherie (z. B. an die Bergstraße im Rhein-Neckar-Raum, den Vordertaunus im Rhein-Main-Gebiet), weil die Lebensqualität durch industrielle Umweltbelastungen sinkt und die Vielzahl von zuziehenden Proletariern das Lebensgefühl der „höheren Stände" tangiert. Friedrich Engels (1973) beschreibt dies für die mittelenglische Industriestadt Manchester und spricht in diesem Fall von den „zwei Nationen" in der Stadt.

Die Stadterweiterungen der Gründerzeit, aber auch die großen Siedlungsprojekte der Weimarer Ära trennen im folgenden Großbürger, Beamte und Arbeiter in jeweils eigenen Stadtarealen voneinander, berücksichtigen aber deren jeweils unterschiedlichen Bedürfnisse mehr oder weniger.

Die im späten 19. Jahrhundert beginnende Subventionierung von speziellen Wohnsiedlungen für Arbeiter beschleunigt den Prozess der räumlichen Abgrenzung und Isolierung der sozialen Klassen und Schichten und bildet die bauliche Grundlage der heutigen zerteilten modernen Stadt. Bereits in dieser Epoche gab es Einwände gegen die klassenbezogenen räumlichen Trennungen. Hobrecht (1868) sowie Baumeister und Miquel (1889) befürworteten kleinräumige soziale Mischungen „für den Ausgleich der socialen Gegensätze, für das moralische Verhalten beider Theile und ganz speziell auch für die Gesundheit der Aermeren" (Baumeister und Miquel 1889, 30); hierzu später mehr.

In der aktuellen großstädtischen Struktur spielt unter segregationsspezifischen und sozialräumlichen Aspekten vor allem die Verortung der meist „unterschichtigen" Migranten eine bedeutende Rolle. Während die erste Generation der damaligen, meist jüngeren männlichen „Gastarbeiter" in den 1960er und 70er Jahren in speziellen Sonderunterkünften (Gastarbeiterheime, Jugendwohnheime, provisorische Unterkünfte) zeitlich befristet untergebracht war, treten diese im Zuge der Familienzusammenführungen und den nachfolgenden „unbefristeten" Arbeits- und Lebensperspektiven (ab den 1970er Jahren) als gewöhnliche Nachfrager nach privaten oder öffentlich geförderten Wohnungen auf (vgl. Flagge 1999). Migrantenfamilien hatten aber mit i. d. R. niedrigeren Einkommen und größeren Familien selten Zugang in die besseren oder durchschnittlichen Wohnlagen und siedelten sich gewissermaßen „marktsortiert" eher in typischen Arbeiterquartieren und Unterschichtwohngebieten an. Eine Entwicklung, die strukturierend auch bis in die heutige Zeit hineinwirkt, wie etwa in den Immigrationsphasen von russlanddeutschen Aussiedlern (z. B. in Fulda-Aschenberg,

Pforzheim-Haidach, Nürnberg), Kriegsflüchtlingen aus dem Mittleren Osten und Afghanistan und aktuell aus mittel- und nordafrikanischen Ländern.

In den frühen 2020er Jahren verlaufen Segregationsprozesse regional und stadtspezifisch äußerst uneinheitlich und disparat. In ostdeutschen und in zahlreichen norddeutschen Großstädten sowie im Ruhr- und Saargebiet (Saarbrücken) verstärken sich tendenziell Segregationsprozesse. Insbesondere die dortigen Großsiedlungen und Arbeiterquartiere fungieren als Auffangbecken für ökonomisch benachteiligte Bevölkerungsschichten, da in diesen strukturschwachen und ökonomisch transformativen Regionen durch geringere Wohnungsnachfrage die Besserverdienenden die Großsiedlungen verlassen und durch Geringverdinende oder SGB II-Empfänger ersetzt werden. Hierbei existieren zwischen den Städten, je nach Bau- und Siedlungsstruktur noch einmal große Unterschiede. Einige ostdeutsche Großstädte wie etwa Schwerin, Greifswald, Halle, Erfurt, Rostock und Jena weisen Merkmale sozioökonomisch polarisierter Strukturen auf, da dort in wenigen großen Plattenbausiedlungen (z. B. Großer Dreesch in Schwerin, Halle-Neustadt) zahlreiche materiell benachteiligte Bevölkerungsschichten konzentriert sind. Ähnliches gilt für einige norddeutsche Industrie- und Hafenstädte, wie Salzgitter, Wolfsburg und Kiel und nahezu sämtliche Großstädte im Ruhrgebiet (Helbig 2023, 70). In süddeutschen Städten (z. B. Fürth, Konstanz, Pforzheim, Würzburg und Ingolstadt) sind dagegen Segregationsphänomene eher rückläufig, da hier aufgrund sehr großer Wohnungsnachfrage Mittelschichtsangehörige auch in die bisherigen ‚Benachteiligtenquartiere' einziehen bzw. letztere gentrifiziert werden (ebd., 26, 27). Dieser Prozess führt wiederum zur Verdrängung materiell Benachteiligter in das städtische Umland und die Peripherie, was deren Lebenssituation weiter prekarisiert. Insbesondere in Ruhrgebietsstädten ist auch die Zahl der Kinder in den benachteiligten Quartieren sehr hoch (ebd., 60). Bei der Einkommenssegregation zeigen sich innerhalb der Städte höhere Werte mit zunehmendem Einkommen, wobei auch hier die Entwicklungen in den einzelnen Städten sehr unterschiedlich sein kann. So ist der Segregationskoeffizient in prosperierenden Städten wie Hamburg, Düsseldorf und Frankfurt am Main, aber auch in sog. strukturschwachen Ruhrgebietsstädten und ostdeutschen Städten gleichermaßen hoch (ebd., 81). Eine Tendenz zu weniger ausgeprägter Einkommenssegregation ist lediglich in süddeutschen Städten erkennbar (ebd., 81). Betrachtet man Armuts-, Bildungs- und Einkommenssegregation vergleichend, so finden sich höhere Werte bei armutsspezifischen Verteilungskriterien (ebd., 82).

Es zeigen sich im Einzelnen aber auch unabhängig von der geoökonomischen Lage bei den Städten große Unterschiede in der soziostrukturellen Bevölkerungsverteilung, die auf unterschiedliche Formen kommunaler Wohnungsversorgung und Wohnungspolitik zurückzuführen sind (ebd., 124 f.). So finden sich etwa hohe Segregationskoeffizienten in prosperierenden Regionen wie Erlangen, Göttingen, Bonn; umgekehrt aber auch relativ niedrige Werte in Offenbach, Bremerhaven oder Herne, also Regionen, die bisher eher als strukturbenachteiligt galten (ebd., 26, 65). Auch die ethnische und bildungsbezogene Segregation verläuft nach ähnlichen Mustern (ebd., 50), wobei die Koeffizienten bei Türkeistämmigen und Flüchtlingen aus Nahost und Afrika zwischen 2013 und 2021 rückläufig sind, die bei EU-Migranten aber ansteigen (ebd., 53). Die Daten der WZB-Studie gilt es dabei nach sozialräumlichen Besonderheiten der Regionen zu relativieren. So müsste bei einigen Metropolen das direkte Umland mit den Kernstädten verzahnt betrachtet werden, da die länderspezifischen Gebietsreformen sehr unterschiedliche Verwaltungseinheiten hervorgebracht haben, die nicht unbedingt identisch mit den Agglomerationsstrukturen sind.

Festzuhalten bleibt in der neueren Segregationsforschung der frühen 2020er Jahren, dass sozioökonomisch gemischtere Strukturen vor allem in den süddeutschen Groß- und Mittelstädten auf einen überhitzten Wohnungsmarkt zurückzuführen sind. Dieser wiederum zeichnet dafür verantwortlich, dass dortige Neubauquartiere häufig sozioökonomisch gemischt geplant werden, um der hohen Nachfrage aus sämtlichen Bevölkerungsschichten entsprechen zu können. Die Mischstrukturen in dieser Region sind von Verdrängungen materiell benachteiligter Bewohnerschichten an die Peripherie der Ballungsräume begleitet. Die Segregation innerhalb einzelner Städte ist durch vielfältige Faktoren begründet, die häufig in verschiedensten Konstellationen zusammenwirken und dadurch jeweils singuläre Strukturen ausprägen. Einzelfaktoren können historisch durch die ehemalige Wirtschaftsstruktur einer Stadt und ihrer Stadtteile, einer Zusammenlegung im Rahmen von Gebietsreformen, heutigen Wirtschaftsstrukturen und deren funktionalen Mischungen (z. B. Globalcity-Effekte bei Frankfurt am Main und München, Universitätsprägungen in Münster, Göttingen, Darmstadt, Tübingen, Marburg, Heidelberg, Industrieprägungen in Salzgitter, Wolfsburg, Ingolstadt, Duisburg, Völklingen), Zugehörigkeit zu prosperierenden oder strukturschwachen Regionen, unterschiedlichen Neubaukonzepten in West- und Ostdeutschland (Trabantenstädte im Westen, Plattenbau-Großsiedlungen in der ehem. DDR), gelungenen oder misslungenen Transformationsprozessen, präsenten Wohnungsbaugesellschaften und kommunalpolitischen Entscheidungen begründet sein.

1.1.2 Städtischer Raum als Vermittler sozialer Ungleichheit

In der mittelalterlichen europäischen Stadt galt soziale Ungleichheit als von höheren Mächten bestimmtes Phänomen: „Selig sind die Armen" (Lukas 6, 20). Im öffentlichen städtischen Raum war Armut allseits präsent. Ihr wurde über religiös geprägte Mildtätigkeit christlicher Armenfürsorge frühzeitig begegnet. Später wurde der Umgang mit Armut und Bettelei zur kommunalen Aufgabe im Rahmen von Armenfürsorge. Über sog. ‚Bettelorden' als Zugangsberechtigung (in Nürnberg) und das Almosenwesen ‚institutionalisierte' sich allmählich das Armenwesen. Almosengaben erfolgten durch die Vermögenden und dienten dem Seelenheil des Spenders. Bettelei war weitgehend akzeptiert und sogar in Zünften organisiert. Nach der Almosentheorie Thomas von Aquins waren Arme zur Inanspruchnahme von Almosen berechtigt bei Vermögenslosigkeit, Arbeitsunfähigkeit oder bei Nichtausreichen der Arbeitseinkünfte. Im späten Mittelalter differenzierte man nach zwei Stufen von Armut: nach primärer oder absoluter Armut bei Einkommensverhältnissen unterhalb des Existenzminimums und sekundärer oder relativer Armut, wenn eine standesgemäße Lebensführung nicht möglich war. Der Umgang mit Armut war in den europäischen Städten sehr unterschiedlich. Eine bereits im römischen Reich ansatzweise eingeführte soziale Grundversorgung erfolgte innerhalb der ländlichen Großfamilie oder über Zünfte, Spitäler und Bettelei in den Städten. Der spanisch-niederländische Philosoph J. L. Vives (1492–1540) unterteilte die mittelalterlichen Armutsgruppen in „bettelndes und vagabundierendes Volk, Insassen der Hospize und Spitäler" sowie „Hausarme". In seiner Armenpflegetheorie finden sich einerseits Ideen zur Verbesserung von Lebenslagen durch die Armenpflege mit Instrumenten wie einer Arbeitspflicht, der Versorgung mit Arbeit durch Vermittlung, durch Bereitstellung von Arbeitsmöglichkeiten und durch Zwangsbehandlung. Hierzu sollte die Arbeitsfähigkeit geprüft werden und zur Arbeit erzogen werden. Ab dem 15. Jhdt. setzte sich das handwerkliche Arbeitsethos zunehmend durch, begleitet von einem Bettelverbot im öffentlichen Raum bei gleichzeitiger kommunaler Unterstützungspflicht. Die Kommunen übernehmen die Überprüfung der Bedürftigkeit, die Almosenverteilung und Kontrolle. Unterschieden wird nach „wahrhaft Bedürftigen und Schwindlern".

Parallel zu diesen Entwicklungen auf dem europäischen Festland erfolgte 1555 mit der Gründung der Anstalt Bridewell in London eine erste Zwangsarbeitsanstalt mit erzieherischer Zwecksetzung, 1595 die Gründung des ersten kontinentaleuropäischen Arbeitshauses als anstaltliche Armenfürsorge in Amsterdam. Die Armenfürsorge geht dabei von kirchlichen und genossenschaftlichen Trägern zunehmend in staatliche Hände über.

Für die europäische und deutsche Stadtentwicklung ist interessant, dass soziale und ökonomische Ungleichheit konstitutive und repräsentative städtische Phänomene darstellen, die frühzeitig in die Stadtpolitik und Stadtgesellschaft integriert waren. Zwar änderten sich die armutsbedingten Kompensationsagenturen, aber deren grundlegende Strukturen lassen sich in den heutigen sozialstaatlichen Instrumenten bereits ab dem 15. Jhdt. erkennen. Deren operative Anwendung erfolgt heute aber über die verschiedenen föderalen Verwaltungsebenen von Bund, Ländern und Kommunen. Im Unterschied zur modernen Großstadt heute, vermittelte die historische europäische Stadt die sozioökonomische Vielfalt innerhalb ihrer Mauern für jeden wahrnehmbar. Es entstand dadurch innerhalb der Stadtmauern eine, zunächst auf der christlichen Almosenlehre basierende „Verantwortungsgemeinschaft" (vgl. Forst 2014), ausgehend von der Sichtbarkeit sozialer Vielfalt in den ummauerten Quartieren der Stadt. Mit zunehmender Institutionalisierung des Umgangs mit Armut wird das Phänomen aber öffentlich immer weniger sichtbar und aus dem öffentlichen Raum verdrängt.

Diese Tendenz räumlicher Trennungen nach dem Erwerbsstatus der städtischen Bevölkerung verstärkt sich mit der allmählichen Industrialisierung der Städte.

Shevky/Bell als Vertreter der sog. ‚Chicagoer Schule' befassen sich bereits in den 1920er Jahren mit den Zusammenhängen von sozialer Ungleichheit im und durch den städtischen Raum bzw. dessen unterschiedlichen Nutzungsmöglichkeiten. Nach dem Modell ihres sozialökologischen Ansatzes überträgt sich soziale Ungleichheit in der Gesellschaft auf den städtischen Raum. Moderne Segregationsmodelle von Häußermann (1999) oder Dangschat (2000) sehen den städtischen Raum in dieser Mittlerfunktion von sozialer Ungleichheit, die sich durch die räumlichen Strukturen noch verfestige. Sämtliche Modelle gehen von einer sozialen, ökonomischen, kulturellen und auch symbolischen (vgl. Bourdieu 1991) Ausdifferenzierung oder auch Spaltung des gesamtstädtischen Raumes aus. Ein solcher Prozess residenzieller Segregation erschwert die Integration; denn Integration wird letztendlich denen abverlangt, die selbst Probleme haben und räumlich über keine Alternativen verfügen. Segregation stellt sich somit sowohl als *Herausbildung* und als *Verfestigung* sozialer Ungleichheiten heraus (Dangschat 2000).

1.1.3 Zusammenhänge zwischen städtischen Segregationstypen und Integrations- bzw. Desintegrationsimpulsen

Segregation ist als Phänomen und Begriff i. d. R. negativ konnotiert. In Anlehnung an Georg Simmel ist die freiwillige Segregation gerade aber in den anonymen Großstädten der Zuwanderung neben der urbanen Lebensweise der Mechanismus, der ein halbwegs friedliches Nebeneinander von so vielen ‚Fremdheiten' ermöglicht. Die urbane Lebensweise, von Simmel als blasiert und gleichgültig beschrieben, sorge dafür, sich mit urbaner Indifferenz die Unannehmlichkeiten vom Leib zu halten, die mit der Nähe des Fremden verbunden seien. Ähnliches leiste Segregation. „Indem die Stadt die verschiedenen Milieus in verschiedene Räume der Stadt sortiert, übersetzt sie soziale und kulturelle Distanzen in räumliche Distanzen. Beide Male bleibt Fremdheit erhalten, aber die Möglichkeit von Konflikten wird verringert, indem Fremdheit aus der Wahrnehmung ausgeklammert wird. Urbane Lebensweise und Segregation sind Mechanismen zur De-Thematisierung von Fremdheit" (Kaltenbrunner 2020b, 137).

In Fragen sozialräumlicher Absonderungen gilt es zunächst zwischen freiwilliger und erzwungener Segregation zu unterscheiden. Walter Siebel benennt zwei Motive für unterschiedliche Gruppen, bei denen Segregation selbst gewählt ist. Zum einen seien dies Haushalte mit vielen Optionen auf den städtischen Wohnungsmärkten, bei denen besonders hohe Segregation festzustellen ist. Außerdem finden sich bei Migranten nachvollziehbare Gründe, insbesondere bei gerade neu zugewanderten, zunächst einmal in eine „ethnische Kolonie" zu ziehen (Siebel 2013, 188). Gerade für Migranten der ersten Generation kann dies eine gelingende erste Integrationsstufe darstellen. Ethnische Kolonien erfüllen hier notwendige und positive Funktionen und sind deshalb auch ein universelles Phänomen in allen Einwanderungsländern. Erzwungene Segregation, ausgelöst etwa durch mietbedingte Vertreibung, Gentrifizierung oder Diskriminierung, begleiten aber seit den späten 2000er Jahren die Entwicklungen der wirtschaftlich prosperierenden Großstädte in einem Maße, die Formen sozialräumlicher Fragmentierungen gleichkommen. Problematisch wird Segregation immer dann, wenn sich in bestimmten städtischen Arealen erzwungene Segregation mit statusniedrigen, marginalisierten und diskriminierten Bewohnergruppen konzentrieren und negative Images dieser Quartiere zur Folge haben. Insofern stellen sich Großstädte in ihren sozioökonomisch und soziokulturellen Bewohnermixturen als hochkomplexe Gebilde dar, in denen historisch gewachsene sozialräumliche Mischungsverhältnisse auf jeweils aktuelle ökonomische, soziale oder migrationsbedingte Eigendynamiken treffen, die sich nur bedingt steuern bzw. umplanen lassen. Kommunalpolitische Governance erweist sich deshalb immer als Balance zwischen einer eingeschränkten Zulassung freiwilliger Segregation und einer Verhinderung erzwungener Segregation. „Sie muss Einwandererquartiere als Dauerinstitutionen der Stadt akzeptieren und zugleich alles daransetzen, dass sie nicht zu Fallen werden, aus denen die Zuwanderer keinen Weg mehr finden in die Aufnahmegesellschaft (…). Erzwungene Desegregation fördert die Integration der Zuwanderer ebenso wenig wie ihre erzwungene Segregation" (Siebel 2013, 188).

In der Regel finden sich in metropolitanen Verdichtungsräumen zehn infrastrukturell spezifische, baulich speziell ausgestaltete bzw. jeweils wirtschaftshistorisch bedingte *Typen von Segregationsquartieren,* die beispielhaft über eine in Frankfurt am Main durchgeführte Stadtanalyse nachgewiesen werden konnten (vgl. Kilb 1998, 2006b, 2012). Im Einzelnen fanden sich dort Wohnquartiere in den *City- und Cityrandbereichen* mit bevorstehenden oder zu erwartenden Nutzungsänderungen. Charakteristisch für diese Areale sind hohe Lärm- und Umweltbelastungen, hohe Anteile von Migranten in der Bevölkerung, eher kurzfristiger Verbleib der Bewohner z. T. als „Übergangswohnen" in Asylen, kommerziellen Massenunterkünften, Billighotels und „Absteigen". Über die gleichzeitig dort konzentrierten Konsumanhäufungen kommt es in diesen Quartieren zu einer direkten Konsum-Armutskonfrontation (a). Eine ähnliche, aber abgeschwächte Struktur findet man in den *subzentralen* Kernbereichen der Agglomerationen, den eingemeindeten, früher eigenständigen Vorstädten bzw. größeren Stadtteilen (b). Quartiere im Umfeld von *Verkehrsdrehscheiben* und *Verkehrsmagistralen* mit hohen Lärm-, Schmutz- und Umweltbelastungen, ebenfalls hohen Migrantenanteilen bilden einen weiteren Typus (c). Stadtquartiere mit regionalem und überregionalem *Vergnügungsstättenangebot* von eher traditioneller Couleur, die meist aus einer Kombination von Bordellen, einschlägigen Gaststättenangeboten, Spielsalons, Clubs, Shishabars und Hotels des Niedrigpreissegmentes geprägt sind, ergänzen diese Palette (d). Es folgen die traditionellen *Industrie- und Arbeiterstadtteile bzw.* -siedlungen, bei denen im Zuge der Deindustrialisierung mittlerweile die verbindenden gemeinsamen Arbeitsstätten zunehmend entfallen (e). *Großsiedlungen des sozialen Wohnungsbaus* der 1920er, 50er und 60er Jahre (f) sowie die *Trabantenstadtteile* der 60er und 70er Jahre (g) stellen weitere Typen dar. *Hochhaussolitäre* und punktuelle *Massenunterkünfte* bilden einen atomisierten Typus, häufig ehemals als Aussiedlerunterkünfte und Asylunterkünfte genutzt, manchmal im Zuge selbst gewählter ethnischer Bezüge zu monokulturellen Einzelunterkünften generiert (h). Zuletzt müssen die *traditionellen Segregationssiedlungen,* also die früheren Obdachlosen-, Übergangssiedlungen, die Wohnwagensiedlungen, Bauwagen- und Containerdörfer erwähnt werden (i).

In Ergänzung hierzu werden von der wissenschaftlichen Begleitung des europäisch geförderten E&C-Programms noch zwei weitere Segregationstypen für den ländlichen Raum identifiziert, nämlich Areale in strukturschwachen ländlichen Regionen in den neuen (j/a) und in den alten Bundesländern (j/b) (vgl. Stiftung SPI 2006).

Übersicht 1.1: Typologie städtischer Segregationsareale für sozioökonomisch benachteiligte Bewohnerschichten

1 Wohnquartiere in den *City- und Cityrandbereichen* mit bevorstehenden oder zu erwartenden Nutzungsänderungen;
2 *Subzentrale* Kernbereiche mit abgeschwächt vergleichbaren Strukturen wie 1;
3 Quartiere im Umfeld von *Verkehrsdrehscheiben* und *Verkehrsmagistralen;*
4 Vergnügungsviertel des Niedrigpreissegmentes;
5 Traditionelle *Industrie- und Arbeiterstadtteile/*-siedlungen;
6 *Großsiedlungen des sozialen Wohnungsbaus* der 20er, 50er und 60er Jahre;
7 *Trabantenstadtteile/*Großsiedlungen der 60er und 70er Jahre (residenzielle Segregation);
8 *Hochhaussolitäre* und punktuelle *Massenunterkünfte* („Männerwohnhäuser");
9 *Traditionelle Segregationssiedlungen bzw. Unterbringungsmöglichkeiten* (meist ehem. Obdachlosenunterbringung, Übergangssiedlungen, Wohnwagensiedlungen, Bauwagen- und Containerdörfer),
10 *Neuere Segregationssiedlungen für Flüchtlinge* in Erstunterbringung.
(vgl. Kilb 2012).

In diesen zehn Quartierstypen (Übersicht 1.1) wirken sich die augenblicklichen Prozesse sozialer Polarisierungen, sozialen Abstiegs, von mit der Deindustrialisierung verbundenen Milieuauflösungen, interkultureller Transformation und ethnischer Isolation wiederum je nach Gebietstyp differenziert aus. Betrachtet man die Prozesse in den verschiedenen Quartierstypen im Vergleich, so lassen sich mehrere Wirkungs- bzw. stadträumliche Vermittlungseffekte identifizieren.

Einige dieser Quartiere erweisen sich für ihre Bewohner als *Abspaltungsverstärker.* Es sind die vornehmlich in sich geschlossenen, ghettoartigen Areale, die sich durch extern erfolgende Stigmatisierungen eher negativ verstärken aber gleichzeitig eine „Vorhangwirkung" durch eine starke Selbstisolation der Bewohner entfalten können; man bleibt im Quartier und sieht deshalb die „äußeren Welten" seltener. Es bildet sich leicht ein eigenes normatives wie auch ökonomisches „Überlebens-„ bzw. „Mithalte-System". In solchen Quartieren wird gesellschaftliche Exklusion besonders deutlich. Bei heterogener multi-ethnischer Bevölkerungsstruktur intensiviert sich die soziale Desorganisation. Leben dagegen weniger unterschiedliche Ethnien zusammen, können sich lokale Community-Effekte entfalten. Eine Integration innerhalb dieser Stadtteile ist dabei bei gleicher Lebenslage der Bewohner und bei geringerer Mobilität (vgl. Straßburger 2001) wahrscheinlicher. Dies hat aber nicht zwangsläufig eine Entstigmatisierung im gesamtstädtischen Rahmen zur Folge, sodass der Integrationsfaktor in der gesamtstädtischen Gesellschaft wieder zu relativieren wäre.

Eine zweite Wirkungsweise ist die als *Konfrontationsverstärker.* Durch unmittelbares Aufeinandertreffen von Konsumkonzentration und materieller Benachteiligungslagen, wie z. B. in den Citylagen, verstärken sich Konfrontations-, Polarisierungs- und Diskriminierungseffekte. In solchen Arealen dominieren deutlich z. B. die Eigentumsdelikte bei Kindern und Jugendlichen, die in ihren räumlichen Lebenswelten ständig mit Konsumstandards konfrontiert werden, zu denen sie materiell kaum legale Zugänge besitzen. Die soziale Kontrolle fällt aufgrund des wegen der Passantenströme besonders hohen Anonymitätsfaktors weg. Zwischen Migranten und autochthonen Einheimischen bilden sich nur erschwert Gemeinwesenstrukturen heraus.

Ein dritter Wirkungstyp ist der eines *Verunsicherungsverstärkers.* In den traditionellen kleinbürgerlichen Arbeiterstadtteilen haben sich durch die Modernisierungs- und Globalisierungsprozesse verunsichernde Entwicklungen ergeben. Starker Arbeitsplatzabbau im produktiven Sektor führt zu einer realen Reduktion körperorientierter Arbeitsweisen und vermutlich als Folge darauf zur gleichzeitigen Überhöhung körperlicher Stilisierung und Selbstinszenierung insbesondere in der jungen männlichen Bevölkerung. In solchen „absteigenden" und sich tendenziell auflösenden Traditionsmilieus dominieren stärker Gewaltdelikte als psychosoziale Bewältigungsformen. Diese lassen sich präzise mithilfe des von Wilhelm Heitmeyer entwickelten Desintegrations-Verunsicherungs-Theorems erklären. In diesen Arealen sind im sozialen Zusammenleben ebenfalls eher Desintegrationstendenzen zu beobachten.

Letztendlich können sich Quartiere zu baulichen *Desintegrationsräumen* entwickeln. Solche Stadtgebiete besitzen kaum städtebauliche Akzente und Orientierungen. Es sind meist Bebauungen längs der Verkehrsmagistralen ohne integrative

Bezugskomponenten. Es treffen ungleichzeitig verlaufende Entwicklungen der Bewohner mit ethnischer Heterogenität zusammen. Gewalt- und Eigentumsdelikte sind gleichermaßen überrepräsentiert und wirken entsolidarisierend und desintegrierend zugleich.

Über zwei Expertisen zum Integrationspotenzial in unterschiedlichen Frankfurter Stadtteilen (Straßburger 2003) und einem Wiesbadener Arbeiterstadtteil (Kilb 2004) ließen sich folgende integrationsfördernden Faktoren identifizieren:

- höheres Image eines Quartiers
- „multikulturelles Flair"
- hohe Nutzungen selbst organisierter Angebote in Vereinen sowie Bewohnerkontinuität
- städtebauliche Foren der Kommunikation und von gemeinsamen Aktivitäten
- ähnlicher betrieblicher und wohnungsbezogener Erfahrungs- bzw. Aktivierungshintergrund von „Deutschen" und „Migranten"
- ähnlicher sozialer Status der (verschiedenen) Gruppen
- sozioökonomisch gemischte Strukturen in den jeweiligen nationalen bzw. ethnischen „Communities"
- weniger kulturheterogene sozialräumliche Strukturen
- gemeinsame kleinteilige sozialräumliche Geschichte
- multikulturelle sozialräumliche Wirtschaftsstruktur in der unmittelbaren Versorgung.

Speziell im Kindes- und Jugendalter scheinen dabei mehrere sozialräumliche Kriterien integrationsbegünstigende Wirkungen zu entfalten. So spielt einmal die Vielfalt eines abgestuften Systems herkunftskultureller Orte des „Rückzugs" und parallel hierzu multikultureller Orte, die als Foren der Selbstdarstellung und -begegnung dienen können, eine Rolle. Darüber hinaus sind gemeinsame Orte der kulturellen Aneignung wichtig. Dies sind z. B. zentralere Plätze, die gemeinsam erlebbar werden z. B. durch spezifische Personen oder durch erlebte, erlebbare oder zugeschriebene „Narrative". In dem untersuchten Wiesbadener Vorort ist dies eine Freifläche im Einkaufszentrum, auf dem sich die verschiedenen Cliquen, Gangs und ethnischen Gruppen sowohl voneinander abgrenzen als auch vermischen konnten. In diesem Gemisch aus Näherkommen und Distanzierungen entstanden Geschichten und Legenden, die wiederum identitätsstiftende Funktionen für das Gemeinwesen besitzen können. Es zeigt sich, dass gerade dieser multikulturellen Mischstruktur an den identitätsstiftenden Orten, Einrichtungen und Organisationen symbolische Bedeutung zukommt. Letztendlich war es eine miteinander abgestimmte interkulturelle Programmatik sozialräumlich ausgerichteter Institutionen wie den Kindertagesstätten, Schulen, Vereinen und Jugendfreizeithäusern sowie deren positiv besetzte Vermittlungsarrangements, die integrationsfördernd wirkten.

Pierre Bourdieu definiert den *Sozialen Raum* auch als „semantischen Assoziationsraum" und keineswegs nur als physischen Raum. Dieser präge sich aus der Verbindung von bestimmten sozialen Lebensstilen und von sozialen Positionen, die wiederum durch eine Hierarchie von ökonomischen, kulturellen und sozialen Ressourcen gebildet werden. Wenn solche Ressourcen im physischen Raum einer Stadt ungleich verteilt sind und die Bewohner ungleich mobil sind, so wirken sich diese Sozialraumaspekte sehr verschieden auf die jeweilige Verarbeitung defizitärer Lebenssituationen aus.

Die großen Integrationsdefizite in spezifischen Segregationsarealen oder auch die gelungenen Integrationsimpulse lassen sich dann auf teilweise historisch gewachsene Aspekte in Verbindung mit geografischer Lage, Images im gesamtstädtischen Kontext und eine jeweils meist singulär entstandene soziale wie schulische Infrastruktur und ökonomische Versorgungsstruktur zurückführen. Ungünstige Wirkungen gehen dann von soziokulturell gemischten Quartieren aus, wenn diesen die sozioökonomische Mischungsbreite nicht inhärent ist und damit soziale Mobilität bzw. andere Milieuzugänge tendenziell erschwert oder gar ausgeschlossen bleiben.

Zwischenfazit I

(1) Extreme explosive Stadtentwicklungsphänomene, wie z. B. die sich in unregelmäßigen Abständen entflammenden Gewaltexzesse in den französischen Banlieues lassen sich kaum mit den sozialen Entwicklungen und Folgeerscheinungen in deutschen Großstädten vergleichen. Während die Banlieues häufig von den historischen Kernstädten isoliert sind, wurden in Deutschland die meisten eher kleineren städtebaulichen Großsiedlungen an bestehende Stadtstrukturen angebunden. Einige Ausnahmen existieren aber meist in den neuen Bundesländern (z. B. ehem. Halle-Neustadt, Rostock-Lichtenhagen, Hoyerswerda, Eisenhüttenstadt) sowie Berlins (Marzahn, Hellersdorf, Hohenschönhausen, Gropiusstadt, Märkisches Viertel u. a.), in Hamburg (Mümmelmannsberg, Teile von Wilhelmsburg), Köln (Chorweiler), Bremen (Neue Vahr), Nürnberg

(Langwasser), der Rhein-Main-Region (Dietzenbach-Spessartviertel) und in München (Neu-Perlach, Hasenbergl). Trotzdem leiden vor allem die heutigen ca. 800 Großsiedlungen häufig an fehlendem sozialem Zusammenhalt ihrer Bewohner, da ehemals verbindende Eigenschaften wie z. B. ein gemeinsamer Arbeits- bzw. Arbeitsstättenbezug oder Gemeinschaftsgärten (Datsche in der ehem. DDR, Klein- bzw. Schrebergärten) nur noch eingeschränkt oder gar nicht mehr existieren oder von den Großsiedlungsbewohnern nicht mehr nutzbar sind. Das ‚Gemeinsame' unter den Bewohnern bleibt dann, neben ihrem Wohnort, nur ihre vergleichbare soziale Lage. Das allein schafft aber keine Nähe und keinen Bezug zueinander, und auch keine positive Identifikation mit dem jeweiligen Quartier (vgl. Wüstenrot Stiftung 2018, 145, 170 ff.).

(2) Hinsichtlich der integrativen Funktion innerstädtischer Kernbereiche erscheint die symbolische Repräsentanz an zentralen öffentlichen Orten und Bereichen in vielen Großstädten mit multikultureller Bevölkerung ergänzungsbedürftig. Eine der wenigen Ausnahmen stellen hier z. B. Mannheim und Köln mit jeweils zentralen Moscheen im erweiterten Innenstadtbereich dar. Andere Städte wie z. B. Frankfurt am Main (Altstadt-Neubebauung) oder Berlin (ehem. „Palast der Republik") nutzten die sich gebotenen Möglichkeiten nicht und verpassten dadurch einmalige Gelegenheiten, große zugewanderte Bevölkerungsgruppen an symbolisch wichtigen Orten zu repräsentieren. Einige andere Ausgrenzungsphänomene materieller, sozialer und bildungsbezogener Art sind dagegen evident und strukturell auch mit den französischen Vorstadt-Verhältnissen vergleichbar. Allerdings existiert in Deutschland eine gewisse Routine in der raschen Aufstellung präventiver Maßnahmen, sobald sich größere Konflikte abzeichnen.

(3) Insgesamt sollten sozialräumlich differenzierte Integrationsimpulse auch über die Stadtplanung an den vorhandenen Potenzialen und Ressourcen und nicht primär an den bestehenden Defiziten ansetzen. Im Falle neuerer Planungen ist es fachlich mittlerweile unumstritten, betroffene Akteure aktiv in die Gestaltung und Konzeptionierung einzubinden und sie damit letztendlich zu befähigen, in ihrem Gemeinwesen eigenständig und demokratisch zu navigieren und zu regulieren. Das Leitbild der „gemischten Stadt" fußt darauf, dass sich unterschiedliche Milieus begegnen können, sowohl kleinräumig in den diversen Stadtquartieren als auch an zentralen metropolitanen Orten. Dieses Konzept ist vor dem Hintergrund gesellschaftlicher Singularisierungsprozesse (Reckwitz 2017) und vermutlich weiterer Multikulturalisierung insofern anspruchsvoll, als dadurch mit mehr Konflikten zu rechnen ist. Streit und Konflikte finden

i. d. R. an städtebaulichen Orten statt, an denen es um Präsenz, Repräsentation, Dominanz, um symbolische Verteilung von Aneignungsinteressen geht.
Dies ist vor allem an den zentralen oder subzentralen Kulminationspunkten
der Fall, der Frankfurter Zeil, dem Paradeplatz in Mannheim, der Domplatte
in Köln, dem Berliner Alexanderplatz, dem Stuttgarter Schloßplatz/ Königstraße oder den Bahnhofsumfeldern und zentralen Innenstadtplätzen nahezu
sämtlicher Großstädte. Der Ansatz der „gemischten Stadt" ist somit kein
Selbstläufer. Er erfordert permanentes Vermitteln und das teilweise professionelle Ausbalancieren-Können zwischen sozialen Öffnungen und Schließungen,
Toleranz bei Grenzüberschreitungen einerseits und Kontrollen, repressiven
Maßnahmen sowie Grenzziehungen andererseits. Im Mikrokosmos kleinräumiger Bereiche von Stadtteilen und Quartieren sollten sich solche Friktionen
allmählich auf ein Niveau zivilgesellschaftlicher Lösbarkeit einpendeln können. Die „gemischte Stadt" der Einwanderungsgesellschaft unterliegt somit
permanenter reflexiver Evaluation und kommunaler Begleit- und Interventi-
onsbereitschaft. Ihr Konzept umschließt eine sozialräumliche Plattform, auf der
sich demokratisches Aushandeln und Verständigen zwischen unterschiedlichen
Interessen nach Alter, Geschlecht, Kultur und materiellen Möglichkeiten platzieren und aktivieren lässt. Die hierfür notwendige Begleitinfrastruktur obliegt
den Kommunen.

(4) Im westeuropäischen Kontext existierten bisher vor allem Ansätze, denen
in problematischen segregierten und meist nur ethnisch-kulturell gemischten
Quartieren die Aufgabe zukam, dortige meist defizitäre Lebensbedingungen
verändern zu helfen. Dazu zählen der „Contrat de Ville" (1994) in Frankreich, der „Single Regeneration Budget" (1991), später der „New Deal for
Communities" (1998) und der „Neighbourhood Renewal Fund" (2001) in
Großbritannien, der „Grotestedenbeleid" in den Niederlanden (1994), das
„KvarterlØft"- Programm in Dänemark (1996) sowie in Deutschland das Programm „Stadtteile mit besonderem Entwicklungsbedarf – die Soziale Stadt"
(1999) (vgl. Programms Projets Urbains (2011, 24). Eine Weiterentwicklung
der in diesen Programmen zu findenden Stadtquartiere hin zu einer soziooöko-
misch gemischten Bevölkerungsstruktur war nicht deren Ziel und soll deshalb
an dieser Stelle nicht weiter vertieft werden.

(5) Soll aber am Leitbild der „gemischten Stadt" festgehalten werden, erscheint es
notwendig, insbesondere kommunalpolitisch im Kontext eigenwilliger diverser
und komplexer Stadtentwicklungen navigationsfähig zu bleiben. Hierzu gehört
eine valide Analyse bestehender Vielfaltsstrukturen nach sozialräumlichen,

soziokulturellen und integrationsfördernden Aspekten ebenso, wie Überlegungen zu gezielten Strukturveränderungen in ganz bestimmten, für die Stadtentwicklung besonders zukunftsrelevanten Quartieren, aber auch steuernde und entwicklungsbegleitende Verfahren wie etwa durch Stadtteil-, Siedlungs- oder Quartiermanagement. Dabei ist darauf zu achten, dass den Spezifika der jeweiligen Stadt entsprochen werden muss. Die aus der aktuellen Segregationsforschung hervorgehende Singularität einer jeden Stadt erfordert eine adäquate singuläre Planung funktionaler und sozioökonomisch-soziokultureller Mischungsformen.

1.2 Wissenschaftsbasierte Erkenntnisse zu Bedingungen und Kohärenzeffekten sozioökonomisch und soziokulturell gemischter Quartiere

Zunächst soll es um eine Klärung der Begriffe von „gemischter Stadt", „sozialer Durchmischung", „sozialer Mischstrukturen" und „sozial gemischter Stadtquartiere" gehen. Denn allzu oft werden diese Begriffe synonym verwendet, obwohl sie semantisch Unterschiedliches ausdrücken können. Der Gegenstand, um den es in dieser Expertise geht, wird am besten durch den Begriff des *„sozioökonomisch und soziokulturell gemischten Stadtquartiers"* umschrieben. Hierbei sind möglichst kompatible Mischungen von Menschen verschiedener Altersgruppen und Geschlecht, verschiedener ethnischer Herkunft, verschiedener Einwanderungsgenerationen, unterschiedlicher Einkommensgruppen, verschiedener kultureller Bezüge und Milieus (vgl. SINUS-Milieustudien) sowie unterschiedlicher Lebensphasen und Lebensweisen gemeint. Parallel hierzu gilt es, Quartiere nach ihren stadtbezogenen und historisch gewachsenen Funktionen zu differenzieren und zu überlegen, welche sozialen Mischstrukturen mit der jeweiligen gesamtstädtischen Funktion eines Quartiers möglich und kohärenzfördernd sein könnten. Zudem gilt es zwischen verschiedenen Mischungstypologien zu differenzieren, nämlich zwischen Mischungen innerhalb eines Gebäudes, zwischen benachbarten Gebäuden in einem Quartier-Block, in einem ganzen Quartier oder Stadtteil oder innerhalb einer ganzen Stadt (vgl. BBSR 2020, 38 ff.). Und zu guter Letzt ist die Fragestellung sehr viel differenzierter und völlig anders als in Neubaugebieten, wenn es etwa um den Versuch einer Mischungsveränderung in bereits bestehenden Quartieren geht.

Der Begriff der *„gemischten Stadt"* wird häufig ebenfalls zur Umschreibung sozial gemischter Quartiere verwendet. Auf eine ganze Stadt bezogen ist er aber insofern tautologisch, da nahezu immer Städte in ihrer Gesamtheit sozial heterogen, also auch sozial weitgehend inhomogen sind. Mit demselben Begriff der „gemischten Stadt" werden aber vor allem kategoriale Mischungen beschrieben, also Mischungen aus den Stadtfunktionen von Wohnen, Arbeiten, Konsum, Mobilität und Regeneration im kleinräumigen Kontext. In diesem Zusammenhang erfährt auch der Begriff des Quartiers eine Renaissance, in Abgrenzung etwa zum Terminus des Stadtteils als historische bzw. Verwaltungseinheit oder der Siedlung als weitgehend auf die Wohnfunktion beschränkte Raumeinheit. Der Quartierbegriff selbst erscheint stärker community-orientiert und ersetzt dabei den etwas antiquierten soziologischen und sozialpädagogischen Begriff des Gemeinwesens. Dies bildet sich auch in dem semantisch veränderten Begriff des Quartiermanagements anstelle der sog. Gemeinwesenarbeit als Methode Sozialer Arbeit im Quartier ab.

Die Begriffe der „sozialen Mischung" oder der „sozialen Durchmischung" wiederum gehen auf historische Phasen in der Stadtplanung und in der Sozialen Arbeit zurück. Sie besitzen einerseits deskribierend-analytischen, andererseits prozessualen Charakter. Bei letzterem werden Prozesse und damit Veränderungen hin zu einer erwünschten anderen sozialen Struktur angestrebt. In der Stadtplanungsgeschichte lassen sich die beiden Begriffe indirekt auf die Beschreibungen von Friedrich Engels (1962/1973) zur Lage der arbeitenden Klasse in England zurückführen. Dort beschreibt Engels die katastrophale und gesundheitsbeeinträchtigende Lage in den klassischen Arbeiterquartieren Mittelenglands. Vor diesem Hintergrund entstanden Ende des 19. Jhdts. bereits erste Ideen zu sozial ausgewogenen Bewohnerstrukturen etwa durch James Hobrecht in Berlin (vgl. Strohmeyer 2000; BBSR 2020, 25). Gustav Schmoller weist in diesem Zusammenhang auf die „Furcht vor Seuchen und Epidemien" aber auch vor „sozialen Revolutionen hin, die kommen müssen, wenn wir nicht aufhören, die unteren Klassen in unseren Großstädten durch die Wohnverhältnisse zu Barbaren (...) herabzudrücken" (Schmoller 1890/1983, 174). Baumeister und Miquel plädierten in der sog. Gründerzeitära für eine maßvolle Vermischung der sozialen Klassen. Eine „völlige Vermischung aller Klassen" sei aber nicht sinnvoll: „Die Trennung der Klassen bringe ‚soziale Gefahren und auch hygienische Uebelstände mit sich, dagegen müsse eine Mischung der Wohnungsclassen günstig ausfallen für den Ausgleich der socialen Gegensätze, für das moralische Verhalten beider Theile und ganz speciell auch für die Gesundheit der Aermeren" (Baumeister und Miquel 1889, 30 zit. nach Roskamm 2013, 3).

Dies motivierte damalige Philanthropen zur Wohnungsreform und zum Versuch der gesellschaftlichen Einbindung der Proletarier: „Die Orientierung an einer sozialen Mischung – zunächst verstanden als Auflösung unkontrollierbarer Nachbarschaften – begleitet die Geschichte der Stadtentwicklung seit dem 19. Jahrhundert" (Holm 2009, 23 f.).

Parallel zu den frühen reformorientierten europäischen Stadtplanungsideen entwickelten im Rahmen von Social-Work Henrietta und Samuel Barnett mit der Toynbee-Hall in London und Jane Addams im Hull-House in den Chicagoer Gettos Ansätze sog. „sozialer Durchdringung" in ihren Social Settlements. Mitglieder höherer Bildungsschichten, u. a. Studierende und ehrenamtliche Wohltäterinnen vermischten sich dort in den 1880er Jahren mit von Armut betroffenen Menschen und bauten mit ihnen zusammen eigenständige Bildungs-, Freizeit-, Versorgungs- und Aktivierungsprojekte auf. Die Zielsetzung lautete „Hilfe zur Selbsthilfe". Die Benachteiligten sollten sich über Bildungsangebote und berufsorientierte Maßnahmen in die Lage versetzen können, ihre Lebensverhältnisse zum Besseren hin zu verändern (vgl. C.W. Müller 1982, 35–111).

Diese beiden angloamerikanischen Social-Work-Ansätze lassen bereits zwei sehr unterschiedliche Herangehensweisen und Konzeptionen erkennen, mit deren Hilfe bis heute versucht wird, sozialen Benachteiligungen und sozialer Ungleichheit zu begegnen. Der erste Ansatz setzt auf gegenseitiges Lernen durch gemeinsame klassenübergreifende Kommunikation und kollektives Handeln. Hierbei steht der Begriff „sozialer Durchdringung" als Vorläufer heutiger Vorstellungen von „sozialer Mischung in Quartieren". Im zweiten Ansatz geht es allein um die Hilfe zur Verbesserung sozialer Lebensbedingungen, unabhängig von sozialräumlichen Verteilungen der sozialen Klassen und Schichten. Dieses Konzept setzt auf Stabilisierung in benachteiligten Quartieren. Der Disput zwischen diesen beiden Konzeptionen ist bis heute spürbar. Zum einen gibt es periodisch immer wieder die Vorstellung in Stadtplanung und Stadtentwicklung, mithilfe soziostruktureller Mischungen in Quartieren, diverse Lebensbedingungen durch kommunikativ-kulturellen und bildungsbezogenen Austausch anzugleichen. Andererseits wird diese Vorstellung als „Mythos" abqualifiziert (vgl. Holm 2009, 2012), weil sich durch Mischungen allein Lebensverhältnisse nicht änderten. Dabei wird von dieser Seite aber auf die Gefahr der Gentrifizierung hingewiesen, wenn es etwa zu ästhetischen und baulichen Aufwertungen in bisher benachteiligten Stadtteilen und Quartieren kommt. Dies ist besonders relevant für innenstädtische und innenstadtnahe Gründerzeitquartiere.

In der DIFU-Studie 2015 wird der Diskurs, als ein sich selbst neutralisierender, bipolar dargestellt: „Ein konzentriertes Zusammenleben benachteiligter Bevölkerungsgruppen in bestimmten Stadtquartieren kann sich nachteilig auf die individuellen Perspektiven und Lebenschancen der Bewohnerinnen und Bewohner auswirken. Hier werden das Fehlen sozialer Netzwerke, nachbarschaftlicher Beziehungen, einer positiven Gebietsbindung als Teile des Problems beschrieben (vgl. Häußermann 2000). Daraus lässt sich aber nicht auf eine generelle Wirkung von Quartieren schließen, da diese nicht für alle Bewohnerinnen und Bewohner die gleiche Bedeutung haben, Sozialraum und physischer Raum nicht zwangsläufig zusammenfallen müssen. Vor demselben Problem steht der Nachweis von positiven Effekten einer sozialen Mischung: Dort werden – vereinfacht dargestellt – Auswirkungen auf die Sozialisation (Rollenvorbilder, Orientierung) durch die räumliche Nähe unterschiedlicher sozialer Schichten erwartet, wodurch sich die Lebensqualität der Individuen erhöhe (vgl. Arthurson 2008). „Aber gemischte Viertel produzieren nicht automatisch gemischte soziale Netzwerke, da physische Nähe keine hinreichende Voraussetzung für soziale Interaktion ist. Die erhöhte Präsenz und Wahrnehmung des Quartiers in der Stadt durch die bessere Ausstattung der Mittelschichten mit sozialem Kapital kann auch bedeuten, dass diese Schichten Themen oder Probleme definieren, die nicht unbedingt von anderen Schichten geteilt werden" (vgl. DIFU 2015, 28).

Bartelheimer (2001, 80) weist in Anlehnung an Hiss et al. (1976, 45) auf zwei fragwürdige Prämissen des Mischungskonzeptes hin. In der ersten Annahme gehe man davon aus, dass es ein „wissenschaftlich in Erfahrung zu bringendes Optimum gesunder Sozialstruktur als quantifizierbares Mischungsverhältnis von erfassbaren Schichten in einer bestimmten optimalen räumlichen Anordnung" gebe, in der zweiten Prämisse von einer planungspraktischen Durchsetzungsfähigkeit eines solchen wissenschaftlich gewonnenen Mischungskonzeptes. Die bisherige Praxis zeige, dass beide Prämissen höchst fragwürdig sind. Bartelheimer bewertet das Konzept „sozialer Durchmischung" Ende des 20. Jhdts. als gleichermaßen zu ehrgeizig als auch zu dürftig. Die kommunale Wohnungspolitik dürfe sich deshalb daran nicht ausrichten: „Zu ehrgeizig, weil die ohnehin sehr begrenzten Möglichkeiten städtischer Politik, die individuelle Wohnortwahl von Haushalten zu beeinflussen, zu keinem Zeitpunkt in der Nachkriegsentwicklung so gering waren wie heute. Zu dürftig, weil sie als unbestimmter Formelkompromiss, der die Festigkeit eines Vorurteils angenommen hat, unter der Hand längst zum Tarnargument für alle widerstreitenden Interessen geworden ist, die auf den lokalen Wohnungsmarkt einwirken" (Bartelheimer 1998, 8 f.).

Demokratiebefähigung als Ziel sozioökonomisch und soziokulturell gemischter Quartiersentwicklung?

Um Aspekte dieses historischen Disputs für die heutigen Fragestellungen nutzbar zu machen und letztere strukturieren zu können erscheint es wichtig, zunächst Ziele zu formulieren, um die es in der aktuellen Stadtentwicklung gehen sollte. In den einschlägigen sozial- und städtebaulichen Entwicklungs-Chartas von Athen (neu) und Leipzig tauchen immer wieder die Zielbegriffe der „vernetzten" und „smarten", der „ökologisch" und „sozial nachhaltigen", der „integrierten" und der „gemischten Stadt" auf. Solche Zielvorstellungen basieren meist auf den Analysen klimabedingter, gesellschaftlicher und technologischer Entwicklungen, die neue sozialräumliche Anforderungen nach sich ziehen. Ein übergeordnetes sozialpolitisches Ziel ist in sämtlichen dieser Konzepte aber das der *Integrationsfähigkeit* von Städten. Eine der grundlegenden Bedingungen, ebenso wie auch als Indikator für gelingende Integration wird *sozialer Kohäsion* zugeschrieben. Soziale Kohäsion im kleinräumigen Kontext entsteht nach den bisherigen Erfahrungen eher weniger durch allgemeine soziale Mischstrukturen an sich, außer vielleicht derjenigen in ethnisch und kulturell homogenen, aber sozioökonomisch gemischten Communities (vgl. Straßburger 2003). Es reicht nicht aus, eine Rechtfertigung für die Kohäsionsfähigkeit im Leitbild der „gemischten Stadt" allein aus bisherigen empirischen Erkenntnissen, Erfahrungen und Zielen mit sozialen Mischstrukturen abzuleiten. Deshalb soll ein zweiter, gesellschaftspolitisch zentraler, bisher eher unterbelichteter normativer Aspekt aus der *Demokratietheorie* hinzukommen. Kaltenbrunner bezeichnete den öffentlichen Raum, die Straße als Trainingsgelände der Demokratie: „Zwar werden auf der Straße keine Lösungen entwickelt, und schon gar keine Gesetze formuliert. Aber hier wachsen neue Themen, hier gewinnen politische Bewegungen ihren körperlich spürbaren Rückhalt" (Kaltenbrunner 2017, 28). Plurale und demokratische Gesellschaftsformen leben von der Kommunizierbarkeit und Verständigungsfähigkeit ihrer Diversitätsstrukturen zwischen den verschiedenen Milieugruppen, Schichten und Klassen. Bleiben diese sozialräumlich jeweils voneinander segregiert, erschwert dies i. d. R. allein aus gegenseitigem Erfahrungsmangel und fehlenden Kenntnissen heraus die jeweilige Verstehensoffenheit und Verständigungsfähigkeit. Eine weitgehend segregierte Stadtstruktur würde den ‚Verschiedenheiten' also auch keinen Druck zur Verständigung abverlangen. „Ziel von sozialer Mischung in diesem Kontext ist demnach eine Reduktion von Polarisierungstendenzen (Segregation) und damit einhergehender Schwierigkeiten, die sich durch die Konzentration von Problemlagen ergeben" (Zychlinski et al. 2015, 8).

Sozioökonomische und soziokulturelle Vielfalt im Quartier

Konflikte und Zuordnungen (Streit, Kampf, sozialer Ein- und Ausschluss)

Konfliktregulation über demokratische Verfahren (Partizipation, Mediation, Aushandlung, Entscheidung)

Identifikation, Zugehörigkeit, Kohärenz, Kohäsion (Integration) vers. Ablehnung, Gleichgültigkeit, Ausschluss (Exklusion)

Abb. 1.2 Prozedere zwischen Vielfalt und Kohäsion

Demokratietheoretisch ist nahezu unbestritten, dass Demokratie als Lebensform direkt erfahrbar und somit erlernbar sein sollte (vgl. Dewey 2011, 1915). Diese Notwendigkeit ist in multikulturellen, individualisierten, pluralen, transformativen und damit ‚heißen Gesellschaften' noch einmal relevanter als in statischen. Ein solches Erlernen gegenseitiger Verständigung findet einerseits in unkomplizierter Form meist über Gemeinsamkeiten von Interessen und Wünschen, aber auch, sehr viel aufwendiger und mühsamer, über Irritationen und Konflikte sowie deren Regulation statt. Eigentlich stehen die klassischen demokratischen Institutionen und Organisationen für solche Regulationsvorgänge (vgl. Kap. 5). Ihr Funktionieren gründet aber auf frühen Lernerfahrungen in Institutionen wie Kindertagesstätte und Schule sowie in zivilgesellschaftlichen Vorfelderfahrungen, die bestenfalls primär in der eigenen Familie erfolgen sollten und sich im sozialräumlichen Feld von Quartieren nicht nur weiter qualifizieren können, sondern auch die partizipative Basis für sich selbstorganisierende Quartiersentwicklung darstellen. Grundproblem ist dabei jeweils die Überwindung des sozialen Eigensinns einzelner oder von Gruppen, je für sich oder ihrer Bezugsgruppen-Mentalität. Die Kräfte der Unterscheidung, der Distinktion wirken dann gleichermaßen naturwüchsig und wachsen sich in Bezug auf ziemlich unkontrollierbare Dimensionen aus. Erst die Notwendigkeit, sich mit anderen zu streiten, führt entweder zur konflikthaften Auseinandersetzung oder auch zur Verständigung; beide Bestandteile demokratischer Verfahren und Arrangements, deren konstruktive Muster aber erprobt und erlernt werden müssen. Zeitgemäße demokratiefördernde Stadtentwicklung beinhaltet insofern auch einen solch normativ-appellativen Bildungsaspekt; ein Anspruch, der sich im günstigsten Fall über ein möglichst gelingendes und mehr oder weniger nahes Zusammenleben unterschiedlicher Schichten, Milieus, Altersklassen und Kulturen herstellt. Gemischte soziale Quartierstrukturen erscheinen in diesem Kontext einerseits als demokratiekonstitutive Notwendigkeit; andererseits sind sie mit Konflikten und Zumutungen verbunden und erfordern eine Verständigungs- und Arrangementbereitschaft, die manchmal über externe Unterstützung initiiert und stabilisiert werden muss (vgl. Abb. 1.2). Sozioökonomische und soziokulturelle Bewohnermischungen in Quartieren müssen Anspruch und Thema in einer demokratischen Gesellschaft bleiben, so wie die Notwendigkeit der Gesamtschule Thema einer breiteren Bildungsteilhabe war. „Reflektionen über das soziale Profil eines Gemeinwesens, den Einfluss der Stadt- und Quartierentwicklungspolitik auf das Gemeinwesen und auf die individuellen Wahlmöglichkeiten, z. B. im Wohnungsmarkt, sind ein Muss. Auf der anderen Seite gilt es anzuerkennen, dass ein sozial durchmischtes Quartier keine Lösungen für Armut, Ausgrenzung und Diskriminierung bietet und damit auch nicht die negativen Begleiterscheinungen sozio-ökonomisch segregierter Quartiere zu beseitigen vermag" (Programms Projets Urbains 2011, 5). Die Herstellung möglichst kleinräumiger sozialer Mischstrukturen erscheint somit als kommunalpolitische Programmatik in einer pluralen und multikulturellen Gesellschaft zwingend. Sie gilt es aber in einem sinnvollen und verträglichen Bezug zu Integrationsfähigkeit und sozialer Kohärenz und Kohäsion einer räumlichen Einheit zu positionieren. Kohäsionsfördernd wäre es daher, soziale Mischungsverhältnisse nicht allein Zufälligkeiten zu überlassen; denn es gibt passende und weniger passende Mischungsszenarien, die über die nachfolgenden Ausführungen identifiziert werden sollen.

Empirisch basierte Studien und Expertisen
Bisher existieren allerdings relativ wenige valide Forschungserkenntnisse zu gelingenden oder auch eher problematischen Mischstrukturen. Oftmals findet man in den einschlägigen Expertisen eher hypothesengeleitete Erkenntnisse, deren Wahrscheinlichkeiten aus grundlagenorientierten Bezugswissenschaften abgeleitet sind. Es werden zunächst Ergebnisse mehrerer Studien diskutiert, die sich mit Effekten sozialer Mischstrukturen befassen, untereinander aber wenig vergleichbar sind; denn sie behandeln die gemeinsame Fragestellung entweder nur für Neubauquartiere (1) oder aber nur für bereits bestehende Stadtteile (2) Als dritte Variante finden sich Abhandlungen, die zwischen diesen beiden Aspekten nicht explizit differenzieren (3). Zur ersten Variante gehören Ausführungen aus einem Forschungsprojekt des Bundesinstituts für Bau-, Stadt- und Raumforschung (BBSR 2020), zur zweiten

eine Studie des DIfU (Deutsches Institut für Urbanistik/ Bergische Universität Wuppertal 2015) sowie eine Untersuchung der Hochschule Bern (Zychlinski et al. 2015), und zur dritten eine Expertise der Schweizer Bundesregierung: „Programms Projets Urbains" (2011). Nicht von ungefähr orientieren sich die drei verschiedenen Herangehensweisen an unterschiedlichen Zielsetzungen. Bei den Untersuchungen zu Neubaugebieten dominieren eher Ziele, die auf allgemeinere Aspekte des Zusammenlebens in Städten fokussiert sind. In der zweiten und dritten Variante dagegen geht es eher um die Analyse von Auswirkungen sozialer Mischungsveränderungen auf die individuellen Lebenslagen und die soziale Lage benachteiligter Bevölkerungsgruppen. Dabei kommt der DIfU-Studie ein besonderer, allgemein differenzierender Charakter zu, wenngleich sie sich ausschließlich mit Projekten in NRW befasst.

Die nachfolgende Analyse der Studien orientiert sich grob an den Kategorien und Oberbegriffen gelingender und verträglicher sozioökonomischer Mischstrukturen (a), sozialen Kohärenz- und Integrationseffekten (b) sowie demokratiefördernden Potenzialen (c) in den jeweils betrachteten Quartierstypologien.

Studie zu Variante 1: Neubauquartiere und Neubausiedlungen
In einem Forschungsprojekt des Bundesinstituts für Bau-, Stadt- und Raumforschung (BBSR 2020) werden 14 neue Quartiere, Stadtbausteine sowie ergänzender Neubau bereits bestehender Quartiere in ihrer Projektentwicklungsphase sowie in der anschließenden Bewirtschaftung untersucht. Sämtliche Quartiere unterliegen sozialen Mischstandards in verschiedenen Maßstäben von Inhouse-Mischungen, Nachbarschaftsmischungen oder der Mischung auf das gesamte Quartier bezogen. Die ökonomischen und belegungsrelevanten Mischungstypen stellen Eigentum, frei finanziertes und gefördertes Mieten in unterschiedlichem Verhältnis zueinander dar. Forschungsgegenstand ist die Identifikation von Einflussfaktoren, Bedingungen und Instrumenten, die zu einer gelingenden sozialen Mischung in Neubaugebieten beitragen können. Als allgemeine Erfolgsindikatoren werden Wohnzufriedenheit sowie gute Nachbarschaft definiert (ebd., 10).

Paradigmatisch orientiert sich die Studie an der Aufgabe, durch soziale Mischung „lebendige Quartiere" zu entwickeln, als „Gegenbild zu der viel beklagten Eintönigkeit gestapelter gleicher Wohnungen". Eine gelingende soziale Mischung beruhe „wesentlich auf verschiedenartigen Wohnungstypologien und Wohnformen mit vielgestaltigen Grundrissen in Verbindung mit einer Mischung der Finanzierungsformen mit geförderten und freifinanzierten Mietwohnungen und Eigentum" (ebd., 153). Erst diese ermöglichten eine soziale Vielfalt mit Haushalten in unterschiedlichen Lebenssituationen und Lebensweisen.

Hinsichtlich „sozialer Kohärenzeffekte" sowie „integrations- und demokratie-
fördernder Potenziale" lassen sich folgende Schlüsse aus der Studie ziehen.
Kohärenzeffekte nehmen danach mit zunehmender sozialer Heterogenität ab. „Je
heterogener die Milieus sind, desto weniger Kontakte, Vertrauen und freiwilliges
Engagement gibt es, man zieht sich mehr in die eigene Häuslichkeit zurück" (ebd.,
155). Daraus folge zwangsläufig, dass Kommunen und Wohnungsbaugesellschaften
das „Miteinander u. a. mit Treffpunkten im Wohnumfeld, Festen, Gemeinwesenarbeit" und anderen Rahmenbedingungen für sozial gemischte Bewohnerstrukturen
förderten (ebd., 154).

Allgemein nimmt die Zufriedenheit einer Beurteilung der privaten Räumlichkeit,
also der eigenen Wohnung über die Nachbarschaft, die Wohnanlage zum Wohnviertel hin ab, ausgenommen der relativ hohen Unzufriedenheitsquote zur direkten
Nachbarschaft. Erklärend hierfür dürfte eine ausgewogene Balance von Nähe und
Distanz sein, die von den meisten Bewohnern erwartet wird (ebd., 141) und die
bei direkter Nachbarschaft häufiger von auch individuellen Zufallskomponenten
geprägt ist. Dieses Ergebnis entspricht in etwa der Erkenntnis, dass es in Neubaugebieten in der ersten Phase der Belegung einen etwa 20 %igen Enttäuschungsfaktor
gibt, verbunden mit der Erkenntnis, dort ggf. wieder auszuziehen (vgl. auch Kap. 5
Spinelli-Quartier). Ausgenommen hiervon sind die Baugruppen und ggf. Baugenossenschaften, deren Zielsetzungen primär auf gute Nachbarschaft und soziale
Kohäsion ausgerichtet sind (ebd., 143).

Interessant sind die Befunde zur Wohnzufriedenheit und zu Intensitäten bei
Nachbarschaften differenziert nach unterschiedlichen Mischungsverhältnissen in
verschiedenen Quartieren. Die Wohnzufriedenheit ist demnach in Quartieren mit
mittleren Mischungsquoten von 33 bis 40 % öffentlich geförderter Wohnungen
am höchsten, in Wohnviertel mit entweder geringen (unter 28 %) oder aber sehr
hohen Anteilen (über 66 %) geförderter Wohnungen dagegen geringer (ebd., 139).
Der klassische „Hamburger Drittelmix" (Freie und Hansestadt HH 2014, 8) scheint
hierfür die am besten geeignete Mischungsformel zu sein. Sind Haushalte in öffentlich geförderten Wohnungen in starker Minderzahl, könnten Stigmatisierungseffekte
innerhalb des Quartiers von Bedeutung sein; in Umkehrung hierzu droht Quartieren
mit hohen Anteilen öffentlich geförderter Wohnungen Stigmatisierung von außen,
was sich ebenso auf die individuelle Wohnzufriedenheit und die Identifikation mit
dem eigenen Quartier eher negativ auswirken kann.

Bei integrationsfördernden Aspekten kommt die Studie zu den Erkenntnissen, dass z. B. kleinteilige Mischungen, also Inhouse-Mischungen in einer Wohnanlage dazu beitragen, dass keine stigmatisierenden Images einzelner Wohnhäuser entstehen und dadurch pauschalen Vorurteilen vorgebeugt werde (ebd., 154). Weiterhin seien die qualitative Außengestaltung des Wohnumfeldes neben Gemeinschaftsräumen und informellen Treffpunkten im Umfeld der Nahversorgung entscheidend für Kontaktentstehung und gelingendes soziales Miteinander. Im Detail gelte es, im Mikrokosmos eines Gebäudes auch Hauseingang und Erschließungsflächen so zu gestalten, dass diese sich als kommunikative Knotenpunkte bewähren. Insbesondere im Rahmen der dauerhaften Bewirtschaftung seien professionelle Begleitstrukturen zur Unterstützung materiell benachteiligter Haushalte oder bei Konflikten und Problemlösungen notwendig.

Als Fazit dieser Studie lässt sich festhalten, dass „gelingende und verträgliche soziale Mischstrukturen" sowohl bei Bewohnern, den meist öffentlichen und gemeinnützigen Wohnungsbaugesellschaften und Kommunen zwar erwünscht seien, dass ein Gelingen aber letztendlich auch von einer, sich an die bauliche Umsetzung anschließenden, qualitativ guten Bewirtschaftung abhängt; das können das sogenannte Aufsiedlungsmanagement, Quartiermanagement oder die Gemeinwesenarbeit sein oder auch zivilgesellschaftliche Selbstorganisationsformen wie Aktivitäten von Quartiers- bzw. Stadtteilinitiativen, Vereinen und einzelner Gruppen. Unklar bleiben in dieser Studie gesellschaftspolitische Begründungen eines solchen Ansatzes. Insofern lassen sich demokratiefördernde Aspekte nur in indirekter Weise ableiten.

Zentrale Erkenntnis dieser Studie ist, dass ein Mischungsverhältnis von etwa einem Drittel öffentlich geförderter Wohnungen optimal zu sein scheint. Hierdurch sei eine relativ hohe Interaktionsfrequenz auch zwischen den verschiedenen Bewohnerschichten gewährleistet. Im Falle anderer Mischungsverhältnisse steigen Aufwand und Intensität infrastruktureller und sozialpolitischer Begleitangebote.

Studien zu Variante 2: Mischungsänderungen in bestehenden Quartieren
Die *DIfU-Studie* von 2015 ist die methodisch anspruchsvollste und am meisten differenzierende Expertise, die allerdings nur die Situation in einem Bundesland wiedergibt, nämlich diejenige in Nordrhein-Westfalen. Das ist insofern von Bedeutung, weil es in den Fallstudien zu großen Teilen um altindustrielle Transformationsstadtteile geht. Die Erkenntnisse sind deshalb nur eingeschränkt generalisierbar. Die Studie umfasst sowohl funktionale als auch soziostrukturelle Mischungsaspekte und orientiert sich an drei pragmatischen Fragestellungen, nämlich.

(1) welche Strategien verfolgen die Städte im Kontext von Mischung und Vielfalt?
(2) welcher Stellenwert kommt den Themen in den einzelnen Kommunen zu?
(3) und inwieweit besteht die Aussicht, neue Mischungsbilder zu erzeugen? (DIfU 2015, 7).

Ausgehend von einer breiten Dokumentenanalyse präzisieren sich die Fragestellungen in Richtung einer sehr spezifischen, am Einzelfall orientierten Betrachtungsperspektive auf wiederum drei Fragestellungen:

(1) „Welche funktionale und soziale Mischung braucht ein städtisches Wohnquartier?
(2) Welche städtebaulichen und stadträumlichen Voraussetzungen sind zu erfüllen? Durch welche Eigenschaften und Erfolgsfaktoren zeichnen sich gemischte Stadtquartiere aus?
(3) Welche Formen und Ausprägungen von Mischung sind in den verschiedenen Quartieren zu finden, und welche positiven Effekte sind mit den verschiedenen Spielarten der Nutzungsvielfalt verbunden?" (ebd., 8).

Aus der Untersuchung geht zunächst hervor, dass die Thematik der „sozialen Mischung" gerade in den Quartieren mit einseitig einkommensschwachen Haushalten ein bedeutendes Thema der Stadtplanung ist. In den anderen Quartieren ist deren Bedeutung dagegen irrelevant. Mit neuen, vor allem funktionalen Neumischungen gingen teilweise Konflikte zwischen alteingesessener Bevölkerung und neuen Nutzergruppen einher (ebd. 96).

Als Erfolgsfaktoren werden drei Faktoren genannt, nämlich privates Engagement als Beförderer von Mischungen, spezifische städtebauliche Ausgangsbedingungen für soziale und funktionale Mischung sowie eine günstige Lage im Stadtgebiet. Bei den Spezifika seien Gründerzeitquartiere im Vergleich mit siedlungsorientiertem Wohnungsbau ab den 1950er Jahren vorteilhaft, ebenso innenstadtnahe Lagen, in die Cityfunktionen eingelagert werden könnten (ebd., 96 ff.). Im Einzelnen zeigen sich Unterschiede zu sozialen Mischungsverhältnissen nach Stadtteil- bzw. Quartiertypen in einem deutlichen Gefälle sozialer Mischungsintensitäten von den Innenstädten mit 69 % starker und sehr starker Mischungen, über die innenstadtnahen Quartiere (70 %), die Nachkriegssiedlungen der 1950/60er Jahre (37 %), die Großsiedlungen der 1970/80er Jahre (20 %), bis hin zu den neuen Stadtquartieren (seit 1990) mit nur noch 19 % (DIFU 2015, 31).

Als Fazit der Studie lassen sich hinsichtlich einer mischungsorientierten Veränderungsabsicht bestehender Quartiere und Stadtteile folgende Erkenntnisse als orientierende Handlungsschritte zusammenfassen:

(1) „Konkrete Eingriffe obliegen (…) der operativen Ebene in den Quartieren. In diesen geht es zunächst darum, deren spezifische Mischung zu bewerten, denn Mischungsqualität hängt von der Größe des betrachteten Ausschnitts, von der Körnigkeit der Mischung und von den Ressourcen des Quartiers ab" (DIfU 2015, 125). Hierzu wird in der Studie nach mehreren Einflussfaktoren differenziert:

   (a) Aus der Baustruktur resultieren die Raumangebote.

   (b) Das Alter der Bebauung spiegelt dabei die Mischungs- oder Trennungsphilosophie wider, unter der es errichtet wurde.

   (c) Das Vorhandensein von Baulücken, Konversionsflächen oder Umnutzungspotenzialen in Form von Gebäuden wirkt sich auf die Möglichkeit aus, neue Angebote zu schaffen.

   (d) Die Struktur der Eigentümer und deren Renditeerwartungen bedingen die Zugänglichkeit der Raumangebote.

   (e) Die Lage des Quartiers im Stadtraum beeinflusst den Nachfragedruck (Konkurrenz).

   (f) Rechtliche Setzungen geben die Zulässigkeit bestimmter Nutzungen vor (DIfU 2015, 29).

(2) Auf einer solchen Basis könnten spezifische Konzepte entwickelt werden, wie und mit welchen Partnern die lokale Situation verändert, respektive verbessert werden kann und vorhandene Nutzungen eventuell anzureichern seien (vgl., ebd.).

(3) „Für die Ebene der Gesamtstadt und der Quartiere gleichermaßen ist die Frage zu beantworten, welche Prozesse oder Akteure als Treiber der Mischung oder als Treiber der Trennung wirken. Aus diesen Befunden heraus kann bestimmt werden, welche Instrumente sich in der spezifischen Situation dazu eignen, proaktiv Mischung zu befördern oder Entmischung zu verhindern. Im Umgang mit den Mischungskonstellationen werden rechtliche, institutionelle, finanzielle und mentale Ressourcen benötigt. Die Entwicklungsdynamik in den Städten und Gemeinden im Spagat zwischen Wachstum und Schrumpfung bedingt unterschiedliche Problemkonstellationen (Wohnungsmärkte, Gentrifizierung, Engagement) und hat ebenso Auswirkungen auf die lokale Handlungsfähigkeit. Dort, wo Kooperation nicht mehr mit Renditen belohnt werden kann, kommt die kooperative Erneuerungs- und Entwicklungspolitik an ihre Grenzen" (DIfU 2015, 125).

(4) Darüber hinaus wird davon ausgegangen, dass ein „Mischungsbild" eines kleinteiligen Durcheinanders von sozialen und funktionalen Situationen nur für einen Teil städtischer Quartiere infrage kommt. In diesen müssten jeweils eine hohe Diversität von Wohnungstypen (Mietpreisdifferenzen, Anbietervielfalt)

und ein vielfältiges Angebot an Gewerberäumen vorhanden sein. „Solche dichten ‚Gemengelagen' haben aber durchaus auch Nachteile und sind nicht auf die
Gesamtstadt zu übertragen. In gesamtstädtischer Sicht ist es vielmehr sinnvoll,
‚Mischung' im Sinne von Durchlässigkeit und Arbeitsteiligkeit zu interpretieren. Jedes Quartier erfüllt seine spezifische Rolle im städtischen Kontext, und
nur wenn sich Nachteile aus einer sozialen Homogenität oder Funktionsarmut
ergeben, erwächst Handlungsbedarf" (DIfU 2015, 125).

Eine zweite empirische Studie zur Variante „Mischungsänderungen in bestehenden Wohngebieten" ist die der *FH-Bern* zum städtebaulichen Leitbild „Soziale
Durchmischung" am Beispiel der Stadt Bern (Zychlinski et al. 2015). Die Herangehensweise ähnelt derjenigen aus der DIfU-Studie; vergleichbar sind auch die
Fragestellungen. Eine der Stärken dieser Erhebung ist das Herausarbeiten der
diversen Verständnisse und des Umgangs mit dem Begriff der *„sozialen Durchmischung"* (ebd., 11 ff.). Demnach unterscheiden sich die Verwendungspraktiken und
Verständnisse einerseits zwischen Akteursgruppen wie einschlägigen Fachkräften,
kommunalpolitischen Akteuren und der Presse deutlich voneinander. Andererseits
zeigten sich Verwendungsunterschiede zwischen verschriftlichten Dokumenten
sowie Aussagen in Interviews. Im verbalen Austausch wurde mit dem Begriff
nahezu immer positiv konnotiert und fast inflationär umgegangen, auf der Ebene
verschrifteter, politischer Programmatik ebenfalls. Auf fachlich einschlägigen Ebenen der Stadtentwicklung und der Fachwissenschaft überwiegen dagegen eher
Skepsis und Vorsicht in seiner Verwendung. Weiterhin wird in der Expertise festgestellt, dass der Gegenstand „soziale Durchmischung" eher eine Erwartungshaltung
als ein valides Ziel widerspiegelt. Es bleibe zudem häufig unbestimmt, was mit
dem Begriff gemeint sei, Altersmischungen, sprachlich-kulturelle Mischungen,
sozioökonomische Mischungen, Mischungen der Haustypologien usw. (ebd., 11).

Von Interesse ist in dieser Studie auch der Befund von Assoziationen im Kontext des Begriffes. So werden in indirekter Weise über die Assoziationen: Vielfalt,
Toleranz, Akzeptanz, das Voneinander-Lernen, Gerechtigkeit und Solidarität, Hilfsbereitschaft gegenüber Benachteiligten, Sicherheit und Stabilität, soziale Mobilität
sowie Integration mögliche Zielindikatoren benannt, und damit der Frage: ‚Wozu
und weshalb „soziale Durchmischung?"' nachgegangen (ebd., 12 ff.). Denn nicht
selten stehe der Begriff selbst schon als nicht zu hinterfragendes Ziel im Raum. Die
verschiedenen Assoziationen weisen gleichzeitig auf ein völliges Überstrapazieren
des Begriffs hin, etwa in der Art, dass zahlreiche positiv konnotierte, wertegelei-
tete Prinzipien mit sozialer Durchmischung als Maßnahme verbunden werden und
der Begriff selbst eher als Code für eine Projektion überladener, gesellschaftlich
erwünschter Veränderungen auf die Stadtentwicklungsplanung fungiert. Dasselbe

gelte für den Begriff der „sozialen Nachhaltigkeit". Das Leitbild der „sozialen Durchmischung" werde oftmals als positive Gegenstrategie zu den negativ konnotierten Phänomenen der Entmischung, der Gentrifizierung und der Segregation, manchmal auch synonym mit „sozialer Nachhaltigkeit" und Nutzungsmischung verwendet (ebd., 15). Die Begriffsbedeutung beinhalte zweierlei, nämlich einen anzustrebenden Zustand bzw. eine gesellschaftliche Zielgröße und einen Prozess oder ein Mittel, um eine solche Zielgröße zu erreichen (ebd., 21).

In der Erarbeitung wird über die untersuchten lokalen Beispiele herausdestilliert, dass erst über eine Klärung der oftmals miteinander konkurrierenden städtebaulichen und sozialen Zielsetzungen (Integration, soziale Kontrolle, lebenswertes Quartier ohne Konflikte, Lebendigkeit, Ruhe usw.) Konzepte zu entwickeln wären, in denen, ausgehend von jeweils gewachsenen historischen Strukturen, Maßnahmen für gezielte soziostrukturelle Veränderungen abzuleiten wären, von denen man annimmt, dass sie zur Zielerreichung tauglich sind.

Ein weiterer Befund der Expertise stellt die gezielte Steuerungsfähigkeit solcher Veränderungsprozesse infrage. Den vielfach verwendeten programmatischen Durchmischungszielsetzungen entsprächen nicht deren reale Umsetzungsmöglichkeiten durch Politik und/oder Verwaltung. Der Politik werde zwar das Vermögen zur Steuerung zugesprochen. „Ihr fehlender oder nicht durchgesetzter Einfluss auf die Entwicklung des Wohnungs- und Immobilienmarktes kommt aber kaum zur Sprache" (ebd., 22).

Hinsichtlich operativer Aspekte wird in der Studie davon ausgegangen, dass eine so vage Konzeptionierung wie bisher eher für Missverständnisse in der Umsetzungspraxis sorge. Zudem wird darauf verwiesen, dass die bisherige meist normativ-ideologische Orientierung an sog. „Normalitäts- bzw. Mittelklasse"-Standards praxisfern sei. Es wird gefordert, dass eine solide empirische Basis geschaffen werden müsse, über die gelingendes oder auch konfliktträchtiges Zusammenleben diverser Lebensformen und Lebenswelten ersichtlich werde (ebd., 24). Dabei gelte es, sich an Aspekten und Indikatoren wie „sozialem Raum", Integration und Partizipation zu orientieren.

In der Studie wird darauf hingewiesen, dass es bisher keine empirische Basis gibt, die uns Informationen zu den beiden Bewertungsindikatoren von gelingenden und verträglichen sozialen Mischstrukturen sowie zu sozialen Kohärenzeffekten und integrationsfördernden Potenzialen liefern könnten. Demokratiefördernde Potenziale werden indirekt über die Forderung nach Partizipationspraktiken angesprochen.

Studie zu Variante 3: Allgemeine und stadthistorisch unspezifische Expertisen
In der Studie „*Programms Projets Urbains*" (PPU) der Schweizer Eidgenossen-
schaft wird herausgearbeitet, dass hohe Anteile riskanter Lebenslagen sozioökonomisch benachteiligter Milieus zwar mit sozialräumlich segregierten Quartieren
korrelieren. Allerdings wird stark bezweifelt, dass deren Ursachen auch abhängig
von etwa fehlenden sozioökonomischen Mischstrukturen seien. „Falsch ist nicht
die Diagnose der Probleme, die mit benachteiligten Quartieren einhergehen. Falsch
ist es, die Ursachen für die Probleme in der mangelnden sozialen Mischung des
Quartiers anzusiedeln. Ergo kann auch die Lösung der Probleme nicht durch eine
bessere soziale Mischung erzielt werden" (PPU 2011, 8). In der Studie wird auf
fünf Hypothesen im Kontext sozioökonomischer Mischstrukturen mit der Zielsetzung eingegangen, zwischen meist politisch legitimierten Forderungen nach sozialer
Mischung und wissenschaftlich begründeten Grenzen der sozialen Mischung Brücken zu schlagen. Historisch betrachtet fungierten segregierte Armutsquartiere
als eher standortschädigende Indikatoren in internationalen Städterankings. Erst
deshalb seien Ideen und Projekte entstanden, die durch städtebauliche Aufwertungs-
maßnahmen die Strukturen und das Erscheinungsbild der betroffenen Stadtteile
verändern sollten. Soziale Mischstrukturen könnten integrationsfördernd wirken
und die soziale, schichtbezogene Durchlässigkeit erhöhen helfen. Die Aufwertungen
solcher Stadtteile sorge aber für steigende Wohnkosten, was sich nachteilig auf die
dort lebenden sozioökonomisch benachteiligten Bevölkerungsschichten auswirke.
Außerdem seien dort Gentrifizierungsprozesse, insbesondere in innenstadtnahen
Lagen nicht ausgeschlossen, was zu Verdrängungen der weniger zahlungskräf-
tigen Bewohner führe. Deren individuelle Lebenslagen würden sich also eher
verschlechtern (ebd., 5). „Entscheidend, ob ein Quartier zum Ort der sozialen
Ausgrenzung wird oder nicht, sind die Möglichkeiten der physischen Mobilität
(Anbindung an den öffentlichen Verkehr), den Zugängen zu Bildung, Arbeit, Woh-
nen und die Qualität des Wohnumfeldes (öffentlicher Raum, Begegnungsorte).
Soziokulturelle Integration geschieht vor allem in sozial homogenen und nicht in
sozial heterogenen Nachbarschaften" (ebd., 6). Sozioökonomisch benachteiligte
Quartiere seinen allein schon durch endogene Faktoren wie Haushaltsgrößen, Haus-
haltsarten, ethnische Herkunft, Alter, Lebensphasen sozial gemischt. Allein der
Erwerb sprachlicher Kompetenzen des Aufnahmelandes sei in ethnisch-kulturell
homogenen Milieus benachteiligter Stadtteile dann problematisch, wenn diesbzgl.
Frühförderung ausbleibe (ebd., 7 f.).
    Als Fazit dieser Studie lässt sich hinsichtlich der Diskussion zu Effekten sozialer
Mischungsstrukturen festhalten, dass diese zu keinen Verbesserungen individueller
Problemlagen führten. Je nach Gestaltung der Perimeter sei aber die gemischte
Stadt aus westeuropäisch kultureller und demokratischer Sicht konstitutiv. Bezogen

auf die Perimeter seien gesellschaftliche und politische Akzeptanz dann höher, je großräumiger soziale Mischung angelegt ist. Entscheidend sei aber ein geeigneter Maßstab dieser Perimeter, also der jeweiligen Quartier- bzw. Gemeinwesengrößen, auf die sich entweder Mischstrukturen oder Homogenität der Bewohner beziehe (ebd., 6).

Kritisch anzumerken bleibt, dass der Maßstab dieser Perimeter in der Studie offenbleibt. Außerdem fehlt weitgehend eine Differenzierung in der Fragestellung nach Stadtteil- bzw. Quartierstypologien. Das Ziel, ein bestehendes citynahes Altbauviertel sozioökonomisch neu zu mischen ist mit anderen Begleiterscheinungen verbunden als ein Neubaugebiet von Beginn an auf Mischungen hin anzulegen.

Darüber hinaus fehlen Querschnittsbezüge zu kriminologischen, sozialräumlichen und stadtsoziologischen Expertisen, die sich mit kriminogenen Multiplikatoreffekten oder auch mit Milieuverfestigungen in benachteiligten Stadtteilen befassen.

1.3 Allgemeine Erkenntnisse aus den verschiedenen empirischen Studien

Zum Begriff „soziale Mischung" und daraus resultierender konzeptioneller Missverständnisse
Die vielleicht grundlegendste Erkenntnis aus den vorgelegten Studien dürfte in der unklaren Begriffsverwendung liegen, die zu diversen Missverständnissen führt und oftmals Nicht- oder wenig Vergleichbares undifferenziert thematisiert. Auch wenn zwischen funktionaler und sozialer Mischung meist klar unterschieden wird, so fehlt bei letzterer gewöhnlich eine Differenzierung zwischen einem Verständnis als Zielgröße oder als Prozess bzw. Mittel. Der in der Berner Studie verwendete Begriff der „Durchmischung" ließe sich gut im Sinne eines Handlungsvorhabens für einen prozessualen Gebrauch nutzen. Mit dem Begriff der „sozialen Mischung" wäre dann eher eine Zielgröße verbunden, deren Sinnhaftigkeit aber darüber hinaus noch zu bestimmen wäre. Die bisher vorliegenden Begründungen entfalten sich eher als Assoziationen (vgl. Berner Studie) oder fehlen gänzlich, weil die überaus positive Konnotation des Begriffs im Sinne eines Codes etwa für Vielfalt, Gerechtigkeit, Nachhaltigkeit, soziale Durchlässigkeit usw. allein als Zielsammelsurium auszureichen scheint.

Zur Maßstabsbezogenheit der Begriffsverwendung
Der Begriff ist in seiner Anwendung nur sinnvoll, wenn die Frage des Perimeters geklärt ist, also des geografisch-räumlichen Maßstabs, auf den sich ein vorhandenes oder angestrebtes Mischungsverhältnis bezieht. Über die Definition bzw. die Bestimmung des Maßstabs zeigt sich entweder eine fachliche oder/und eine sozialpolitische Akzentuierung. Auf den gesamten Maßstab einer Metropole oder einer Großstadt bezogen, wirkt die Begriffsverwendung obsolet, da diese i. d. R. immer sozioökonomisch und soziokulturell gemischte Bevölkerungsgruppen vorhalten. Es geht also entweder um fachliche oder um sozialpolitische Begründungen erwünschter oder anzustrebender Mischstrukturen nach geografischen Größenmaßstäben in Städten. Größtenteils wird in den Studien unterschieden zwischen sozioökonomisch gemischten Bewohnerstrukturen auf die gesamte Stadt, auf Stadtteile oder Quartiere, auf ein Wohnkarree/ auf direkte nachbarschaftliche Areale oder auf ein Gebäude/ Haus bezogen. Die meisten Studien wählen das *Quartier* als Referenzgröße (BBSR 2020, 32). Als Perimeter bzw. Maßstab für sozioökonomische und soziokulturelle Bewohnermischungen erscheinen einerseits und nach neueren Erkenntnissen durchschnittliche Quartiergrößen von 5.000, sowie aus der historischen Rekonstruktion abzuleitende Stadtteilgrößen von maximal 30.000 Bewohnerinnen und Bewohnern handlungsorientierend zu sein.

Typologie-Bezug sozialer Mischungsvorhaben
Generell lässt sich aus den Studien herauslesen, dass es in den Konzeptionen oder den Projekten, die soziale Mischungsstrukturen anstreben bzw. bewahren möchten, um eine Typisierung nach vier Aspekten geht, nämlich zum einen um beabsichtigte Transformationen in *bereits existierenden Stadtteilen* oder Quartieren. Diese wiederum gilt es nach baulicher Beschaffenheit, soziokultureller Historie und Struktur und gesamtstädtischer Lage zumindest nach zwei Kategorien von *citynah* und *randständig* differenziert zu betrachten. Zum zweiten kann es einerseits um *ergänzenden Neubau* an oder in bereits vorhandenen Quartieren oder aber um *gänzlichen Neubau* von Stadtteilen, Siedlungen oder Quartieren gehen. Bei den ersten beiden transformatorischen Typen steht die Prozessdimension, bei der dritten ergänzenden Variante die Ziel- und Prozessdimension, bei Variante vier nur die Zieldimension im Fokus. In den derzeitigen Projekten der ersten beiden Typen geht es jeweils um Aufwertungsvorhaben in Stadtquartieren, die von ihrer baulichen und/oder sozialen und sozioökonomischen Bewohnerstruktur als problematisch eingeschätzt werden.

Singularitätscharakter sozialer Mischungsvorhaben
In sämtlichen Studien offenbart sich ein Singularitätscharakter der jeweils untersuchten Städte und Fallstudien. Es scheint kaum möglich, mit verallgemeinerbaren Erkenntnissen die jeweils vorgesehenen Prozesse zu steuern. Je nach sozialpolitischen Zielsetzungen und Erfahrungen einerseits, und andererseits nach geografischer Lage und Position im gesamtstädtischen Kontext, nach historisch vorhandener Gebäude- und Raumstruktur bereits bestehender Quartiere, deren sozialhistorischen Eigenlebens usw. gilt es bei Veränderungsvorhaben den jeweils fachlich passenden und sozialpolitisch erwünschten Struktur-Korridor zu definieren und die entsprechenden konzeptionellen Umsetzungsschritte zu definieren. Historisch-mentale Faktoren sollten hierbei berücksichtigt werden.

Fachliche und sozialpolitische Argumentationslinien bei positiver Konnotation angestrebter, zu verändernder soziostruktureller Mischungen
Die positiv akzentuierten Argumentationslinien stützen sich häufig auf die sog. Kontakthypothese, nach der die räumliche Nähe verschiedener Bevölkerungsgruppen „direkte Kontakte auch unter Menschen in verschiedenen Lebenssituationen" begünstige und dazu beitrage, dass über dabei entstehende Netzwerke und gemeinsame Interessen der soziale Zusammenhalt gefördert werde (BBSR 2020, 34). Ohne Nachweise empirischer Evidenz werden mit sozialen Mischstrukturen zudem gegenseitiges Lernen, gegenseitige Hilfe, Gerechtigkeit, sozialer Ausgleich oder auch Solidarität assoziiert (vgl. Bern-Studie).

Häufiger wird auch aus den Ausführungen im Baugesetzbuch (BauGB § 1 (5) eine Mischungsnotwendigkeit abgeleitet: „Die Bauleitpläne sollen eine nachhaltige städtebauliche Entwicklung, die die sozialen, wirtschaftlichen und umweltschützenden Anforderungen auch in Verantwortung gegenüber künftigen Generationen miteinander in Einklang bringt, und eine dem Wohl der Allgemeinheit dienende sozialgerechte Bodennutzung unter Berücksichtigung der Wohnbedürfnisse der Bevölkerung gewährleisten." Hierbei kommt es auf die jeweilige kommunalpolitische Auslegung der Begriffe der Nachhaltigkeit, des Sozialen und der perspektivischen Generationenverantwortung an. Aus der BBSR- und der DIfU-Studie lässt sich herauslesen, dass sich vor allem kommunale Wohnungsbaugesellschaften in der Verantwortung sehen, ihren meist kommunalen Sozialauftrag zu erfüllen (BBSR 2020, 35); in diesem ist das Gebot der Herstellung sozialer Mischungen in Neubaugebieten häufig verankert oder auch quotenmäßig festgelegt.

Die positive Argumentationspraxis stützt sich also weitgehend auf programmatische sozialpolitische Vorstellungen und lässt sich bisher nicht auf valide empirische Erkenntnisse aufbauen. Lediglich in der BBSR-Studie finden sich positivere Rückmeldungen vornehmlich bei Bewohnern in Quartieren mit mittleren Mischungsquoten von 33 bis 40 % öffentlich geförderter Wohnungsanteilen (ebd., 139).

Fachliche und sozialpolitische Argumentationslinien bei Skepsis und/oder Ablehnung gegenüber zu verändernden soziostrukturellen Mischungen
Im Gegensatz zur Kontakthypothese wird bei negativer Konnotation meistens mit der sog. Konfliktverstärkungshypothese argumentiert sowie auf den Prozess der Gentrifizierung hingewiesen. Letztere ist allerdings nur in Bestandsgebieten relevant, die soziostrukturell verändert werden sollen. Bei der Konfliktverstärkungshypothese geht man davon aus, dass ein zu nahes Zusammenleben von Menschen unterschiedlicher Lebensweisen und Lebensformen die Wahrscheinlichkeit und Konflikthäufigkeit fördere und den Bewohnern damit nicht realistische Zugeständnisse abverlange. Weiterhin wird generell eine Planbarkeit von Strukturveränderungen bezweifelt und deren Programmatik als Mythos (Holm 2009) oder auch als Paternalismus dargestellt. Soziale Ungleichheit und deren Ursachen von materieller, bildungsbezogener, gesundheitlicher und soziokultureller Benachteiligung würden durch ‚sozialräumliche Gleichheitsideologie' verdeckt oder gar kaschiert.

Darüber hinaus werde übersehen, dass bestimmte Segregationsformen, z. B. für die jeweils ersten Einwanderergenerationen oder auch für ethnische Minderheiten die Funktion von sog. „Arrival Cities" (vgl. Saunders 2013) oder kohäsiven Communities übernähmen (Häußermann und Siebel 2001, 43 ff.).

Hintergründig basieren die Pro- und Contra-Debatten auf unterschiedlichen Migrationskonzepten zwischen Assimilations-, Integrations-, inter- und multikultureller Programmatiken. Es ist deshalb davon auszugehen, dass sich im Diskurs jeweils länderspezifisch und kommunalpolitisch geprägte sozialpolitische Zielsetzungen und entsprechende Programmatiken mit empirischen Befunden und städtebaulichen Gegebenheiten verzahnen und zu sehr uneinheitlichen Entwicklungsformen führen.

Schlussfolgerungen
Aus den verschiedenen Studien und der historischen Recherche zur Stadtentwicklung lassen sich zusammenfassend die nachfolgenden Erkenntnisse als Grundlage für einen zukünftigen Umgang mit sozialen und funktionalen Vielfaltsstrukturen in Städten ableiten:

1. Zur grundsätzlichen Frage *gemischter oder separierter Bewohnerstrukturen*
    stellt Harlander in Anlehnung an Gans fest, „grundsätzlich seien beide, homo-
    gene und heterogene Strukturen, per se weder gut oder schlecht […]. Lediglich
    ihre extremen Formen seien gleichermaßen unerwünscht. Im Ergebnis postu-
    liert er ein im konkreten Fall auszubalancierendes Ideal, in dem ausreichende
    Homogenität gegeben sein sollte, um Konflikte zu verhindern und positive
    Beziehungen mit den Nachbarn aufzubauen, und in der zugleich genügend
    Heterogenität bestehen müsse, um auch einer gewissen Vielfalt Raum zu geben.
    In der Praxis führte das zu der wiederholt geäußerten Empfehlung, das unmit-
    telbare Umfeld der Wohnung bzw. den Wohnblock eher homogen, größere
    Einheiten wie das Quartier aber nach Möglichkeit heterogen zu halten" (Gans
    1974, zit. in Harlander 2020, 100). Der Stellenwert von Konflikten soll an
    anderer Stelle in anderer Konnotation diskutiert werden (vgl. Kap. 2 und
    3). Da Großstädte auch regionale und Metropolen überregionale Funktionen
    zukommen, werden diese in ihren verschiedenen Stadtarealen, je nach deren
    gesamtstädtischer Funktionalität, auch zukünftig sowohl homogenere als auch
    gemischte Bevölkerungsstrukturen aufweisen. Quartiere im direkten Umfeld
    zentraler Großbahnhöfe werden in ihrer zumindest auch partiellen Funktion
    als „Arrival City", als Überlebens- und Grundversorgungsorte für Suchtkranke
    und Dealerszenen nur ganz bestimmte Bewohnerstrukturen anziehen können,
    andere dagegen ausschließen. Heterogene soziale Mischstrukturen sollten aber
    in historischen Stadtteilen, falls vorhanden, erhalten und in neu zu bauenden
    Quartieren strukturell verankert sein.
2. Die zu mischenden Bewohnergruppen lassen sich nach den folgenden Kriterien
    typisieren
    – nach *sozialen Lagen, Milieus* und *Einkommensverhältnissen,* durch Miete,
       Eigentum, freifinanzierte und geförderte Wohnungen;
    – nach *Generationen,* durch unterschiedliche Wohnungsgrößen, Anteile bar-
       rierefreier Wohnungen, besondere Wohnformen wie WGs, betreutes Woh-
       nen, Mehrgenerationenwohnen, Studierendenwohnhäuser, Altengerechte
       Wohnungen/ Wohnanlagen;
    – nach Interessenverbünden zu *gemeinschaftlichem Wohnen, Leben, Arbeiten*
       in Baugruppen und/ oder genossenschaftlichen Projekten;
    – nach Bedarfen für *Menschen mit körperlichen, geistigen, psychischen und
       sozialen Handikaps,* durch besondere Wohnformen wie bspw. Jugendwohn-
       gruppen der erzieherischen Hilfen;
    – nach *Haushaltsgrößen* (kinderreiche Familien bis Singlewohnungen), durch
       Wohnungsgrößen und -typologien;

- nach *ethnisch-kulturellen Herkunftsaspekten* (Arbeitsmigranten, Spätaussiedler, Flüchtlinge mit diversem Aufenthaltsstatus), durch Belegungssteuerung;
- nach besonderen Bewohnergruppen wie Menschen mit psychischen Erkrankungen, Suchtproblemen, Wohnungslosen, Messies usw., durch Belegungssteuerung (in Anlehnung an BBSR 2020, 49);

3. Sozioökonomische und soziokulturelle Mischungen in Quartieren und Stadtteilen sind nur *eingeschränkt planbar.* Lediglich eine diversifizierte Gebäudetypologie, die über das Planungsrecht bestimmbar wäre (Munzinger 2020, 83), ermöglicht zusammen mit diversifizierten Eigentumsverhältnissen eine sozial gemischte Bevölkerungsstruktur. Wer im Einzelnen schließlich gut zusammenlebt ist kaum zu antizipieren. Wichtig erscheint es deshalb, Planungen in verschiedenen Szenarien anzulegen und die Weiterentwicklungen stadtteil- bzw. quartierspezifisch zu analysieren, um soziale Risiken und Kipppunkte frühzeitig identifizieren zu können.

4. Der meist kommunalpolitisch stattfindende Diskurs zum Leitbild „sozialer Mischung" wird durch *Gegensätze und Ambivalenzen* bestimmt und ist dadurch nur politisch auszuhandeln bzw. zu entscheiden. Die Gegensätze stellen sich in folgenden Gegensatzpaaren dar:

- als politisch-programmatischer Anspruch von Bürgerbeteiligung und Partizipation einerseits und möglicherweise einem ‚sozialpolitischen Paternalismus' im Sinne einer sog. „integrierten Stadtplanung" im Rahmen politischer Mehrheitsentscheidungen andererseits;
- als gesellschaftlich wirkenden Kräften zu Polarisierung, Segregation und Entmischung einerseits und demokratietheoretisch, stadtsoziologisch und kommunalpolitisch akzentuierter Programmatik von Vermischungsvorstellungen andererseits;
- als Homogenitätssuche und eine Tendenz zum Gleichen bei Individuen, von Milieus und Lebensstilgruppen einerseits und Mischungszumutungen sozialpolitischer Programmatik;

5. Die Frage ‚sozialer Mischstrukturen' stellt sich nach *vier Projekttypen* in unterschiedlichen Formen

- in bestehenden City- oder citynahen Stadtteilen und Quartieren
- in bestehenden randstädtischen Stadtteilen und Quartieren
- in neu zu bauenden Quartieren
- in an bestehende Quartiere anzubauende neue Quartiere

6. Die Thematik sozialer Mischungen kommt bisher vor allem vor dem Hintergrund *defizitär* wahrgenommener Entwicklungsaspekte in Quartieren und Stadtteilen auf, also städtischen Arealen, die von Segregation, Gentrifizierung

und sozialen oder Ordnungsproblemen betroffen sind. Umgekehrt ließe sich auch die Frage stellen, ob sich bisher privilegierten Bevölkerungsschichten vorbehaltene Quartiere für andere Schichten öffnen könnten, um damit sozial integrative Wirkungen innerhalb einer Stadtgesellschaft zu entfalten.

7. Grundlegende *Ursachen sozialräumlicher Segregation* wie Armutsprobleme, Arbeitslosigkeit, geringe Bildung, Marginalisierung, Isolierung etc. sind allein durch vielseitigere Bevölkerungsstrukturen nicht behebbar, aber abzumildern. Dies erfordert, dass in sozioökonomisch und soziokulturell gemischten Quartieren entsprechende Versorgungs-, Bildungs- und soziale Unterstützungsangebote vorgehalten werden, die ein soziales Miteinander ermöglichen und fördern, sowie individuelle oder familiäre Benachteiligungen kompensieren helfen.

8. Im Zusammenhang mit gelingender Vergemeinschaftung spielen *öffentliche Räume,* und hier insbesondere zentrale Plätze eine wichtige Rolle. In Großstädten kommen zentralen Plätzen regionale und überregionale Begegnungsfunktionen zu, in mittleren und kleineren Großstädten eher stadtzentrale Bedeutungen. Das Zusammentreffen verschiedener gesellschaftlicher Gruppen sollte dort die gesamtstädtische Gesellschaft abbilden können, was meist nur durch entsprechende räumliche Gestaltungs-, Angebots- und Maßnahmenvielfalt erreichbar ist.

9. In zahlreichen Metropolen entwickeln sich spezifische innerstädtische und meist bahnhofsnahe Quartiere durch das Zusammentreffen verschiedenster Besuchermilieus sowie verschiedener Lebenslagen- und Lebensstilgruppen zu problematischen und *überforderten Quartieren,* in denen soziale Kontrolle zivilgesellschaftlich nicht mehr selbstorganisiert funktioniert. In solchen Quartieren treffen globale Vielseitigkeitsphänomene häufig konfligierend aufeinander (ankommende Flüchtlinge, überlebensorientierte Milieus, ankommende eventorientierte Gruppen, div. Drogenmilieus und entsprechende Dealerszenen etc.). Hier gilt es abzuwägen zwischen quartierspezifischen Bewohner- und Geschäftsinteressen einerseits und metropolitan geprägten und/ oder stadtweiten Sonder- bzw. Entlastungsfunktionen.

10. Sozioökonomische und soziokulturelle Vielfalt in Quartieren geht einher mit *Konflikten.* Diese können destruktive und desintegrative, aber auch konstruktive Formen einnehmen (vgl. Coser 2009). Konflikte sind aber konstitutiv für sämtliche Sozialformen, da sie diese ordnen und normieren. In Quartieren ordnen sich hierüber Zugehörigkeiten, aber auch Ausschlüsse. Die meisten Konflikte klären oder regulieren sich selbst auf zivilgesellschaftlicher Ebene. Für spezifische Konfliktlagen ist aber professionelles Konfliktmanagement notwendig.

Methodenkompetenz ist hier vor allem beim Quartiermanagement oder in Einrichtungen Sozialer Arbeit zu finden. Häufig wird diese Funktion auch von sog. Schlüsselpersonen im Quartier ausgefüllt. Klassische Quartierkonflikte stellen oftmals eine Gelegenheit zur Einleitung demokratischer Vermittlungs- und Entscheidungsprozesse dar. Hierfür müssten aber Institutionen wie bspw. Quartier-/Ortsbeiräte oder Bewohnergremien legitimiert sein.

11. Da sich aus fachlicher stadtsoziologischer Sicht kein kausaler Zusammenhang zwischen quartierbezogenen Vielfaltsstrukturen und gelingendem Zusammenleben ergibt und auch die historische Stadtsoziologie Max Webers oder Georg Simmels dafür keine Erkenntnisse liefert, muss eine andere fachliche Legitimationsgrundlage erschlossen werden. Eine solche findet sich in einer *sozialräumlich akzentuierten Demokratietheorie,* nach der das Erlernen von Demokratiefähigkeit als Lebensform in verschiedenen sozialen Handlungsfeldern erfolgt. Da in einer multikulturellen Einwanderungsgesellschaft nicht davon ausgegangen werden kann, dass in sämtlichen ethnischen und kulturellen Familienmilieus ein solches verfassungsmäßig festgelegtes Ordnungsprinzip gleichermaßen vermittelt wird, müsste diese in verbindlichen Institutionen wie KiTas und Schule, aber auch im direkten Gemeinwesen eines Quartiers ermöglicht werden (vgl. auch Kap. 2). Konflikte in Vielfaltsstrukturen können somit zum Schubfaktor demokratischer Selbstlernprozesse generieren.

Als Fazit lässt sich der Befund von Harlander festhalten, dass „,Soziale Mischung' in einem modernen Sinn (…) einen wohnungs- und städtebaupolitischen Ansatz (beinhaltet), der sich gegen die über die Wohnungsmärkte erzwungene forcierte Entmischung richtet und für sozial offene Quartiere plädiert. Dies impliziert zugleich einen Mischungsbegriff, der die ‚soziale Mischung' nicht isoliert betrachtet, sondern zusammen mit anderen Mischungsdimensionen wie der funktionalen Mischung, der Mischung verschiedener Ethnien, Altersstufen und Religionen, aber auch der Mischung verschiedener Bauträgerformen, der Mischung von Alt und Neu oder auch einer gelungenen Mischung von privaten und öffentlichen Räumen ins Blickfeld nimmt. Dabei wird mit ‚Mischung' im Rahmen moderner Integrations- und Diversitätspolitiken auf kommunaler Ebene eben nicht [mehr] die Einebnung und Nivellierung kultureller und ethnischer Unterschiede verstanden, sondern, wie dies der Magistrat der Stadt Frankfurt formuliert hat, man strebt gerade umgekehrt ‚eine Balance von Integration und Diversität, von geteilter Gemeinsamkeit und individueller Vielfalt' (Magistrat Frankfurt 2010, 21) an" (Harlander 2020, 96).

1.4 Vorschläge für ein typologisch differenzierendes konzeptionelles Herangehen an die Thematik „Vielfaltsquartier"

Die bisherige Recherche hat ergeben, dass zunächst die Frage des Maßstabs, der Größe eines städtischen Areals zu klären wäre, von der man annehmen kann, dass sie geeignete Bedingungen für ein gelingendes Miteinander der Bewohnerinnen als Gemeinwesen bietet. In der Stadtentwicklungsdebatte kommt hier dem „Quartier" eine herausgehobene Bedeutung zu. Auch wenn ganze Stadtteile neu gebaut werden sollen, werden diese häufig in Quartiere unterteilt und als solche strukturiert, wie etwa im Nordwesten Frankfurts der sog. „Stadtteil der Quartiere", Köln-Kreuzfeld oder im Mannheimer Spinelli-Quartier.

Unter Kohärenz- und Kohäsionsgesichtspunkten stellt sich die Großstadt in der Frage der Stadtteil-, Siedlungs- und Quartierentwicklung als Flickenteppich unterschiedlichster Ausgangssituationen heraus. In den City- und bahnhofsnahen Arealen verdichten sich vielfältiges Leben und riskante Lebenslagen in einem Maße, das diesen Quartieren zivilgesellschaftliche Selbststeuerung erschwert bzw. unmöglich macht. Hier werden die Funktionen dieser Stadtquartiere in ein Verhältnis zu Entlastungen in den anderen Stadtteilen betrachtet. In einem zweiten Typ von Stadtarealen, insbesondere den innenstadtnahen, geht es eher darum, gewachsene soziale Vielfalts-Mischungen zu erhalten, in soziostrukturell homogenen Trabentenstadtteilen dagegen um soziale Durchmischungen, also eine Veränderung hin zu sozialer Vielfalt. Darüber hinaus werden neue Quartiere an bestehende Stadtteile oder Siedlungen angebaut, oder sie entstehen im Rahmen gänzlich neu zu bauender Stadtteile. Es soll deshalb nach vier Transformationstypen diskutiert werden, wie Vielfalts-Mischungen entweder neu zu planen und umzusetzen wären, oder wie diese zu erhalten wären. Zuletzt soll in diesem Abschnitt die Bedeutung öffentlicher Räume, und hier vor allem öffentlicher Plätze daraufhin betrachtet werden, wie diese städtisches Leben integrieren oder ordnen können, wie verschiedene Bewohntypen und -gruppen dort interagieren und in Bezug zueinander treten und welche Handlungen und Aktivitäten im Sinne des sozialen Miteinanders dort entstehen können.

Am Anfang stehen Ausführungen zur urbanen Sozialform des Quartiers als Grundlage der nachfolgenden typologischen Projektzuordnungen.

1.4.1 Das Quartier als Perimeter und Referenzraum

Etymologisch lässt sich der Begriff des „Quartiers" auf das lateinische *quartarius* zurückverfolgen, mit der damaligen Bedeutung für die Maßeinheit eines Viertels, im Mittelhochdeutschen und Altfranzösischen dann als *quartier,* als vierter Teil u. a. einer Fläche. Die meist flächenmäßige Vierteilung der römischen und mittelalterlichen Stadt erfolgte durch die zentrale Kreuzung zweier Handelswege und teilte die damaligen Städte in vier *Viertel* (vgl. Abb. 1.1). Ab dem 16. Jhdt. wird der Quartierbegriff eher in militärischer Verwendung als „Quartier machen" für die Unterbringung von Militäreinheiten verwendet (vgl. Pfeifer 2018, 1067). Heute versteht man unter Quartier ein eher von Bewohnern selbst definiertes städtisches Areal als unmittelbarer wohnungsnaher Lebensraum, zunächst unabhängig von geografischen Verwaltungseinteilungen. Der Quartierbegriff zielt in der wissenschaftlichen Literatur auf räumlich naheliegende soziale Bezugs- und Handlungssysteme und wird seit etwa den 1990er Jahren zusammen mit dem Begriff der Nachbarschaft für die Stadtsoziologie wieder bedeutsamer (Schnur 2012, 450; Bukow 2020, 7 ff.). Hintergrund dieser Begriffsaufwertung dürfte die konzeptionelle Absicht sein, der seit Georg Simmel gebräuchlichen Anonymitäts- und Isolationshypothese großstädtischer Strukturen mit einem zielorientierten, stadträumlichen Vergemeinschaftungskonzept zu begegnen. Das Quartier steht also für den individuell oder auch kollektiv wahrgenommenen morphologischen, sozialen und kulturellen Raum, in dem in alltäglich routinierter und normativ ritualisierter Weise miteinander kommuniziert, interagiert, gehandelt und gelebt wird. Das städtische Quartier prägt sich durch jeweils eigene milieutypische Habitualisierungen aus und definiert und differenziert dadurch öffentliche und private Verhaltensweisen in den quartiereigenen Räumen. Morphologisch gibt es, im Gegensatz zur Siedlung „Vorderseiten, die den öffentlichen Raum definieren, und Rückseiten, die sich einem privaten Raum zuwenden. Die Vorderseiten sind als Straßen- und Platzwände i. d. R. anspruchsvoller gestaltet, um den Erwartungen und ästhetischen Bedürfnissen der urbanen Öffentlichkeit gerecht zu werden. Die Rückseiten sind oftmals informell und entsprechen den individuellen Wünschen der privaten Nutzer" (Simon 2020, 48 f.). Dieses ‚Vorne' zum öffentlichen Gemeinwesen hin und das ‚Hinten' zum Privaten hin trennen die beiden Sphären des Privaten und Öffentlichen: „Wenn das Stadthaus vorne Krawatte trägt, so darf es hinten in der Jogginghose daherkommen" (ebd., 56). Im Stadtquartier steht das Wohnen in einem Zusammenhang mit vielen anderen Tätigkeiten: dem Arbeiten, Einkaufen, Bilden, Ausruhen, der Kultur. Siedlungen sind dagegen monofunktional, sozial einheitlich und „ländlich akzentuierte Kolonialisierung

der Stadt" (ebd., 49). Dem Quartier wurden im Rahmen der reformorientier-
ten „Neuen Stadt"-Projekte zudem bereits in den 1920er Jahren, unter dem
Begriff der Trabanten- bzw. Gartenstadt Howards, in sicherlich etwas überhöhter
Form auch pädagogische Funktionen zugeordnet: „Die Baukunst als Gehäuse, als
Umgebung, als Milieu vom Menschen geschaffen, strahlt bildende Kraft aus und
gestaltet so wiederum von sich aus das Wesen der Menschen" (Wichert 1928,
227). Erfahrungen gemeinschaftlichen Handelns innerhalb eines „ausgeglichenen
Verhältnisses in der soziologischen Siedlungsstruktur" (Risse 1984, 16) sollten
die Grundlage von Vergemeinschaftung im Wohngebiet werden.

Das Quartier wird in der modernen Stadtsoziologie und Stadtentwicklung
somit zum Referenzraum für die Entstehung von sozialer Verbundenheit und sich
stufenförmig vollziehender Vergemeinschaftserfahrungen als Grundlage sozialer
Integration. Quartieren kommt nach dieser Konzeption der Charakter stadträum-
lich kleiner *Integrationsmaschinen* zu.

Die starke Fokussierung auf diese stadtsoziologische Kategorie ist aber auch
umstritten, da die Muster heutiger sozialer Beziehungen und Netzwerke nur noch
eingeschränkt sozialräumlich definierbar sind. Soziale Netzwerke können ebenso
in digitaler Art entstehen und werden dadurch sozialräumlich unabhängiger.
Insbesondere bei Jugendlichen verzahnen sich aber durch deren hohe situati-
onsorientierte Mobilitätsgewohnheiten analoger und digitaler Raum zu einem
gemeinsamen realen Aktions- und Erfahrungsraum.

In der Stadtplanung liegt es trotzdem auf der Hand, an dem Quartierbegriff als überschaubarem, integrationsfördernden sozialen Raum festzuhalten, der
zumindest für einen erheblichen Teil der Quartierbevölkerung die zentralen All-
tagskomponenten von Wohnen, Versorgen, Kultur, Kommunikation und Freizeit
miteinander kombiniert. Das Quartier als Maßstab lässt sich flächenmäßig nur
unzureichend, von der Einwohnerzahl her aber etwa zwischen 1000 bis 5000
eingrenzen (BBSR 2020, 49).

Seit 2017 ist der Begriff des „urbanen Gebiets" auch in die Baunutzungsver-
ordnung (Bau-NVO) eingefügt und mit großen „Erwartungen für eine verbesserte
und zukunftsfestere Lebensqualität in einem überschaubaren gesellschaftlichen
Raum" verbunden (Berding et al. 2020, 1 f.). Interessant ist die vielseitige Verwendung des Quartierbegriffs in unterschiedlicher Konnotation. Wurden bis etwa
Ende des 20. Jhdts. mit ihm eher noch sozialräumliche Reviereingrenzungen und
Dominanzen krimineller Gangs verbunden, findet man diese Lesart in den einschlägigen Milieus, in der Ordnungspolitik und Kriminologie auch in den 2020er
Jahren noch, etwa für Raumansprüche bzw. Raumaneignungen in „Schutzgeld"-
und Dealermilieus, Türsteherszenen und einzelner Wettbüros und Shishabars.

Parallel hierzu und ausgehend von als defizitär wahrgenommenen Segregationsphänomenen in bis dato vernachlässigten Stadtquartieren entwickelte sich in Bereichen Sozialer Arbeit seit den späten 1990er Jahren aus der sog. Gemeinwesenarbeit, als klassischer Arbeitsmethode der Sozialarbeit, das Quartiermanagement als Tätigkeitsprofil und als Arbeitsmethode. In den Konzepten des Quartiermanagements geht es um die allgemeinen Verbesserungen der Lebensbedingungen in städtischen Quartieren durch intermediäre Kooperation zwischen diversen Behörden, Stadtpolitik, schulischen und sozialen Angeboten sowie in partizipativer Art von Bewohnern. Das Quartier wird in diesem Ansatz also bereits seit ca. 100 Jahren als Referenzraum zumindest für soziale urbane Entwicklungen definiert. Im Rahmen Sozialer Arbeit zielen Gemeinwesenarbeit und Quartiermanagement als Arbeitsmethoden bisher allerdings vornehmlich auf segregierte Stadtareale und erfahren vermutlich, auch damit zusammenhängend, in der Stadtentwicklungsforschung nicht den Stellenwert, der ihnen aktuell zukommt (siehe auch Kap. 13).

Erst sehr viel später, und relativ unabhängig von den beiden Vorläufern, werden mit dem Quartier in der Stadtsoziologie und Stadtentwicklungsforschung aktuell nahezu sämtliche positiven Assoziationen zu lebenswerten Eigenschaften eines urbanen Viertels verbunden: funktional gemischt – also eine gleichrangige Verknüpfung von Arbeiten, Wohnen, Versorgen, Freizeit, Bildung – soziokulturell offen, überschaubar, sozial inklusiv, ökologisch und sozial nachhaltig. Die ‚ganze Stadt' soll sich im Quartier verdichtet abbilden (Bukow 2020, 7 f.). Interessant ist darüber hinaus, dass in der stadtsoziologischen Fachdebatte das mit dem Begriff verbundene ‚Narrativ' auf sämtliche Wohngebiete, als idealerweise anzustrebende Zielvorstellung räumlichen Zusammenlebens übertragen wird. Zwar wird auch auf die bisherige städtische Ordnungsstruktur aus City/Innenstadt, Stadtteilen, Trabanten und Siedlungen verwiesen, aber dem Quartier werden ein höherer Stellenwert und privilegierte Eigenschaften „zukunftsorientierter Stadtentwicklung" zugewiesen (ebd.). Das Quartier steht dabei für eine Verbindung städtisch-verwaltungstechnischer mit städtisch-gesellschaftlichen Eigenschaften (ebd., 7 ff.). Es ordnet sich ein in ein Konzept von Stadt und Stadtgesellschaft, „das alltägliche Zusammenleben unterschiedlichster Menschen auf der Basis urbaner Alltagsroutinen im Rahmen einer situationsspezifischen Arbeitsteilung zu ermöglichen und so zu optimieren, dass damit auch generell ein ‚wohlgeordnetes', ‚zeitgemäßes' Zusammenleben möglich ist. Das Ziel dieses hoch ambitionierten Gesellschaftsformates ‚Stadtgesellschaft' war und ist zuerst einen urbanen Raum zu schaffen, in dem ökonomische Produktivität und gesellschaftliche Reproduktion für eine letztlich zufällig zusammengewürfelte Bevölkerung

gleichermaßen gesichert ist. Im Mittelpunkt steht dementsprechend ein diversi-
tätssensibles Zusammenleben ohne Rückgriff auf verwandtschaftliche Bindungen
allein auf der Basis formaler Regeln, die durch Verwaltung und Dokumentation
definiert werden und damit ‚wohlformatiert' erscheinen" (Bukow 2020, 11). Das
Quartier als kleinere überschaubare städtische Sozialform erfüllt nach Bukow
die drei, für das Funktionieren einer Stadtgesellschaft notwendigen Voraussetzungen, der lebensweltlichen Integration, der systemischen Inklusion und einer
Responsibilität durch zivilgesellschaftliche Partizipation (ebd., 12): „Erstens ist es
wichtig, auf eine kleinräumige funktionale Mischung und soziokulturelle Vielfalt
zu achten, weil das am ehesten den Bedürfnissen und den Alltagsmöglichkeiten
des Einzelnen entspricht. Man kann das als eine sozial-adäquate, also ‚anthropo-
gene' Verdichtung beschreiben. Zweitens muss immer wieder eine wechselseitige
Rückkopplung (‚Responsibilität') zwischen der Kommune und der Einwohnerschaft sichergestellt werden, was etwas anderes als eine bloße Beteiligung bzw.
Partizipation darstellt. Und drittens muss der zunehmenden Unübersichtlich-
keit der Stadtgesellschaften durch eine an Nachhaltigkeit und Re-Urbanisierung
orientierte selbstbewusste, ja ‚eigensinnige' Stadtentwicklungsdebatte entgegen-
getreten werden" (Bukow 2020, 13).

In den nachfolgenden Ausführungen werden fachliche wie auch zivilgesellschaftliche Aspekte betrachtet, die eine Rolle spielen in Projekten prozessualer
Transformationen zu sozial verträglichen und lebenswerten Vielfalts-Quartieren.
Dabei wird diskutiert, wie sich sozioökonomische und soziokulturelle Mischstrukturen auf geopolitischer Basis mit dem Ziel von sozialer Nachhaltigkeit,
gesellschaftlicher Kohäsion und erlebbarem demokratischem Pluralismus verbinden lassen. Im Rahmen der hier vorgenommenen Differenzierung nach vier quartierbezogenen Transformationstypen existiert zunächst keine valide Datenbasis,
die verlässliche Indikatoren hergeben würde für die drei Bewertungsdimensio-
nen von verträglichen sozialen Mischstrukturen, deren kohäsions-, kohärenz- und
integrationsfördernden sowie deren demokratiefördernden Potenzialen.

Es lassen sich aber einige allgemeine strukturelle Qualitätskriterien festlegen,
die für quartieradäquate Stadtentwicklungsprozesse relevant sind.

(1) So erscheint der Begriff der „gemischten Stadt" als städtisches Leitbild nur
     dann geeignet, wenn er differenziert ausgeführt ist. Er ist zunächst aussage-
     leer, wenn die Mischungsformen und sozialräumlichen Perimeter undefiniert
     bleiben. Auch gilt es die Ziele zu benennen, wozu Mischungsformen dienen
     sollen.
(2) Eine zentrale Zielsetzung sollte der sozialpolitische Anspruch sein, demokra-
     tische Handlungserfahrungen einer pluralen und multikulturellen Gesellschaft

in überschaubarem geografischem Sozialraum in verträglicher und kohärenzfördernder Weise zu ermöglichen.

(3) Die Instrumente zur Umsetzung sollten auf die jeweiligen Gegebenheiten abgestimmt sein, sodass es zu einer strategischen Singularität in der Umsetzungspraxis kommen kann.

(4) In der Antizipation der begleitenden Auswirkungen bei Transformationen wäre vornehmlich auf sozioökonomisch benachteiligte Bewohnerschichten zu achten.

(5) Im Zusammenhang spezifischer Quartierfunktionen innerhalb einer Stadtgesellschaft als Ganzem wäre mit der Fragestellung einer Mischungsnotwendigkeit dagegen nicht nur auf sozioökonomisch benachteiligte Quartiere bezogen, umzugehen.

1.4.2   Ansätze und Methoden zum Erhalt bzw. zur Wiederherstellung sozialer Mischstrukturen in bestehenden innerstädtischen Quartieren

Von Gentrification betroffene Quartiere

Als Ausgangssituation für Transformationsprojekte in innerstädtischen Stadtteilen und Quartieren stellen sich zwei unterschiedliche Formen des Wechsels von Bewohnermilieus dar, die im Rahmen eines ‚Invasions-Sukzessions-Zyklus' erfolgen. Zum einen kann es mittelfristig durch einen „Rent-gap" bei gleichzeitig mangelnder Wohnungsnachfrage zu einem Statuswechsel von einer eingesessenen statushöheren zu einer statusniedrigeren Bewohnergruppe kommen, wie dies in zahlreichen innenstadtnahen Wohngebieten in den 1970er und 1980er Jahren durch Zuzug meist migrantischer Mieter in dortige Altbauten geschah. In der Folge entwickelte sich in solchen Stadtgebieten häufig ein quartiertypisches, lebendiges und multiethnisches Flair, das wiederum ganz spezifische, diesmal statushöhere Lifestyle-, Kunst- und Bildungsmilieus, wie etwa Studierende, Künstler, Freaks und junge Akademiker, als *„Pioniere"*, anzog. Diese lebten meist in Wohngemeinschaften zusammen, verbanden Wohnen, Arbeit und Leben miteinander. Die älter werdenden Alt-Eingesessenen werden in der ersten Phase noch nicht verdrängt; in die durch Alterung und Tod bedingten freiwerdenden Wohnungen zieht aber die neue Pionier-Klientel ein, die allmählich immer mehr die Atmosphäre solcher Quartiere prägt. Dies wiederum verändert deren Image und führt zu einer größeren Nachfrage nach Wohnungen, was wiederum die Mieten und Bodenpreise steigen lässt und die allgemeinen Lebenshaltungskosten erhöht. Die jetzt neu hinzuziehenden, oder aus den ‚Pionieren' hervorgegangenen

„*Gentrifier*" verdrängen wiederum in dieser zweiten Phase des Milieuwechsels nicht nur die immer geringer werdende Anzahl alteingesessener Bewohner, sondern in einer dritten Phase auch die ‚Pioniere' selbst. In einer weiteren Entwicklungs- bzw. Verdrängungsphase erfolgen schließlich meist Umwandlungen von Miet- in Eigentumswohnungen, die Bodenpreise, Lebenshaltungskosten und Mieten steigen weiter an und verändern die betroffenen Quartiere zu Wohn- und Lebensgebieten ausschließlich höherer Einkommensgruppen (Häußermann 2000, 57 ff.). Solche *gentrifizierten Stadtteile* und Quartiere sind sozioökonomisch zunehmend homogen strukturiert, können aber trotzdem soziokulturelle Vielfalt verkörpern, wie dies in privilegierten Quartieren vor allem von Universitätsstädten wie Heidelberg, Freiburg, Darmstadt, Göttingen, Tübingen oder auch in Teilen der Metropolen und deutschen „World-Cities" der Fall ist.

Projekte, die sich mit dem Erhalt gemischter Strukturen dieses Quartiertyps befassen, sind besonders in den zweiten und dritten Verdrängungs- bzw. Entwicklungsphasen eines Gentrifizierungsprozesses platziert, wobei die Gruppe der ‚Pioniere' die zivilgesellschaftliche Impulsgeberfunktion übernimmt. Die Gentrifizierungsgefahr selbst wirkt auf die betroffenen Gruppen vergemeinschaftend und schafft Zugehörigkeitsgefühle, Verbundenheit, wie auch sozialräumliche Resilienz. Die Quartiere dieses Typs umfassen Vielfaltsstrukturen von geringer werdenden Teilen Alteingesessener, Migrantenmilieus der ersten drei Generationen, höher gebildeter ‚Pioniere' und einigen wenigen ‚Gentrifiern'. Als Beispiele gelten 2023 etwa Stadtteile wie das Nordend, Ostend, Bockenheim und das Gallusviertel in Frankfurt am Main, die Neckarstadt und Jungbusch in Mannheim, Teile von Kreuzberg und Neukölln in Berlin oder Ehrenfeld, Mülheim und Nippes in Köln.

Als kommunalpolitische Instrumente zur Verhinderung weiterer Gentrifizierung fungieren quartierbezogene Milieuerhaltsatzungen, wie etwa „Mietpreisbremse", Vorkaufsrechtsregelungen oder auch Einschränkungen von Luxussanierungen. Weiterhin gibt es kommunale Vorgaben für festgelegte Anteile öffentlich geförderter Wohneinheiten in Neubauten bis hin zu Überlegungen zur Verstaatlichung im Immobiliensektor großer Wohnungsbaukonzerne, wie etwa in Berlin.

Der Milieuerhalt in diesem Quartiertypus ist von nicht unerheblicher Bedeutung, da solche Quartiere durch ihre Innenstadtnähe das Image der gesamten Stadt deutlicher prägen als die stadtauswärts liegenden Quartiere. Ihren Mischstrukturen kommen deshalb auch symbolische Wirkung für wünschenswerte urbane Leitbilder zu. Sie demonstrieren und dokumentieren das Motto einer ‚Stadt für alle', obwohl sie dieses Prinzip selbst nur noch eingeschränkt erfüllen. Die Bedingungen für soziale Kohäsion in diesen Stadtquartieren sind günstig, beschränken sich aber oft auf die Netzwerke der ‚Pioniere'. Durch deren Verzahnung von Wohn-, Arbeits-, Kultur- und Freizeitfunktionen existiert ein starkes Fundament für Zugehörigkeitsgefühle, Identifikation und Vergemeinschaftung.

Überforderte innerstädtische Quartiere
In einigen, meist bahnhofsnahen Stadtteilen oder Quartieren konzentrieren sich im Rahmen eines statusmindernden ‚Invasions-Sukzessions-Zyklus' allerdings auch problematische Strukturen, die ganze Stadtareale wie etwa das Frankfurter oder Züricher Bahnhofsviertel nach geläufigen Wohn- und Lebensstandards nahezu unbewohnbar werden lassen. Durch ihre unmittelbare Bahnhofsnähe vermischen sich dort Drogendealermilieus, Prostitution und Sexhandel, Szenen sucht- und psychisch kranker Menschen, sowie ‚Überlebensmilieus' meist geflüchteter und durchreisender Jugendlicher und junger Männer einerseits mit Bars und anderen Vergnügungsstätten, community-orientierten Versorgungs- und Kommunikationseinrichtungen verschiedener migrantischer Milieus andererseits; und all dies in hoher räumlicher Verdichtung. Soziale Kontrolle ist aufgrund fehlender Kontinuität einer dort längerfristig lebenden Kernbevölkerung fast ausschließlich nur durch professionelle Ordnungskräfte gewährleistet. Die Quartiere sind einerseits sehr attraktiv für externe Besucher und Touristengruppen, indem sie durch ihre spektakuläre Vielfalt bestechen, andererseits aber das Wohnen ausschließlich auf Übernachtungsfunktionen reduzieren. Metropolen wie Berlin, Hamburg, Köln, Frankfurt am Main oder Zürich wägen bei diesen Quartiertypen ab zwischen deren Erhalt als ‚Staubsauger' sämtlicher problematischer, metropolitaner Pullfaktoren inclusive einer Bereitstellung zahlreicher psychosozialer und gesundheitlicher Hilfsangebote einerseits und Fantasien zur Problemauslagerung und Ausgrenzung und damit einhergehender Quartieraufwertung andererseits. Insbesondere den Metropolen scheint ein solcher globaler Schmelztiegel inhärent zu sein. Konzeptionelle Ansätze wie das sog. „Züricher Modell", bestehend aus vier Säulen von Repression, Prävention, Therapie und Überlebenshilfe werden in verschiedenen Städten in unterschiedlicher Ausprägung vorgehalten, führen bisher aber nur in der Schweiz, bei sehr hohem Personaleinsatz, zu mäßigen Erfolgen. Es ist nicht ganz auszuschließen, dass eine räumliche Problemkonzentration an einem einzigen städtischen Ort die stadtweite Aufgabe übernimmt, den anderen urbanen Quartieren bessere bis gute kohäsive Chancen zu ermöglichen. Im Kontext eines Modells gesamtstädtischer „Verantwortungsgemeinschaft" (vgl. Forst 2014, 681) wäre in solchen Fällen aber angemessen, diese ‚Problemstaubsauger-Quartiere' institutionell optimal auszustatten mit Quartiermanagement, mit Substitutions- und Konsumeinrichtungen (incl. Ermöglichung des Drogenhandels geringer Mengen) sowie Hygiene- und Wohnmöglichkeiten

für Suchtkranke, mit Unterkünften für wohnungslose Menschen, mit ärztlicher Nothilfe sowie mit psychosozialen und eingliederungsbezogenen Beratungs- und Informationsdiensten. Solche gesamtstädtischen Funktionen sind mit ganz spezifischen Event-, Ausgeh- und kurzzeitiger Übernachtungsfunktionen kompatibel, erfordern aber einen hohen Grad an professioneller sozialer Kontrolle und anderer Ordnungs- und Reinigungsmaßnahmen.

Kohärenzfähigkeit wird diesem Quartiertyp häufig eher durch Externe idealisierend und projizierend zugeschrieben, ist aber nur rudimentär nur unter Gewerbetreibenden und dort aktiver kreativer Milieugruppen vorhanden.

1.4.3 Transformation zu sozialen Mischstrukturen in bestehenden städtischen Rand-Quartieren

Ein zweiter Typ von Quartieren, in denen Verbesserungen der Lebensbedingungen das Ziel zahlreicher Projekte aus dem 1999 aufgelegten Bund-Länder-Programm „Stadtteile mit besonderem Entwicklungsbedarf – Soziale Stadt" sind, stellen segregierte Stadtteile und Quartiere dar, die eher in den geografisch mittleren und äußeren Bereichen der Großstädte platziert sind. Viele dieser Quartiere, vor allem diejenigen aus den 1960/70er Jahren waren bei ihrem Erstbezug soziostrukturell gemischt, entmischten sich aber in Zeiten nachlassender Wohnungsnachfrage (siehe auch Abschn. 1.1.3). Eine andere Gruppe dieses Siedlungs- bzw. Quartiertyps war bereits seit ihrer Gründung als „sozialer Brennpunkt" etikettiert, weil sie u. a. als Abschiebequartiere für sozial auffällige Bewohnergruppen dienten. Inspiriert durch die immer wieder aufflackernden Jugendaufstände in französischen Banlieues versuchte man mit dem Bund-Länder-Programm vergleichbaren Entwicklungen in deutschen ‚Vorstädten' vorzubeugen. Die in Deutschland eingesetzten Maßnahmen bestanden in baulichen Aufwertungen sowie aus intermediärer und partizipativ orientierter Sozialer Arbeit. Eine zentrale Aufgabe kam hierbei dem Quartiermanagement als neuem Berufsprofil und Handlungsfeld zu. Dessen Aufgabe bestand darin, Bewohner zu aktivieren und zu befähigen, ihre Interessen selbst zu vertreten, in die eigene Hand zu nehmen und sie damit in die angestrebten Veränderungsprozesse partizipativ einzubinden. Die Ziele dieser meist sozialpädagogischen und sozialarbeiterischen Herangehensweisen blieben allein auf die Verbesserungen der Lebensverhältnisse dortiger Bewohnergruppen hin orientiert. Es wurden keine grundlegenden baulichen oder soziostrukturellen Veränderungen, etwa hin zu sozioökonomisch gemischteren Strukturen angestrebt. Mithilfe des Quartiermanagements konnten politische Prozesse in Gang gesetzt werden, die auch zu Verbesserungen führten; ebenfalls entstanden zahlreiche gemeinschafts- und nachbarschaftsfördernde Aktivitäten. Es stellte sich aber bald heraus, dass der Einsatz des Quartiermanagements keine vorübergehende Aktivierungshilfe darstellt, sondern nur als kontinuierliche Aufgabenwahrnehmung Erfolg verspricht (vgl. Kap. 15).

Eine soziokulturelle Vielfalt in diesen Quartieren erschwert dabei eher Vergemeinschaftungsprozesse, wenn verbindende Orte fehlen und verbindende Themen nur auf das Zusammenwohnen im Quartier und eine meist ähnliche materielle Lebenslage reduziert sind. In den ‚historischen Arbeitersiedlungen' kam die Verbundenheit dagegen häufig über gemeinsame Arbeitsbezüge hinzu und erleichterte Integration. Als identifikations- und integrationsfördernd erweisen sich Möglichkeiten gemeinsamer Aktivitäten, seien es lokale, quartierbezogene Vereinstätigkeiten oder auch Gärtnern und Feiern in Kleingartenanlagen. In anderen, eher innenstadtnahen und ehemals durch Industrie geprägten „Problemquartieren" lassen sich etwa durch architektonische „Stadtraum Aktivierungen" z. B. auf industriellen Konversionsflächen bzw. in nicht mehr genutzten Gebäuden Aktivierungsimpulse über reproduktive, handelsbezogene, sportlich-spielerische, kulturelle, künstlerische oder kommunikative Angebote entfalten (vgl. Bauwelt 2023, 21 ff.).

Bisher fehlt es größtenteils an Ideen, solche meist randlagigen Quartiere durch andere Bautypen, vielfältige Eigentumsformen und auch symbolträchtige ‚Leuchtturm-Projekte' zu ergänzen; oder diese auch baulich zu verdichten, und damit mittelfristig zu anderen Bewohnermischungen und einem damit verbundenem Imagewechsel beizutragen. Hier müsste sich die kommunalpolitische Ausrichtung hin zu einer perspektivisch anzustrebenden sozioökonomischen Vielseitigkeitsstruktur verändern und sich gleichzeitig von der Programmatik durch Verbesserungen allein mithilfe Sozialer Arbeit verabschieden. Eine Ergänzung durch andere Bautypologien und durch Wohneigentum ist vor allem in nachfragestarken Zeiten angesagt.

Genau an dieser Stelle treffen aber gegensätzliche fachliche Positionen der in der soziologischen Stadtentwicklungsforschung bekannten *Kontakt- und Konflikthypothese* aufeinander, obwohl eine Verbindung dieser beiden ‚Mischungs-Ideologien' auf der Hand liegt: Konflikte treten sowohl anlässlich defizitärer Lebenslagen vieler Einzelner, am selben Ort wohnender Menschen auf, als auch im sozioökonomischen Vielfaltsquartier. Die Aussichten sozialer Durchlässigkeit und sozialer Mobilität dürften sich aber durch Kontakte in sozioökonomisch gemischten Quartieren deutlich erhöhen. Die augenblicklich lange anhaltende Phase großer Wohnungsnachfrage ist ein geeigneter Zeitkorridor, soziale Mischstrukturen in benachteiligten Wohn- und Sozialformen umzusetzen, wie dies

exemplarisch in zahlreichen französischen Banlieues und in spanischen Sozial-
baugebieten seit einiger Zeit umgesetzt wird.

1.4.4 Soziale Mischstrukturen in neuen Quartieren

Städtische Neubauquartiere werden nach verschiedenen Kriterien geplant und
angelegt. Zum einen reagieren Kommunen sozial- und wohnungspolitisch auf
eine, durch das Auslaufen der Sozialbindung oftmals rapide fallende Anzahl
öffentlich geförderter Wohnungen, mit Sozialbindungsquoten in Neubaugebieten. Einige Kommunen achten in ihren Neuplanungen dabei auf spezifische
Zielgruppen, die für die örtliche Wirtschaft oder kommunale Dienste (Erzieher,
Polizistinnen etc.) als Arbeitskräfte benötigt werden. Darüber hinaus existieren Konzepte, die Neubauquartiere in ihren Bautypologien und zu erwartenden
Bewohnern an bestehende Stadtteile oder Siedlungen strukturell anzupassen. In
Mannheim versucht man auf den ehemals militärisch genutzten Konversionsflächen die Bewohnerstruktur der Gesamtstadt in neu entstehenden Quartieren
strukturell in etwa abzubilden. Darüber hinaus orientieren sich die Kommunen an Förderquotenmodellen der Bundesländer, wie etwa dem Berliner Modell
kooperativer Baulandentwicklung, der einkommensorientierten Förderung in Bay-
ern oder der sozialen Wohnraumförderung in Sachsen. Städte wie Berlin, Köln,
Hamburg, Stuttgart, Freiburg oder Frankfurt am Main haben eigene Förderprogramme aufgelegt, die sich grob an der „Drittelaufteilung" Hamburgs von jeweils
30 % öffentlich geförderter, Mietwohnungen des freien Marktes und Wohnungs-
eigentum orientieren (vgl. BBSR 2020, 52 ff.). Die Mischungsquoten im Detail
werden dann häufig von den Kommunen für die eigenen Wohnungsbaugesellschaften vorgeschrieben und fallen dann, wie z. B. in Frankfurt am Main noch
einmal differenzierter nach Anteilen von 40 % öffentlich geförderter Wohnungen, 20 % nach dem Mittelstandsprogramm geförderter Wohnungen, 15 % für
gemeinschaftliches und genossenschaftliches Wohnen sowie 5 % für Studierende und Auszubildende aus. Nirgends finden sich aber fachliche Begründungen
dieser Mischungsquoten unter den Aspekten zu erwartenden gelingenden Zusammenlebens. Bis etwa 2015 ignorierte man offensichtlich die Bedarfsfrage nach
öffentlich geförderten Wohnungen weitgehend. Die empirischen Befunde einer
DIfU-Studie (2015, 31) weisen z. B. in Neubauquartieren (seit 1990) mit nur
19 % nur eine geringe Quote stark gemischter Quartiere in NRW nach. Die bereits
zitierte aktuellere BBSR-Studie (2020) differenziert die Strukturen in Neubaugebieten lediglich nach Kriterien deutscher Nationalität und migrationsspezifischen

Aspekten. Auch darin erweisen sich von zwölf untersuchten neueren Fallbeispielen nur drei Projekte als relativ gleichmäßig nach deutschen Bewohneranteilen, Deutschen mit Migrationshintergrund und ausländischen Bewohnern gemischt. Ansonsten dominieren entweder nahezu ausschließlich Bewohner mit deutscher Staatsangehörigkeit (in acht Quartieren) oder nur ausländische Bewohner (ebd., 131). Dabei lehnen sich die jeweiligen Mischungsquoten der neuen Quartiere an diejenigen der bereits bestehenden Nachbarquartiere an (ebd., 132 ff.), was deren strukturellen Status-Quo lediglich verfestigt. Zwar werden in den meisten Neubauquartieren die jeweils kommunalpolitisch fixierten Anteile öffentlich geförderter Wohnungen eingehalten. Der sozioökonomischen Mischungsquote entspricht aber nur wenig die soziokulturelle Vielseitigkeit der Bewohner. Insofern muss mit den Zufriedenheitswerten bzgl. Nachbarschaftsverhältnissen relativierend umgegangen werden. Insgesamt fallen die Bewertungen zur Qualität der Nachbarschaften mit 18 % negativer Einschätzungen relativ hoch aus, spiegeln aber gewissermaßen eine nicht unübliche Anfangssituation nach einem Neubezug eines Quartiers wider. Die Nachbarschaftsverhältnisse werden dabei, differenziert nach Anteilen geförderter Wohnungen, sehr unterschiedlich eingeschätzt. Sie fallen erwartungsgemäß bei hohen Anteilen geförderter Wohnungen (66–100 %) mit 28 % negativer Bewertungen und bei sehr geringen Anteilen geförderter Wohnungen (0–28 %) mit 14 % negativer Rückmeldungen deutlich höher aus als bei durchschnittlichen Mischungsquoten von 33–40 % öffentlich geförderter Wohnungen mit nur 2 % negativer Rückmeldungen (ebd., 139). Selbstetikettierung und Problemkumulationen im ersten, Stigmatisierungsängste im zweiten Fall könnten hierfür Erklärungen sein. Auch zwischen erwünschten und realen Nachbarschaftsverhältnissen stellen sich Diskrepanzen ein. Interaktive und unterstützende Bezüge zu Nachbarn wünschen sich 77 % der Bewohner, real fallen diese dann aber mit 54 % deutlich geringer aus. Enge freundschaftliche Beziehungen sind mit 3 % eher selten entstanden (ebd., 142 und Siebel 2023, 55). In der BBSR-Studie wird auf die fachlich breite Debatte hinsichtlich der Förderung sozialen Miteinanders hingewiesen und hervorgehoben, dass insbesondere Baugruppen und Gemeinschaftshausprojekte als selbst gewählte Nachbarschaften gute Vergemeinschaftsvoraussetzungen in den neuen Quartieren bilden (ebd., 143).

Die aufgrund sehr verschiedener Mischungsverhältnisse mit Vorsicht zu genießende Ergebnisse der Studie lassen zum Teil erhebliche Diskrepanzen bei den Bewertungen sozialer Aspekte zwischen den verschiedenen Bewohnergruppen erkennen. Generell zeigen sich Haushalte mit geringerem Einkommen kritischer gegenüber der breiten Bewohnermischung sowie gegenüber der vielfältigen, ethnisch-kulturellen Zusammensetzung ihrer Quartiere. Ebenso bezweifeln sie stärker, dass viele verschiedene Menschen und Kulturen gut zusammenleben könnten (ebd., 146). Bei sehr hohen Anteilen von Bewohnern mit Migrationshintergrund fällt die Bewertung gegenüber der multikulturellen Bewohnerzusammensetzung noch einmal skeptischer aus.

Insgesamt lässt sich aus den Ergebnissen der beiden Studien festhalten, dass es Vorteile für ein Drittelverhältnis von öffentlich geförderten Wohnungen, Mietwohnungen des freien Marktes und Eigentumswohnungen gibt. Je multikultureller die Bewohnerzusammensetzung ist, desto skeptischer wird eine solche Mischung von den Bewohnern eingeschätzt. Der Wunsch nach guter Nachbarschaft ist ausgeprägt; deren reale Umsetzung ist aber offensichtlich geringer als der Wunsch. Kleinteilige Mischungen frei finanzierter und öffentlich geförderter Mietwohnungen sind vorteilhaft, auch im Sinne von Stigmatisierungsprävention. Eigentumswohnungen werden eher separiert in eigenen Haustypen angeboten. Gelingendes Miteinander scheint abhängig zu sein von geeigneten öffentlichen Begegnungsorten und der Gesamtanlage eines Quartiers. Ältere Bewohner scheinen kontaktintensiver als jüngere zu sein. Zudem wird auf die Notwendigkeiten professioneller Bewirtschaftung hingewiesen, die gerade für Neubauquartiere wichtig erscheinen. Darunter werden diverse Maßnahmen und Angebote verstanden, wie etwa gezielte Belegung bei Wohnungsneubezug, klare Regelkommunikation, psychosoziale und materielle Unterstützungen von Bewohnern in schwierigen Lebenslagen, Konfliktmanagement und Förderung des sozialen Lebens (ebd., 153 ff.).

In der DIfU-Studie spielen Verzahnungen zwischen funktionaler und sozialer Mischung eine größere Rolle. Erst durch eine jeweils singulär zu erfolgende Vernetzung funktionaler mit sozialen Aspekten seien Lebendigkeit und Selbstorganisationsfähigkeit von Quartieren gewährleistet. Eine intelligente städtebauliche Anlage öffentlicher Plätze, öffentlicher Wege, öffentlicher Einrichtungen, Angeboten unmittelbarer Versorgung und Bildungsinstitutionen im Kontext von Wohn-, Arbeits- und Freizeitstätten setzen Impulse für vielseitige Kommunikation als Basis gelingenden Zusammenlebens und für bürgerschaftliches Engagement.

Im Vergleich zur BBSR-Studie wird gefordert, dass Neubauquartiere in Großstädten dem Anspruch gerecht werden sollten, sozioökonomische und soziokultureller Vielfalt mit funktionalen Mischungskomponenten zu verbinden. Das würde aber beinhalten, auch mit im Quartier auftretenden Konflikten produktiv umzugehen, und nicht, wie in der Studie an mehreren Stellen gefordert, Konflikten vorzubeugen und auf alle Fälle zu vermeiden. Denn das in multikulturellen Neubauquartieren zu erwartende, mehr oder weniger zusammengewürfelte Aufeinandertreffen vieler unterschiedlicher Menschen verschiedener Lebensalter und Lebenswelten birgt in seiner Diversität zunächst einmal mehr Konfliktpotenzial.

Analog dem Diktum Georg Simmels und Max Webers, dass Konflikte konstitutiv für jede Vergesellschaftung seien, muss das nicht negativ sein. Im Gegenteil, Konflikte können die Grundlage für eine dynamische Quartierentwicklung darstellen, nämlich dann, wenn sich diese im städtischen Raum und zwischen den Menschen artikulieren können und wenn die betroffenen Akteure bereit sind, sich in oder auch über Konflikte zu verständigen. Dies scheint im überschaubaren Quartier eher möglich als auf innerstädtischem anonymem Terrain.

Während Konflikte gemeinschaftsbildend im Ganzen sein können und Energie und Engagement einfordern, stehen gewissermaßen, antipodisch hierzu, die einzelnen Baufelder und Quartier-Karrees als intimere Rückzugsinseln tendenziell für vergleichbare Lebenslagen und einander verträgliche Unterschiede. Einerseits sollten in den größeren Haustypen öffentlich geförderte und marktgängige Mietwohnungen für Familien, Alleinerziehende sowie Wohneigentum kombiniert sein. Andererseits sollten die verschiedenen Wohnformen aber auch nach Lebensaltersgruppen gezielt zusammengestellt sein: wie etwa Studierende und ältere Menschen in ihren jeweils eher temporären Wohnangeboten. Damit kann erreicht werden, dass die verschiedenen Lebensaltersgruppen, auf der längeren Zeitachse, möglichst kontinuierlich im Quartier präsent sind und keine quartierbezogenen Generationsdominanzen drohen. Auf die einzelnen Karrees verteilt werden sollten gezielt auch die Baugruppen, Gemeinschaftshausprojekte und genossenschaftlichen Bauträger mit ihren oftmals gemeinschaftlichen Wohnformen. Ihnen kommt die Funktion als sozialräumlicher Stabilitätsanker zu. Sie stehen für vermutlich *gelingende Nachbarschaftsverhältnisse* und eine zu erwartende Kontinuität von Bewohnern, da diese bereits erprobt sind in orientierenden und konfliktlösenden Prozessen während ihrer Konstituierungs- und Planungsphase. Unsere Annahme ist, dass es dort ggf. bereits zur Exklusion von nicht Vereinbarem und entsprechend zu einer soliden Gruppenkohärenz gekommen ist. Die Mitglieder beider Baugruppentypen ziehen i. d. R. gezielt motiviert in ihre neuen Quartiere, gepaart mit dem Interesse an und einer Offenheit für das soziale Umfeld. Dies zeigt sich über deren Angebote für quartiersoffene Raumnutzungen auch im jeweils eigenen Haus (vgl. Kap. 6, 7 und 14). Eine solche Vielfalt unterschiedlicher Interessen bei Bauträgern, Baugruppen, Eigentümern sowie Mietern, von unterschiedlichen Lebensaltersgruppen und Lebensstil-Milieus evoziert Konflikte, macht aber gleichermaßen deren Bearbeitung notwendig. Dafür wiederum bieten sich demokratische Verfahren an, die selbst wieder Ausgangspunkt für bürgerschaftliches Engagement sein können. Vielfalt kann sowohl Konflikte wie auch Solidarität ‚produzieren‘, die wiederum zur demokratischen Verständigung verleiten. Bewohnervielfalt im Quartier kann somit idealerweise über gemeinsame Interessenwahrnehmung und deren inhärente Konflikte mithilfe praktischer demokratischer Verfahren zu einem verantwortungsbewussten Zusammenleben führen.

1.4.5 Soziale Mischstrukturen in stadtteilergänzenden Neubauquartieren

Der vierte Quartiertyp, der hier betrachtet wird, ist der einer Anbauvariante an bereits bestehende Stadtquartiere. Eine stadtsoziologisch unterlegte Argumentation des Andockens an bereits bestehende und funktionierende Gemeinwesenstrukturen findet sich bereits für den Siedlungsneubau der 1950er Nachkriegsjahre. Dabei ging man z. B. in Frankfurt am Main anfangs von max. 300 Neubürgern aus, die in bereits bestehende Sozialformen von Stadtteilen oder Siedlungen integrierbar sein sollten. Solche ‚Anbausiedlungen' wurden zudem zu einem Drittel mit Bewohnern der betroffenen Stadtteile belegt, die als Vermittlungsgruppe zum bestehenden Gemeinwesen fungieren sollte, so die damalige Annahme. Aufgrund nachkriegsbedingter Wohnungsnot entstanden dann aber doch sehr viel größere Siedlungen, nahezu immer aber in Anlehnung an bestehende historische Stadtviertel. Dieser soziokulturelle Verträglichkeits- und Integrationsgedanke der Nachkriegsjahre tritt heute hinter nachfrageorientierten und ökonomischen Aspekten weitgehend zurück. Das wirkt umso befremdender, weil gleichermaßen die Programmatik des „gemischten Quartiers" mit dem damit einhergehenden Ziel gelingenden Zusammenlebens Konjunktur erfährt.

Städtebaulich rücken drei verschiedene Ergänzungsvarianten in den Fokus: die Implementierung neuer „Stadtbausteine" in bestehende Stadtquartiere (1), die Arrondierung bestehender Quartiere durch angrenzende und das jeweilige Gemeinwesen ergänzende Neubauquartiere (2) sowie Neubauquartiere mit zentralen Funktionen für bereits bestehende Siedlungen (3). Bei sämtlichen Varianten ist die Möglichkeit gegeben, sozioökonomische und soziokulturelle Vielfaltsstrukturen durch die jeweils als sinnvoll erachteten soziostrukturellen Ergänzungen zu generieren. Dies gilt theoretisch sowohl für bereits existierende Siedlungen bzw. Quartiere mit eher niedrigen als auch mit eher hohen Wohnstandards. Dabei wäre einerseits darauf zu achten, die ‚Übergänge' bzw. ‚Brücken' zwischen den verschiedenen, nach sozioökonomischen und soziokulturellen Aspekten belegten Quartier-Karrees so zu gestalten, dass diverse Formen interaktionaler Annäherungen möglich werden, von der passiven Begegnung bis hin zu gegenseitig unterstützender Kommunikation und Aktivität. Als städtebauliche ‚Brücken' und ‚Übergänge' könnten öffentlich zugängliche Nahversorgungseinrichtungen, Orte kultureller, sozialer, bildungs-, sport-, und freizeitbezogener Angebote, aber auch größere öffentliche Plätze fungieren.

In den drei verschiedenen Varianten dieses Projekt-Typus können den jeweiligen Ergänzungen bzw. Arrondierungen unterschiedliche Aufgaben zukommen. Sind die bestehenden Quartiere eher marginalisiert, wären zwecks Aufwertung symbolisch wichtige und stadtweit relevante ‚Leuchttürme' als ergänzende Stadtbausteine vorteilhaft, wie dies etwa mit dem Kunstmuseum Gehrys im ehemaligen Hafenquartier Bilbaos oder mit dem noch einzurichtenden deutschen Migrationsmuseum in Köln-Kalk angestrebt wird. Solche symbolträchtigen Ergänzungsfaktoren kommen auch für die segregierten Stadtareale in Betracht. Umgekehrt geht es in Hamburg um den Erhalt von Unterbringungsmöglichkeiten und Wohnungen für Flüchtlinge im ‚vornehmen' Stadtteil Blankenese. Solche ‚städtebaulichen Zumutungen' gilt es jeweils auf ihre Akzeptanz hin und auf ihre Funktion als Teil ‚städtischer Verantwortungsgemeinschaft' zu prüfen.

Für sämtliche drei Ergänzungsvarianten stellt sich als Stabilitätsfaktor für gelingende Gemeinwesenstrukturen das Vorhandensein traditioneller und zivilgesellschaftlicher sozialer, kirchlicher, sportlicher und kultureller Angebote in den bereits existierenden Quartieren oder Siedlungen dar. In der zweiten Variante bilden diese den Kernbereich des erweiterten Gesamtquartiers, in der dritten Variante muss sich diese bestehende Kernstruktur in einen neuen Quartierbereich einlagern können. Beide Prozesse gestalten sich als Annäherungen nicht reibungslos und sollten als kommunale Aufgabe fachlich und professionell moderiert werden (vgl. auch Kap. 6 und 7).

1.4.6 Die Bedeutung öffentlicher Plätze und öffentlicher Räume

Sozioökonomische und soziokulturelle Bewohnermischungen eines Quartiers werden nur dann als vielfältig wahrgenommen, wenn sich die Mitglieder der diversen Schichten, Milieus, Alters- und Lebensstilgruppen in ihrer Unterschiedlichkeit darstellen und begegnen können, wenn sie sich überhaupt als jeweils eigene unter anderen wahrnehmen können. Hierbei kommt dem öffentlichen Raum als Vorfeld einzelner Häuser, und als baulichen Straßenvorderseiten des Gemeinwesens eine zentrale Bedeutung zu. Gassen, Straßen, Plätze und andere öffentlichen Freiflächen stellen in ihren baulichen Rahmungen von Häuserfassaden die Nahtstelle zwischen dem Privaten und dem Öffentlichen dar. Der öffentliche Raum ist in seiner Eigenschaft als soziografischer und transitorischer

‚Übergangsraum', kommunikative Begegnungsfläche, Areal der Selbstpräsentation und Konfliktraum zugleich. Er wird von Kindern *bespielt,* von Jugendlichen
besetzt, von Erwachsenen *funktionsadäquat* genutzt und nimmt bei älteren Menschen die Rolle eines *Erinnerungsraums* ein (vgl. Kilb 2012). Diese vier auf
Lebensalter bezogenen Funktionalisierungen können, je nach morphologisch-
baulicher Beschaffenheiten, nebeneinander existieren, sich verbindend auswirken
oder auch konflikthaft überschneiden. Die Art der Arrangements, die jeweiligen
Habitualisierungen zeichnen für die sozialräumliche Atmosphäre verantwortlich:
„Im öffentlichen Raum zeigt sich das Wesen der jeweiligen Stadt oder ihrer
Quartiere, ihre besondere Atmosphäre und ihr Charakter" (Roth 2020, 107).
Öffentliche Räume sind territoriale Foren, auf denen sich soziales und kulturelles Leben in Quartieren und Städten durch Mischung, Verbindung, Konflikt und
Trennung einerseits, sowie normativ als soziale Kontrolle und repressiv, als Ausschluss andererseits ordnet. Öffentliche Räume wandeln sich in ihren Funktionen
nach ihren verschiedenen historischen Bestandszeiten: beim zentralen Stadtplatz
vom Handels-, Markt- und Messeplatz im Mittelalter über den Parkplatz der autogerechten Stadt der 1950/60er Jahre hin zum heutigen Ausgeh-, Touristen- oder
Eventraum, zurück zu Marktplatz und Forum; bei den Gassen und Straßen vom,
den Läden vorgelagerten Arbeits- und Ausstellungsflächen, über den autogerechten Durchfahrtsweg mit Parkplätzen bestenfalls hin etwa zu Flaniermeile und
Radweg.

City als Repräsentationsraum
Eine besondere stadträumliche Funktion kommt dem öffentlichen Raum, als
Ganzem, in den Citybereichen zu, also den konsumtiven und den historischen
Zentren. Diese werden zu Foren für ganz verschiedene Bevölkerungsgruppen,
die sich dort aufhalten, treffen, oder aus dem Weg gehen. Je nach Städten
und Raumfunktionen existieren hier *integrierende Räume* wie etwa Neumarkt
und Domplatte in Köln, der Rheinuferbereich in Düsseldorf, oder das Frankfurter Mainufer und der städtebaulich diffus angelegte Platz an der Hauptwache,
auf denen sich jugendkulturelle Szenen mit Touristen, Kirchgängern, Hotel-
gästen, Einkäufern, Museumsbesuchern und den diversesten Bewohnergruppen
sämtlicher Schichten begegnen. Parallel hierzu existiert in den innerstädtischen
Kernbereichen auch ein Abbild der fragmentierten Stadt, wie etwa in der Frankfurter City im Verlauf eines West-Ost-Gefälles, analog der dort jeweils platzierten
kulturellen und/oder Einkaufsangebote: im Westen der Opern- und der Schiller-
platz mit dem umliegenden Bankenviertel, gehobener Gastronomie (Opernplatz,
‚Fressgass') und exklusiven Konsumangeboten (Goethe- und Schillerstraße), über

den zentralen Verkehrsknoten der Hauptwache im Zentrum bis hin zur Konstablerwache und den in der östlichen Zeil platzierten Billigkaufhäusern und Ansammlungen von auf der Straße ‚lebenden' Jugendlichen, sowie einer Dealer- und Obdachlosenszene (vgl. Abb. 2.4). Dieses wohlstandsdifferenzierte West-Ost-Gefälle geht auf historische Wurzeln der industriellen und Gründerzeitstadt zurück mit den privilegierten westlichen Wohnvierteln (mit Westwinddominanz und sauberer Luft) und den Industrieansiedlungen, dem Gefängnis und Waisenhäusern im Osten. Entsprechend differenzierte Überwachungspraktiken, soziale Kontrolle, Anonymitätsgrad, unmittelbare Versorgungsmöglichkeiten und Überlebensgelegenheiten bestimmen hier mit habituellen Ein- bzw. Ausschlussritualen zusammen über die Art der sozialen Interaktion.

Die zentralen Cityareale mit ihrem jeweiligen soziokulturellen Geschehen kommunizieren häufig das Gesamtbild einer Stadt nach außen. Sie skizzieren aber auch deren jeweilige Eigenschaften für Prozesse von Vergemeinschaftung: Wie gehen die verschiedenen Bevölkerungsgruppen miteinander um? Wie geht man mit den verschiedenen Gruppen vonseiten der Stadtpolitik und der Administration um?

Die in den bundesdeutschen Großstädten zu findenden Unterschiede sind dabei als sozialisatorische Erfahrungsräume, vor allem für junge Bevölkerungsgruppen besonders relevant (siehe Exkurs I). Hier wird für alle wahrnehmbar, wer dazugehört, wer sich zugehörig fühlt und wer gerne dazugehören würde. Umgekehrt wird deutlich, was nicht erlaubt ist und zum Ausschluss führen kann. Die Städte spiegeln sich an diesen Orten selbst. Überlässt man solche zentralen Orte sich selbst, so entlarvt sich die jeweilige kommunale Governance als permissiv, desinteressiert oder gar als ängstlich zurückhaltend. Dabei könnten diesen Orten gerade Funktionen einer zentralen Integrationsmaschine zukommen, die auf umliegende Quartiere ausstrahlen würde.

Zentrale Plätze im Quartier und Stadtteil
Welche Bedeutungen kommen dem öffentlichen Raum nun im Stadtteil-Quartier zu?

Als optimal für gelingende sozialräumliche Vergemeinschaftung stellen sich in der Stadtsoziologie fünf öffentliche Raumtypen dar, die wiederum miteinander korrespondieren: der zentrale Platz, karree-orientierte Hinterhöfe, Ausweich- bzw. Rückzugsareale, Funktionsplätze (Spiel-, Bolzplätze, Skaterflächen etc.) sowie Verbindungswege und -straßen. Der zentrale Platz fungiert in Teilaspekten im Sinne der altgriechischen *Agorá* (ἀγορά) als Markt-, Versammlungs- und Verhandlungsort. Stadtsoziologisch kommt der Quartierplatz den historischen Funktionen recht nahe, weil sich dort quartierzentrale Funktionen von

Versorgung, Konsum, Mobilität, Verweilen, Erholung, Selbstpräsentation, Spielen und Kommunikation in einer Gemengelage und Verzahnung gegenüberstehen, sodass unterschiedliche Interessen aufeinandertreffen können: kindliche Spielbedürfnisse, jugendlicher Raumaneignungs- und Besetzungsimpuls, funktionale Nutzung von Erwachsenen und Erinnerungsnarrative älterer Menschen. Über die zu erwartenden Reibungen bildet sich bestenfalls geopolitische Normativität, soziale Regelsetzung und Kontrolle heraus; alle Essentials funktionierender Gemeinwesen.

Innenhöfe im Karree/Quartierblock und Quartierparks
In den gemischten *Einzelkarrees* fungieren die (grünen) Gemeinschaftshöfe idealerweise im Sinne eines demokratischen Mikrokosmos als Positionierungs-, Verständigungs- und halbprivate bzw. halböffentliche Gestaltungsräume. Straßen und Wege verbinden diese Mikrokosmen. Ein quartiernaher Park oder eine größere Grünfläche fungieren als Aktions-, als Rückzugs-, Bewegungs-, Erlebnis-, Spiel- und Erholungsraum. Er übernimmt zudem kathartische Funktionen für die quartierinterne Konfliktregulation durch Möglichkeiten des Ausweichens und der Entspannung. Die Funktionsplätze sind Orte mit Ereignischarakter. Sie bieten Gelegenheiten für altersadäquate Freundschaftsanbahnungen und quartierbezogene Gruppenbildungsprozesse (vgl. Abschn. 7.3).

Fazit
Die Ausgestaltungen, die jeweiligen soziokulturellen Nutzungen und die sozialen, wie geografischen Verzahnungen dieser verschiedenen Raumtypen helfen dabei, das Verständnis für Diversität im Quartier wahrzunehmen, als Gegeneinander, Nebeneinander oder als Miteinander zu begreifen. Insbesondere letztere stehen für Zugehörigkeitsempfinden im Quartier. Wird dieses Zugehörigkeitsempfinden als positiv wahrgenommen, folgt daraus sozialräumliche Identifikation. Die Stadtteile oder Quartiere werden dann, in positiver Konnotation etwa zum ‚geliebten‘„Veedel" (Köln), oder in negativer Akzentuierung zum „eigenen Revier", zur ‚lokalen Bronx‘, mit impliziter Ausschlussbotschaft an vermeintlich Nichtzugehörige.

Neben den für die gesamte Stadt repräsentativen zentralen Räumen, spielen öffentliche Plätze in den Quartieren eher die Rolle von quartierintimen „Zimmern ohne Decke": Räume also für nachbarschaftliche Begegnung und Nutzung, unterstützt meist durch gastronomische Angebote oder eine Trinkhalle an der Ecke (Roth 2020, 119).

In einigen Metropolen verwandeln sich die attraktiveren und verkehrsgünstig gelegenen Quartierplätze, mit entsprechender Infrastruktur und Lifestyle-Szenen, vornehmlich an Wochenenden, zu regionalen Anziehungsorten, zu Partyzonen, die dortige kleinteilige Quartierverhältnisse sprengen (Friedberger Platz, Luisenplatz im Frankfurter Nordend; Brüsseler Platz im Belgischen Viertel Köln). Die hierdurch entstehenden Nutzungskonflikte zwischen Anwohnern und Lifestyle-Szenen werden dann zum Gegenstand politischer Aushandlungsprozesse. Aus dem antiken Vermächtnis räumlich-politischer Agora entsteht hier auch über solche Konflikte demokratische Diskursnotwendigkeit.

Exkurs I: „Sozialer Raum" als Aneignungsraum Jugendlicher[1]
Jugendliche stellen die Lebensaltersgruppe dar, die den öffentlichen Raum im Sinne eines ‚sozialen Raums' häufig in konfliktaffiner Weise nutzt. Hintergründe und Formen dieser Raumnutzungen sollen hier vertieft werden, um hiermit stadtplanerisch umgehen zu können.

Zentrale Kategorie sowohl von Architektur als auch von Pädagogik ist der Raum. In den Erziehungswissenschaften kommen die Kategorien von Zeit, Person und Interaktion als Gegenstand noch hinzu und kreieren den Terminus des „Sozialen Raumes". Während die Architektur bisher ihren Schwerpunkt auf die funktionale und ästhetische Gestaltung des Raumes legt, fokussiert die Pädagogik eher die Bespielbarkeit oder die lebensweltbezogene Nutzung des Raumes. Interessant bleibt in diesem Kontext immer die Frage, ob sich die Qualität der Gestaltung und die während des baulichen Konzipierens dem Raum zugedachte Funktionalität auf die raumbezogene Lebensqualität, und deren Qualität von Bespielbarkeit auswirken.

In der Pädagogik und in der Stadtsoziologie findet sich in diesem Kontext eine weitere, allerdings dynamische Kategorie, nämlich die der Raum-Aneignung. Raumaneignung beginnt individualbiografisch im Kindesalter in der eigenen Wohnung und erweitert sich konzentrisch oder über räumliche Inseln (vgl. Zeiher u. a. 1994) zu einer räumlichen Netzstruktur im Jugend- und Erwachsenenalter, reduziert sich mit zunehmendem Alter dann wieder auf einen eher begrenzten Raum.

Auch bestimmte gesellschaftliche Gruppen eignen sich Räume an, wenn man z. B. an die meist jugendlichen Gruppen, Cliquen, Gangs oder auch die Obdachlosen in den Innenstädten denkt. Eine solche Aneignung oder Besetzung von öffentlichen oder öffentlich zugänglichen Räumen verläuft dabei oftmals unabhängig von der mit diesen intendierten Nutzungen. Die Art der Nutzungen wiederum oder eine Präsenz einzelner Gruppierungen hängen mit einer Vielzahl von Einflussfaktoren zusammen. So wurden bereits in den 1980er Jahren metropolitane Orte wie etwa die

---

[1] Einige Passagen sind folgendem Text entnommen: Kilb, R. „Die Stadt als Sozialisationsraum". In: Eckhardt, F. (2012): Handbuch Stadtsoziologie. Springer-VS Wiesbaden: 613–633.

Konstablerwache in Frankfurt am Main, die Hauptbahnhöfe in Köln, Hamburg und Berlin-Zoologischer Garten zu zentralen Treffpunkten auf der Straße lebender Kinder und Jugendlicher. An diesen urbanen Orten bündelten sich durch deren Funktion als Verkehrsknoten Erreichbarkeit, Versorgungsdimensionen (Billighotels, öffentliche Toiletten, Gelegenheiten des Drogenhandels und des Kaufhausdiebstahls), großstädtisches Flair bei gleichzeitiger Anonymität, meist diffuse bauliche Platz- bzw. Baustruktur mit Präsentations- und Rückzugsmöglichkeiten, und damit verbundenen Kommunikations- und solidarischen Unterstützungssystemen. Ende der 1990er Jahre interviewte Jugendliche beschreiben ihre Szene und ihren Lebensort als „großes Jugendzentrum, in dem alles zusammenläuft", man sei hier „ständig in Bewegung", es fehle nichts, die Polizei sei hier, die Dealer, es sei ständig etwas los, es gleiche einem permanenten Abenteuer (Kilb 1998).

Im Rahmen dieser Ereignisse entstanden Formen einer Community von Heranwachsenden bestimmter Milieus, die – weil an diesen zentralen Orten nicht erwünscht – zum Gegenstand des kommunalpolitischen Stadtmanagements wurde. Insgesamt ging es um die private Aneignung öffentlicher Räume und die Balance zwischen privaten Bedürfnissen und öffentlichem Bedarf.

Raumaneignung repräsentiert sich ansonsten für jeden sichtbar auch über Graffiti-Aktivitäten insbesondere an im Blickpunkt vieler stehender öffentlicher Flächen wie Haltestellen, U- und S-Bahnen oder auch ganz spektakulär an Brandmauern von Dachlandschaften und Fabrikschloten. Raumaneignung Heranwachsender wird schon seit Anfang des letzten Jhdts. thematisiert. Man denke hier an die – aus erwachsener Sicht – dysfunktionale Nutzung etwa von Rolltreppen: schon in den 1930er Jahren stellte Martha Muchow fest, dass Kinder die Rolltreppen in Hamburger Kaufhäusern spielend nutzen, etwa durch das Laufen gegen die Stufenbewegung oder deren Handlauf als Rutsche (Muchow 1998). Kinder und Jugendliche verändern in ihrem Spiel oder durch ihre Nutzungsrituale in einer Art intermediärem Prozess partiell oder gänzlich die dem Raum durch Erwachsene zugedachte Funktion.

Die fachlichen Wahrnehmungs- und Interpretationsgewohnheiten fallen an dieser Stelle zwischen den beiden Disziplinen überaus unterschiedlich aus. Aus den Erziehungswissenschaften heraus liest sich das Phänomen etwa so: Die Jugendlichen setzen mit ihren Aktionen Impulse dahin gehend, dass man sich mit ihnen in irgendeiner Art befasst. Mit den Aktionen einher gehen Spannung und Erfahrungen von Grenzüberschreitung. Sie lernen hierüber, sich selbst gesellschaftlich zu platzieren. Über die gesellschaftlichen Reaktionen findet entweder symbolische Integration (etwa durch Anerkennung der Graffitis als Kunst) oder aber Desintegration (Definition als strafbare Verschandelung privater Flächen) statt.

Raumbedeutung, Raumnutzungen und ästhetische Raumwahrnehmungen ändern sich auch in den verschiedenen Lebensaltersphasen: Räume generieren vom *bespielbaren* Raum im Kindesalter über den *besetzbaren, veränderbaren und gestaltbaren* Raum im Jugendalter zum *funktional nutzbaren* Raum im Erwachsenenalter und zum *Erinnerungsraum* im Alter (Kilb 2012).

Raumnutzung bei Jugendlichen

Obwohl sich in großstädtischen Zusammenhängen durch die ethnisch-kulturelle Bevölkerungsvielfalt eine große soziale Heterogenität und damit auch Singularität von Gemeinwesenstrukturen abbildet, lassen sich für die verschiedenen urbanen und ländlichen Siedlungsformen Tendenztypen unter jugendbezogenen Nutzungsaspekten identifizieren. Diese müssen nach *metropolitanen Ballungsräumen* (Berlin, Hamburg, München, Köln/ Düsseldorf, Rhein-Main-Region), nach *großstädtischen Verdichtungsräumen* (z. B: Hannover, Bremen, Stuttgart, Nürnberg/ Fürth/ Erlangen, Dresden, Halle/ Leipzig, Ruhrgebiet, Rhein-Neckar-Region), nach *Einzugsbereichen mittlerer und kleiner Großstädte mit zentralen Raumfunktionen* (z. B. Münster, Bielefeld, Augsburg, Freiburg, Aachen, Rostock, Chemnitz) sowie nach *ländlich-provinziell geprägten Regionen* (modernisierte und traditionelle Formen, zentrale Lagen oder Randlagen) differenziert betrachtet werden.

In sämtlichen dieser Gebietstypen findet man jeweils spezifische jugendkulturelle Aktions-, Artikulations- und Kommunikationsformen. Darüber hinaus existieren jugendkulturelle Differenzen zwischen alten und neuen sowie zwischen norddeutschen, ostdeutschen und süddeutschen Bundesländern (vgl. Kilb 2012).

Bezogen auf die Nutzungen sozialer Räume lassen sich mehrere zentrale Entwicklungen festhalten:

- Für Jugendliche besonders *attraktive Erlebniszonen* stellen insgesamt die metropolitanen Knotenpunkte des Verkehrs (Hauptbahnhöfe, Flughäfen mit großen Einkaufspassagen, zentrale Plätze), des Konsums (Einkaufszentren, Einkaufsstraßen, Großkinos), des Sports (Stadien, Arenen, Eissporthallen) und der Kultur (Events, traditionelle Großfeste, Musik- und Tanz-Clubs) dar. Diesen kommen überregionale Bedeutungen zu; hier geht es um das gemeinsame Erleben, Genießen und Empfinden, das Identifizieren, das Selbstpräsentieren, die Selbstinszenierung, das gemeinsame Feiern. In den „zwischenstädtischen" und ländlichen Bereichen wird diese Palette noch ergänzt durch größere Clubs/ Discotheken, Kinos, Drive-in-Fastfood-Zentren und Großtankstellen mit Einkaufsmöglichkeiten.
- Eine zentrale sozialräumliche Funktion besitzen die *Schulen*, insbesondere die weiterführenden Schulen und Schulzentren. Der Trend zu Ganztagsschulen und der Öffnung von Schulen zum sozialräumlichen Umfeld hin verstärken

diese Entwicklung. Es zeigt sich sowohl in den Großstädten als auch in den ländlichen Bereichen, dass Schulen und ihr unmittelbares Umfeld neben den Lern- und Bildungsaufgaben auch Freizeit-, Erholungs-, Versorgungs-, Spiel- und Aktivierungsfunktionen wahrnehmen. In großstädtischen Arealen spielen im Umfeld der Schulen auch die ÖPNV-Haltestellen, die Verkehrsmittel selbst, die Jugendfreizeiteinrichtungen, Spielplätze, Kaufhäuser, Geschäftsstraßen, die Schulhöfe eine bedeutende Rolle. In ländlich-kleinstädtisch geprägten Regionen sind es neben den Haltestellen, Bahnen und Bussen die Sportplätze und die größeren Sportvereine (auf Kosten der kleineren Vereine in Gemeinden ohne weiterführende Schulen), die sozialräumlich Akzente für Kinder und Jugendliche setzen.

- Mit zunehmendem Alter erweitern und differenzieren sich die sozialräumlichen Bezüge aus. Jugendliche nutzen je nach Geschlechts-, Kultur- und Schichtzugehörigkeit Sozialräume ganz unterschiedlich. Allgemein sind Mädchen aus benachteiligten sozialen Schichten und aus Migrationszusammenhängen stärker auf den sozialen Nahraum und ihre ethnische Community hin orientiert, sie kommunizieren häufiger digital. Für Migranten überlagern sich dabei oftmals die multikulturellen mit den community-bezogenen Sozialraumebenen. Letztere haben ihre örtlichen Foren und Fixpunkte meist in den Metropolen oder Agglomerationen.

Realer und/oder virtueller Raum – Innenstädte als transitorischer Raum?
Im Rahmen der Debatte um sich verändernde Lebensumstände bei Kindern und Jugendlichen kommt der korrespondierenden Betrachtung stadtbezogener medialer Inszenierungen und Präsentationen einerseits, jugendbezogenem Medienumgang im städtischen Raum selbst sowie der Bedeutung virtueller Raumdimensionen – im Sinne eines relationalen Raumverständnisses (vgl. Löw 2001) – andererseits, aktuell ein hoher Stellenwert zu. Hierbei muss bisher offenbleiben, inwieweit „die faktischen, orts- und raumbezogenen Aneignungsweisen durch fiktive und symbolische überformt oder gar ersetzt werden" (Lindner 1998: 69). Es existiert die Vermutung, dass besonders für Jugendliche die realen morphologischen Räume, als auch die Auseinandersetzung um sie ihre Prägekraft verlieren und dass diese durch symbolische Verhaltensweisen ersetzt werden, die nach sozialräumlichen Kriterien kaum mehr zuzuordnen sind (ebd.). In der Medienwirkungsforschung verfestigt sich tendenziell die Annahme einer zunehmenden Untrennbarkeit und Vermischung dieser beiden Raumkategorien bei Kindern und Jugendlichen, die dann verbunden wäre mit neuen raumbezogenen

Wahrnehmungs-, Aneignungs- und Konstruktionsformen zukünftiger Generationen. Digitale Kommunikationsformen vermischen sich dabei gerade im städtischen Raum im Kontext auch jugendkultureller Selbstinszenierung mit direkten Face-to-Face-Formen. Die Bedeutung des realen Stadtraums modifiziert sich für junge Generationen dabei zunehmend vom bisherigen Selbstpräsentations- und realen Kontaktforum hin zum „Callcenter" mit hohem präsentem Mobilitätsangebot und angeschlossener Face-to-Face-Kontaktbörse.

Solche Entwicklungen eröffnen zumindest theoretisch die Möglichkeit des Aufbrechens bisher weitgehend schicht- und milieuspezifischer Habitualisierungen im räumlichen Bereich. Es muss hier offenbleiben, inwieweit räumliche Wahrnehmungs- und auch Ordnungsfunktionen überhaupt noch von hoher Bedeutung sind oder ob diese im Rahmen dominanterer digitaler Kommunikation durch „jetztzeitliche" Akzentuierungen ersetzt werden (vgl. Gelernter 2010: 23).

Integrationsdruck und Anomie in Cityarealen
Öffentliche Räume in innerstädtischen Citybereichen bilden mit ihren Konsum-, Freizeit- und Erlebnisangeboten, wie auch als Arenen individueller Performance und Aneignung für sozioökonomisch benachteiligte Jugendliche einerseits Gelegenheiten egalitär anmutender Selbstpräsentation, wenn sie hierzu die notwendigen materiellen Voraussetzungen besitzen. Sind diese nicht vorhanden, unternehmen Jugendliche in der Regel alles Mögliche, um nicht ausgegliedert oder an den Rand gedrängt zu werden. Dieses Mithalten-Können ist unter entwicklungspsychologischen Aspekten für die adoleszente Identitätsentwicklung konstitutiv. Bei einem Teil der Jugendlichen kann aber gerade dieses „Bewältigungsverhalten" zur Exklusion führen, nämlich dann, wenn sie sich die für eine egalitäre Performance notwendigen Voraussetzungen illegal beschaffen (müssen). Der individuelle Anspruch, mithalten zu können, sich in einem als normal geltenden materiell-soziokulturellen Habitus inszenieren zu können, wirkt hier in seiner Dialektik gleichermaßen als subjektiver Integrationsversuch durch Teilhabe, wie auch als Exklusionsgefahr durch „abweichendes Verhalten". Innerstädtische Räume können durch ihre teilweise extrem gegensätzlich gelagerten Funktionsweisen und Nutzungsformen daher zu Katalysatoren einer Inklusions-Exklusions-Spirale in den Biografien junger Menschen aus sozioökonomisch benachteiligten Milieus mutieren. Die innenstädtischen Räumen meist inhärente sozioökonomische und soziokulturelle Vielfalt umfasst deshalb nicht nur integrative Potenziale, sondern stellt sich für sozioökonomisch benachteiligte Jugendliche auch als anomischer Risikoraum dar.

Soziale Kohärenz und Kohäsion als Zielvorstellungen „sozial nachhaltiger" Quartier- und Stadtentwicklung

2

Rainer Kilb

Nachdem es im ersten Kapitel darum ging, wie sich sozioökonomische und sozio-kulturelle Vielfalt im städtischen Raum entfalten, und welche Folgen daraus für das soziale Leben in Städten ableitbar sind, befasse ich mich im zweiten Kapitel mit urbanen Prozessen der Vergemeinschaftung. Aus welchen Bedingungen heraus erfolgen bei Menschen Impulse, sich mehr aufeinander zu beziehen, einander wahrzunehmen, einander zu verstehen und Gemeinsames zu tun? Und was führt dazu, dass aus gemeinsamem Handeln Verbundenheit entsteht, oder sogar soziale Sicherheit und sozialer Zusammenhalt? Wann entwickelt sich daraus soziale Kohäsion, wann nur Kohärenz? Es werden Theorien von Vergesellschaftung, der Gruppenbildung und Gruppendynamik und von Integration hinzugezogen, aber auch auf aktuelle gesellschaftswissenschaftliche Expertisen zurückgegriffen, um in einem letzten Schritt Ansätze zu Fördermöglichkeiten sozialer Kohärenz und Kohäsion in der soziokulturell und sozioökonomisch gemischten Stadt-struktur vorzuschlagen. Letzteres erfolgt sowohl theoretisch begründet als auch interdisziplinär praxisorientiert. Dabei orientiere ich mich an der im ersten Kapitel entwickelten Quartiers- bzw. Stadtteiltypologie. Ergänzend wird in einem Exkurs eine feministische Perspektive auf den Kontext kohäsiver sozialer Vielfalt eröffnet.

R. Kilb (✉)
Frankfurt, Deutschland
E-Mail: r.kilb@hs-mannheim.de

2.1   Was ist unter „sozialem Zusammenhalt" und „sozialer Kohäsion" zu verstehen?

Die Begriffe „sozialer Zusammenhalt" und „soziale Kohäsion" werden meist synonym verwendet. Sie beziehen sich auf die verschiedenen Sozietäten oder Sozialformen, also auf Gesellschaften, Gruppen oder Gemeinschaften und stehen für deren innere Bezugseigenschaften, also deren Kohärenzen und Beziehung zwischen Gruppenmitgliedern in ihren Haltungen und Arbeitsweisen, ihrem Verhalten, ihre religiösen und moralischen Vorstellungen, ihren Motiven, Zielen, Interessen und Aktivitäten. Insbesondere „sozialer Zusammenhalt" kennzeichnet auch die sozialen Bindungen der Gruppenmitglieder zueinander, also Gefühle von Zugehörigkeit, von Verbundenheit, des Vertrauens und der Solidarität zwischen den Gruppenmitgliedern und der Identifikation mit der Bezugsgruppe. Der Begriff selbst lässt sich etymologisch auf das Prinzip der fraternité (Brüderlichkeit) in der französischen Revolution zurückführen. Er wird einerseits, in seiner deskriptiven Form verwendet, um eine gruppen-, community- bzw. gesellschaftsimmanente Bezugsstruktur zu beschreiben. Er steht andererseits aber auch für das individuelle und kollektive Gefühl gruppenbezogener Verbundenheit, beschreibt also auch einen mentalen Zustand von Gruppenmitgliedern. Es soll an dieser Stelle zunächst offenbleiben, ob es sinnvoll ist, an dem Begriff im Rahmen der Fragestellungen dieser Publikation festzuhalten. Denn semantisch steht ‚sozialer Zusammenhalt' gerade in seinem mental akzentuierten Gebrauch eher für engste und solidarische Verbundenheit in überschaubaren und intimeren Sozietäten, wie etwa die in der eigenen Familie oder in engen Nachbarschafts- bzw. Freundschaftsverhältnissen. Zur Verwendung im gesamtgesellschaftlichen Kontext erscheinen eher Begriffe, wie diejenigen ‚soziokultureller Zugehörigkeit', eines gemeinsamen ‚gesellschaftlich-normativen Bezugs' eines „konstruktiven, gelingenden Zusammenlebens" oder eines soziokulturellen Zusammenhangs angemessener. Generell geht es um für alle Mitglieder einer Bezugsgruppe geltende Bezugskomponenten und die Frage, ob sich hinter diesen auch soziale Bindungskräfte entfalten, und wenn überhaupt, wie stark sich diese äußern. In zahlreichen Studien wird sozialer Zusammenhalt an den drei Kriterien von Zugehörigkeitsgefühl/Identifikation, Vertrauen und der Bereitschaft, teilzunehmen, zu helfen, also kollektiver Wirksamkeit festgemacht (Sackmann und Mayer 2024, S. 41 f.). Dirksmeier et al. (2024, S. 9 f.) differenzieren einerseits zwischen gesellschaftlichem Zusammenhalt als Kohäsion zwischen gesellschaftlichen Gruppen sowie andererseits sozialer Kohäsion in und zwischen Gruppen. In Anlehnung an Rainer Forst (2020) bezeichnen sie gesellschaftlichen Zusammenhalt als ein „über wechselseitige Bezogenheit im Handeln der Mitglieder bestimmbares Gemeinwesen (...), das einen Gemeinschaftsbezug aufweist und über kooperative und integrative Verfahren und diskursive Ressourcen verfügt, die dieses Handeln, Kooperieren und Integrieren begleiten, thematisieren und evaluieren" (ebd. 10). Semantische Unterscheidungen zwischen sozialer Kohäsion und sozialem Zusammenhalt finden sich hier nicht.

Häufig bleiben Begriffsinhalt und Begriffsbedeutung in der einschlägigen Literatur unbestimmt und werden eher durch Bedingungen und Voraussetzungen umschrieben, die (vermeintlich) zu „sozialem Zusammenhalt" führen können, oder einen solchen kennzeichnen bzw. regeln: „Auf der Ebene des sozialen Handelns sind vor allem Sprache, Reziprozität, Verbindlichkeit, Werte und Anerkennung wichtig. Für den Zusammenhalt von sozialen Gruppen haben soziale Netzwerke, Rhythmus, Konflikte, Aufmerksamkeit und Interesse eine zentrale Bedeutung. Der Wohlfahrtsstaat gründet auf weiteren elementaren Fundamenten: soziale Gerechtigkeit, wohlfahrtsstaatliche Werte, soziale Sicherheit, Solidarität und Vertrauen" (Becker und Krätschmer-Hahn 2010, 13). Oder es finden sich Kriterien, die soziale Kohäsion förderten, wie etwa Mechanismen der sozialen Vergleiche, Interaktionsfrequenz und deren Qualität, Homogenität der Gruppenmitglieder, gegenseitige Abhängigkeit, Attraktivität der Gruppenmitgliedschaft, Konkurrenz gegenüber anderen Gruppen oder eine Gefährdung der Gruppe in ihrem Bestand durch äußere Bedrohung. Soziale Kohäsion wird dabei meistens als dynamischer und komplexer Prozess verstanden, der von verschiedenen Faktoren abhängt und beeinflusst wird.

Eine zweite, eher soziologische Forschungsexpertise orientiert sich an Begriff und Konzept sozialer Integration, ebenfalls ausgehend von angenommenen Vergemeinschaftsverlusten durch Neoliberalismus, Kapitalismus, Verstädterung, Individualisierung und Pluralisierung bis hin zu aktuellen Befürchtungen im Zusammenhang mit Migrationsprozessen und globalen Abhängigkeiten (Grunow et al. 2022, 2; Lessenich 2023, 74 ff.). Auch in diesem Kontext bleibt die verwendete Begrifflichkeit außerordentlich uneinheitlich. Neben der Sozialintegration finden sich Begriffe wie soziale Kohäsion (Dragolov et al. 2013), Compliance (Etzioni 1975) oder auch Konformität. „Gemeinsam ist diesen Begriffen, dass Kooperation und Koordination als Modi von Sozialintegration verstanden werden. Weitere einschlägige Begriffe wären Identifikation mit einer sozialen Ordnung, Sozialkapital (Putnam 2000), Konsens (Graham 1984) oder Vertrauen. Als Gegenbegriffe von Sozialintegration dienen u. a. Konflikt, Devianz, Rebellion, Rückzug, Misstrauen oder Anomie – und damit höchst unterschiedliche Phänomene" (Grunow et al. 2022, 2). Lediglich Zick und Rees (2020) betrachten gelingende Konfliktmoderation im Kontext zu Vertrauen, Verbundenheit und Kooperation als konstitutives Element sozialen Zusammenhalts.

Das Konzept der Sozialintegration differenziert zwischen der gesellschaftlichen Integration in und von Gruppen sowie gesamtgesellschaftlichen Integrationsaspekten. Bei diesem Ansatz beruhen moderne Gesellschaften nicht auf einer übergreifenden Übereinkunft bezüglich geteilter Werte, Weltsichten, Religionen, politischer Überzeugungen etc. Im Gegenteil bringe die Moderne in all diesen und weiteren Hinsichten Differenzen hervor. Diese seien erwünscht und damit kultiviere sie eine grundsätzliche Offenheit für Konflikte, kommuniziere somit Uneinigkeiten (ebd., 2). Sozialintegration beruhe dabei auf vier Ingredienzien, nämlich auf normativer Konsensbildung, auf wechselseitigem Vertrauen, auf Konformität normativer Fügsamkeit sowie auf Kooperation und Solidarität (ebd., 8). Auch in diesem Konzept sozialer Kohäsion finden sich eher förderliche Eigenschaften, als dass der Begriff an sich bestimmbar wird. Vorteilhaft am Konzept der Sozialintegration ist allerdings seine kritische Hinterfragung des Integrationsphänomens hinsichtlich seiner Ambivalenz zwischen Ein- und Ausschlussdynamiken sowie der Thematisierung gesellschaftlicher Konflikte im Zusammenhang von Integration und Kohäsion. „Es ist klar, dass ein naives Verständnis von Sozialintegration als einem stets harmonischen, konsensualen Zusammenleben gerade in pluralistischen und funktional differenzierten modernen Gesellschaften zu kurz greift. Konflikte sind in modernen Gesellschaften allgegenwärtig, sodass wir fragen müssen: Unter welchen Bedingungen und in welchen Formen führen Konflikte zu sozialer Des- oder Überintegration, und wann tragen sie zur Aufrechterhaltung der Sozialintegration bei? Insbesondere die Vorstellung von Demokratie als *dem* Modus des Umgangs mit Interessen- und Identitätskonflikten sollte vor dem Hintergrund, dass die Demokratie in vielen Ländern von verschiedenen Seiten bedroht ist, kritisch reflektiert werden" (ebd., 14).

Die Bedeutung der Fragestellung nach gesellschaftlicher Bindungsfähigkeit ist seit den modernisierungstheoretischen soziologischen Befunden von Beck, Bude, Lessenich, Reckwitz, Lepenies und Mau/Lux/Westheuser erheblich gestiegen. In deren Rahmen wird gesellschaftlicher Zusammenhalt ebenfalls in Bezug gesetzt zur häufig postulierten Intensivierung gesellschaftlicher Individualisierungs- oder Singularisierungsprozesse sowie deren Begleitphänomenen gesellschaftlicher Pluralisierung, Polarisierung und Fragmentierung. Tendenziell wird dabei unterstellt, dass Individualisierungstendenzen meist negative Auswirkungen auf bisher relevante Aspekte gesellschaftlicher Kohäsion ausüben. Individuelle Freiheitsgewinne und ein egoistisches Freiheitsverständnis stehen hierbei im Spannungsverhältnis zu kommunitaristischen Aspekten der Vergemeinschaftung. Eine Gesellschaft der „Ichlinge" (vgl. Keupp 2000) vergöttere das eigene Selbst auf Kosten von Freiheitsbelästigungen und Einschränkungen gegenüber anderen. Gesellschaftliches

Zusammenleben werde dadurch erschwert, weil Regeln, individuelle Freiheitseinschränkungen und Verbote nicht mehr akzeptiert würden. Das eigene Leben werde nicht mehr relational bzw. kontextual definiert (vgl. Lepenies 2022). Heidenreich ergänzt diesen Befund, in Anlehnung an Hanna Arendt, mit der Feststellung des Fehlens einer „geteilten Realität" und dem damit verbundenen Wegfall der gemeinsamen Sprache (2022, 40 f.).

Gleichzeitig kommt aber auch zum Ausdruck, dass sich neue Vergemeinschaftungsformen anstelle der bisherigen entwickeln (vgl. Reckwitz, Mau et al.). Vor allem aber ist es die Debatte zu sozialen und politischen Polarisierungen, letztere häufig auch in Verbindung mit Extremismus und Radikalisierung, die Treiberfunktionen hinsichtlich der Kohäsionsfragestellung ausübt. Im Zusammenhang mit hohen Wahlergebnissen der AfD („Alternative für Deutschland") bei den bayrischen und hessischen Landtagswahlen 2023 stellt sich zudem die Frage verstärkter antidemokratischer und populistischer Strömungen als Gefahr für die ordnungsgebende demokratische Verfasstheit.

Zentrale Fragestellung in diesem Kontext ist, was eine Gesellschaft grundlegend zusammenhält neben Sprache und verbindlichem, also verfasstem Recht. Der Begriff des „sozialen Zusammenhaltes" mutet also mehr als eine Chiffre für relativ viele und sehr allgemeine Attribute an, die ganz allgemein gelingendem sozialen Zusammenleben zugeordnet werden.

Im stadtsoziologischen Kontext ist die Fragestellung einer Beziehung zwischen sozialräumlichen Rahmenbedingungen, sprich den baulichen, sozioökonomischen und soziokulturellen Strukturen von Stadtteilen, Quartieren oder Häuserblocks einerseits und der Entstehung sozialer Verbundenheit und Kohäsion andererseits von großem Interesse. In den bestehenden multikulturellen Bewohnerstrukturen der Großstädte mit diversen Einwanderungsgenerationen und ebenso diversen kulturellen Hintergründen ist zudem die Anschlussfrage relevant, ob die städtebaulichen und soziostrukturellen räumlichen Bedingungen für demokratische Erfahrungen und Aktivierung förderlich sind, bzw. welche begleitenden Angebote in den verschiedenen Quartiertypen notwendig wären, solche Prozesse zur Verständigung und Vergesellschaftung einzuleiten und zu fördern. Es werden deshalb im Folgenden zunächst die Entwicklungen sozialräumlich akzentuierter Formen von Vergemeinschaftung und Vergesellschaftung thematisiert, von denen man annimmt, kohäsionsfördernd zu sein.

2.1.1 Historische Betrachtung sozialräumlicher Vergesellschaftung

In den historischen Betrachtungen der soziologischen Stadtforschung geht es immer wieder um die Abwägung zwischen der Stadt als eigenständigem Faktor sozialen Wandels oder aber als Ort, an dem sich gesamtgesellschaftliche Entwicklungen in räumlichen Strukturen lediglich abbilden. Nach nicht mehr ganz so neuen Erkenntnissen dürfte die Antwort in einem dialektischen Bezug der beiden Pole liegen (vgl. Saunders 1987). Mit den Fragestellungen sozialräumlich akzentuierter Formen von Vergemeinschaftung und Vergesellschaftung befassten sich erstmals Emile Durkeim, Max Weber, Georg Simmel, Ferdinand Tönnies, Robert E. Park und Ernest W. Burgess von der Chicagoer Schule. Unter dem Sammelbegriff von Vergesellschaftung kommt den Begriffen der *Gemeinschaft* und *Gesellschaft* dabei eine besondere Rolle zu. In ihrer Anwendung zielt Gemeinschaft auf geografisch eher kleinere räumliche Einheiten oder Verbundsysteme, derjenige von Gesellschaft tendenziell auf das große Ganze einer Stadt oder einer staatlichen Einheit. Die Gesamtheit einer städtischen Bevölkerung fungiert deshalb unter dem Begriff der ‚Stadtgesellschaft'. Gemeinschaft steht dagegen bei Tönnies (1887) für „geographische, soziale, emotionale Nähe, die Menschen in ähnlichen Lebensverhältnissen miteinander verbindet und auf diese Weise Empathie und Solidarität schafft". Gemeinschaftliche Beziehungen, wie Freundschaften oder Nachbarschaften, beruhten „einerseits auf engen persönlichen Bindungen, die idealtypisch wohlwollend und verständnisvoll sind, andererseits auf Ähnlichkeiten, die sich durch eine gemeinsame Sprache oder Herkunft, geteilte Sitten und Bräuche ergeben. Erscheint die Gemeinschaft hier als natürliche Bindungsform, so sieht er die Gesellschaft als ein ‚mechanisches', ein künstliches Gebilde, das vorrangig auf instrumentellen und eigennützigen Beziehungen der Menschen untereinander beruhe" (Neu und Nicolic 2020, 174). Gemeinschaft und Gesellschaft als Sozialformen stehen als Begriffe oftmals antipodisch zueinander, gehören aber als unter- bzw. übergeordnete Vergesellschaftungsformen immer zusammen. Eine Gesellschaft ohne inhärenter vieler kleinerer Vergemeinschaftungen existiert als solche nicht.

Emile Durkheim geht hinsichtlich von Vergesellschaftungsprozessen in der Großstadt, als permanentem Anziehungsort von Immigration, davon aus, dass Gemeinschaften und Stadtgesellschaften durch eine sich ständig neu vollziehende Entwicklung des „Kollektivlebens" (Durkheim 1977, 337) bestimmt sind. Er betrachtet dabei das moralische Fundament sozialer Solidarität als Grundlage gesellschaftlichen Zusammenhalts. „Soziale Solidarität" sei sowohl eine Funktion von Homogenität als auch von Heterogenität, „von Ähnlichkeit zwischen den ‚Teilen' des sozialen Ganzen oder von komplementären Unterschieden zwischen ihnen" (Saunders 1987, 49). Durkheim unterscheidet unter regulatorischen Gesichtspunkten bei Normalitätsabweichungen zwischen repressiven und restitutiven Rechtstypen. „Strafauferlegung" sowie „Wiederherstellung der Normalität" seien Garanten zur Aufrechterhaltung der von ihm so bezeichneten „Kollektivmoral". In der Stadt mit ihren permanenten Veränderungen habe das Kollektivleben keine Kontinuität. Sie untergrabe traditionelle soziale Kontrolle, sodass sich das Individuum als Folge städtischer Anonymität eines Freiraums erfreue, sodass sich in verschiedenen Stadtteilen kleine moralische Gemeinschaften entwickeln könnten (ebd., 52). Zunehmende ökonomische Arbeitsteilung könne sowohl mehr soziale Solidarität, umgekehrt aber auch „Anomie" nach sich ziehen. Durkheim orientiert sich vergleichend, wie später auch Georg Simmel, in seinen Ausführungen am Profil der verdichteten europäischen Stadt, in der die städtischen Funktionen nach ökonomischen und standesgemäßen Kriterien (Adel, Klerus, dritter Stand) in Gilden (Handel) und Zünften (Handwerker) räumlich jeweils zugeteilt waren, in ihren Verzahnungen aber die Stadt als Ganzes verkörperten. Städte und Gesellschaften würden durch Bindungskräfte zusammengehalten, die aus Ähnlichkeiten oder Unähnlichkeiten resultierten: „Jeder weiß, dass wir den lieben, der uns ähnlich ist, der so denkt und fühlt wie wir, aber das gegenteilige Phänomen ist nicht weniger häufig" (Durkheim 1992 [1930], 101). Solche unterschiedlichen Formen des Zusammenhalts, die er Solidarität nennt, seien in allen sozialen Verflechtungsbeziehungen anzutreffen. Durkheim unterscheidet dabei zwischen „mechanischer" und „organischer Solidarität", eng verknüpft mit dem jeweiligen Strukturaufbau, dem organischen Ganzen einer Gesellschaft. Mechanische Solidarität finde sich vor allem in „segmentären Gesellschaften", die „aus der Wiederholung von untereinander ähnlichen Aggregaten gebildet sind" (ebd.: 230). „Segmentäre Gesellschaften werden vor allem durch das Prinzip der Ähnlichkeit oder Gleichheit ihrer Glieder und die Mechanismen gemeinsamer sanktionsbewehrter Traditionen und Sitten zusammengehalten. Substanzielle bzw. essentielle Gemeinsamkeiten hinsichtlich der Positionierung im jeweiligen Segment der Gesellschaft und gleichzeitig hinsichtlich sozialer Normenorientierungen bestimmen den Zusammenhalt" (Pries 2013, 21). Solidarität entwickelt sich bei Durkheim aus der Art, wie es einer Gesellschaft gelingt, „unterschiedliche Tätigkeiten aufeinander zu beziehen und die Individuen mit Mentalitäten auszustatten, die das Band des Gesellschaftlichen verstärken" (Nassehi 2023, 100). Durkheim thematisiert erstmals die Frage, welche Einstellungen und Verhaltensweisen eine Gesellschaft von ihren Mitgliedern verlangen muss, um den nötigen sozialen Zusammenhalt zu sichern und allen Gesellschaftsmitgliedern gleiche Rechte einräumen zu können. Es erfordere eine „socialisation métho-dique", um Menschen auf die Einhaltung sozialer Normen vorzubereiten (Bauer 2023, 11). Georg Simmel nennt diesen Prozess „Socialisierung", die notwendig sei für eine zunehmend arbeitsteilige Ökonomie und eine entsprechend neu aus-differenzierte Klassengesellschaft. An dieser Stelle tritt historisch erstmals die Frage in Erscheinung, ob Städte in ihrer baulich-räumlichen Struktur und in ihrer Art der Organisation von Lebensformen und Lebensstilen sozialisierende Effekte für ihre Bewohner ausüben.

Georg Simmel befasst sich zum einen mit den sozialen Auswirkungen grup-penbezogener Größenordnungen. Größere Aggregate bedürften neuer Phänomene, die in kleineren Gruppen nicht nötig seien, nämlich „Maßregeln, Formen und Organe (…), deren sie vorher nicht bedarf; und dass andererseits engere Kreise Qualitäten und Wechselwirkungen aufweisen, die bei ihrer numerischen Erwei-terung unvermeidlich verloren gehen" (Simmel 1983, 32). Nach Pries (2013) stellt Simmels Konzept der sogenannten „Kreuzungen sozialer Kreise" eine frühe und einflussreiche Begründung von Zusammenhalt durch Vielfalt dar. „Soziale Kreise" seien „Verflechtungen von Menschen, die bestimmte Gemein-samkeiten sozial relevanter Art aufweisen, wie z. B. die Berufszugehörigkeit, das Geschlecht oder die Zugehörigkeit zu einem bestimmten Familien- oder Sippenverband" (ebd., 22 f.). Funktionale wie emotionale Verflechtungen und soziale Ordnungen kommen nach Simmel dadurch zustande, „dass jeder Mensch jeweils sehr unterschiedlichen und spezifischen sozialen Kreisen angehört. Indem alle Menschen einer größeren, aber begrenzten Anzahl unterschiedlicher sozia-ler Kreise sich zugehörig fühlen und von anderen zugeordnet werden, kommt (…) Vergesellschaftung zustande. Es lässt sich schlussfolgern, dass ein sozia-ler Verflechtungszusammenhang dann stabil ist, wenn jeder einzelne Mensch einer größeren Anzahl sozialer Kreise zugehörig ist" (ebd., 23). Georg Sim-mel (1992 [1908], Kapitel IV) zeigt darüber hinaus auf, wie später auch Lewis A. Coser (2009 [1956]), wie aus substantiell verstandener Vielfalt von Inter-essengegensätzen sozialer Zusammenhalt durch Streit und Konflikt entstehen kann.

Nach Pries vermischen sich schließlich bei David Lockwood über eine Gegen-überstellung von Sozialintegration und Systemintegration die Herangehenswei-sen, über die Vielfalt und Zusammenhalt auf einer Mikro- und einer Makroebene konzipiert werden. Denn die Sozialintegration als Gruppenbildung werde „über geteilte Werte, Gefühle und Erfahrungen definiert, während die Systemintegra-tion (…) über die wechselseitigen Funktionen der interagierenden Subsysteme füreinander gefasst wird." (Pries 2013, 32). Norbert Elias begründet dagegen soziale Vielfalt immer auch über Inklusions-Exklusionsverhältnisse sowie Macht-differenzen, „Etablierte-und-Außenseiter-Beziehungen". Diese „Verflechtungszu-sammenhänge" seien als relationale und sozial konstruierte Vielfalts-Verhältnisse konzipiert, denen keinerlei substantielle Eigenständigkeit, weder in den Indi-viduen noch in einer als Gesamtheit gedachten Gesellschaft zugrunde liege. Andererseits würden diese „Verflechtungszusammenhänge" von den konkreten Handelnden in ihrer alltäglichen Lebenspraxis als kaum veränderbare Formen der Über- und Unterordnung, des Dazugehörens und der Marginalisierung, der Inklusion und der Exklusion erlebt (ebd., 32).

Die Thematik einer scheinbaren Gegensätzlichkeit von sozialer wie städtischer Vielfalt und sozialem Zusammenhalt wird also bereits Ende des 19. Jhdts. in der Soziologie ausgiebig diskutiert und erstmals in der Chicagoer Schule von Park und Burgess in ein Muster stadträumlicher Entwicklungen übertragen. Urba-nes Wachstum vollzieht sich danach im Rahmen eines Prozesses der Verteilung und Absonderung von Bevölkerungsgruppen nach Wohnsitz und Beruf für alle Städte in gleicher Art und Weise. Am Beispiel Chicagos konnte Burgess aufzei-gen, dass sich amerikanische Handels- und Industriestädte in den 1920er Jahren nach fünf Zonen aufteilen lassen, die sich konzentrisch vom „Central Business Distrikt" der Innenstadt aus, über eine „transitorische Übergangszone" mit Immi-grantenkolonien und Slums, eine dritte Zone mit Arbeiterwohngebieten (oftmals der zweiten Migrantengeneration), eine sich daran anschließende Wohn- und Lebenszone der Mittelschicht bis hin zu einer fünften Zone der „Suburbia", einer Pendlerzone hin ziehen. Im Verlauf weiterer städtischer Expansion erfolgen nach Burgess fortlaufend Verteilungen der Bevölkerung nach diesem Schema. Solche transformativen räumlichen Verteilungen führten zur Segregation der Bewohner nach Klassenzugehörigkeiten. Das hierüber zwar nicht erstandene, aber verstärkte Klassenbewusstsein ist wiederum Ausdruck von Vergemeinschaftung.

Ähnliche Prozesse vollzogen sich in den europäischen und deutschen Indus-trieregionen. Auch in den Stadterweiterungen der sog. Gründerzeit entstanden die neuen Quartiere weitgehend nach klassen- bzw. schichtenspezifischen Lebensbe-dingungen, die sich zu entsprechend homogenen Milieubildungen ausformten. Diese klassenspezifische Struktur der Stadtentwicklung wird bewusst auch in der Reformära der „Weimarer Republik" aufrechterhalten. Aus den früheren fabrikna-hen Arbeitersiedlungen und den heruntergewohnten mittelalterlichen Stadtkernen werden vor allem Arbeiterfamilien und benachteiligte Bewohnerinnen in moderne Wohnsiedlungen oder neu gebaute Stadtteile umgesiedelt. Herausragende Bei-spiele hierfür sind die Projekte des Sozialwohnungsbaus in Wien und Frankfurt am Main. Hierbei orientiert sich beispielsweise Ernst May in seinem Großpro-jekt „Neues Frankfurt" an der britischen Gartenstadtidee. Erst in den 1970er

Jahren entstehen erstmals in Deutschland, meist im Rahmen sog. Trabantenstädte, sozial gemischte neue Stadtteile. Die verschiedenen sozialen Schichten
sind dabei aber in jeweils eigenen Bauformen auf unterschiedlichen Teilquartie-
ren oder Baublöcken untergebracht. In ökonomisch rezessiven Zeiten entmischten
sich diese Quartiere später wieder. Meist verließen die einkommensstärkeren
Bewohnerschichten die zuvor gemischten Siedlungen, was aber auch auf deren
aufstiegsorientierte soziale Mobilität zurückführbar ist. Die vorübergehenden
klassenübergreifenden Vergemeinschaftungsprozesse verloren dadurch wieder an
Gewicht.

Der Charakter des Zusammenlebens in den Plattenbausiedlungen der früheren
DDR, die baulich und von ihrer Stadtanlage her teilweise den Trabantenstädten Westdeutschlands ähnelten, war durch einen triadischen Bezug zwischen
dem Wohnen im Wohnblock, der davon bestimmten Betriebszugehörigkeit und
der sog. Datsche, des Gartenhäuschens im nahen Kleingartengelände bestimmt.
Wohnen in sozialer Kontrolle, betriebliche Absicherung und Wohlfahrt sowie
privater Rückzug in die Datsche mit kollektiver Improvisationskunst bildeten
eine funktional getrennte, aber dennoch vergemeinschaftende Trias. In dieser
Balance von Existenzsicherung, Ordnung, Kontrolle und privatem Rückzug war
auch starker sozialer Zusammenhalt entstanden, vor allem in der späteren historischen Retrospektive. Nach der Wiedervereinigung erlitten die ostdeutschen
Plattenbausiedlungen ein ähnliches Schicksal wie ihr westdeutsches Pendant.

Soziale Entmischung, Marginalisierung materiell benachteiligter Bewohnergruppen und städtische Segregation prägen sich etwa seit den 1990er Jahren
immer deutlicher aus, wobei diese Prozesse in den Metropolregionen anders verlaufen als in den wirtschaftsgeographischen Randlagen. Periodisch entwickelten
gerade auch in den Segregationsarealen immer wiederkehrende destruktive Kon-
fliktexzesse Impulse für Programme, wie das der „Sozialen Stadt", die gezielt auf
soziale Kohäsion in diesen Wohngebieten ausgerichtet sind.

2.1.2 Neuere Debatte um die 2020er Jahre

In den neueren Debatten ab der 2010er Jahre zeichnen sich in den sozialwissenschaftlichen und philosophischen Diskursen zu gesellschaftlichem und/
oder sozialem Zusammenhalt mehrere Optionen von Annahmen ab. So bear-
beitet etwa Armin Nassehi die Thematik mit systemtheoretischer Akzentuierung
und sieht in dem Begriff des „sozialen Zusammenhalts" eine Chiffre, die für
die Suche nach etwas stehe, was es so nicht geben könne. Rainer Forst untersucht in „Toleranz im Konflikt" die Aspekte der Toleranz, von Anerkennung und

des Respektes als zentrale kommunikativ-interaktionale Grundprinzipien pluraler multiethischer Gesellschaften, mit den ihnen immanenten Konflikten umzugehen. Steffen Mau, Thomas Lux und Linus Westheuser weisen in ihrer Studie „Triggerpunkte" nach, dass es keinerlei empirische Belege für die These einer wirtschaftlich, kulturell und politisch gespaltenen Gesellschaft gebe. Statt schicht- oder klassenbezogenen Polarisierungen vermessen sie die Gesellschaft eher nach fragmentierenden diversen Konfliktarenen. Diese Befunde werden in etwa auch durch die erste Zusammenhalts-Studie „Entkoppelte Lebenswelten?" des Forschungsinstituts Gesellschaftlicher Zusammenhalt (FGZ 2023) bestätigt. Aus den nachfolgend diskutierten Erkenntnissen dieser Studien werden im Zwischenfazit die entsprechenden Folgerungen für sozialräumliche Entwicklungen und die Fragestellung sozialer Kohäsion abgeleitet.

Es sei die Erfahrung von Einheit und Differenz gleichermaßen, die den Begriff der Gesellschaft plausibel mache. Seine Funktion liege darin, „einen gemeinsamen Raum zu imaginieren, in dem sich Unterschiedliches wiederfindet" (Nassehi 2023, 86). Aus einer solchen Einheit aller Unterschiede könne man sich weder heraushalten und erst recht nicht herausstehen. Diese „All-Einheit" bestehe aber aus Differenzen unterschiedlichen Typs, „als soziale Ungleichheit, als Schichtung, als regionale oder kulturelle Differenz oder schlicht als eine Form, in der sich nur deswegen Unterschiedliches sehen lässt, weil es in einem gemeinsamen Raum stattfindet" (ebd.). Nassehi reduziert soziale Kohäsion in einer Gesellschaft auf den Hobbesschen Gesellschaftsvertrag und betrachtet Durkheims Ansatz von Gesellschaft als Organismus systemtheoretisch als nicht mehr konstitutiv für moderne Gesellschaften. Gesellschaften seien „Wahrscheinlichkeitsräume" oder auch Räume „organisierter Komplexität", in denen Gestaltungs- und Abweichungsmöglichkeiten konventionell erwartbar seien (ebd., 88 f.). Die organische Gesellschaftsmetapher repräsentiere aber gerade nicht mehr die in der modernen Gesellschaft nicht mehr vorhandene Integrität. In Anlehnung an Luhmanns Differenzierungstheorie werde die Gesellschaft nicht durch wechselseitige Abstimmung ihrer Teile integriert, sondern weil sie weiter prozessiere, sich ständig verändere und alles immer wieder neu aushandle (Nassehi 2023, 102). Moderne Gesellschaften zerfielen in die Gleichzeitigkeit unterschiedlichster Logiken, ohne dass es ein koordinierendes Zentrum geben könne. Gesellschaftliche Abstimmungsprozesse erfolgten individuell über Rollen und Erwartungen, über Handlungsmuster und Selbstverständlichkeiten. Sämtliche dieser Formen machten Gesellschaft aus. Das Problem stellen nach Nassehi die Schnittstellen zwischen den Grenzen der verschiedenen Subsysteme (Wirtschaft, Justiz, Soziales, Kulturelles, Erziehung, Religion etc.) dar. „Genau genommen passt in der modernen Gesellschaft nichts zusammen, und die Gesellschaft als Ganze ist am Ende gar nicht erreichbar" (ebd., 105). Selbst kollektive Herausforderungen (wie etwa die Klimakrise) könnten deshalb nicht kollektiv bewältigt werden. Der inflationäre Gebrauch des Zusammenhaltbegriffs oder des: „Wir als Gesellschaft" liefen deshalb ins Leere und hätten allein die Funktion „semantischer Entschärfung" (ebd., 108).

Aus Nassehis Befunden ließe sich ableiten, dass es vor allem auf die Betrachtung der prozessualen Entwicklungen in einem Quartier oder einer Stadt insgesamt ankomme und diese Entwicklungen permanent reflexiv begleitet bzw. in ihnen navigiert werden sollte. Das Vergangene könne reflektiert und eingeschätzt werden, ohne dass daraus lineare Schlüsse für Zukünftiges ableitbar wären. Operationalisiert hieße das etwa für Quartiere, reflexionsfähige Instrumente wie etwa Quartiermanagement oder zivilgesellschaftliche Formen der Selbstorganisation zu fördern und Entwicklungsprozesse möglichst partizipativ zu gestalten. Über fortlaufendes soziales Handeln entstehen Verbindendes und soziale Kohärenz.

Der Philosoph und Politikwissenschaftler Rainer Forst positioniert in seiner toleranz- und konflikttheoretischen Abhandlung „Toleranz im Konflikt" (2003/2014) als primäre gesellschaftspolitische Fragestellung *ethisch-kultureller Differenzen* deren Einbindung in eine *politische Integration*. Von zentraler Bedeutung hierfür seien *Vertrauen, Toleranz* und *Respekt*. Die Gesellschaft sei als politische Gemeinschaft diverser ethischer Gemeinschaften zu sehen, die auf *normativer Integration* beruhe, um nicht in eine Vielzahl von „Kulturen" zu zerfallen. Dabei seien bestimmte normative Übereinstimmungen in den verschiedenen Bereichen wirtschaftlichen, kulturellen und politischen Lebens der vielen Gemeinschaften notwendig. Nur dann funktionierten normale Handlungsabläufe (Forst 2014, 680 f.). Das gesellschaftlich Ganze müsse als *„Verantwortungsgemeinschaft"* funktionieren, wobei deren Differenz auf gegenseitige Anerkennung angewiesen sei. Hierfür sei Respekt ebenso eine Voraussetzung wie gerechte und gleiche Behandlung. Allein Institutionen *demokratisch diskursiver Rechtfertigung* vermögen es nach Forst, „die Pluralität unterschiedlicher Perspektiven in einer politischen Gemeinschaft zum Vorschein zu bringen und die Stimmen von Minderheiten hörbar zu machen" (ebd., 700), vorausgesetzt ihnen wird vertraut. Gesellschaftliche Bindekräfte entfalten sich nach Forsts Analyse in einem sehr komplexen prozeduralen Rahmen einer solchen Verantwortungsgemeinschaft, in dem auf verschiedenen Toleranzebenen in einem konfliktaffinen Raum gemeinsam Regeln und Verfahren für Konfliktlösungen ausgefochten werden. Das gemeinsame Ziel eines gelingenden sozialräumlichen Zusammenlebens zwingt uns in eine solche Verantwortungsgemeinschaft. Demokratische Institutionen sowie zivilgesellschaftliche Aktivitäten müssten danach als Treiber für die Entstehung solcher Vergemeinschaftungsformen fungieren.

Aus Forsts Befunden ließen sich Tendenzen zu eher überschaubaren Sozialräumen herauslesen, in denen so etwas wie gegenseitiges Vertrauen, gegenseitiger Respekt und Verantwortungsgemeinschaften überhaupt erst denkbar sind, denn Gemeinschaften sind eher engere und dichtere Sozialformen. Konflikte, gerade als Entwicklungsimpulse müssten in einer Atmosphäre gegenseitiger Anerkennung ausgefochten werden. Diese Art der Konfliktregulation zielt auf faire Umgangsformen in einem Gemeinwesen, durch die Arrangements untereinander möglich werden. Demokratische Handlungsprinzipien stellen hierfür die Grundlage dar. Es bleibt dabei offen, ob sich diese, zivilgesellschaftlich selbstorganisiert, durch eine Vielfalt im Quartier entwickeln, oder umgekehrt gerade wegen einer solchen Differenz und Vielfalt im Quartier durch begleitende Maßnahmen erlernt und eingeübt werden müssten. Dort, wo solche Anerkennungsdimensionen nicht normativ integrierbar sind, wären eher sozialräumlich voneinander separierte Gemeinwesenformen angesagt; oder die „normative Integration" müsste auf einem sehr niedrigen Level erfolgen, etwa durch gegenseitige Tolerierung oder Distanzhaltung, ggf. auch über Mechanismen sozialer Kontrolle. Letzteres trifft auf die „überforderten Quartiere" in den Metropolen zu.

Ähnlich relativierende Ergebnisse hinsichtlich einer Annahme kohäsiverer Kräfte in überschaubaren Quartieren lassen sich aus Amlingers und Nachtweys Studie zum „libertären Autoritarismus" aufgrund „gekränkter Freiheit" herauslesen. In Anlehnung an Scheler entstehe durch den fortlaufenden Wegfall vertikaler Autoritäten (Kirche, Staat, Familie, Gewerkschaften etc.) und die Herauslösungen aus hierarchischen sozialen Milieus „eine ungelöste Spannung zwischen einem sittlich verankerten *Soll*zustand und seiner *faktischen Realisierung,* die schon dem Ideal der Gleichheit innewohnt und zu einem konstitutiven Merkmal modern-kapitalistischer Vergesellschaftung wird" (Amlinger und Nachtwey 2023, 150 ff.). Formaler Gleichheit stehe somit reale Ungleichheit gegenüber, gleiche Standards für alle zugänglich zu machen und erreichbar werden zu lassen. Dies führe dazu, dass sich vordergründig alle mit allen vergleichen, aber gleichzeitig über sehr verschiedene Ressourcen verfügten, die bei vielen Benachteiligten aversive Affekte wie Groll, Wut, Ressentiment, Neid oder gar Hass auslösten (ebd. 153). Es muss hier offen bleiben, wie sich solch anomischen Verhältnisse im verdichteten Zusammenleben sozioökonomisch diverser Strukturen auswirken; sich durch die kommunikative Nähe entspannen, oder gar verstärken.

Eine 2023 erschienene Studie zur strukturellen und mentalen Vermessung der Gesellschaft ist die von Steffen Mau, Thomas Lux und Linus Westheuser mit dem

Titel „Triggerpunkte". Diese Attribuierung soll auf die Tatsache hinweisen, dass die objektiv vielleicht relevantesten Problemlagen, wie etwa sozioökonomische Ungleichheit, nicht unbedingt das größte Erregungspotenzial besitzen, sondern eher nebensächliche Themen, wie das eines Gebrauchs des Gendersternchens bzw. der gendergerechten Sprache oder die Forderungen nach einem Tempolimit auf Autobahnen. Diese „triggerten" die öffentlichen Diskurse (Mau et al. 2023, 17), weil sie in die persönliche Autonomie eingriffen. Die drei Autoren vermessen die moderne Gesellschaft nach vier Fragmentierungserscheinungen in sog. „Konfliktarenen". Sie unterscheiden dabei zwischen sozioökonomischen Verteilungskonflikten, den sog. „Oben-Unten-Ungleichheiten" (ebd., 70 ff.), Kontroversen um Migration, territorialen Zugang und Inklusion („Innen-Außen-Ungleichheiten") (ebd., 118 ff.), identitätspolitischen Anerkennungskonflikten („Wir-Sie-Ungleichheiten") (ebd., 158 ff.) und umweltpolitischen Auseinandersetzungen („Heute-Morgen"-Probleme) (ebd., 205 ff.). Die Einschätzungen zur Lösung dieser Dilemmata oder Probleme differiert nach dieser Studie zwischen den diversen sozialen Schichten und Klassen erstaunlicherweise nur in geringem Ausmaß. Das eigentliche, in diesen Konfliktarenen vorhandene Konfliktpotenzial verlagere sich dafür aber auf verschiedene „Triggerebenen", nämlich diejenige von gebrochenen Egalitätserwartungen, von Enttäuschungen der Normalitätserwartungen (einer Überforderung durch ständig neue Probleme wie die Corona-Pandemie, klimabedingte energetische Neuausrichtungen, Russische Ukraineinvasion, Nahost-Konflikt), von Verletzungen der Kontrollerwartungen (z. B. ungesteuerte Einwanderung) und von Eingriffen in Autonomieangelegenheiten (z. B. gendersprachliche Normierung, „Heizungsdiktate", etc.). Zudem komme es zu Umdeutungen z. B. von Verteilungskonflikten zu „Innen-Außen-Ungleichheiten" hin, etwa als Ressentiments gegenüber Arbeitslosen, Flüchtlingen usw. (ebd., 96). Ein zentrales Thema der Studie, analog ihrer Typologie verschiedener Konfliktarenen, stellt folgerichtig der Umgang mit Konflikten im Rahmen demokratischer Strukturierungs- und Ordnungsverfahren dar. Konflikte können integrative, aber auch desintegrierende Funktionen ausfüllen. Politischen Akteuren in den Kommunen, Vereinen, Medien und zuletzt zivilgesellschaftlichen Initiativen komme die Aufgabe zu, auf je eigene Weise moralische Repertoires und Vorstellungen auszuprägen, „die darüber entscheiden, welche Ansprüche, Umgangsweisen und Verteilungsregeln Akzeptanz finden und ob unterschiedliche Gruppen als gleichberechtigt und in ihrer eigenen Lebensweise als gleichwertig angesehen werden" (ebd., 420). Hierüber gestalte sich erst das „Miteinander der Unterschiedlichen"; hierbei werde die Frage (mit)entschieden, ob aus Unterschiedlichkeit Ungleichheit oder Ungleichwertigkeit hervorgehe. Erst hierdurch werde Integration durch Konflikte möglich (ebd.).

Die Ergebnisse dieser Studie erscheinen interessant sowohl für soziostrukturelle Überlegungen und entwicklungsbegleitende Angebote als auch für stadtplanerische und architektonisch-ästhetische Quartieranforderungen. Beispielhaft käme es im Rahmen der Konflikt-Arenen von Verteilungsdissonanzen, Egalitäts- und Integrationsproblematiken u. a. auf Ungleichheit kompensierende Unterstützungsformen im Bildungs-, Gesundheits-, Freizeit-, Kultur- und Sozialsektor an. Dies könnten z. B. Steuerungsaktivitäten und Aufgaben eines Quartiermanagements werden. Allerdings müssten hierbei sämtliche quartierbezogenen Akteursgruppen eingebunden sein. Das würde auf der kommunalpolitischen Ebene bedeuten, quartierparlamentarische Organisationsformen durch Vertreterinnen solcher zivilgesellschaftlichen Gruppierungen und Milieus zu ergänzen, also Verbindungen repräsentativer, basisdemokratischer Verfahren und zivilgesellschaftlicher Initiativen herzustellen.

Von der architektonischen Gestaltung her wäre etwa auf die äußere Nichtunterscheidbarkeit der Wohnformen zum öffentlichen Raum hin zu achten; die „Adresse" von ‚Arm und Reich' wäre demnach dieselbe. Im Falle von „Innen-Außen-Konflikten" sind spezifische Integrationsangebote angesagt. Baulich-architektonisch wäre darauf zu achten, dass Begegnungsorte und Begegnungsräume nach bestimmten Prinzipien als Forum für alle, als Übergänge und/ oder Brücken und als Rückzugsorte anzuordnen wären. Solche Funktionen könnte auch eine entsprechende sozialräumliche Zuordnung wirtschaftlicher, sozialer, gesundheitlicher, freizeitorientierter und bildungsorientierter Versorgungs- und administrativer Dienstleistungen erfüllen.

In den ebenfalls 2023 und 2024 erschienenen Studien des Forschungsinstituts Gesellschaftlicher Zusammenhang (FGZ) (Teichler et al. 2023, 5 ff.; Sackmann et al. 2024) wird die Tendenz von Mau et al. in etwa bestätigt. Der Schwerpunkt der ersten Studie liegt in der Betrachtung von Netzwerkstrukturen und deren Effekten hinsichtlich dessen, was verschiedene gesellschaftliche Gruppen als Zusammenhalt definieren. Die Studie orientiert sich an Simmels Grundkategorien „sozialer Kreise" und untersucht die inneren und interdependenten Netzwerkstrukturen, deren Entkoppelungen voneinander und die Auswirkungen solcher Entkoppelungen auf gesellschaftliche Polarisierungen. Über sog. „soziale Kreise" und deren netzwerkartige Verbindungen zueinander, die durch Mitglieder erfolgten, die in verschiedenen dieser „Kreise" oder Netzwerken verortet sind, entstehe gesellschaftliche Kohäsion. Wenn sich diese Netzwerke aber voneinander entkoppelten, wie dies aus der Studie hervorgeht, dann bröckelt gesellschaftlicher Zusammenhalt. Als von solchen Entkoppelungen besonders betroffen gelten z. B. die politischen Milieus um die Grünen und die AfD (Kilb 2023b). Einer solchen Tendenz zur Netzwerksegregation unterliegen aber auch überproportional Personen muslimischen Glaubens, geringerer Bildung und einer ländlichen Wohnumgebung. Darüber hinaus existieren solche Abkoppelungen tendenziell eher bei Ostdeutschen, bei Wohlhabenden und Reichen sowie bei Hochgebildeten (Teichler et al. 2023, 2). Die deutsche Gesellschaft sei dabei weit davon entfernt, in vollständig separierte „Blasen" gespalten zu sein. Es zeige sich aber eine klare Tendenz zur Segregation der diversen Netzwerkmilieus sowie ein eigenständiger Zusammenhang zwischen homogenen sozialen Netzwerken und für den gesellschaftlichen Zusammenhalt relevanten Werthaltungen, Einstellungen und Erfahrungen. Die Verständigung der verschiedenen gesellschaftlichen Gruppen werde dadurch schwieriger. Die Entstehung tendenziell homogenerer sozialer Netzwerke folge dabei grundlegender Strukturen sozialer, sozialräumlicher und institutioneller Ungleichheiten. Dem entsprechend sei dieser Tendenz durch eine sozialpolitische Programmatik stärkerer „sozialer Mischung" entgegenzuwirken. „Sie folgt andererseits alltäglichen Prozessen der Wahl von Freundeskreisen und Vergemeinschaftungen entlang von Vorlieben, Zugehörigkeiten und Werthaltungen, die vor allem dann zum Problem werden können, wenn die Sensibilität für soziale Segregation und damit die Bereitschaft schwindet, sich auch jenseits der eigenen Netzwerke auf soziale Interaktionen einzulassen – wenn also die eigene Blase zur Komfortzone wird" (Teichler et al. 2023, 6). Letztere Schlussfolgerungen besitzen eher appellativen Charakter, als dass sie durch gezielte Maßnahmen umsetzbar erscheinen.

In der Folgestudie des FGZ von 2024 (Sackmann und Mayer 2024, 37 ff.) werden sozialräumliche Aspekte thematisiert, mit allerdings wenig neuen Erkenntnissen als den bereits Bekannten. Operative Messkriterien stellen dabei die drei Dimensionen von Zugehörigkeitsgefühl, Vertrauen und kollektiver Wirksamkeit dar (ebd., 41). Kohäsionsfördernde Impulse werden in kleineren Gemeinweseneinheiten (Dirksmeier 2024, 11), in Gemeinwesen mit höheren Intensitäten einer Erinnerungskultur, gelingenden Nachbarschaften, dem Vorhandensein regionaler Infrastrukturen und Vernetzungstechnologien (ebd., 12), gelingender Konfliktmoderation sowie ländlichen Milieus gesehen (ebd., 17). Interessant in der Studie sind allerdings die ambivalenten Befunde zur Kohäsion im Rahmen benachteiligter Milieueigenschaften z. B. in sozialen Brennpunkten oder Quartieren in strukturschwachen Regionen, in denen kollektive Verbundenheit mit exkludierenden Effekten von als fremd oder anders wahrgenommenen Menschen einhergehen kann (ebd., 17).

Auch aus diesen Ergebnissen lassen sich Argumente für die sozialräumliche Ermöglichung milieuübergreifender Koppelungen ableiten, wenngleich solche in den Studien selbst nicht explizit gefordert werden.

Zwischenfazit II

(1) Aus der historischen Betrachtung, aber auch aus den neueren gesellschaftlichen, stadtsoziologischen und sozialpsychologischen Befunden heraus lässt sich zunächst festhalten, dass der Code des „sozialen Zusammenhalts" nicht eindimensional zu betrachten ist. „Vielmehr müssen zwei ergänzende Dimensionen unterschieden werden: einerseits das vertrauensvolle Miteinander- und Aufeinander-Bezogen-Sein auf der horizontalen Bezugsebene, andererseits die Möglichkeit von Individuen, sich auf ein – wie auch immer geartetes – gesellschaftliches Ganzes zu beziehen, sich mit einer übergeordneten Einheit zu verbinden" (Neu und Nicolic 2020, 174). Wie sich aber genau das Verhältnis dieser beiden Dimensionen von Sozial- und Systemintegration zueinander gestaltet und ob sich daraus Zusammenhalt schmiedet, wird je nach theoretischem Modell unterschiedlich gedeutet. Die aus der historischen Reflexion ableitbare Unterscheidung zwischen horizontalen und vertikalen Bindekräften führt u. a. auch zu einer Infragestellung des Begriffs des „Sozialen Zusammenhalts". Denn der Begriff *„sozialer Zusammenhalt"* steht in seiner (vor allem alltagssprachlichen) Bedeutung eher für einen dichteren und intimeren, inneren Bezug meist kleinerer und sehr überschaubarer Sozialformen wie der einer Familie oder einer intimeren Gemeinschaft, aber auch für, entweder durch äußeren Druck komprimierte oder mit intensiven inneren Bindungen ausgestattete Sozialformen (vgl. auch Abschn. 2.1.6). Zu Letzteren zählen etwa homogene zivilgesellschaftliche Initiativgruppen, religiöse Glaubensgemeinschaften oder auch militärische Kampfgruppen in Kriegssituationen. Auch politische oder fußballnahe Interessen- bzw. Kampfgemeinschaften wie etwa Hooligans und Ultras fallen darunter. Immanent ist diesem allgemeinen Verständnis des Zusammenhaltes auch eine auf Exklusion beruhende Verbundenheit in Gruppen, die sich z. B gegen Minderheiten oder externe Feindzuschreibungen richtet. Der Begriff des Zusammenhaltes soll hier vornehmlich nur für Verbundenheit *in* Gruppen verwendet werden. Der Begriff lässt sich dabei zweifach verwenden, nämlich zur Beschreibung vor allem eines mentalen Zustandes, oder auch zur Kennzeichnung eines strukturellen und sehr intensiven Beziehungsgefüges. Auf eine ganze Gesellschaft bezogen taugt der Begriff lediglich für emotionale Extremsituationen.

Der Begriff der *„sozialen Kohäsion"* kommt dem des „sozialen Zusammenhaltes" semantisch recht nahe. Er zielt in seinem Gebrauch aber, im Gegensatz zu letzterem, eher auf größere Sozialformen und größere soziale Systeme, relativ unabhängig von deren mentalen Verfassungen und deren

Intimität. Er wird ebenso wie der Begriff des Zusammenhaltes zur Charakterisierung ihres inneren Beziehungsgefüges, insbesondere ihrer strukturellen und symbolischen Verbundenheit verwendet, wie bspw. der Integrations- und Identifikationsbereitschaft in und mit einem Gemeinwesen. In diesem Verständnis ist er für größere Systeme wie etwa ein Quartier, einen Stadtteil oder eine Stadt relevant.

Als weitere Differenzierungsform käme hier der Begriff der *sozialen Kohärenz* hinzu. Kohärenz steht als Bezeichnung eines irgendwie gearteten Systems oder einer Organisation, innerhalb derer Zusammenhänge im Sinne eher technologischer Aspekte der Abstimmungs- und Koordinationsfähigkeit, also der Vernetzung einer Sozialform zu verstehen wäre. Hinsichtlich des Gebrauchs in den Fragestellungen dieser Publikation wäre übergeordnet der Begriff sozialer Kohärenz meist angemessener als derjenige des sozialen Zusammenhalts oder der sozialen Kohäsion. Die drei Begriffe werden aber nachfolgend in der hier dargestellten Differenzierung verwendet.

(2) Festzuhalten ist weiterhin, dass soziale und sozialräumliche Vielfalt und sozialer Zusammenhalt in keinem prinzipiellen Gegensatz zueinanderstehen. Vielfalt zeichnet sich zunächst durch ihre Relationalität aus, was wiederum bedeutet, dass sie nur als Ansammlung von zu Differenzierendem einer irgendwie kohärenten und bindungsfähigen Gesamtheit darstellbar und wahrnehmbar ist. Qualität und Intensität des Zusammenhalts hängen wiederum von der Aggregatsgröße der Gesamtheit ab, also beispielsweise von der Größe eines Stadtteils oder Quartiers, einer ethnischen Community etc., oder aber von der Intensität kollektiver Identifikation und Bindekräfte. Dies können einerseits eher negativ konnotierte Ereignisse sein, wie es historisch etwa die Kriegsbegeisterung im ersten Weltkrieg gewesen ist, aber auch positiv erlebter Siegesrausch im Rahmen nationaler Begeisterung bei Welt- oder Europameisterschaften diverser Sportwettkämpfe. Auf der Ebene einer Stadtgesellschaft sind etwa große überregionale Events (Oktoberfest in München, Karneval in Mainz, Düsseldorf und Köln, Museumsuferfest und ‚Dippemess' in Frankfurt am Main), wie auch traditionelle Symbolbauwerke (Skyline in Frankfurt, Dom in Köln, Hamburger Hafen) von identifikatorischem Charakter für eine ganze Stadtgesellschaft. Zusammen etwa mit Fußballtraditionsvereinen kommen ihnen als Form oder Gegenstand vertikaler Vergemeinschaftung symbolische Bedeutung zu. Allgemein ist davon auszugehen, dass je größer die Aggregatsgröße ist und je unverbindlicher und polarisierter das Beziehungsgefüge in dieser ist, desto weniger ist ein dauerhafter Zustand sozialer Kohärenz und Kohäsion zu erwarten. Auch für Stadtteile oder Quartiere ginge

es dann um eine Verbindung horizontaler mit vertikalen Verflechtungen. Quartiere müssten Identifikationsmerkmale vorweisen können, auf die sich die zahlreichen horizontalen „sozialen Kreise" im Quartier beziehen können. Manche Großstädte versuchen sich in dieser Thematik, allerdings im Rahmen einer Marketingstrategie, mit Prozessen sog. Markenbildung.

(3) In der Triade von sozialer Vielfalt, städtischer Raumstruktur und sozialem Zusammenhalt lässt sich keine eindeutige kausale Quantifizierung von Interdependenzen aus der historischen Betrachtung ableiten. Die jeweiligen Kontextbezüge unterscheiden sich nach gesellschaftshistorischen Phasen und entsprechenden stadträumlichen und lebensweltlichen Gegebenheiten, von der mittelalterlich funktional gemischten, über die industrielle segmentierte, hin zur handels- und dienstleistungsorientierten, globalisiert-fragmentierten und „digitalisierten Smart-City". In den beiden Zukunftsvisionen einer „smarten Stadt kurzer Wege" und der „transformativen Stadt" verbinden sich sozialräumliche mit digitalen Netzwerkstrukturen und disruptiven Offenheitsvorstellungen. Die Kohäsionsfähigkeiten solch integrierter Netzwerk-Communities sind noch nicht einschätzbar. Die Stadt als Ganzes repräsentiert gleichermaßen historische (Bausubstanz, Kultur) wie auch bestehende gesellschaftliche Strukturen. Sie ist aber permanenten Veränderungsprozessen unterworfen, in denen sich miteinander korrespondierende, aber auch voneinander unabhängige Eigendynamiken und ungleichzeitig verlaufende Entwicklungsprozesse entfalten. In einer solchen Mixtur aus bestehenden Kontinuitäten, geordnet-chaotischer Realität und Autopoiesis liegt auch die Singularität einer jeden Stadt (vgl. Löw 2008). Sozialräumlich verzahnen sich im Quartier jeweils Zukunftsvorstellungen mit funktionalen Zusammenhängen und historischen Entwicklungen. Der Charakter der einzelnen geografischen städtischen Teile (Stadtteile, Siedlungen, Quartiere) changiert dabei zwischen kontextualen Stadtfunktionen und einem Eigenleben.

(4) Die hier dargestellten neueren Untersuchungen zur Vermessung moderner Gesellschaften eröffnen vier zentrale Perspektiven für moderne Stadtentwicklungen unter den Aspekten von sozioökonomischer und soziokultureller Quartiervielfalt und sozialer Kohärenz. Zum einen sind dies maßstabsorientierte Trends überschaubarer Quartiersgrößen (4.1), verfahrenstechnische Dimensionen der Stadt- und Quartierentwicklung wie (Interessen-)Gruppenbildung und Konfliktregulation (4.2), Prozessorientierung (4.3), sowie normative Integrationskomponenten (4.4).

(4.1) Die Erkenntnisse sämtlicher in diesem Kapitel herangezogener Studien sprechen für eine *Überschaubarkeit von Quartieren*. In Anlehnung an eine Formel in den ILS-Trends 2/2014 sollten „Quartiere groß genug sein, um eine kritische Masse von Akteuren beteiligen zu können und klein genug, um nicht unübersichtlich zu werden" (zit. nach Munzinger 2020, 88). Dies sagt noch nichts über eine numerische Größe aus. Eine solche wäre auch wieder abhängig von den Gebäudetypen, der städtebaulichen Dichte, der Anordnung öffentlicher Flächen sowie der funktionalen Mischung aus Arbeitsplätzen, Wohnungen, Versorgungseinrichtungen und Freizeitmöglichkeiten. Diese Variablen sind in historischen Quartieren teilweise fix und nur bedingt veränderbar, in Neubau-Stadtquartieren dagegen planbar. Hierbei dürften Quartiergrößen zwischen 3000 und 6000 Bewohnerinnen dann „überschaubar" sein, wenn die Begegnungsorte und Begegnungsräume nach den zuvor bestimmten Prinzipien als Foren für alle, als Übergänge und/oder Brücken, sowie als Rückzugsorte angelegt sind und gleichzeitig eine funktionale Mischung gegeben ist. Diese Übersichtlichkeit ist notwendig, damit sich aus soziostruktureller Vielfalt im Quartier heraus zunächst informelle Gesehen-Werdens-, Bekannt-Seins- und Nähebeziehungen entfalten können. Eine Verzahnung dieser drei Kommunikationsebenen stellen das Fundament produktiver sozialer Kontrolle und normativer Integration dar.

(4.2) Als grundlegende verfahrenstechnische Komponente lässt sich zunächst die Entstehung von Gruppierungen mit ähnlich gelagerten Interessen identifizieren (4.3). Neben solchen Vergemeinschaftungen stellt der Umgang mit und die Nutzung von *Konflikten* aber ein maßgebliches verfahrenstechnisches Element sozialen Lebens dar. Schon die klassischen Konflikttheorien von Max Weber, Georg Simmel und Lewis A. Coser verweisen darauf, dass Konflikte konstitutiv für sämtliche Formen von Vergemeinschaftung sind. Konflikte, wie auch soziale Affinität strukturieren ein Gemeinwesen über deren Austragung bzw. über ihre Pull- und Push-Eigenschaften in unterschiedliche ‚Subsysteme' nach Alter und Lebensphasen, Geschlecht, Einkommensverhältnissen, Lebensformen, kulturellen Bezügen, Herkunfts- und Zugehörigkeitsgeschichte, Identifikations- und Integrationsbereitschaft oder auch Ignoranz-, Gleichgültigkeits- und Außenseiterstatus. Ist die Quartiergröße unübersichtlich und sozialräumlich unangemessen groß, ist die Wahrscheinlichkeit von Singularisierung und Isolierung der dann zahlreichen Einzelgruppen als separate Milieus höher. Sie stehen sich dann eher additiv und unverbunden gegenüber. Ist die Quartiergröße zu klein und zu intim, suchen sich die Akteure verschiedener Zugehörigkeitsinteressen Bezugsgruppen auch außerhalb des Quartiers. Konflikte zwischen diesen Milieus werden dann entweder außerhalb ihrer Quartiere, z. B. in den Kernbereichen der Großstädte ausgetragen. Verbleiben sie dagegen im eigenen Stadtteil, ist die soziale Kontrolle eher gegeben und die Möglichkeit größer, dass sich aus Konflikten aktives und produktives zivilgesellschaftliches oder institutionelles Handeln entwickeln. Konflikte regeln hierbei Formen des Ein- und Ausschlusses und gewährleisten eine gewisse Grundstabilität sozialer Bezüge im Gemeinwesen. Ihre Austragung signalisiert Interesse am lokalen Geschehen, ganz gleich, ob ihre Austragungsformen destruktiver oder konstruktiver Natur sind. Die Kohärenzqualität eines Quartiers offenbart sich hier in der Fähigkeit normativ-sozialer Integrationsangebote bei gleichzeitiger Grenzsetzungsmacht. Dabei können professionelle Verfahren und Angebote wie die Mediation oder auch Streetwork als Methoden Sozialer Arbeit zur Regulierung notwendig sein; oder es bilden sich zivilgesellschaftliche ‚Ersatz-Institutionen' heraus, wie etwa anerkannte oder statushohe Schlüsselpersonen, die selbst aktiv vermitteln, konfrontieren oder auch deeskalieren. Punktuell und situationsbezogen können sich spezifische Konfliktkonstellationen ergeben, die sozialräumliche Integration auch ausschließen und damit bestimmte Exklusionsmaßnahmen legitimieren (vgl. Kilb 2020).

(4.3) Eine zweite, verfahrenstechnische Komponente stellt ein *prozedurales* Verständnis dar. Soziale Kohärenz, oder sogar sozialer Zusammenhalt entstehen erst durch den Dreiklang von Sichtbar- und Wahrgenommen-Werden, durch Kommunikation und durch gemeinsames Handeln. Diese Interaktionsformen entwickeln sich in Prozessen und in Verlaufsschritten und Phasen, in den verschiedenen biografischen Lebensaltersphasen unterschiedlich. Sie lassen sich städtebaulich und institutionell fördern oder auch ausbremsen und sogar verhindern. Über solche stufenförmigen Interaktionsformen bilden sich verschiedene Netzwerke informeller und auch formeller Art. Gemeinsamer KiTa-Besuch von Kindern bringt nicht nur diese in dichtere Beziehungen zueinander, sondern häufig auch deren Eltern. Beide Lebensaltersgruppen verbinden sich ebenso in der Grundschulzeit der Kinder über Freundschaften, Geburtstagsfeiern und gegenseitige Übernachtungen der Kinder. Solche Prozesse befördern Kohärenz und Kohäsion in einem Quartier. Die Eltern als Handelnde betätigen sich in Vereinen, in die ihre Kinder gehen, oder um die Beschaffenheit von öffentlichen Spielplätzen. Jugendliche bilden dagegen, in der durch die Adoleszenz bedingten Elternablösung, eigene Peergroups, ‚besetzen' häufiger ‚ihre' ehemaligen Kinder-Spielplätze oder stören mit ihrem Verhalten ältere, ruhebedürftige Menschen an Orten, an denen die verschiedenen Lebensaltersgruppen aufeinandertreffen. Über solche intergenerativen ‚Dilemmata' und Konflikte entstehen wiederum Narrative, die das jeweils Spezifische eines Quartiers ausmachen können; aus Geschichten wird hier manchmal Quartier-Geschichte. Diese Zeitdimension des Prozeduralen gilt es als Aspekt von Vergemeinschaftung zu berücksichtigen und nutzbar für

fortlaufende Entwicklungen zu machen (vgl. Nassehi 2023). Institutionelle
Grundbedingungen für Vergemeinschaftungsprozesse in den Quartieren ist
deshalb das Vorhandensein von Kindertagesstätten und Grundschulen. Dies
gilt insbesondere für die erste Einzugsphase in Neubauquartieren.

(4.4) In Rainer Forsts Studie spielen normative Integrationskomponenten eine privilegierte Rolle, die zu dem von ihm so bezeichneten, zunächst vielleicht
etwas abstrakt anmutenden Konstrukt der *Verantwortungsgemeinschaft* führen können. Verantwortungsgemeinschaften sind zu verstehen als Formen
gegenseitiger Solidar-, also Hilfe- und Unterstützungsverbundschaften, die
auf dem Prinzip der allgemeinen und reziproken Verantwortlichkeit beruhen.
Die Mitglieder einer Gesellschaft, einer Gemeinschaft, einer Gruppe müssen sich dabei gegenseitig als freie und gleiche Personen respektieren und
anerkennen. Sie sollten zudem fähig sein, ihre Handlungen und Normen zu
begründen. Forst sieht in der Verantwortungsgemeinschaft eine Chance, die
Herausforderungen des gesellschaftlichen Zusammenhalts in einer pluralistischen und globalisierten Welt zu bewältigen und plädiert für eine kritische
und dialogische Haltung, die sowohl die Vielfalt der Perspektiven als auch
die Notwendigkeit der gemeinsamen Normen anerkennt (Forst 2014, 680).
Er misst dabei der Toleranz eine entscheidende Rolle zu. Erst Toleranz
ermögliche, mit Konflikten so umzugehen, dass Würde und Autonomie anderer nicht verletzt werden. Forsts Ansatz der Verantwortungsgemeinschaft
ist zunächst auf dichte und nahe soziale Bindungsformen ausgerichtet, die
teilweise auch rechtlichen Charakter besitzen können. Auf ein Gemeinwesen übertragen würde diese Konstruktion bedeuten, dass sich z. B. über
nachbarschaftliche oder freundschaftliche Bezüge allmählich verbindliche
Interaktions- und Beziehungsformen entwickeln, die, auf gegenseitigem Vertrauen und Respekt beruhend, eine Verantwortungsübernahme gegenüber
außerfamiliären Personen nach sich ziehen. Eine solche Entwicklung scheint
in einer Gemeinwesenstruktur, in der sich nahe und vertrauensvolle Beziehungen als Netzwerke miteinander verflechten, möglich zu sein. Gefördert
werden könnten solche Prozesse u. a. über eine Unterstützung zivilgesellschaftlicher Initiativen wie Quartieraktivitäten, Vereinsinitiativen oder
konzeptionelle Angebote des Quartiermanagements, der frühkindlichen und
grundschulischen Bildungseinrichtungen im Verbund mit Elterninitiativen
und Bewohnerinnen altengerechter Wohnanlagen. Beispiele für das Gelingen
solcher Vorhaben können auch die sog. Mehrgenerationenhäuser sein. All dies
wäre nach Georg Simmels Konstrukt vieler „sozialer Kreise" konstitutiv für
gesellschaftliche Kohäsion.

(5) Insbesondere die Ergebnisse der FSZ-Studie (Teichler et al. 2023, 5 ff.) legen nahe, mehr *Gelegenheits- und Ermöglichungsstrukturen „sozialer Mischungen"* zu schaffen, ohne dass die Studie diese Forderung dezidiert auf eine sozialräumliche Quartiersebene bezieht. Die Notwendigkeit solcher Mischungserfahrungen wird mit den zunehmenden Entkoppelungen sozialer Netzwerk-Milieus voneinander begründet. Ein solcher eher negativer Kohäsionsbefund deutet auf eine sich schwieriger gestaltende horizontale und vertikale Integrationsfähigkeit der Gesellschaft hin. Sozioökonomisch und soziokulturell gemischte Quartiere würden in diesem Kontext eine gute Basis für milieuübergreifende Koppelungen bilden, wenn es gelingt, Kinder und Jugendliche schicht- und klassenunabhängig möglichst lange in betreuenden und schulischen Institutionen halten zu können. Das 2023 aufgelegte nationale Startchancen-Programm kann hierbei stabilisierend und somit kompensierend wirken. Bestehende Initiativen und Vereine könnten durch besondere finanzielle Anreize animiert werden, gezielt Mitgliederwerbung auch nach Diversitätsaspekten zu betreiben. Im kommunalpolitischen Bereich wären die sog. „Bürgerräte" bzw. „Bürgerforen" hierfür modellhaft. Deren Mitglieder werden ausgelost und könnten somit soziokulturelle und sozioökonomische Mischstrukturen in Quartieren und Stadtteilen abbilden (siehe auch Kap. 3).

2.1.3 Wie bildet sich sozialräumliche Kohäsion heraus?

Um die Entstehungszusammenhänge sozialer Kohäsion zu erfassen, ist es notwendig, soziologische und psychosoziale Theorien aufeinander zu beziehen. Dabei gilt es, die eher deskriptiven und strukturell-analytischen soziologischen Befunde mithilfe psychosozialer Ansätze von Vergemeinschaftungs- und Gruppenbildungsprozessen zu verzahnen. Die aktuellen Kohäsionsdebatten kranken nach Neu und Nicolic (2020) insbesondere daran, dass Zusammenhalt vor allem als normatives Konzept verstanden werde. „Nach Definition der OECD (Organisation für wirtschaftliche Zusammenarbeit und Entwicklung) strebt eine kohäsive Gesellschaft das Wohlergehen aller ihrer Mitglieder an, bekämpft Ausgrenzung und Marginalisierung, schafft Zugehörigkeit, fördert Vertrauen und bietet ihren Mitgliedern die Möglichkeit einer aufwärtsgerichteten sozialen Mobilität" (ebd., 175). Vorgeschlagen wird dabei, gesellschaftlichen Zusammenhalt anhand der drei Aspekte von *sozialer Inklusion, sozialer Mobilität* und *sozialem Kapital* zu betrachten. Die drei Aspekte eignen sich zunächst einmal als Zielformulierungen, von deren Erreichen man annimmt, dass sie dem sozialen Zusammenhalt bzw. sozialer Kohärenz, in ihrer jeweils positiven Ausformung, förderlich sind.

Sie stellen sich aber noch lange nicht als hinreichend aussagekräftige Indikatoren dar, weder für das mentale noch für das analytisch-deskriptive Verständnis sozialer Kohäsion. Auch scheinen solche Ziele, wenn überhaupt, dann nur auf gesamtgesellschaftliche Entwicklungen hin betrachtet, operationalisierbar zu sein. Lediglich soziale Inklusion ließe sich direkt auf Kohäsionsaspekte eines Quartiers oder Stadtteils übertragen. Zudem blenden solche ausschließlich positiv konnotierten Zielsetzungen reale empirische Gesellschafts- und Gruppenphänomene wie Abgrenzungen voneinander, Konkurrenzen, Konflikte, Positionskämpfe, Desintegration etc. tendenziell aus (vgl. Tab. 1.1). Auch wäre sozialer Abstieg als Mobilitätskategorie sicherlich nicht fördernd für sozialen Zusammenhalt. Alle diese, also auch die negativen Aspekte sind für Vergesellschaftungs- und Vergemeinschaftungsprozesse konstitutiv (vgl. Coser und Simmel). Am meisten zeigt sich das etwa beim teamorientierten Wettkampfsport oder in rivalisierenden Jugendpeers, in denen der Zusammenhalt im Team, in der Peergroup gerade aus der Gegnerschaft in einer Kampfsituation resultiert. Darüber hinaus strebt nahezu jede Gruppenbildung mental zudem eher nach Homogenität als nach Heterogenität oder Vielfalt. Es bedarf somit anderer, manchmal auch gerade externer Impulse, um z. B. in einem vielfältigen Gemeinwesen ein Gefühl sozialer Kohärenz auszulösen. Solche vergemeinschaftungsfördernden Impulse können z. B. gerade auch in negativ konnotierten kollektiven Wahrnehmungen begründet sein, wie etwa denjenigen, als Quartier oder Stadtteil abgehängt oder vernachlässigt zu werden. Die New Yorker Bronx mag hierfür als Beispiel dienen. Über ein Framing verwandelte sich die vorwiegend negative Konnotation der Bronx, ausgehend von einer sozialräumlichen Stigmatisierung nach und nach zu einem Mode-Label in ihrer semantischen Assoziation zu einem subkulturell-kriminellen Mythos. Umgekehrt kann in positiv konnotierter Form eine hohe Identifikationsintensität mit der eigenen Gruppe und deren Zielen für Kohärenz und Kohäsion förderlich sein. Das Identifikationsmotiv selbst ist allerdings wiederum relational, wenn etwa die eigene Gruppe mit anderen verglichen wird und dieser Vergleich mit dem Gefühl des Stolzes korreliert.

Als strukturell bedeutsam für Vergesellschaftungs- und Vergemeinschaftungsprozesse stellt sich zum einen grundsätzlich das Verhältnis zwischen Individuum und Gruppe bzw. Gemeinschaft dar. Für die Prozesse der Gruppenbildung und Abläufe von Gruppenentwicklungen sollen nachfolgend Befunde aus der gruppendynamischen Forschung herangezogen werden. Darüber hinaus gilt es zu betrachten, welche gesellschaftlichen, gruppen- und gemeinschaftsbezogenen Bindekräfte relevant für den Befund von gesellschaftlicher Kohärenz sind. Als Referenzgrößen sollen hier die soziologisch relevanten Bezüge der Nachbarschaft und des Quartiers herangezogen werden.

2.1.4 Verhältnis zwischen Individuum und Gruppe/ Gemeinschaft

Gegenstand des Prozesses der Integration von Individuellem in einen Gruppenkontext ist das individuelle Interesse nach Erprobung von Beziehungen, nach eigener Interessendurchsetzung, nach Statuserwerb und auch nach Solidarität, also gegenseitiger Unterstützung, Hilfe und Absicherung. Ein solcher Prozess der Gruppeneinbindung erfolgt in aufeinander aufbauenden Phasen: zunächst durch Selbstpräsentation und Rangfolgenkämpfe, durch das Balancieren zwischen Abhängigkeitsgefühl und Unabhängigkeitswünschen und zu guter Letzt durch die Erkenntnis und das Begreifen von Interdependenz und wechselseitiger Abhängigkeit. Im Rahmen des gruppenpädagogischen Ansatzes „Themenzentrierter Interaktion" (TZI) nach Ruth Cohn (1975) wird zwischen den vier Variablen des *Ich,* als einzelner Person mit jeweiliger Biographie, dem *Wir,* als dem sich entwickelnden Beziehungsgefüge einer Gruppe und deren Interaktion, dem *Es* oder dem *Thema,* also den Aufgaben der beteiligten Gruppenmitglieder in der Gruppe sowie dem sog. *Globe,* dem organisatorischen, strukturellen, räumlichen, sozialen, politischen, wirtschaftlichen, ökologischen, kulturellen Umfeld differenziert. Sämtliche Komponenten stehen in ihrer positiv ausbalancierten Interdependenz und Kohärenz für den Zusammenhalt bzw. die Kohäsion einer Gruppe. Sie beeinflussen in ihrem kontextualen Bezug sowohl die Zusammenarbeit als auch die Atmosphäre in der Gruppe. In Umkehrung hierzu beeinflusst die Arbeit der Gruppe die einzelnen Variablen. Der innere Zusammenhalt stellt sich über Kategorien wie Vertrauen, Hilfsbereitschaft, Unterstützung, Solidarität, emotionale und funktionale Verbundenheit in Beziehungen und Bindungen zwischen Einzelnen und zum Kollektiven der Gruppe, sowie der Identifikation der Einzelnen mit der Gruppe und ihren Zielen als Ganzem her. „Sozialer Zusammenhalt" definiert sich somit auch als *Qualität* dieses gemeinschaftlichen Miteinanders in Gruppen sowie durch belastbare soziale Beziehungen, eine positive emotionale Verbundenheit ihrer Mitglieder mit der Gruppengemeinschaft oder auch dem Gemeinwesen (vgl. Bertelsmann Stiftung 2023).

Auf die sozialräumliche Ebene eines Quartiers oder Stadtteils übertragen, bilden sich in Anlehnung an Georg Simmel diverse „soziale Kreise", also Gruppen („Wir"), die z. B. geografisch im Stadtteil bzw. im Quartier verankert sind („Globe"), sich einer Aufgabe („Thema"/„Es") widmen und aus einzelnen Mitgliedern, Teilnehmerinnen oder Adressaten („Ich") bestehen. Durch ihren gemeinsamen geografischen Bezug bilden sie als Gruppen untereinander, aber auch zwischen deren einzelnen Mitgliedern, meist mehr oder weniger informelle stadtteil- bzw.

quartierweite Netzwerke, die sich abseits ihrer jeweiligen thematischen Ausrichtung (Sport, Kultur, Bildung, Religion, Freizeit/Erholung, Soziales usw.) über die Gemeinsamkeit ihres „Globe" definieren. Neben solcher, auf freiwilliger Basis entstandener lokaler oder auch quartierübergreifender Netzwerke, stellen die formalen, verbindlichen und teilweise verpflichtenden Netzwerkbildungen über Kindertagesstätten und Schulen eine zentrale Basis sozialer Kohärenz in einem Stadtquartier dar. In sämtlichen dieser organisatorischen und teils institutionellen Gruppen, Gemeinschaften oder Einheiten vollziehen sich Prozesse sozialer Integration, Inklusion oder auch Exklusion durch entsprechende Zuordnungen, Ein- und Ausschließung. Letztere erfolgen in den Institutionen durch Ahndung bei Regelüberschreitungen oder durch Leistungsbeurteilungen, in zivilgesellschaftlichen Gemeinschaften durch Wertschätzung, Anerkennung, aber auch durch Missachtungs- und Entwertungsprozesse. Den formalen Bildungsinstitutionen stehen meist non-formale, stützende bzw. ausgleichende und entlastende öffentliche und private Angebote zur Seite, die häufig spezifische reintegrative oder inklusive Zielsetzungen verfolgen, wie etwa Angebote der Kinder- und Jugendhilfe nach §§ 11, 12, 13 und 27 ff., SGB VIII. Ebenfalls auf einer informellen Ebene sind Zufallsbegegnungen über Knotenpunkte der Nahversorgung, der Mobilität, der Kommunikation und der Freizeitgestaltung von Bedeutung für das subjektive Gefühl lokaler bzw. sozialräumlicher Zugehörigkeit. Auf einer vierten Ebene wird diese Palette noch durch Nachbarschaften und lokale Freundschaftsbezüge ergänzt. Gerade in der stadtsoziologischen Forschung kommen den Nachbarschaftsbezügen spezifische Bedeutungen zu, die allerdings jeweils im Verhältnis zu den formellen Vernetzungsknoten KiTas und Schulen sowie zivilgesellschaftlichen Vergemeinschaftungsprojekten (Vereine, Initiativen, Religionsgemeinschaften usw.) zu betrachten sind (vgl. Abschn. 2.1.6).

Aus der historischen Analyse lässt sich der Trend herauslesen, dass je größer, unverbindlicher und informeller die zu betrachtenden Vergesellschaftungsformen sind, umso weniger trifft der Begriff des sozialen Zusammenhalts den Kern des Gefühls der jeweiligen Bezugskontexte einer Gruppe, einer Gemeinschaft oder einer Gesellschaft. Negativ konnotierte Abgrenzungen, Konkurrenzen gegenüber oder auch Konflikte mit anderen Gruppen (vgl. Coser 2009 [1956]) können sozialen Zusammenhalt in der eigenen Gruppe als Gefühl fördern bzw. verstärken helfen. Eine hohe Identifikationsintensität mit einer Gruppe oder mit deren Thema bzw. Aufgabe kann ebenfalls große Impulswirkungen auf soziale Kohäsion ausüben. Man denke hier wieder an Unterstützergruppen sportlicher Wettkämpfe wie die von Fußballfans oder Hooligans. Auch hierbei umfasst der Begriff des „Sozialen Zusammenhalts" gleichermaßen deskriptiv-analytische

Gegenstandsbeschreibung wie auch eine Einschätzung mentaler gruppenbezogener Befindlichkeit.

2.1.5 Prozesse und Dynamik von Gruppenbildung und Vergemeinschaftung

Die Prozesse zur Gruppenbildung und der Weiterentwicklung von Gruppen vollziehen sich nach ähnlichen Mustern in den diversen gruppendynamischen Ansätzen. Gruppendynamik beinhaltet die Erforschung von Gesetzmäßigkeiten in zwischenmenschlichen Beziehungen innerhalb von Gruppen. Die Gruppe wird als Ort der Veränderung, der Entwicklung im Miteinander oder Gegeneinander, als Ort des besseren Selbst-Verstehens, als Ort des Kompetenzerwerbs betrachtet. Auf den zwei Ebenen der Gruppendynamik geht es im Falle der *oberflächlichen Dynamik* um sichtbares Verhalten der Mitglieder zueinander bzw. untereinander; auf der Ebene *unausgesprochener Erwartungen* um Befürchtungen und Hoffnungen auf einer unbewussten Ebene.

Das bekannteste Modell ist das von Tuckman (1965), nach dem sich gruppendynamische Entwicklungen in neu entstehenden Gruppierungen über insgesamt fünf bzw. sechs Phasen des *Forming, Storming, Norming, Performing, Reforming* und *Adjourning* entfalten. Ein solches Modell kann besonders relevant sein, um Prozesse in der ersten Einzugsphase bei Stadtteil- oder Quartierneugründungen zu erklären und zu analysieren (vgl. auch Kap. 7). Die Phase des *Forming,* also der Gründungs- oder Ersteinzugsphase ist i. d. R. gekennzeichnet durch Unsicherheiten, Erkundungen, Orientierungssuche und einem relativ konventionellen Umgang der Gruppenmitglieder, also der Bewohner eines neu entstehenden Stadtteils (Stahl 2002, 51). Hinsichtlich der Entwicklungen in einem neu entstehenden Gemeinwesen sind in der Ankommens- bzw. Einzugsphase Erwachsene und ältere Menschen zunächst eher auf die wohnungsbezogene Inneneinrichtung, die Verortung in der Hausgemeinschaft und auf die Organisation grundlegender Versorgung hin orientiert. Kinder und Jugendliche bewegen und orientieren sich dagegen rasch explorativ im Quartier. Die Einstiegs- und Orientierungsphase ist über meist vorsichtige, abtastende Kontaktbestrebungen gekennzeichnet. Gruppen suchen sich in einem wechselseitigen Prozedere Individuen, die einen Beitrag zur Erreichung der Gruppenziele leisten können. Individuen suchen sich Gruppen, die ihre Interessen und Bedürfnisse befriedigen können. Legen sich beide Parteien darauf fest, kommt es zum Gruppeneintritt. Bei Kindern und Jugendlichen verläuft diese Gruppeneintrittsphase oftmals in ritualisierten Formen.

In der *Storming*-Phase wendet sich das Interesse der neu zusammengezogenen Bewohner erstmals auch den Unterschieden zu, die zwischen ihnen bestehen. Auch werden die Konflikt- und Konkurrenzlinien deutlicher und das Spannungspotenzial entfaltet sich (ebd., 52). Der Vergemeinschaftungsprozess ist durch erste Platzierungs- und Positionierungsimpulse gekennzeichnet, die sowohl kollektivierend, aber auch konflikthaft und desintegrierend verlaufen können. Über die Konfliktaustragungspraxen bilden sich normative sozialräumliche Standards über Verständigungen, Kontraktbildung und Enkulturation aus *(norming)*; das entstehende Gemeinwesen differenziert sich in spezifische Subgruppierungen oder Milieus. Solche soziographischen und soziostrukturellen Selbst- und Fremdzuordnungen stehen sich, je nach Quartiergröße, Quartierbeschaffenheit und Bewohnerstruktur entweder räumlich direkt gegenüber oder sie verteilen sich additiv in jeweils eigenen Bezugs- und Rückzugsräumen. Zudem bildet sich ein interaktionaler Normalitätskorridor aus, in dem sowohl Regeln als auch Grenzen der Regelüberschreitungen festgelegt werden.

Im hierauf folgenden *Performing*- und *Reforming*-Prozess pendeln sich schließlich die diversen Formen lokalen Zusammenlebens allmählich ein. Es entfalten sich nach und nach sowohl eine, aus der Innenperspektive betrachtet, quartierbezogene Identität, als auch ein eher von außen definiertes, und zugeschriebenes Image. Man weiß ungefähr, wer zu wem gehört, wer welche Rollen oder Funktionen einnimmt, wer dazu und wer nicht dazu gehört.

Sukzessiv kristallisieren sich in dialektischer Weise über Integrations-, Exklusions- und Desintegrationserfahrungen, über Marginalisierungseffekte i. d. R. mehrere perspektivische Tendenzen in der Bewohnerschaft heraus.

(1) Ein größerer Teil der Bewohnerinnen (die „Perspektivischen") entwickelt eine örtlich-lokale Perspektive mit sozialräumlichen Aneignungs- und Identifikationsimpulsen. Hierzu gehören i. d. R. Bewohner insbesondere der Baugenossenschaften, Wohn- und Baugruppen, die Wohneigentumserwerbenden, die jüngeren Familien mit Kindern, die Menschen in Altenwohnungen sowie die Familien in öffentlich geförderten Wohnungen.

(2) Eine zweite Typengruppe wird durch die „temporär Funktionalen und temporär Überzeugten" gebildet, zu der Studierende, Auszubildende sowie jüngere und pendelnde Berufstätige zählen, also Personen eines spezifischen biografischen Lebensabschnitts des ‚Übergangs'.

(3) Die dritte Typengruppe dürfte sich aus ortsunspezifischen und dem Quartier eher gleichgültig gegenüberstehenden Menschen zusammensetzen, die tendenziell sozialräumlich überlokal und daher ortsunspezifischer vernetzt sind.

(4) Es ist darüber hinaus davon auszugehen, dass eine weitere Gruppe aus Bewohnern besteht, die sich entweder in das neu entstehende Gemeinwesen nicht eingliedern können oder möchten, vielleicht auch unter falschen Vorstellungen zugezogen sind und tendenziell wieder wegziehen werden (*Adjourning* oder Auflösungsphase).

Die numerische Verteilung und die späteren Anteile der vier Typengruppen dürften auch auf gezielte Angebote und Impulse gerade in der Anfangszeit nach dem Neubezug zurückzuführen sein.

Das Gelingen eines sich konstruktiv organisierenden Gemeinwesens korrespondiert mit gruppendynamischen Qualitätskriterien. Letztere sind dadurch gekennzeichnet, dass sich Ziele, Gruppenstruktur, Dynamik und Klima positiv aufeinander beziehen, die innere Gruppenstruktur mit den zu lösenden Aufgaben korrespondiert, Gruppenprozesse möglichst bewusst geregelt werden, die Mitglieder einfühlsam, flexibel, ziel- und methodenbewusst zusammenwirken und die Leistungsfähigkeit und Qualität der Gruppenleistung die Summe der Beiträge einzelner Gruppenmitglieder übersteigt. Ein Quartier ist keine Gruppe; aber es setzt sich bestenfalls aus einer ganzen Anzahl von gruppenähnlichen Verbünden und Gemeinschaften zusammen. Je mehr die „Themen" der Gruppen einen sozialräumlichen Quartierbezug beinhalten, umso deutlicher prägt sich der individuelle wie integrative Charakter eines Gemeinwesens heraus. Für viele Gruppenmitglieder wird dann das Quartier auch zum gruppenübergreifenden Handlungsraum, für einige längerfristig an das Quartier Gebundene auch zur Heimat.

2.1.6 Gesellschaftliche, gruppen- und gemeinschaftsbezogene Bindekräfte

Man tut sich recht leicht damit, mehr oder weniger spekulativ Bedingungen oder auch Voraussetzungen für soziale Kohäsion zu benennen. Dazu gehören die *primären* Bindungsvoraussetzungen sprachlicher und kultureller Verständigung, ökonomischer und rechtlicher Absicherung, die *sekundären* Aspekte von Teilhabemöglichkeiten zur Verständigung, etwa durch geeignete und gleiche Bildungsvoraussetzungen sowie *tertiäre* Elemente gruppenbezogener bzw. sozialer Handlungsmöglichkeiten wie derjenigen in Primär- oder Bezugsgruppen sowie demokratischer Mitgestaltung. Verzahnt man diese drei Bindungsvoraussetzungen, so könnte man hieraus soziale Bindungskräfte definieren als irgendwie und einigermaßen harmonisch funktionierende Sozialsysteme, die in einer Gesellschaft als weitgehend selbstverständlich gelten, sich gegen Zusammenbrüche

bestehender Ordnungen als resilient erweisen und damit für Stabilität und weit-
gehende Sicherheit sorgen (vgl. Krege 1977, 52). Diana Lengersdorf (2013, 183)
operiert in Anlehnung an Reckwitz anstelle der Sozialsysteme als Kategorie, mit
‚sozialen Praktiken' und des Zusammenhalts als deren Bezug zueinander, im
Sinne eines „Zusammenfügen von etwas Getrenntem und einer zumindest temporären Stabilisierung dieses Gefüges". Das Getrennte bleibe dabei getrennt, es gehe
nicht in einer Einheit auf, es entstehe vielmehr ein spezifisches Verhältnis der
Elemente zueinander. Diese Relation könne verschiedene Formen annehmen, verschiedene Beziehungsmodi, die sich u. a. als komplementär, asymmetrisch oder
gar antagonistisch beschreiben lassen. „Die Frage, wie Zusammenhalt erzeugt
wird, wird so zur Frage, wie etwas miteinander in Beziehung tritt und dabei
eine relative Stabilität entsteht" (ebd.). Bindungskräfte stellen sich danach über
Beziehungsmodi und deren Stabilität her.

Voraussetzungen der Wirksamkeit solcher Bindungskräfte wäre ihre Einbindung sowohl in vertikale (das Ganze einer Gesellschaft mit ihren Institutionen) als auch in horizontale Netzwerke, als vertrauensvolles Miteinander- und
Aufeinander-Bezogen-Sein in Mikro-Einheiten. Letzteres erfolgt, in Anlehnung
an Georg Simmels „soziale Kreise", in Form unterschiedlicher individueller
Gruppenzuordnungen. Im Rahmen einer solch kontextualen und komplexen
Netzwerkerfahrung gesellschaftlicher Akteure ließe sich von sozialem Zusammenhalt sprechen. Voraussetzung dieser kollektiv akzentuierten Empfindungen
ist deren direkte Erfahrbarkeit im Rahmen überschaubarer Vergemeinschaftungen z. B. in Vereinen, religiösen Gruppen, oder auch in Peergroups Jugendlicher.
Eine zweite Voraussetzung besteht nach Putnams Sozial-Kapital-Theorie in den
drei Kernelementen von sozialem Vertrauen, der Norm generalisierter Reziprozität, und den Netzwerken zivilgesellschaftlichen Engagements, die eben
jene Reziprozitätsnormen pflegen und soziales Vertrauen bilden, nämlich die
Wechselbezüglichkeit zwischen Individuen, Primär- und Bezugsgruppen. Letztere sind zu ergänzen über „traditional civic associations", wie Sportvereine
und Klubs, in denen Menschen solidarisches Verhalten einübten (Neu und
Nicolic 2020, 174). Innerhalb der aktuelleren Modernisierungstheorien wird
allerdings darauf hingewiesen, dass es zwischen solchen gesellschaftlich integrativen Vergemeinschaftungsformen und sogenannten ‚Neogemeinschaften' zu
unterscheiden gilt, in denen sich Kulturessentialismen und Kulturkommunita-
rismen abbildeten. Bei Letzteren ließen sich vier Ausformungen beobachten,
nämlich „ethnische Gemeinschaften, die eine Politisierung in Form von Iden-
titätspolitik einschließen; Tendenzen des Kulturnationalismus; Versionen eines
religiösen Fundamentalismus (…); schließlich Formen des Rechtspopulismus"
(Reckwitz 2017, 394 ff.). Diese vier Typen von Neogemeinschaften schrieben

der jeweils eigenen Community ein Primat zu, welches eine Kompatibilität mit demokratischer und pluraler Teilhabekultur tendenziell ausschließt. Der Multikulturalismus als Programmatik einer liberalen pluralen Gesellschaftspolitik würde demgegenüber aber voraussetzen, „dass sich die kulturellen Communities in den allgemeinen rechtlich-kulturellen Rahmen (…) einfügen, in dem sie dann gleichberechtigt und respektvoll nebeneinander existieren" (ebd., 420) können. Vor diesem Hintergrund relativiert sich auf gesamtgesellschaftlicher Ebene eine Zuschreibung sozialen Zusammenhalts deutlich, zumal das historische Verständnis einer ethnischen oder christlich geprägten nationalen Grundlage in einer Einwanderungsgesellschaft kaum dauerhaften Bestand haben kann (vgl. Foroutan 2023). Gefühl und soziologischer Befund eines sozialen Zusammenhalts in vertikaler gesellschaftlicher Struktur scheinen sich damit allein über gemeinsame rechtliche Normen und deren Verfasstheit sowie über die ökonomisch-sozialen Absicherungsmechanismen herzustellen; einmal abgesehen von eher einmaligen oder situationsbezogenen Katalysatoren, wie etwa durch Bedrohungslagen oder auch positiv konnotierten gesamtgesellschaftlich verbindenden Ereignissen von meist temporärem Charakter.

Bei Vergemeinschaftungsformen gilt es aber, nach den verschiedenen Sozialformen von Gemeinschaft, Nachbarschaften und Gesellschaft zu differenzieren. „Alles vertraute, heimliche, ausschließliche Zusammenleben wird als Leben in Gemeinschaft verstanden. Gesellschaft ist die Öffentlichkeit, ist die Welt. In Gemeinschaft mit den Seinen befindet man sich, von der Geburt an, mit allem Wohl und Wehe daran gebunden. Man geht in die Gesellschaft wie in die Fremde" (Tönnies 1887, zitiert nach Neu und Nicolic 2020, 173). Vergemeinschaftung entstehe durch geographische, soziale, emotionale Nähe, die Menschen in ähnlichen Lebensverhältnissen miteinander verbinde und auf diese Weise Empathie und Solidarität schaffe. „Gemeinschaftliche Beziehungen, wie sie etwa Freundschaften oder Nachbarschaften prägen, beruhen einerseits auf engen persönlichen Bindungen, die idealtypisch wohlwollend und verständnisvoll sind, andererseits auf Ähnlichkeiten, die sich durch eine gemeinsame Sprache oder Herkunft, geteilte Sitten und Bräuche ergeben." Gemeinschaft fungiert bei Tönnies als natürliche Bindungsform, die Gesellschaft betrachtet er als ein „mechanisches" und eher künstliches Gebilde, das vorrangig auf instrumentellen und eigennützigen Beziehungen der Menschen untereinander beruhe (ebd. 173). Soziale Orte wie Quartierplätze, soziale Räume wie Quartiere oder Stadtteile können solche Ermöglichungs- und Erfahrbarkeitsräume für Vergemeinschaftungen darstellen. Sie allein, als kommunikative Begegnungsknoten erschließen aber nur unzureichend moderne Vergemeinschaftungsprozesse. Neben dieser, an reale Orte gebundenen Interaktionen rücken vermehrt ortsungebundene

Social-Media-Communities in den Fokus. Internet- und netzwerkbasierte Kommunikationstechnologien und darauf aufbauende soziale Netzwerke haben den Grad ‚kommunikativer Erreichbarkeit' (Luhmann 1984) extrem erweitert (Pries 2013, 33). Wir konzentrieren uns hier aber auf die sozialräumlichen Varianten.

Zusammenhalt durch Nahbezüge

Auf der horizontalen Ebene von Vergemeinschaftungen stellt sich die Frage, was Verbundenheit oder auch Gemeinschaftsgefühl letztendlich ausmachen, welche Indikatoren es hierzu gibt. In einer Studie von Neu und Nicolic (2020), die im Rahmen des Projektes „Das Soziale-Orte-Konzept – Neue Infrastrukturen für gesellschaftlichen Zusammenhalt" (2017–2020) in zwei Landkreisen in Hessen und Thüringen durchgeführt wurde, konnten über breite Befragungen einige aussagekräftige Indikatoren ermittelt werden. Demnach lässt sich das Gefühl des sozialen Zusammenhalts tendenziell nur auf die Primärgruppe der eigenen Familie und den unmittelbaren Nahraum beziehen: „Die eigene Familie, der Freundeskreis und die direkte Nachbarschaft, seltener Dorfgemeinschaften, sind die am häufigsten wahrgenommenen bzw. erwünschten Quellen sozialen Zusammenhalts. Hier findet gemeinschaftliches, gegenseitiges und vertrauensvolles Kommunizieren und Handeln statt. Dann aber wird es zunehmend diffus: Nur gelegentlich werden die ‚Heimat'(-region), sehr selten die eigene Nation bzw. die Gesamtgesellschaft als sozialräumlicher Bezug von Zusammenhalt genannt. Bezogen auf Deutschland insgesamt stellt die überwältigende Mehrheit der Befragten beider Landkreise dem gesellschaftlichen Zusammenhalt ein eher schlechtes Zeugnis aus und sieht zudem einen Rückgang in den vergangenen zehn Jahren" (ebd. 176). Interessant ist dabei die sehr viel negativer ausfallende Bewertung im thüringischen Landkreis, in dem die befragten Bewohner den Verlust des sozialen Zusammenhalts seit der deutschen Einheit betonen und dies auf den ehemals stärkeren Zusammenhalt im DDR-Alltagsleben und, im Vergleich hierzu, auf die negativen Erfahrungen nach der deutschen Einheit zurückführen, etwa auf die Auflösung von Betriebskollektiven durch Werksschließungen, die Erosion von Dorfgemeinschaften durch massive Abwanderung oder das Gefühl, in einer sozial ‚abgehängten Region' zu leben. Auch sei man in der DDR ja nicht nur freiwillig, sondern aufgrund der Mangelwirtschaft deutlich stärker aufeinander angewiesen gewesen. Auch auf hessischer Seite wird bei der Bewertung des Zusammenhalts ein Vergangenheitsnarrativ mit der Glorifizierung der früheren bäuerlichen Gemeinschaft bemüht, „die mit dem Wandel zur Industrie- und Dienstleistungsgesellschaft zerbrochen sei" (ebd., 177). Die Ergebnisse decken sich mit den theoretischen Befunden zur besonderen Relevanz unmittelbarer und nahräumlicher Beziehungen sowie jetztzeitiger, eher negativer Bewertungen mithilfe historischer Vergleiche. Zudem spielen Wohlstandsgefälle sowie gemeinwesenbezogene Erosionen eine große Rolle. Letztere gehen mit Netzwerks- und Gewohnheitsverlusten einher und verunsichern kontextuelle soziale Bindungsstrukturen. Auch in der stadtbezogenen BBSR-Studie finden sich hinsichtlich nachbarschaftlicher Bewohnerzufriedenheit bessere Werte für die unmittelbare sozialräumliche Wohnumgebung (BBSR 2020, 137).

Viele dieser zunächst im ländlichen Raum herausgearbeiteten Indikatoren sind auf städtische Strukturen übertragbar. So können etwa hohe Mobilitätsquoten (Zu- und Wegzugsquoten) in städtischen Quartieren ähnliche Nachwirkungen auf die Kohäsionsintensität von Gemeinwesenstrukturen entfalten. Kohäsionsfördernd für die städtischen Quartiere dürften zudem eine gelungene Kombination funktionaler und soziokultureller Mischstrukturen sein, die zentrifugale Kräfte entfaltet. Zu ähnlichen Ergebnissen kommen auch Sackmann und Mayer (2024, 37 ff.) in ihren Studien zu Raummustern sozialen Zusammenhalts.

Vertrautheit und Zusammenhalt durch soziale Redundanz und Reziprozität
Es stellt sich nun die Frage, welche Art und welche Formen von Interaktionspraxen den sozialen Nahraum und nahe soziale Beziehungen dazu befähigen, Gefühle des Zusammenhaltes entstehen zu lassen. Claudia Neu und Ljubica Nicolic verweisen hierbei auf den „Effekt des bloßen Kontaktes" und die „soziale Redundanz". Man lebe „räumlich nah zusammen, man begegnet sich auch häufig. Die immer gleichen Menschen treffen in verschiedenen Funktionen an verschiedenen Orten aufeinander. Bei jedem Kontakt – selbst wenn man den Namen der anderen (noch) nicht kenne – verändere sich durch diese Begegnungen die soziale Beziehung, man werde vertrauter. Außerdem braucht es Zeit: Persönliche Beziehungen, Freundschaften und Netzwerke entstehen nicht von selbst, sie müssen gepflegt werden und durch Handlungen – also den Austausch sozialer Ressourcen – immer wieder bestätigt und erneuert werden" (ebd., 177 f.). Barlösius (2018) differenziert diesen Prozess des „Vertraut Werdens" temporär nach vier Stufen des Kennenlernens:

„1. Man erkennt sich – kennt sich vom Sehen, weiß, dass die Person im gleichen Dorf wohnt.

2. Man kennt sich – weiß, wo die Person wohnt, wo sie hingehört.

3. Man kennt sich namentlich.

4. Man kennt sich familienbiografisch – weiß, aus welchem Elternhaus die Person kommt, welche Schule sie besucht oder welche Ausbildung sie wo gemacht hat" (Barlösius 2018, 66 ff.).

Mit den unterschiedlichen Bekanntheitsstufen sind verschiedene Verpflichtungen verbunden, die wiederum mit Optionen einher gehen. Das einfache Erkennen, das Sich-Kennen verpflichtet zum Grüßen; kenne man sich namentlich, bleibe man stehen und unterhalte sich. Die dritte Stufe des Kennenlernens eröffnet dabei erste Optionen; denn sie mache einfache Nachbarschaftshilfen möglich. Die höchste Stufe der Bekanntheit, das Vertraut-Sein mit „Teilen der Familienbiografie, also komplexen Strukturen und Interna, die über einen längeren Zeitraum ausgetauscht wurden" (Neu und Nicolic 2020, 178), ermögliche schließlich das Einfordern umfangreicherer Hilfeleistung, wie auch das Geben oder Einfordern von Ratschlägen in persönlichen Krisen. Was aber für alle Bekanntheitsstufen gelte, sei die Gegenseitigkeit: In der Reziprozität von „Geben und Nehmen" entstehen „gegenseitige Abhängigkeiten, Erwartungen, oder auch Forderungen. Hinzukommen nicht nur die moralische Verpflichtung und die erlernte Einsicht in die Notwendigkeit der gesellschaftlichen Kooperation, sondern auch Treue, die auf das Bestehen des Verhältnisses gerichtet ist, und schließlich Dankbarkeit, die durch ständiges Hin- und Hergeben in einer Gesellschaft zu einem der stärksten Bindemittel zwischen Individuen wird" (Krätschmer-Hahn 2010, 63 f.). Einmal geleistete Nachbarschaftshilfe verpflichte schließlich zur Gegenleistung. Neuhinzuziehende hätten eine Vorleistung zu erbringen, um Zugang zu solch einem reziproken Netzwerk zu bekommen. Die Kategorie des Zugang-Findens weist zudem auf eine entscheidende gruppendynamische und soziologische Variante hin, sich nämlich auch als ‚zugehörig' fühlen zu können. Ist dieser Zugang zu den verschiedenen Sozialformen nicht gewährleistet oder möglich, ist die Entstehung sozialer Kohäsion ausgeschlossen.

Soziale Orte als Transmissionsriemen

Neu und Nicolic (2020) stellen in ihrem Fazit die besondere Bedeutung sozialer Orte heraus, die es zur Begegnung, zur Redundanz und Reziprozität, als Ausgangsimpulse für gemeinsames Handeln braucht. Soziale Orte vermittelten zwischen dem sozialen Nahraum und der Gesellschaft. Sie fungierten als Orte „der demokratischen Mitgestaltung, der konflikthaften Aushandlungsprozesse und als Stabilisator für gesellschaftlichen Zusammenhalt." (ebd., 182). Sie seien intermediäre Knotenpunkte, die eben nicht „nur ‚Nicht-Zuhause und Nicht-Arbeitsplatz' sind, sondern gemeinschaftlich nutzbarer öffentlicher Raum, für alle zugängig, mit niedriger Eingangsschwelle, inkludierend statt exklusiv" (ebd., 180). Diese insgesamt etwas euphemistisch anmutenden Befunde dürften, wenn überhaupt, dann eher für ländliche Strukturen gelten. In der Vielseitigkeit und Vielfalt der Großstadt sind eher qualitativ unterschiedliche Orte in den beschriebenen Funktionen relevant: (1) informelle Orte des Sich-Begegnen-Könnens, des von allen Wahrgenommen-Werden-Könnens als Foren des Bekanntseins, (2) informelle Rückzugsinseln einzelner in sich homogenerer Gemeinschaften, (3) Orte formaler und non-formaler Bildung sowie (4) ordnungsorientierte institutionelle Orte (KiTas, Schulen, Bibliotheken usw.), die als Gesamtheit vertikale und horizontale Bindungskräfte miteinander verzahnen können. Gerade letzteren obliegt die Funktion, *demokratisches Handeln* und *demokratische Praktiken* nicht nur zu ermöglichen, sondern Impulse zu deren Entwicklungen zu setzen. Denn demokratische Praktiken stellen eine zentrale und verbindende Komponente zwischen horizontalen und vertikalen Vergemeinschaftungsprozessen dar. Letztendlich übernehmen „soziale Orte" Funktionen von Zuordnungen sowohl durch Möglichkeiten der Vergemeinschaftung, aber auch durch Konflikte. Wer zugehörig ist, wer es sein möchte oder auch nicht, zeigt sich häufig erst an solchen Orten, wird an solchen Orten ausgehandelt, manchmal ausgekämpft und damit dort auch entschieden.

Sämtliche der in dieser Studie angeführten Impulse zur Vergemeinschaftung sind im Gemeinwesen auch in ihren umgekehrten Wirkungen von Relevanz. Das stufenförmig verlaufende Sich-Näher-Kommen-Können kann auch ins Gegenteil umschlagen: als Wahrnehmungsignoranz, Kommunikationsverweigerung, Nicht-Beachtung, Gleichgültigkeit, Ablehnung, Feindschaft, ja sogar in Wut, Zorn und Hass übergehen. Je übersichtlicher und kohärenter Vergemeinschaftungsprozesse im Gemeinwesen verlaufen, umso deutlicher und intensiver können auch sozialer Ausschluss und dadurch bedingter Außenseiterstatus ins Gewicht fallen. Im ländlichen Bereich oder im Quartier Ausgeschlossene suchen dann oftmals ihr Heil in der Anonymität der Großstadt und deren Innenstadt.

Nachbarschaften und Quartiere als Sozialformen zwischen Individuum und Gesellschaft

Die Bedeutung der Sozialformen von *Nachbarschaft* und Quartier als Kategorien für Vergemeinschaftungen ist nicht eindeutig. Da sich soziale Beziehungen gerade in Großstädten von den lokalen sozialräumlichen Kontexten tendenziell entkoppeln, sich Menschen ihre sozialen Bezüge selbst zusammenstellen, fokussieren sich persönliche Beziehungen keineswegs nur auf den Nahraum, sondern verteilen sich großräumig nach anderen Kriterien wie bspw. sozialem Status, Berufsgruppenzugehörigkeit, kindbezogenen Elternkontakten oder sonstigen Freundschaftsbezügen. Je mehr sich diese sozialräumliche Entkoppelung vollzieht, umso intensiver findet gleichermaßen in der Stadtsoziologie eine Debatte zu räumlichen Nahbezügen wie etwa Nachbarschaften oder Quartieren statt. „War früher Nachbarschaft eher eine räumliche Tatsache, die sich sozial organisieren musste, so beruht sie heute eher auf sozialer Nähe, die sich räumlich organisiert" (Häußermann, Siebel 2004, 114). Sozialformen von Nahbezügen wie diejenige der Nachbarschaft sind in ihren Wirkungen ambivalent, denn Nachbarschaft ist einerseits nicht selbst ausgewählte und „auf Dauer gestellte räumliche Nähe" (Siebel 2023, 55). Nachbarschaft eröffnet einerseits durch die sozialräumliche Nähe kooperative und unterstützende Gegenseitigkeitsbeziehungen. Umgekehrt kann die räumlich unausweichliche Nähe aber auch zu gegenseitigen Einschränkungen und Konflikten führen. Nachbarschaft ist dann Quelle dauerhaften und manchmal erbitterten Streits, weil etwa durch subjektiv empfundene Belästigungen die Privatsphäre berührt wird. Die dörfliche Nachbarschaft zeichnete sich nach Siebel als Schicksalsgemeinschaft aus. Man lebte und arbeitete unter ähnlichen Bedingungen, war auf gegenseitige Hilfe, auf Arbeitsteilung, auf Kooperation angewiesen, während uns heute ein markt- oder staatsförmig organisiertes Gesundheits-, Fürsorge- und soziales Sicherungssystem unabhängig voneinander werden lassen (ebd.).

Quartiere bieten im Gegensatz zu Nachbarschaften Orte an, zu denen sich die einzelnen dort lebenden Individuen in der einen oder anderen Form in Beziehung setzen, die sie durch ihre Art der individuellen Aneignung mitprägen und zu denen sie eine mehr oder weniger intensive Bindung aufbauen (vgl. Menzl 2020, 248). Im Quartier ist man frei in der Auswahl seiner persönlichen Kontakte und Beziehungen. „Ein Quartier ist ein kontextuell eingebetteter, durch externe und interne Handlungen sozial konstruierter, jedoch unscharf konturierter Mittelpunkt-Ort alltäglicher Lebenswelten und individueller sozialer Sphären, deren Schnittmengen sich im räumlich-identifikatorischen Zusammenhang eines überschaubaren Wohnumfeldes abbilden" (Schnur 2012, 454). Marcus Menzl unterscheidet zwischen mehreren Bedeutungsebenen und Bedeutungszuschreibungen bei Quartieren: dem Quartier als Ort der Alltagsbewältigung, der sozialen Begegnungen, der Sicherheit und des Rückzugs, der Sozialräume und der Integration, der Identifikation und Selbstwirksamkeit, des sozialen Lernens und des normativen Orientierens, als Mittel einer lebensstilbezogenen, oftmals demonstrativen Selbstverortung sowie als homogener Ort (Menzl 2020, 248 ff.).

Vergleicht man die beiden Sozialformen der Nachbarschaft und des Quartiers hinsichtlich ihrer Kohärenz- und Kohäsionsfähigkeiten, drängt sich die Vermutung auf, dass sich diese nach Klassenzugehörigkeit unterscheiden. Räumliche Nachbarschaftsbezüge im Sinne rudimentärer „Schicksalsgemeinschaften" bilden dann vermutlich eher für statusniedrigere Einkommensklassen sozioökonomisch erzwungener Segregation die verfügbare lokale Sozialform; das „gemischte Quartier" eröffnet dagegen durch freiwillig erfolgten Zuzug vielseitigere Optionen sozialer Kommunikation, Beziehungen und Bindungen für diejenigen, die sich den Zuzug leisten können oder wollen. Die Renaissance des „gemisch-ten Quartiers" als Leitbild städtischen Lebens entspricht deshalb zunächst eher den Voraussetzungen, Bedürfnissen und Interessen global-international und/oder experimentell ausgerichteter Bewohnermilieus, für die sich interkulturelle Mischungen als bereichernd und nicht als beängstigend darstellen. Durch die zu erwartenden gesellschaftlichen Veränderungen von Arbeitswelten, familiä-rer und geschlechtlicher Rollen, Multikulturalisierungsformen durch fortlaufende Zuwanderung und allgemeiner Lebensgewohnheiten vollziehen sich fortlaufend hochdynamische Erneuerungsprozesse in Quartieren, „die mit einem Wandel der Bewohnerstruktur, des Einzelhandels, der Freiräume etc. einhergehen. Diese Ver-änderungen lösen gleichzeitig eine signifikante Zunahme von Abwehrhaltungen aus – sei es in Form von Gentrifizierungskritik, NIMBY-Haltungen, einer verbit-terten Verteidigung von Traditionsinseln oder der Absicherung sozial homogener Refugien. Quartiere sind heute umkämpfte Orte, und es kommt zu einer rasant steigenden und mitunter sehr kleinräumlichen Diversifizierung von Quartiers-entwicklungen" (Menzl 2020, 253 f.). Auch in den aktuellen Untersuchungen des „Forschungsinstitut Gesellschaftlicher Zusammenhang" (FGZ) finden sich äußerst ambivalente Zusammenhänge zwischen räumlichen Strukturen und deren Bezügen zu kohäsiven Effekten. Verallgemeinerbar scheinen hierbei lediglich die Bedeutung „naher Determinanten", die enger mit Kohäsion, wie aber auch mit „exkludierender Kohäsion" in Verbindung stehen (Dirksmeier et al. 2024, 15). Ein Befund, der aber eher für Gemeinwesen im ländlichen Bereich und in überschau-baren städtischen Siedlungen gelte als in der „kompakten baulichen Umwelt" innerstädtischer Großstadtquartiere, in denen „urbane Aktivitäten der Bewohner" den ansonsten dort prägnanten sozialen Hemmungseffekt aufheben (ebd., 15).

Die Kohärenz- und Kohäsionseffekte der beiden Sozialformen stellen sich somit als höchst differenzierte und ambivalente Phänomene dar, die jeweils singulär zu analysieren und zu bewerten wären.

2.1.7 Sozialisation in und durch städtische Räume

In den Erziehungswissenschaften verbindet sich mit dem Terminus der Sozia-lisation die sich verzahnenden biografischen Entwicklungen von Individuation und sozialer Integration (Abb. 2.1). Dieser Entwicklungsprozess ist insbeson-dere in der Lebensphase der späten Kindheit und der Adoleszenz von besonderer Bedeutung, da sich in dieser Zeit die persönlichen Identitätsmerkmale dadurch ausprägen, dass sich genetische Faktoren mit umweltbezogenen Einflüssen ver-zahnen (Hurrelmann 2002, 25). Zu letzteren zählen mit Beginn der mittleren

Kindheit zunehmend auch das räumliche Umfeld von Wohnung, Kindertagesstätte und Spielplätzen.

Ab der späten Kindheit und insbesondere mit dem Jugendalter weitet sich das räumliche Umfeld vom Nahraum auf Nachbarschaften, die eigene Straße und sukzessive auf das Quartier, den Schulweg und die Schule sowie deren Umgebung aus. Die verschiedenen privaten, institutionellen und öffentlichen Räume vermitteln hierbei durch das ihnen inhärente Geschehen ganz spezifische und dabei sehr diverse Rollenerwartungen an junge Nutzergruppen. Über selbstaktive und kritisch-reflektierende Rollenübernahmen werden bei Kindern und Jugendlichen „innere und äußere Realität" in einem dynamischen Prozess verarbeitet und münden schließlich in eine mehr oder weniger stabile persönliche Identität. Ob eine solche Verarbeitung innerer und äußerer Realitäten eher destruktiven oder produktiven Charakter annimmt, ist von verschiedenen, miteinander korrespondierenden Faktoren abhängig: wie etwa einer angemessenen materiellen, sozialen und kulturellen Grundausstattung, sicheren familiären Bindungserfahrungen, einem

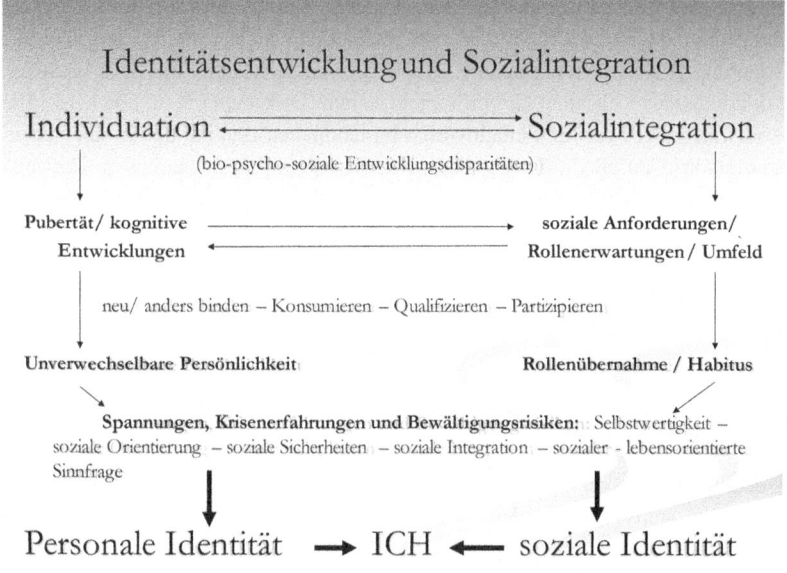

Abb. 2.1 Individuation und Sozialintegration

gelingenden Zusammenwirken familiärer Sozialisation mit Kindertagesstätte und Schule sowie Einwirkungen und Erfahrungen mit Freundschaften, Peers, Medien, später selbst ausgewählten Erwachsenen und sozialer Kontrolle (ebd., 30 ff.). Der adoleszente Entwicklungsprozess ist durch zahlreiche Spannungen und Konflikte gekennzeichnet und verläuft dann erfolgreich, wenn Erfahrungen der Anerkennung, der Selbstwirksamkeit, der sozialen Orientierung und Sinnsuche, sozialer Sicherheit und der Solidarität damit einhergehen (vgl. auch Kap. 1: Exkurs I: „Sozialer Raum" als Aneignungsraum Jugendlicher).

Städtischen Räumen kommen in diesem Kontext verschiedene Funktionen zu: als formelle Spielräume für Kinder, als bespielbare Orte mit eigentlich anderen Funktionen als Durchgangsorte zu Kindertagesstätte, Einkauf oder Schule, als Schulhöfe für schulische Pausenzeiten, als Schulumgebungen für Explorationen, als „verbotene" Orten für Aneignungsverhalten (Graffiti), als allgemeine öffentliche Orte zur Selbstpräsentation, Aneignung, Präsenz- und Dominanzgebaren. Dabei entstehen Interdependenzen zwischen individuellen und kollektiven Habitualisierungsformen einerseits und feldabhängigen Funktionen sowie diesbzgl. Habitualisierungserwartungen andererseits (vgl. Bourdieu 1991). Räume wirken somit in ihrer jeweiligen Funktion, ihrer baulich-ästhetischen Gestaltung, ihrer bisherigen Inanspruchnahme auf ihre Nutzer und Nutzergruppen ein, werden aber umgekehrt auch durch deren Verhalten atmosphärisch, symbolisch und manchmal auch physisch (um)gestaltet, besetzt und damit in diversen Formen angeeignet. Öffentliche Räume können durch solche Eigenschaften und ihre „Bespielungen" soziale Kontrolle vermitteln; sie können aber auch von einzelnen Gruppen oder Milieus kontrolliert und damit einseitig beansprucht werden und Integration bzw. Kohäsion im Wege stehen. Öffentliche Stadträume als funktionale, ordnende und bespielbare Orte sind dabei immer unterschiedlichen Impulsen und Interessen ausgesetzt, die sich möglichst dynamisch so ausbalancieren sollten, dass sie für möglichst viele Bewohnergruppen nutzbar bleiben. Über auftretende Konflikte um Nutzungsgrenzen bilden sich normative Orientierungen als Regelsysteme und soziale Kontrolle aus. Städtische Räume entfalten somit immer auch sozialisatorische Wirkungen.

Stadträume, insbesondere wenn sie zentrale Funktionen für Quartiere oder Stadtteile ausüben, müssen einerseits so gestaltet werden, dass sie die umliegend lebende Bewohnerschaft in deren Nutzungsverhalten und Präsenz repräsentieren können, auch wenn es zu Konflikten kommt. Sie müssen andererseits durch eine Stadt- bzw. Quartiergesellschaft im Sinne einer Verantwortungsgemeinschaft regulierbar sein, sodass Friktionen als Konflikte fair und möglichst gerecht ausgetragen werden können.

Zwischenfazit III

(1) Unter der Annahme einer weiteren *Zunahme sozialer Vielfalt* insbesondere in den Großstädten liegt es nahe, vor allem in neu entstehenden Quartieren sowohl städtebauliche Voraussetzungen zu schaffen, als auch quartierentwicklungsbegleitende und unterstützende Möglichkeiten anzubieten, damit sich, bestenfalls zivilgesellschaftlich selbstorganisierte Prozesse entwickeln können, die zu konstruktiven sozialen Bezügen und zu sozialer Verbundenheit in Quartieren führen. Denn ein Gelingen solcher Prozesse ist einerseits abhängig von der Überschaubarkeit und der funktionalen Mischung eines Quartiers, von deren räumlich-baulichen Anordnung und professioneller, auf Gemeinwesenorientierung hin ausgerichteter Begleitung. Räumlich-bauliche Anordnungen sollten sich an den o. a. vier Funktionen zur Förderung sozialer Verbundenheit orientieren: überschaubarer Quartiersgrößen, verfahrenstechnische Dimensionen der Stadt- und Quartierentwicklung wie Konfliktregulation und Prozessorientierung, sowie normativer Integrationskomponenten. Diese wären jeweils spezifisch auf die in Kap. 1 dargestellte Typologie zu verändernder bzw. erstrebter sozioökonomischer Mischstrukturen zu übertragen. Für Neubaugebiete würde dies zwingend bedeuten, die Neubelegung und Einzugsphase bis zur sicheren sozialen Konstituierung durch quartierbezogenes soziokulturelles Management zu begleiten.

(2) Im Umgang mit den Begriffen *„sozialer Zusammenhalt"* und *„soziale Kohäsion"* bietet sich auch aufgrund der Auswertung der in diesem Kapitel dargestellten Expertisen folgende ergänzende Differenzierung an, die aber in großen Teilen deckungsgleich mit den in Zwischenfazit II dargelegten Definitionen ist: eine relativ oberflächliche Verbundenheit in einer Gesamtgesellschaft oder in größeren Gemeinwesen wie Städten wäre als *soziale Kohärenz* zu fassen. Soziale Kohärenz würde bedeuten, dass sich Routinen von ökonomischen und soziokulturellen Abläufen, des normativen und kulturellen Umgangs, des sozialen Arrangements als Muster entwickelt haben, die ein zufriedenstellendes Leben in einem Gemeinwesen garantieren. Deren größere und intensivere innere Verbundenheit wäre dann als *soziale Kohäsion* zu beschreiben. Soziale Kohäsion umschließt sowohl mentale Dimensionen sozialräumlicher und gemeinwesenbezogener *Zugehörigkeit* als auch eine *Identifikation* der Bewohnerinnen mit Aspekten des eigenen Gemeinwesens. Dagegen würde man eine Umschreibung mit *sozialem Zusammenhalt* auf inklusive Binnenstrukturen und verbindende Gefühle kleinerer und intimerer Solidargemeinschaften beziehen. Der *„soziale Zusammenhang"* einer Gesellschaft reduziert sich demzufolge auf formale Dimensionen gesetzlicher Verfasstheit und sozialer Absicherung. Auf

mentaler Ebene lässt sich von sozialem Zusammenhalt einer gesamten Gesellschaft nur in Ausnahmesituationen, z. B. in Bedrohungslagen oder kollektiv exzessiven Ereignissen sprechen.

(3) *Soziale Sicherheit* entsteht in Primärgruppen, wie der eigenen Familie, *soziale Verbundenheit* auf individueller Ebene vornehmlich in kleineren überschaubaren Gruppen. Sind die Gruppenziele auf ein gleiches sozialräumliches Handlungsfeld orientiert, addieren sich quartiernahe Gruppen zu einer gemeinwesenbezogenen Netzwerkstruktur. Solche Prozesse der horizontalen Sozialintegration können sich mit der sozialräumlichen Identifikation und Quartierverbundenheit der Gruppen zur Systemintegration eines Quartiers verbinden. Hierbei unterstützend wirken quartierbezogene Ereignisse (Wettkämpfe quartiernaher Vereine, Quartierfeste, Quartierszenen, quartiertypische Ökonomie etc.) und quartierspezifische Symbole und Symbolisierungen.

(4) Die Genese quartierbezogener sozialer Kohärenz und Kohäsion baut auf einem komplexen System diverser Interaktionsstufen an verschiedenen sozialen Orten auf. Die Stufenfolge sozialer Annäherung beginnt mit der Möglichkeit gegenseitiger *Wahrnehmung,* formell in Institutionen und informell im öffentlichen Raum an Knotenpunkten der Begegnung: Straßen, Plätzen, Einrichtungen der Nahversorgung, Naherholung etc. Das *Sich-Gesehen-Haben* als zweite Stufe findet statt über Redundanzen von Begegnungen durch vergleichbare Alltagsroutinen. Es folgt in dritter Stufe das *Kennenlernen* über gemeinsame Aktivitäten und die Gewährung erster Einblicke in eigene private Belange. Auf einer vierten Stufe erfolgen *Kenntnisgewinn* über biografische und familienbezogene Interna (vgl. Barlösius 2018, 66 ff.; BBSR-Studie 2020, 142). Diese vierstufige Interaktionsfolge sollte in Quartieren städtebaulich ermöglicht sein. Gleichzeitig sind institutionelle Angebote und zivilgesellschaftliche Initiativen gleichermaßen für Annäherungsmöglichkeiten, als auch für Vergemeinschaftungsprozesse notwendig. Entstehen letztere nicht von allein, sind institutionelle Impulse hierzu angesagt.

(5) Dem öffentlichen städtischen Raum kommen sozialisatorische Wirkungen zu. Diese sind davon abhängig, wie es gelingt, die verschiedenen Bewohnerinnen und Bewohnergruppen dort so zu repräsentieren, dass sich normative Orientierung, soziale Kontrolle und gegenseitiges Verständnis möglichst von selbst entfalten können. In Vielfaltsquartieren sind hierzu temporäre professionelle Unterstützungsangebote notwendig, um hartnäckige Friktionen und Konflikte zu regulieren.

2.2 Sozialräumliche Entstehungskontexte und Fördermöglichkeiten von sozialer Kohärenz und Kohäsion in der soziokulturell und sozioökonomisch gemischten Stadtstruktur

Ausgangssituationen

Historische Analysen, wie auch aktuellere Untersuchungen und Expertisen liefern keine verlässlichen und eindeutigen Informationen darüber, welche stadträumlichen Gliederungen und Strukturen unter den Aspekten von sozialer Integrationsfähigkeit und sozialer Kohärenz und Kohäsion am erfolgversprechendsten sind bzw. sein könnten. Insbesondere Großstädte metropolitanen Charakters müssen für ihre Bewohnerinnen sowie ihre externen Stadtnutzer verschiedene Funktionen gleichermaßen erfüllen, nämlich diejenigen des Wohnens (kurz-, mittel- und langfristig), der Ausbildung und des Arbeitens (ebenfalls kurz-, mittel- und langfristig), des Handels und Verkehrs (Konsum, Mobilität), als Tourismus-Destination (Sehenswürdigkeiten, Events und Großveranstaltungen), als zentraler Ort großräumig verteilter ethnisch-kultureller Communities sowie als Ankommensort („Arrival City") mit Verteilerfunktionen für Immigranten (vgl. Saunders 2013). Zudem sind Städte durch ihre geografische Lage, sowie historisch in ihrer Bausubstanz, ihrer Stadtanlage und ihrer Wirtschafts- und Bevölkerungsstrukturen vorgeprägt. Die Stadt als Ganzes bildet in dieser historisch-transitorischen Form zunächst einen morphologisch-baulichen, historischen und soziokulturellen Rahmen, in dem sich neuere technologische und gesellschaftliche Entwicklungen sukzessiv einbetten lassen müssen. Die sozialräumliche Struktur ist historisch jeweils funktional ausdifferenziert und funktioniert in ihren inneren Abläufen mithilfe ebenfalls historisch gewachsener Arbeits-, Versorgungs- und Mobilitätssystemen sowie singulärer soziokultureller und politischer Aushandlungskulturen. Dabei wird neuen Anforderungen mit, oftmals retrospektiv akzentuierten „Lösungen" begegnet. Disruptive und kaum zu antizipierende Entwicklungen stellen für eine Stadtgesellschaft deshalb große Herausforderungen dar, denen diese häufig nur eingeschränkt gewachsen sind. Oftmals entsteht erst durch Experimentieren und über Konflikte zwischen Neuem und Altem, zwischen Gewohntem und Erforderlichem eine Offenheit gegenüber neuen Anforderungen. Dies trifft auch auf die Verbindungen von Baustrukturen und sozialen Strukturen, sowie auf deren sozialräumliche Verteilung im gesamtstädtischen Areal zu. Anspruch und auch die

Wirklichkeit soziokultureller Vielfalt in der Bevölkerungsstruktur können dabei in einem Spannungsverhältnis zu Aspekten sozioökonomischer und soziokultureller Homogenität in diversen, voneinander oftmals separierten Stadträumen stehen. Zwar bilden sich in solchen sozioökonomisch homogenen ‚Inseln' kulturelle Vielfalt in unterschiedlichen Lebensformen als horizontale Mischungen ab; aber die von Simmel avisierte vertikale Mischungsdimension einer Stadtgesellschaft offenbart sich entweder nur noch in additiven Formen, z. B. im Nebeneinander oder in der Konfrontation unterschiedlicher habitueller Performances an zentralen Orten des Stadtzentrums. Das dortige Aufeinandertreffen materieller, kultureller, sozialer und symbolischer Verschiedenartigkeiten kann sich dann aber nur eingeschränkt als gemeinsam erfahrbares Ganzes entfalten, wie dies durch die aus Quartieren bekannten kommunikativen Annäherungsprozesse möglich ist. Die Stadt als Ganzes bleibt in ihren sozialen Strukturen weitgehend fragmentiert und segregiert. Weder soziale Kohärenz noch soziale Kohäsion sind in einem solch fragmentierten Stadtentwicklungsgefüge als mentaler und sozialpolitischer Bezugszustand der Bevölkerung erreichbar. Kohäsionsfördernde Elemente des täglichen gesamtstädtischen Alltagslebens, wie etwa sozioökonomisch heterogene Interaktionsfrequenzen sind aufgrund innerstädtischer Anonymität und sozialräumlicher Additivität rar gesät. Soziokulturelle Vielfalt entpuppt sich dadurch materiell und habituell weitgehend als nach Klassen, Schichten und Milieus getrennte Ansammlung sozialer Fragmentierungen. Nahbegegnungen fragmentierter Milieus an zentralen städtischen Knotenpunkten befördern dann eher befremdende, konkurrenzorientierte und destruktive Konflikte, als dass sie bindende Wirkungen entfalten würden (vgl. Tab. 2.1). Beispiele hierfür stellen die klassischen Konflikträume in den Metropolen dar, das Frankfurter Bahnhofsviertel und die Konstablerwache, der Kölner Ebertplatz und Neumarkt, die Stuttgarter Hauptbahnhofspassage und Schlossplatz, das Hamburger Hauptbahnhofsumfeld etc. Somit zeigt sich die Großstadt in ihrer sozioökonomischen und soziokulturellen Vielfaltsstruktur insbesondere in Innenstadtquartieren latent konfliktaffin. Auf gesamtstädtischer Ebene konzentrieren sich zusätzlich an den zentralen Knotenpunkten und Orten oftmals Menschen in Risikolagen, die mit ihren existenziellen und überlebensorientierten Bedürfnissen auf Quartierebene oder in ihren Herkunftsorten marginalisiert oder ausgeschlossen sind. Die Lebensformen der Vielfaltsstrukturen in den Quartieren entsprechen dagegen engeren normativen Standards und lassen sich in ihrer Vielfalt meist über soziale Kontrolle oder demokratische Aushandlungspraxen regulieren.

Tab. 2.1 Prozessdifferenzierung nach vielfältiger Quartierebene und fragmentierter Gesamtstadt

Soziale Prozesse	Vielfältige Quartierebene	Ebene der fragmentierten Gesamtstadt
Soziale Struktur	Sozioökonomische und soziokulturelle Vielfalt im Quartier	Addition soziostrukturell homogener und gemischter Stadtquartiere
Friktionen	Konflikte mit sozialem Ein- oder Ausschlusscharakter im Quartier	Konflikte an städtischen Knotenpunkten, an denen Vielfalt aufeinandertrifft; ‚Revier-Verständnis' im eigenen Quartier; Etikettierung und Zuschreibungen gegenüber anderen Quartieren
Regelungen	Soziale Zuordnungen und/oder Konfliktregulation über Alltagshandeln (soziale Kontrolle) und demokratische Verfahren im eigenen Quartier	Jeweils spezifische Regulation nach Quartiertyp; Konfliktaustragungen an städtischen Knotenpunkten in Citybereichen; repressive und professionelle Konfliktregulation
Zugehörigkeit und Zusammenhalt	Zugehörigkeit, Kohärenz, Kohäsion im Quartier ausgeprägt; atmosphärische Übertragung auf gesamte Stadt	Zugehörigkeit durch Habitualisierung und Abgrenzungen im „Wir-Die"-Modus

Fördermöglichkeiten

Bei den Fördermöglichkeiten gilt es zunächst zwischen strukturellen und pro-zessualen Ansätzen zu differenzieren. Unter *strukturellen* Aspekten wäre zu verstehen, dass bisher soziostrukturell homogene Quartiere durch ergänzende bauliche Maßnahmen hin zu vielfältigeren sozialen Mischungen hin verändert werden. Bei den *prozessualen* Ansätzen geht es um eine Förderung zivilgesell-schaftlich selbstorganisierter oder auch professioneller Navigation im Kontext komplexer quartierbezogener Stadtentwicklung.

Im Rahmen einer Förderung resilienter, demokratischer Governance stehen zunächst zwei Fragen im Mittelpunkt, erstens die nach *geeigneten sozialräum-lichen Größenordnungen* der Quartiere (1), und zweitens die nach der *Art soziökonomischer und soziokultureller Bevölkerungsmischungen* (2). Da urbane Vielfaltsstrukturen einhergehen mit *sozialräumlich ausgetragenen Konflikten,* stellt sich, ausgehend von der jeweiligen Sozialstruktur in einer Stadt und in ihren

Quartieren, die Aufgabe der Konfliktregulation bzw. Konfliktbeilegung (3). Diese wiederum erfolgt entweder selbstgesteuert durch Alltagshandeln oder auch mithilfe *demokratischer Diskurse* auf Quartierebene. An zentralen städtischen Knotenpunkten überwiegen dagegen professionelle Regulationsformen meist vermittelnder oder auch kontrollierend-repressiver Art (4).

Programmatisches Ziel der „gemischten Stadt" in Version sozioökonomisch und soziokulturell „gemischter Quartiere"
Da modernes Großstadtleben aufgrund multipler Nutzungserwartungen die verschiedensten Nutzungsformen vorhalten sollte, ist das Leitbild des gemischten Quartiers nur eines unter mehreren anderen Formen großstädtischen Zusammenlebens. Diese Sozialform des *„Vielfaltquartiers"* vereinbart durch ihre Optionalität selbst wählbarer Beziehungen einerseits und tolerierter anonymer Rückzugsmöglichkeiten andererseits die mit urbanem Leben verbundenen größtmöglichen Freiheitsvorstellungen. Wenn zudem in der stadtpolitischen Debatte demokratische Teilhabe und deren Förderung als besonders relevante Integrations- und Transmissionsmuster betrachtet werden, um aus sozioökonomischer und soziokultureller Vielfalt eine ,Verantwortungsgemeinschaft' oder auch eine Gemeinwesenstruktur zu etablieren (vgl. Forst 2014), dann kann es perspektivisch eigentlich nur darum gehen, die kommunikativen Annäherungs- und Vergemeinschaftungsmöglichkeiten in sozial möglichst heterogenen und gleichzeitig überschaubaren Quartiergrößen zu etablieren. Die Großstadt bestände dann idealiter und miteinander vernetzt aus zahlreichen, jeweils sozioökonomisch gemischten Quartieren, die allerdings nur für einen Teil ihrer Bewohner den Charakter ,urbaner Dörfer' annehmen. Damit eine Stadt als Stadtgesellschaft zustande kommt, müssten deren Bewohnerinnen sich zudem auf gesamtstädtischer Ebene in quartierunabhängigen bzw. übergeordneten Sozialformen auch nach anderen Bezugskriterien als den quartierräumlichen zuordnen können. Mithilfe einer solch doppelten Zuordnung zu lokalen sowie zu milieuorientierten „sozialen Kreisen" (vgl. Simmel 1983) ließen sich soziale und systemische Integration als horizontale und vertikale Zuordnungsvorgänge von Vergemeinschaftung miteinander verbinden.

Ein solches Leitbild der *„vielen städtischen* oder *urbanen Dörfer"* würde sich aber kaum mit den breiten Erwartungskorridoren an städtische Funktionen und urbanem Leben decken können. Die o. a. Stadtfunktionen beanspruchen unterschiedliche Möglichkeiten städtischen Zusammenlebens, die von der temporären, kurzzeitigen und vielleicht eindimensional nur auf Arbeitstätigkeit oder Ausbildung beschränkten bis hin zur ,urban-dörflichen', und damit integriert multifunktionalen Stadtnutzung aus Wohnen, Leben und Arbeiten mit mehrgenerationaler Geschichte im immergleichen Stadtteil reichen. Um im Bild der

‚urbanen Dörfer' zu bleiben: von den ‚Dörfern' blieben dann eher dorfähnliche Kernstrukturen im Sinne sog. „Verantwortungsgemeinschaften" übrig, die durch ihre lokalen quartierbezogenen Netzwerke den Gemeinwesen-Kern eines Quartiers darstellen würden. Dieser Kern umfasst mehrere Konstanten und Kontinuitäten, die einerseits im Quartier atmosphärisch und soziokulturell prägend wären und andererseits normative Integrationsimpulse setzen würden. Letztere schließen zivilgesellschaftlich zu erbringende soziale Kontrolle mit ein. Solche punktuellen *urbanen Dörfer'* im Gesamtstadtgebilde wären dann polyzentrische Pole lokaler „Verantwortungsgemeinschaften" und zudem lokale demokratische Anker für soziale, wie auch für politische Integration. Großstädte, in ihrer Doppelfunktion als dauerhafte Lebensorte einer meist sehr überschaubaren alteingesessen-autochthonen Bewohnerschaft, sowie als biografischer Katalysator einer mindestens ebenso umfangreichen, temporären Bewohnerschaft profitierten schließlich von Beidem; den Alteingesessenen als lokalen Gemeinwesen-Ankern und als erprobtem Muster transitorischer Governance, wie auch von den eher flexiblen, disruptiven und risikobereiten „neuen Temporären", die alles Bestehende infrage stellen und für Neues öffnen helfen: die Großstadt als sich selbst innovierendes und selbstreflexives System.

Die Frage günstiger bzw. vorteilhafter geografischer und stadthistorischer Maßstäbe sozialer Mischstrukturen stellt sich daher als Abwägung verschiedener Komponenten dar, deren Ziele in einer Verbindung horizontaler mit vertikalen Vergesellschaftungsformen liegen sollten. Generell ist davon auszugehen, dass eine Stadtgesellschaft dann kohärenter und kohäsiver ist, wenn in der Stadt soziokulturelle und sozioökonomische Mobilität erleichtert sind und auch gefördert werden. Dazu sind Vermittlungsangebote, Begegnungsorte sowie Räume und Institutionen für gemeinsame Erfahrungen und gemeinsames Handeln in Vielfaltsstrukturen notwendig. Existieren solche Vermittlerfunktionen bereits auf lokaler Ebene in den Stadtteilen und Quartieren, entlastet dies Vermittlungsnotwendigkeiten auf gesamtstädtischer Ebene im Stadtzentrum in der dort höher auftretenden Konzentration und Brisanz von Problemen und Konflikten. Letztere wären einerseits sehr viel aufwendiger zu bearbeiten und hätten andererseits den Nachteil, direkte demokratische Teilhabe in Vielfaltsstrukturen nur unzureichend erfahrbar machen zu können. Kleinräumige soziale Mischungen nach spezifischen sozioökonomischen und soziokulturellen Kriterien erfüllen deshalb vier zentrale städtische Anforderungen:

(1) durch die Verbindung von Diversität und Nähe auf der Quartierebene entstehen Impulse zur gemeinsamen Handlungsfähigkeit für gelingendes Zusammenleben in einem überschaubaren Gemeinwesen;

(2) gemischte Quartiere eignen sich als experimentelle Erfahrungsräume demokratischer Handlungs- und Teilhabemöglichkeiten, unabhängig von individueller materieller, sozialer und kultureller Kapitalausstattung;

(3) sie können aufgrund positiver Handlungserfahrungen im eigenen unmittelbaren Lebensraum dazu beitragen, stabile kohärente Anker auf gesamtstädtischer Ebene zu setzen;

(4) sie fördern durch zwar eingeschränkt mögliche, aber dennoch wahrnehmbare
und deshalb real vorhandene Zugangswege zu anderen sozioökonomischen
Lebenswelten soziale Mobilität von Unten nach Oben.

Ist eine Stadt sozioökonomisch und soziokulturell dagegen stark fragmentiert
und segregiert, verlagern sich bürgerliche Interessenartikulation und deren Aushandlung sehr viel deutlicher auf die zentralen Foren und Politikebenen. Sie
entfremden sich dadurch von einer direkten ‚Debatte unter ungleichen Bekannten‘, und landen schließlich, wesentlich schwieriger beherrschbar, im subjektiven
Wahrnehmungstunnel eines vermeintlich obrigkeitsähnlichen Diktats (vgl. Mau
et al. 2023). Nachhaltige soziale Stadtentwicklung bedeutet deshalb, Stadtplanung und Stadtentwicklung so weit in die Pflicht zu nehmen, dass sie nicht nur
geeigneten Wohn- und Versorgungsbedingungen nachkommt, sondern auch die
Rahmenanforderungen sozialer, kultureller und politischer Teilhabe antizipiert.
Gelingende Integration in einer ‚Stadt der Einwanderungsgesellschaft‘ erfordert
zumindest interkulturelle Kohärenzerfahrungen im unmittelbaren Lebensumfeld.
Erst hierüber und über schrittweise kommunikative Annäherungsmöglichkeiten
kann soziale Kohäsion zumindest kleinräumig entstehen.

Bedeutung zentraler Quartierplätze

Zentralen Quartierplätzen kommt die Aufgabe zu, die verschiedenen Milieus und
Altersgruppen in ihren diversen kulturellen Zugehörigkeiten zu repräsentieren und
Gelegenheiten anzubieten, diese miteinander in Bezug zu setzen. In sich strukturell verändernden, transformativen Quartieren ist dies häufig mit Konflikten
verbunden. Als Beispiel für solche Friktionen eines sich permanent neu struk-
turierenden Quartiers steht hier beispielhaft der Neumarkt, ein zentraler Platz in
der westlichen Neckarstadt Mannheims (Abb. 2.2 und 2.3). Anliegend befinden
sich dort eine Grundschule im Osten (rechte Platzseite), ein Bürgertreff im Westen
(linke Platzspitze), in den umliegenden mehrstöckigen Gebäuden aus der Gründerzeit eine Ladenzeile im Norden sowie ein Kiosk an der nordöstliche Eckkante.
Der Stadtteil selbst ist multikulturell und soziokulturell gemischt.

Abb. 2.2 Planung zur Umgestaltung des Neumarktes in Mannheim-Neckarstadt-West

Lageplan: GREENBOX Landschaftsarchitekten

Migranten und deren Familien aus unterschiedlichen Herkunftsländern bilden die Mehrheit der Einwohner; den nordöstlichen Teil des Platzes streift eine quirlig-lebendige Einkaufsstraße mit zahlreichen Geschäften des täglichen Bedarfs, meist aus den Herkunftskulturen der (ehemaligen) Immigranten. Das Quartier fungiert für die Gesamtstadt und die Rhein-Neckar-Region als „Arrival-City". Als eine Begleiterscheinung dieser stadtweiten Funktion verbringen zahlreiche, meist alleinstehende Männer, die in verschiedenen naheliegenden Schlichtunterkünften wohnen, ihre Freizeit, häufiger alkoholisiert und auch lärmend, insbesondere im Umfeld des Kiosks. Abends kommen in der warmen Jahreszeit feiernde Studierende und jüngere Bewohnerinnen hinzu.

Am südlichen Platzrand befindet sich eine Urban-Gardening-Anlage, in der Platzmitte eine große Wiese. Die verschiedenen Interessen und Aktivitäten der platznutzenden Bewohner und Anlieger kreuzen sich insbesondere im Umfeld des Kiosks. Trinkerszene und Dealer begegnen dort Lehrern, Schülern und deren Eltern, zu den verschiedenen Tageszeiten in unterschiedlicher Konstellation, auf engstem Raum. Eltern spielender Kinder, Urban-Gardening-Betreiber und Bürgertreffbesucher stören sich ebenfalls an den Kioskgruppen. Der Platz in dieser Nutzungsvielfalt bzw. „Bespielung" wurde insbesondere wegen befürchteter

schädlicher Einflüsse auf die Schüler und spielenden Kinder von vielen umliegend Wohnenden, Bürgertreffbesuchern, Lehrerinnen und Schülereltern nicht
akzeptiert. Der Neumarkt erfüllte dabei einerseits seine repräsentierende Rolle
verschiedener Quartiermilieus, wirkte aber als Erfahrungsraum „pädagogisch"
negativ auf einen größeren Teil der Mitnutzer. Selbstorganisierte soziale Kontrolle
war darüber hinaus nicht gewährleistet, denn die verschiedenen Nutzergruppen
hatten wenig Bezug zueinander und waren auf ihr jeweiliges Eigenwohl hin orientiert. Über ein Umgestaltungsprojekt wurde der Platz deshalb einerseits baulich
so angelegt, dass sich die verschiedenen Nutzergruppen, ohne sich ins Gehege zu
kommen, an verschiedenen Orten aufhalten können (Abb. 2.2). Spielflächen für
Kinder im westlichen Bereich stehen in größerer Distanz zum Kiosk, Urban-
Gardening-Flächen verbleiben vor den Wohnhäusern im Süden und vor dem
Schulgebäude im Osten trennt eine symbolisch markierte Fläche die zentrale
Wiese und den Kiosk von der Schule (Abb. 2.3). Die mittig liegende Wiese
fungiert gleichermaßen als Trennung wie auch als verbindende Fläche. Auf ihr
können sich die diversen Nutzergruppen annähern oder auch auf Distanz bleiben.

Abb. 2.3 Umgestalteter Neumarkt in Mannheim-Neckarstadt-West. (Foto: Nikolai Benner
| GREENBOX Landschaftsarchitekten)

Die neue in ihrer Ambivalenz trennende wie verbindende baulich-landschaftsplanerische Platzgestaltung bietet allein keine Gewähr für ein funktionierendes Miteinander. Deshalb wird die neue bauliche Struktur durch kulturelle Veranstaltungen ergänzt. Diese sollen einerseits imagefördernd wirken und den Stadtteil entstigmatisieren helfen. Darüber hinaus ist es notwendig, die sich gegenseitig beeinträchtigenden Interessengruppen in einen Dialog einzubinden, in dem eine Verständigung auf bestimmte Regeln und No-Go's angestrebt wird. Das örtliche Quartiermanagement arbeitet hierbei mit Ordnungsbehörden, Drogen- und Angeboten der Kinder- und Jugendhilfe zusammen. Konzeptionell orientierend soll das sog. „Züricher Modell" mit den Bausteinen aus Prävention, Schadensminderung, Regulierung und soziale und gesundheitliche Versorgung umgesetzt werden.

Als Impuls für ein respektvolles Miteinander der verschiedenen Zugehörigkeitsgruppen, Milieus und Schichten wurde als Ansatz des Quartiermanagements ein Bürgerdialog mit nachfolgendem Verfahren vorgeschlagen.

Projektskizze: Organisation eines Bürgerdialogs zur Situation auf dem Neumarkt (Neckarstadt-West) im Rahmen des Quartiermanagements
Der Mannheimer Neumarkt als zentraler Platz in der Neckarstadt-West ist sowohl Treffpunkt, Spiel- und Aktivitätsort wie auch Ort des Entspannens, Verweilens und Ausruhens zugleich. In der warmen Jahreszeit finden auch kulturelle Veranstaltungen statt, in Urban-Gardening-Projekten wird Gemüse angebaut und auf dem großen Spielplatz tummeln sich Kinder und Eltern. Die Funktion eines solch zentralen Quartierplatzes ist die eines Forums, eines Kommunikations- und Aktionsraums für die im Umfeld lebenden Menschen, Gruppen und Milieus. Diese sollen sich dort repräsentiert fühlen und begegnen können. Hierdurch erst entstehen gleichermaßen Gemeinwesen nahe Strukturen, aber auch Konflikte zwischen unterschiedlichen Interessen der verschiedenen nutzenden Akteure. Um solche Konflikte zwischen Nutzern in produktive Bahnen zu lenken, sollen die teilweise sehr unterschiedlichen Interessen der Platznutzer und Anrainer zunächst identifiziert werden und in Bürgerdiskursen präsentiert und gegenübergestellt werden. Ziel des Projektes ist es, zusammen mit den betroffenen Akteuren Wege zu finden, mit den Konflikten so umzugehen, dass möglichst viele Akteure und Gruppen den Platz nutzen können, ohne andere zu verdrängen oder zu belästigen.

Das Projekt findet in Zusammenarbeit mit dem örtlichen Quartiermanagement statt. In der einjährigen Kooperation sollen Studierende in einem ersten Schritt die Platzsituation beobachten, die Probleme und Konflikte identifizieren und in einem zweiten Schritt Interviews mit sämtlichen Stakeholdern, also Nutzergruppen, Anrainern, Geschäftsbesitzern, Lehrern der anliegenden Grundschule sowie zuständigen Mitarbeitern der Stadtverwaltung und Polizei führen. In einem dritten Schritt werden im Rahmen eines Bürgerdialogs die verschiedenen Gruppen mit den Wünschen und Interessen der jeweils anderen Gruppen konfrontiert, um Standards für eine möglichst selbst zu organisierende Platzordnung und soziale Kontrolle festzulegen.

Bedeutung von Kleingärten und Urban Gardening-Projekten
Eine bisher wenig beachtete Bedeutung für Vielfalt und Zusammenhalt im sozialräumlichen Kontext kommt den ca. 900.000 Schreber- bzw. Kleingärten und ihren sog. „Datschen" zu, die insbesondere in den großen Städten eine integrative Rolle einnehmen und deren Pächter und Besitzer in ca. 13.500 Vereinen organisiert sind. Sie sind in ost- und norddeutschen Großstädten präsenter als im Westen und Süden Deutschlands. Die Schreber- bzw. Kleingartenbewegung geht auf verschiedene Gründungslinien zurück. Für die Schrebergarten- und Naturheilbewegung war Erholung und Bewegung an der frischen Luft ein Gründungsmotiv zu Zeiten der Industrialisierung. Zeitlich parallel hierzu stand in den sog. Armen- und Arbeitergärten die Selbstversorgung im Vordergrund. Die Berliner Laubenkolonien fungierten Ende des 19. Jahrhunderts zugleich als Wohn- und Anbaustandorte für Lebensmittel. In der ehemaligen DDR halfen die „Datschen" dabei, Defizite der damaligen Mangelwirtschaft zu kompensieren (vgl. Fischer 2024). Außerdem bildeten sie relativ sichere Rückzugsorte vor staatlicher Kontrolle. Die drei Funktionen von Subsistenzwirtschaft, Erholung, Gemeinschaftsbildung und deren Organisation bilden nach wie vor die konstitutiven Eckpfeiler der ‚Integrationsagentur Kleingarten'. Denn in den Gärten reiht sich viel Privates im teilöffentlichen Raum einer Vereinsgemeinschaft für jeden sichtbar aneinander. Die mittlerweile in den Anlagen überaus sichtbaren diversen Nationalflaggen dokumentieren deren multikulturelle Nutzer-Vielfalt, die sich in ihrer Unterschiedlichkeit mithilfe der jeweiligen Vereinsregelungen verständigt: „Im Kleingarten muss Obst und Gemüse angebaut werden. Nadelbäume haben dort nichts zu suchen. Die Hecke darf nur soundso hoch sein. Mittags ist strikt Ruhe zu halten. Da hat Rasenmähen und lautes Hämmern zu unterbleiben und sogar beim Spielen kreischende Kinder werden als störend empfunden. In Kleingartenanlagen gibt es eine Menge zum Teil auch kleinlicher Regeln. Nichtbeachtung kann zu schweren Verstimmungen führen. Dabei müssen Verstöße gegen die geltenden Regeln keine böse Absicht sein" (Fritsche 2023). Klare Bestimmungen grenzen das Tun der Nutzer zwischen den einzelnen Grundstücken ab, legen Standards für die gärtnerischen Aktivitäten fest und sind dazu da, i. d. R. durch neue Pächter hinterfragt und auch missachtet zu werden, was

deren inhaltliche Statik sukzessiv verändert. Dieser kollektive Veränderungsvorgang verläuft für die verpflichtend in ihren jeweiligen Vereinen organisierten Nutzerinnen jederzeit miterlebbar. Die dabei entstehenden Konflikte (FAS 2024, 31) müssen innerhalb der jeweiligen Anlage miteinander ausgetragen, ausgehalten und reguliert werden. Diese Verpflichtungen zum gemeinsamen Handeln, zum Agreement muten zunächst als Freiheitseinschränkungen an und werden vielfach als Zumutung erlebt, vermitteln aber gleichermaßen die Notwendigkeit, miteinander klarkommen zu müssen und sich auf Regelungen zu verständigen. Die Grundprinzipien demokratischen Verfahrens können sich hierdurch selbst vermitteln: Partizipation bei Regelsetzungen, Konfliktlösungen innerhalb eines Regelkanons, persönliche Zugeständnisse von Freiheitseinschränkungen bei Durchsetzung gemeinsam beschlossener Regeln.

Die in bestimmten metropolitanen Milieus vorzufindenden Urban-Gardening-Projekte verlegen das Schrebergartenmodell des Stadt- bzw. Quartierrandes in die baulich verdichteten Zonen hinein, in die Hinterhöfe, auf Dächer oder auf ehemalige Bürgersteigflächen vor den Häusern, auf Quartierplätze.

Während die Urban-Gardening-Projekte eher moderne urbane Lifestylemilieus umfasst, bilden sich in den großstädtischen Kleingartenanlagen sehr breite sozioökonomische wie soziokulturelle Mischungsstrukturen ab. Gesuchte wohnungsnahe Naturnähe von Akademikerinnen trifft hier in direkter Form auf subsistenzwirtschaftliche Aktivitäten migrantischer Arbeiterfamilien, wildwuchernde blühende Wiesen-Ideologie auf Ordnungsvorstellungen unkrautfreien, penibel geschnittenen Rasens.

Erstaunlich nur, dass gerade die in vielen Siedlungen der Nachkriegsära und den 1970er Jahren meist großzügigen sog. „Abstandsflächen" („Abstandsgrün") nicht solchen Nutzungen zugänglich gemacht werden, obwohl diese gerade als „soziale Schwellenräume" zwischen privatem und öffentlichem Leben tauglich sein könnten. Eine vergleichsweise ähnliche, aber weniger formalisierte Version der alltäglichen Sozialintegration kommt im der warmen Jahreszeit den öffentlichen Freibädern zu.

Neubauquartiere
Durch die bisherigen Ausführungen wird deutlich, dass es sowohl in zu verändernden bestehenden und als auch für neu entstehende Stadtquartiere keine empirisch belastbare Maßstabsgröße geben kann, die ideal für das Verhältnis zwischen Vielfaltsstruktur und deren Kohärenzfähigkeit wäre. Bei bestehenden historischen Quartieren ist die Stadtteil- und jeweilige Quartiergröße ohnehin fix, bei Neubauquartieren liegen die positiven Erfahrungswerte bei Größen zwischen

3000 und 6000 Einwohnern. Bei den sozioökonomischen und soziokulturellen Mischungsverhältnissen kann das sog. „Hamburger Modell" mit jeweiliger Drittelung der gesamten Wohnraumflächen für öffentlich geförderte, marktgängige Miet- sowie Eigentumswohnungen als orientierend betrachtet werden. Diese sozioökonomische Drittelung sollte für Neubauquartiere die Regel sein und bei Stadtteil- bzw. Quartierergänzungen durch Neubauten ebenfalls als Maßstab dienen. Im Falle einer Verzahnung von altem und neuem Baubestand wäre darauf zu achten, dass eine bestehende Sozialstruktur in einem größeren Altbestand behutsam durch neue Strukturen zu ergänzen wäre. Umgekehrt würde man die Struktur eines kleineren Altbestandes der eines angebauten größeren Neubauquartiers strukturell ‚einlagern'. In diesem Fall könnte man sich ebenfalls nah am Drittelungsmodell orientieren. Soziostrukturelle Ergänzungen sowie prozessuale Unterstützungsmaßnahmen werden am Beispiel des Mannheimer Spinelli-Quartiers in Kap. 6 und 7 aufgezeigt.

Randständige Großsiedlungen und segregierte Quartiere
Im zweiten Quartiertypus randstädtischer Großsiedlungen mit eher homogenen und dominanten einkommensschwächeren und marginalisierten Bewohnergruppen existieren zwei Strategien zur Verbesserung der dortigen Lebensverhältnisse. Eine erste zielt auf eine Veränderung hin zu sozialen Mischstrukturen. Diese erfolgen durch bauliche Veränderungen, wie einem Rückbau von Geschossen bei Hochhäusern (wie in zahlreichen französischen Banlieues und auch in Kassel-Waldau erfolgt) oder auch Gebäudeabriss (wie in einigen Shrinking-Cities in den neuen Bundesländern geschehen: Halle-Neustadt, Hoyerswerda etc.). An ihrer Stelle kommen neue Bautypologien hinzu, die geeignet sind, durch entsprechende Belegungen sozioökonomischen Vielfaltsstrukturen näherzukommen. Solche transformativen Prozesse wären über altersbedingte Fluktuation und Umzüge innerhalb der Stadtviertel auszubalancieren. In einigen französischen Banlieues werden an Stelle der Wohnhochhäuser kleinere Haustypen mit Eigentumswohnungen errichtet. Diese Stadtviertel werden bewusst in Teilbereichen gentrifiziert. Alternativ bietet sich in besonders stigmatisierten Wohnquartieren eine Platzierung städtischer Leuchttürme nach dem Prinzip des Bilbao-Gehry-Effekts an. Prozessuale Fördermaßnahmen für diesen Gebietstyp stellen Monitoring und Quartiermanagement in intermediärer Form dar.

Eine zweite Strategie besteht in bildungsbezogenen, arbeitsmarktbezogenen, ökonomischen, sozialen und psychosozialen Förderangeboten. Mit deren Hilfe versucht man, die Lebensverhältnisse der dortigen, meist marginalisierten Bewohnerschaft zu verbessern und die soziale Mobilität zu beschleunigen. Hierzu zählen neben dem Quartiermanagement als steuernde Instanz eine überdurchschnittliche

Ausstattung von Schulen und Angeboten sozialer, gesundheits-, sportbezogener und kultureller Arbeit. Jan Gehl (2018) fordert für solche benachteiligten Stadtteile u. a. „die besten Schulen". In Frankreich werden präventiv Schulklassen an Grundschulen in einer großen Anzahl ausgewählter Banlieues größenmäßig auf die Hälfte ihrer bisherigen Schülerzahlen reduziert und damit bessere Lernvoraussetzungen geschaffen (vgl. FAZ 2023, 3). In Deutschland findet man in marginalisierten Stadtteilen und Großsiedlungen bisher kaum spezifische Besserausstattungen im Bildungsbereich, sondern eher schulunterstützende Maßnahmen Sozialer Arbeit (nach § 13a SGB VIII), bessere KiTa-Ausstattungen, Angebote der Offenen Kinder- und Jugendarbeit, der Streetwork sowie spezifische Maßnahmen der Jobcenter und Arbeitsagenturen. Hier wären deutliche Nachbesserungen im schulischen Bereich notwendig, die vor allem eine qualitativ hochwertige ganztägige Bildungs- und Entwicklungsbegleitung umfassen müssten.

In Kap. 1 wurde bereits auf die teils ideologisch geführte Debatte hinsichtlich dieser beiden Strategien hingewiesen. Beide Strategien sollten aber Hand in Hand gehen können. Ziel sollte immer die erleb- und erfahrbare sozioökonomische und soziokulturelle Diversität sein, die nur über soziale Mischstrukturen erreichbar erscheint. Mischstrukturen herbeizuführen ist aber nur über einen mittelfristig angelegten und professionell begleiteten Prozess zu erreichen. Die zweite Strategie unmittelbarer Hilfsangebote stellt hierbei einen ersten Schritt in einem längerfristigen Transformationsprozess dar, an dessen Ende die Ziele der ersten Strategievariante erreicht werden sollten.

Umgekehrt wäre bei Wohnsiedlungen mit sehr privilegierten und homogenen Bewohnerschichten zu prüfen, ob sich an diese oder in diese, öffentlich geförderte Wohnungen und Angebote für Wohnungslose und geflüchtete Menschen implementieren ließen (siehe auch Abschn. 1.3). Ein solcher Prozess kompensierender Durchmischung muss kommunalpolitisch gut vorbereitet, erklärt und professionell begleitet werden.

Innenstadtnahe historische Quartiere

Im Falle durch Gentrifizierung bedrohter, meist sehr lebendiger innenstadtnaher, historischer Quartiere kann es nur singulär akzentuierte Weiterentwicklungen geben. Ausgehend von bestehender Sozialstruktur, Baubestandsqualität und -formen, Eigentumsverhältnissen, kulturellen und sozialen Lebensgewohnheiten bieten sich partizipative Entwicklungsverfahren an, über die sozial verträgliche Zukunftsstrukturen für das jeweilige Quartier auszuhandeln wären. Dabei sind die meist bereits existierenden zivilgesellschaftlichen Initiativen einzubinden. Oftmals geht von ihnen die Initiative zur Partizipation und Mitgestaltung aus. Die in einem solchen Prozess erarbeiteten, oftmals basisdemokratischen Vorstellungen wären dann mit, aus gesamtstädtischer Sicht zu betrachtenden kommunalpoliti-schen Interessen abzugleichen. Parlamentarische Mehrheitsfindung würde in der Pflicht stehen, die eigene Entscheidungsfindung auch auf der Grundlage der vor Ort artikulierten Interessenlagen zu vollziehen.

In den innenstadtnahen historischen Quartieren und Stadtteilen repräsentieren sich gerade in den Metropolen häufig ganz spezifische Milieus und Lebensstil-gruppen in ihrer Dominanz und Präsenz. Letzteres geht auf bestimmte kulturelle Szenen und entsprechende Einrichtungen bzw. Angebote zurück. Die sich hieraus entwickelnden zivilgesellschaftlichen Aktivitäten eignen sich als Selbststeue-rungsinstanzen der jeweiligen Gemeinwesenstrukturen. Auch dieser Quartier- und Stadtteiltyp eignet sich, ähnlich derer mit privilegierter Bewohnerschaft zur Auf-nahme spezifischer psychosozialer Sondereinrichtungen, wie etwa Wohngruppen der Jugendhilfe oder Living-First-Projekte der Wohnungslosenhilfe.

Zentrale Cityräume und Bahnhofsquartiere
Schließlich gilt es noch zu diskutieren, welche stadt- und umlandweiten kohä-renten Wirkungen von zentralen städtischen Quartieren und Räumen ausgehen und wie diese gefördert werden könnten. Bei diesen Stadtteiltypen wäre zunächst zu differenzieren, welche gesamtstädtische bzw. metropolitane Funktionen sie jeweils übernehmen. So lassen sich in den City- und Bahnhofsbereichen der Metropolen und Großstädte sechs strukturell unterschiedliche Raumtypen mit jeweils eigenen, meist gesamtstädtischen und regionalen Funktionen differen-zieren: zentrale Cityräume an Verkehrsknotenpunkten mit verdichteten Ein-kaufsfunktionen, Flanier- und Regenerationsräume, Bezugsräume für bestimmte soziokulturelle Szenen und kulturelle Milieus, identitätsstiftende und symboli-sche (Repräsentations-)Räume, Vergnügungs- und Eventräume sowie Areale, die als „Problem-Absorbierer" der Metropolen fungieren.

(1) Zum einen sind dies Stadträume an den zentralen *Verkehrsknotenpunkten* und in den *zentralen Einkaufsbereichen* im Innenstadtbereich, an denen sich Menschen aus nahezu sämtlichen Stadtmilieus zumindest über den Weg lau-fen und sich in ihrer Vielfalt und Unterschiedlichkeit wahrnehmen können. Diese Stadtareale sind derzeit durch sich veränderndes Einkaufsverhalten stark im Umbruch. Dabei geht es um Neunutzungen ehemaliger Großkauf-häuser, etwa durch kulturelle Einrichtungen mit hohen Besucherfrequenzen sowie neuen funktionalen Mischungen von Arbeit, Kultur, Konsum, Freizeit/ Sport, Wohnen, Verwaltung und Stadtevents. Meist sind allein diese Citykern-bereiche wirklich repräsentativ für eine ganze Stadtgesellschaft. Sie müssen

aber sämtliche Milieus repräsentieren können. Das beinhaltet die anspruchs-
volle Aufgabe für die dortige funktionale Mischung, möglichst Angebote und
Einrichtungen sämtlicher Milieugruppen so zu platzieren, dass zumindest ein
verträgliches Nebeneinander gewährleistet ist. Häufig gehen solche funktional gemischten Strukturen in den Innenstädten auf historisch über längere
Zeiträume entstandene Entwicklungen zurück, wie etwa das klassische West-
Ost-Wohlstands-Gefälle auf der Zeil in Frankfurt am Main. Dieses bildete
sich exemplarisch in den diversen Aufenthaltsorten der jugendlichen Milieu-
gruppen 2012 ab (vgl. Abb. 2.4). Vergleichsweise ähnliche, eine gesamte
Stadtgesellschaft repräsentierende Innenstadträume finden sich in den Metropolen nur eingeschränkt. Häufig sind es gerade aber die Areale, die in ihrer
Gestaltung eher umstritten sind, wie der Alexanderplatz oder der Bereich
um die K.-W.-Gedächtniskirche in Berlin, die Verbindungsachse Neumarkt –
Schildergasse – Hohe Straße – Domplatte – Ebertplatz in Köln, die Stuttgarter
City-Magistrale Hauptbahnhofspassage – Königstraße – Schlossplatz oder
die Achse Wasserturm – Planken – Paradeplatz – Marktplatz – Messplatz
in Mannheim.

Eine gelingende repräsentative soziale Mischstruktur im Bereich der
Metropolkerne gilt es über die klassischen Instrumente von Bauleitplänen
und Nutzungsverordnungen so zu gestalten, dass sich die urbanen Milieus

Abb. 2.4 Verteilung jugendlicher Milieugruppen in Frankfurt-City (2012)

einerseits an den Verkehrsknotenpunkten begegnen können, sich aber andererseits an verschiedenen Aufenthaltsorten in ihren jeweiligen Nutzungs- und Lebensgewohnheiten habituell jeweils einigermaßen homogen inszenieren können (vgl. BDA 2023: „2 Straßen – 6 Quartiere – eine Vision" in Köln). Die Vielfaltsknotenpunkte selbst sind nahezu immer Konfliktzonen, die häufig professioneller sozialer Kontrolle und externer Regulation bedürfen. Die sich dabei ergebenden Spannungen gilt es aber auszuhalten, denn sie verkörpern gerade auch die Konfrontation mit Unterschieden einer städtischen Vielfalt: Armut trifft hier unmittelbar auf luxuriösen Wohlstand, Betteln auf exzessiven Konsum, Dissozialität und Provokation auf Ordnungserwartungen, Ausgelassenheit und Aktivismus auf Flaneurismus.

(2) Ein zweiter innerstädtischer Funktionsraum wird durch *Flanier- und Regenerationsräume* gebildet. Hier geht es wie etwa an den Flussufern in Dresden, Hamburg, Köln, Düsseldorf, Mainz, Frankfurt am Main, Heidelberg oder Mannheim/Ludwigshafen um das Verweilen, Feiern, Joggen und Flanieren. Die Lauf- bzw. Gehgeschwindigkeiten sind dort niedriger, das ‚Sich-über-den Weg-Laufen' entspannter und intensiver. Häufig werden diese Bereiche mit Flohmärkten oder Uferfesten bespielt und ziehen als temporäre Jahreshöhepunkte große Besuchermassen an. Kulturanthropologisch übernehmen solche Großereignisse die Kirmesfunktion der ‚alten Stadtgesellschaft' und des Umlandes an einem zentralen metropolitanen Ort.

(3) Darüber hinaus existieren auch im innerstädtischen Bereich *Bezugs- und Rückzugsräume* für bestimmte Milieus und Lifestyle-Szenen. Ausgehend von der Repräsentanz sämtlicher urbaner Milieus über Konsumtätigkeiten im Zentrum der Stadtkerne, existieren milieueigene Bezugsräume im Stadtzentrum, angefangen von Institutionen der sog. ‚Hochkultur' (Oper, Theater, Tanz, Museen), über Vergnügungsareale, Trefforte der sog. Alternativkulturen bis hin zu Rückzugsräumen für wohnungslose und überlebensbezogene Gruppen in Parks, U-Bahnhöfen, Haltestellen oder Eingangsportalen von Großkaufhäusern (nachts). Letztere stehen in der kalten Jahreszeit in Verbindung mit festen Übernachtungsunterkünften für Erwachsene und sog. ‚Sleep-Ins' für Jugendliche. Im öffentlichen Diskurs stehen seit Beginn der 2020er Jahre die zahlreichen Lifestyle-Szenen an attraktiven Straßen und Plätzen vieler ‚hipper' Gründerzeitviertel in den Metropolen im Fokus, die sich zu Massenevents der einschlägigen jungen Bevölkerung der umliegenden Regionen entwickelt haben und sich in Friktionen mit der dortigen Wohnbevölkerung befinden.

(4) Als vierte Raumkategorie fungieren *identitätsstiftende symbolträchtige* Gebäude als *Kulissen* zusammen mit den sie umgebenden öffentlichen

Räumen als Anziehungspunkte für Touristen. Diese Orte transportieren Stadt-
bilder nach außen hin, dienen als fotogene Kulisse und als Eventflächen
bei besonderen Anlässen. Sie prägen die Vorstellungen, die man extern von
der jeweiligen Stadt besitzt oder erhalten soll. Sie werden entsprechend als
Aushängeschilder inszeniert und gepflegt. Häufig kommt ihnen für die eingesessenen Stadtbürger aber lediglich symbolischer Wert zu. Entsprechend
bezeichnet man sie in eher kindlich liebvoller Art dann auch als „‚gut' Stubb"
(Römerberg in Frankfurt am Main) oder „Alex" (in Berlin).

(5) Eine fünfte Kategorie stellen Vergnügungs- und Eventviertel dar, häufiger
in Verbindung zu anderen Quartiertypen. St. Pauli in Hamburg, Bahnhofsviertel und Alt-Sachsenhausen in Frankfurt am Main, die Ringe in Köln
und die Altstadt in Düsseldorf oder Freiburg stehen hierfür als Beispiele.
Dort werden Wohnfunktionen und zivilgesellschaftlich organisierte soziale
Kontrolle immer häufiger zurückgedrängt. Diese auf gastronomische Funktionen fokussierten Viertel fungieren als Orte mehr oder weniger ritualisierter
und meist exzessiver Gruppenaktivitäten wie etwa Junggesellinnenabschiede,
Meisterschaftsfeiern, männerbündische Kollektivaktivitäten etc.

(6) Die letzte und konfliktaffinste Kategorie innerstädtischer Räume existiert
i. d. R. im direkten Umfeld der metropolitanen Hauptbahnhöfe, insbesondere in Hamburg, Frankfurt am Main und Zürich, sowie in etwas
abgeschwächter Form auch im Umfeld großer Umsteigebahnhöfe anderer
Großstädte. Die umliegenden Quartiere entfalten dabei starke *Pull-Impulse*
auf Menschen mit existenziellen, psychosozialen und gesundheitlichen Problemlagen. In ihren, sich miteinander verzahnenden metropolitanen Funktionen als Ankommens-Stadtteile („Arrival City") mit Verteilerfunktion, als
Quartiere für meist wohnungslose und in Übernachtungsstätten lebende
Menschen (Flüchtlinge, Straßenjugendliche), als Lebensorte Suchtkranker
und psychisch kranker Menschen, als Drogenhandels- und Drogenkonsum-
plätze mit entsprechenden Hilfseinrichtungen, als Treff- und Versorgungsorte
für Migranten-Communities, sowie teilweise als exzessive Vergnügungsstätten mit Sexhandel, sind sie als sich selbst navigierende Quartiere völlig
überfordert. Sie entlasten einerseits durch ihre Pull-Effekte die anderen
Stadtquartiere und die Umlandgemeinden, überfordern aber das Sozialleben
der eigenen dauerhaften Quartierbewohner. Sicherheit und soziale Kontrolle
stellen sich fast ausschließlich durch permanente institutionelle Interventionen her. Im Frankfurter Bahnhofsviertel lebten 2023 nach Aussage von
Jugendrichterinnen allein ca. 400 eingewanderte Jugendliche ohne Auf-
enthaltsgenehmigung und festem Wohnsitz als sich Durchschlagende oder
Durchreisende. Sie boxen sich mit den klassischen Überlebensstrategien

durchs Leben. Als Überlebenstechniken fungieren meist Drogenhandel, Sexarbeit und kleinkriminelle Deliktformen. Übernachtet wird in Billighotels, Massenunterkünften, in Einrichtungen der stationären Jugendhilfe oder im öffentlichen Raum. Ähnlich wie in Zürich wurden die Drogenszenen seit den 1980er Jahren von einem zum anderen Ort vertrieben, bis man sich vonseiten der Kommunalpolitik und Verwaltung dazu entschied, an einem zentralen Ort Hilfsangebote und ordnungspolitische Präsenz zu konzentrieren. Das erstmals in Zürich entwickelte sog. „Vier-Säulen-Modell", bestehend aus Prävention, Schadensminderung/Repression, Therapie und Überlebenshilfe wurde mit jeweils lokalen Anpassungen auch in anderen Großstädten für ähnliche Gemengelagen übernommen, u. a. als sog. „Frankfurter Weg". Ähnliche Ansätze existieren auch in Hamburg und Köln. Ziel dieser aufwendigen und umfassenden Maßnahmen in Kooperation von Sozialer Arbeit, Sucht- und Drogenhilfe, Polizeiarbeit und Gesundheitsfürsorge ist es, die diversen Szenen aus dem öffentlichen Raum in Hilfeeinrichtungen hinzuverlagern. Dies erfolgt durch die Bereitstellung „attraktiver" Konsumräume, in denen „Micro-Deals" erlaubt sind, durch engmaschige therapeutische Angebote, bessere Wohn- und Unterbringungsmöglichkeiten, aufsuchende Sozialarbeit in Teams mit Ordnungsamtsbediensteten und Ärzten, sowie durch niedrigschwellige Substitutionsangebote. Die Veränderungen in den westeuropäischen und deutschen Drogenszenen hin zum Crack-Konsum führt allerdings zum Wegfall der Substituierungsmöglichkeit. Das wiederum wird es schwieriger machen, das Konsumieren in Einrichtungen hineinzuverlagern.

Darüber hinaus werden in diesen *überforderten Stadtquartieren* zahlreiche andere Hilfsangebote für wohnungslose Menschen, für Sexarbeitende, für verschiedene migrantische Zielgruppen angeboten (vgl. Tab. 2.2). Die meist geringen Einwohnerzahlen in diesen Quartieren rekrutieren sich aus nahezu ausschließlich migrantischen Mietern, aus Menschen und Familien, die (durch kommunale Zuweisungen) in Billighotels einquartiert sind, sowie aus Studierenden und Mitgliedern bestimmter Lifestyle-Gruppen. Ergänzt werden die festen, aber fluktuierenden Bewohnergruppen durch Übernachtungsgäste und Touristen.

Für keines dieser überforderten Quartiere gibt es generalisierbare und nachhaltig wirkende Strategien. Durch ständige, sich verändernde neue Anforderungen ist man hier gezwungen, sich strategisch permanent neu aufzustellen und anzupassen. In diesem Quartiertyp bilden sich die Auswirkungen globaler kriegerischer, klimabedingter und armutsbedingter Krisen und Probleme katalysatorisch ab und vermengen sich dabei mit lokalen und regionalen Risikolagen zu einem, nur schwer zu managenden, *‚glokalen Gemeinwesen'*.

Tab. 2.2 Differenzierte Förderstrukturen zu urbanen Vielfaltsquartieren

Quartiertyp	Integration/Inklusion	Konfliktregulation	Kohärenz/Kohäsion
Innenstadtnahe Quartiere/Ziele	Erhalt der integrativen Vielfaltskultur	Verhinderung von Gentrifizierung	Erhalt integraler Netzwerke und Quartieridentität
Strukturelle Förderung	Sicherung bestehender soziokultureller und politischer Netzwerke, Förderung ökonomischer Start-ups	Milieuschutzsatzungen, kommunales Vorkaufsrecht und gezielte Belegung	Unterstützung zukunftsfähiger Initiativen
Prozessuale Förderung	Unterstützung zivilgesellschaftlicher Initiativen	Partizipationsansätze, „Nachtbürgermeister", Quartiermediatoren, zivilgesellschaftliche Initiativen	Impulse für zivilgesellschaftliche Initiativen
Randstadtteile/Ziele	Herstellung einer Vielfaltskultur	Abbau von Marginalisierung und Segregation	Integration soziokultureller Ergänzungen
Strukturelle Förderung	Imageaufwertung durch gesamtstädtische Leuchtturmprojekte, Nachverdichtung, Abriss, Rückbau	Gestaltung öffentlicher Flächen nach Begegnungs-, Ordnungs-, Sicherheitsaspekten sozialer Kontrolle	Gemeinschafts- und imagefördernde (gesamtstädtische) Veranstaltungen
Prozessuale Förderung	Integrative Programme von KiTas, Schulen, Jugendhilfe, VHS, Sport, Kultur	Partizipationsansätze, Entwicklungsbegleitung durch Quartiermanagement, spez. Angebote Sozialer Arbeit	Unterstützung gemeinschafts- und zukunftsfähiger Initiativen und Projekte
Ergänzungsquartiere/Ziele	Herstellung einer Vielfaltskultur in Ergänzung zur bestehenden Struktur	Sozioökonomische und soziokulturelle Systemintegration	Integration soziokultureller Ergänzungen

(Fortsetzung)

Tab. 2.2 (Fortsetzung)

Quartiertyp	Integration/Inklusion	Konfliktregulation	Kohärenz/Kohäsion
Strukturelle Förderung	Ergänzende Grundausstattung schulischer und sozialer Angebote; Erstbelegung nach zu ergänzenden Mischungsquoten	Öffnung und Erweiterung der bestehenden Einrichtungen zu Neubürgern hin	Initiierung und Unterstützung von gemeinsamen Aktivitäten
Prozessuale Förderung	Ausrichtung und integrative Maßnahmen bestehender Angebote für Neubürger; Belegung nach zu ergänzenden Mischungsquoten	Partizipationsansätze, Nutzung existierender Gemeinwesenstrukturen, Quartier- bzw. ‚Aufsiedlungsmanagement', ggf. spez. Angebote Sozialer Arbeit	Verlagerung von Veranstaltungen ins Neubauquartier
Neue Quartiere/Ziele	Herstellung einer Vielfaltskultur	Offensiver Umgang und demokratisch-zivilgesellschaftliche. Selbstregulation	Aufbau integraler Netzwerke und Quartieridentität
Strukturelle Förderung	Gestaltung der Mischungsstruktur durch Bautypologie und Finanzierung, Grundausstattung schulischer und sozialer Angebote, öffentliche Räume für Gruppen in Gemeinschaftseinrichtung	Gestaltung des öffentlichen Raums; Vorbereitung der professionellen Institutionen und deren Fachkräfte	Gestaltung des öffentlichen Raums; Förderung neuer Projekte, Initiativen und Netzwerken
Prozessuale Förderung	Integrative Maßnahmen (vor)schulischer Angebote	Partizipationsansätze, Quartier- bzw. ‚Aufsiedlungsmanagement'	Initiierung von Veranstaltungen; Förderung von Netzwerken

(Fortsetzung)

Tab. 2.2 (Fortsetzung)

Quartiertyp	Integration/Inklusion	Konfliktregulation	Kohärenz/Kohäsion
Cityräume/Ziele	Bewahrung oder Herstellung einer Vielfaltskultur; Unterstützung vulnerabler Menschen; Hilfe bei Existenzsicherung	Repräsentative Konfliktregelungsmuster	Repräsentation gesamtstädtischer Vielfalt; Pull-Effekte und Konzentration multipler Problemlagen als Entlastung anderer Quartiere
Strukturelle Förderung	Bauleitplanung und öffentliche Nutzungsordnungen; nach Funktionen unterschiedlich; gesundheitsbezogene und soziale Hilfsangebote	Öffentliche Nutzungsordnungen, Ordnungsmaßnahmen	Gestaltung und „Bespielung" der öffentlichen Räume; Psychosoziale und gesundheitliche Hilfsangebote
Prozessuale Förderung	Hilfsprojekte mit Teams aus Sozial-, gesundheits- und Ordnungsbehörden	Quartiersmanagement, Angebote nach dem „Züricher Modell", „Runde Tische", Partizipation	Gemeinschaftsfördernde Feste, Kultur- und Kunstprojekte

In Anlehnung an das sog. „Züricher Modell" geht es in diesen zentralen Citybereichen darum, professionelle Unterstützungsmaßnahmen bestehend aus kulturellen Angeboten, Sozialer Arbeit, gesundheitsbezogenen Angeboten, Reinigungstätigkeiten und repressiver kontrollierender Polizeiarbeit in einer jeweils spezifischen Ausformung und Balance vorzuhalten.

In sämtlichen dieser Cityquartierstypen gilt es insbesondere die Mobilitätsknotenpunkte privilegiert zu gestalten und dauerhaft zu pflegen, denn diese stehen exemplarisch und symbolisch für die ganze Breite verschiedener Klassen, Schichten, Milieus in deren diversen Altersgruppen; sie fungieren darüber hinaus auch als Eintrittstüren externer Stadtbesucher. Ihr quirliges Nebeneinander und ihre Verzahnungen miteinander charakterisieren erst die Großstädte und Metropolen als urban, verlangen ihren Bewohnerinnen aber auch einiges an Toleranz, Akzeptanz- und Hinnahmebereitschaft ab. In zahlreichen Städten wird versucht, durch Umwandlungen von Einzelhandels- und Büroflächen zu Wohnzwecken mehr Bewohnerpräsenz zu schaffen, um damit mehr soziale Kontrolle gewährleisten zu können.

2.3   Die Stadt als „urbane Verantwortungsgemeinschaft"

Vielfalt und Kohärenz einer Stadt korrespondieren in ihrer Verbindung zueinander nur in Form einer sehr komplexen Verzahnung unterschiedlich strukturierter, räumlicher Sozialformen zu einer kohäsiven Stadtgesellschaft, wenn diese auch als Ganze die Rolle und Funktion einer „Verantwortungsgemeinschaft" übernimmt. Im Verständnis eines solchen kollektiv anmutenden städtischen Leitbildes wären starke Unterschiede bei quartierbezogenen Förderungsmaßnahmen angemessen, um kompensierend auf benachteiligte und ungleiche Lebensbedingungen reagieren zu können. Die nach den fünf Quartiers-Typologien unterteilten Ansätze struktureller und prozessualer Förderung sind nur als Beispiele und Tendenzvorschläge zu betrachten, da hinsichtlich einer Zielorientierung jeweils einzelfallbezogen zu handeln wäre (siehe Tab. 2.2). Keine Stadt, kein Quartier ist hier wie die oder das andere.

Vor dem Hintergrund dieser Singularitätsannahme ist entscheidend, dass sich im Sinne einer gelingenden Stadtentwicklung ein kommunales Politik- und Administrations-Management gemeinsam mit zivilgesellschaftlichen Akteuren den überaus komplexen Bezügen und Verbindungen stellt. In einem solcherart strukturierten Stadtentwicklungsmanagement verzahnen sich zunächst zwei, teilweise antipodisch wirkende Impulsvarianten miteinander.

(1) Zum einen stellen Städte und ihre Quartiere, systemtheoretisch betrachtet, jeweils eigene autopoietische Systeme dar. Dies bedeutet, dass sie sich in einer ihnen jeweils eigenen Dynamik zumindest in Teilen ‚selbst organisieren' und in einem, ihnen inhärenten Eigenleben als resilient und eigenwillig erweisen. Sie lassen sich deshalb nur eingeschränkt durch planerische Außensteuerung (Politik, Verwaltung, Recht) beeinflussen.

(2) Im Gegensatz dazu steht zum anderen die Notwendigkeit, dass sich Städte als Ganzes in einem regionalen, landesweiten oder gar globalen Wettbewerb behaupten können müssen. Zur Wettbewerbsfähigkeit zählen harte und weiche Faktoren, beginnend bei ökonomischen Standortfaktoren über kulturelle, hin zu sozialen Zukunftsprofilen. Städte müssen also wissen, wer sie waren, was sie sind, wie sie von außen gesehen werden und wo sie hinmöchten. Solche Identitätsmerkmale einer Stadt sollten sich in einem städtischen Leitbild niederschlagen, welches permanent fortzuschreiben wäre. Kommunalpolitisch ausgehandelten und damit ‚verfassten' Zukunftsvorstellungen einer Stadtgesellschaft können aber Gewohnheiten, Sicherheiten, Selbstverständlichkeiten, Beharrungsvermögen in der Autopoiesis städtischer und quartierbezogener Realität entgegenstehen. Kommunalpolitische Entwicklungsverfahren werden deshalb nur in einer Verzahnung zivilgesellschaftlicher Impulse mit kommunalpolitischen Machtverhältnissen erfolgversprechend verlaufen können. Sie müssen also transparent und partizipativ gestaltet werden und Bottom-Up-Impulse zulassen können. Dabei wäre zu berücksichtigen, dass zivilgesellschaftliche Initiativen i. d. R. Interessen nur einiger spezifischer Bewohnergruppen, Milieus und Klassen abbilden. Dem entsprechend wären auszulosende Zusammensetzungen bspw. in „Bürgerräten" angemessene Ergänzungen. Repräsentative und deliberative Demokratieverständnisse treffen hierbei auf spontane, situative und temporäre Aktivitäten.

Aus diesen zwei Impulsvarianten heraus ließe sich die „urbane Verantwortungsgemeinschaft" als städtischer Leitbild-Aspekt destillieren. Die einzelnen sozioökonomisch und soziokulturell gemischten Quartiere würden zusammen mit den urbanen Mischstrukturen an verschiedenen Innenstadtorten als „Kerne" multi- und interkulturelle Netzwerke bilden. In ihren Umfeldern wären weitere, bisher eher sozial homogen strukturierte Stadtareale angesiedelt, die sich mittel- und langfristig ebenfalls zu gemischteren Quartieren hin entwickeln könnten. Ziel wäre ein Leitbild der „Stadt möglichst zahlreicher sozioökonomisch und soziokulturell gemischter Quartiere" als kleinräumiger Rahmen partizipativer, verantwortungsbewusster demokratischer Selbstregulation. Ein solches konzeptionelles Entwicklungsverständnis von Stadt legitimiert sich einerseits aus der demografischen Realität einer multikulturellen und pluralen Einwanderungsgesellschaft und andererseits aus einer interkulturellen Kohärenz- und Kohäsionsnotwendigkeit, als Grundlage fortlaufend stattfindender Integration. Die dabei fördernden kohärenten Voraussetzungen wurden bereits dargestellt und sollten in möglichst vielen Stadtteilen und Quartieren umgesetzt werden. In den Umsetzungsprozessen gilt es aber von historischen Entwicklungen, momentanen sozialräumlichen Strukturen und Interessen der diversen ‚autochthonen' Bewohnergruppen auszugehen und in einer gesamtstädtischen Perspektive zu überlegen, welche spezifische Rolle den einzelnen Quartieren zukommen könnte. Dabei übernehmen die Citybereiche eher stadtweite symbolische Repräsentations- , Integrations- und Inklusionsfunktionen, während die sozial bisher gemischten Quartiere in ihren Strukturen zu erhalten wären. Neu entstehende Quartiere wären dagegen soziostrukturell nach zukünftigen Bedarfen und deren Kohärenzfähigkeit zu gestalten, immer aber in sozioökonomischen Mischungen. Bei bisher „verinselten" und segregierten Stadtarealen, erstere mit sozioökonomisch privilegierten, letztere mit unterprivilegierten Bewohnerschichten, wären jeweils sozial gemischtere Strukturen anzustreben. Das wird nur eingeschränkt gelingen können, da dies teilweise Nachverdichtungen oder auch Rückbaumaßnahmen über längere Zeiträume erfordert oder auch mit Widerständen aus der bisher dort lebenden Bevölkerung zu rechnen ist. Für eine gesamtstädtische kohäsive Atmosphäre wäre es aber angemessen, über zahlreiche sozial und ökonomisch gemischte Gemeinwesen und Quartier-Kerne zu verfügen. Denn diese helfen dabei, sozioökonomische und soziokulturelle Vielfalt zu normalisieren und repräsentieren zudem eine egalitärere Zukunftsvision.

2.4 Begriff und Verständnis von sozial(ökologisch)er Nachhaltigkeit in der Quartierentwicklung

In ihrer etymologischen und historischen Betrachtung umfasst ‚Ökologie' (oikos, das Haus) die gesamte Wissenschaft von den Beziehungen des Organismus zur umgebenden Außenwelt unter den Aspekten des Ausgleichs, des Gleichgewichts und Haushaltens bezogen auf die vorhandenen Ressourcen im Habitat (Ernst Haeckel 1866).

Die ‚Sozialökologie' der Chicagoer Schule betrachtet in Anlehnung hierzu Prozesse der wechselseitigen Anpassung zwischen menschlichen Gemeinschaften und ihrer physisch-räumlichen Umwelt, nämlich Phänomene wie Desintegration, Kriminalität, Segregation als Folge einer städtischen Verzonung (concentric zone theory) mit einer „transition zone" als Umwandlungsareale an den jeweiligen Rändern der City (Park et al. u. a. 1925).

Der Begriff der ‚Nachhaltigkeit' steht seit ca. 1713 für die Bestandserhaltung in der Forstwirtschaft (Carl von Carlowitz 1713), die sich als fairer intergenerationeller Ressourcenverbrauch lesen lässt. Danach darf eine Generation nur so viel an Ressourcennutzung betreiben, dass es nachfolgenden Generationen in ebensolchem Ausmaß möglich sein wird, dieselben Lebensbedingungen anzutreffen und ebensolche Ressourcen zu verbrauchen.

In einem sozialökologischen Nachhaltigkeitsdiskurs verzahnen sich somit ökonomische, ökologische und soziale Dimensionen (vgl. Tab. 2.3). „In der sozialen Dimension bezieht sich der Nachhaltigkeitsdiskurs vor allem auf die ‚intergenerationale Gerechtigkeit', also auf die Berücksichtigung der Lebensinteressen zukünftiger Generationen. Das bedeutet, dass die Grundlagen dafür schon in der Gegenwart geschaffen werden müssen. Soziale Gerechtigkeit über Klassen und Ethnien hinweg und Geschlechtergerechtigkeit sind z. B. sozialpolitische Gegenwartsfragen, über die ein nachhaltigkeitssensibler Brückendiskurs in die Zukunft aufgemacht werden muss. In diesem Zusammenhang wird die Entwicklung und Bewahrung soziokultureller Ressourcen wie Solidarität, Partizipation, Gemeinwohl- und. Netzwerkorientierung angemahnt" (Böhnisch 2020, 19); alles Aspekte der bisher bereits diskutierten kohäsiven, kohärenten und integrativen gesellschaftlichen Eigenschaften.

Im Rahmen städtebaulicher Diskurse taucht der Begriff sozialer Nachhaltigkeit meist unter Gerechtigkeitsaspekten auf. So findet sich etwa bei Jan Gehl, neben der Forderung nach freien Zugangsmöglichkeiten zur Mobilität und zu öffentlichen Räumen für sämtliche Bewohnerschichten, ein direkter Hinweis auf die Notwendigkeit vielfältiger Mischungen in städtischen Quartieren. Sie, die „Stadt für Menschen" will „demokratisch wirken und ein Ort sein, an dem Menschen gesellschaftliche Vielfalt erleben und einander besser verstehen lernen, indem sie denselben Stadtraum miteinander teilen" (Gehl 2014, 130). Gehl plädiert beim Städtebau für die Wiedereinführung des „menschlichen Maßes" und mahnt vier Ziele bei der Stadtentwicklung an: die „lebendige Stadt" als funktional und sozial gemischte Stadt mit Bewegungsmöglichkeiten, die „sichere Stadt" durch Verdrängung der Autos und Wiederbelebung öffentlicher Räume, die „nachhaltige Stadt" als Stadt der „grünen Mobilität", der grünen Stadträume, sowie der Ressourcen- und Schadstoffemissionsreduzierung in der „gesunden Stadt" (ebd., 18 f.).

Der sozial akzentuierte Nachhaltigkeitsbegriff ist in den Gesellschafts- und Sozialwissenschaften, und damit auch in der Stadtentwicklung umstritten, da

Tab. 2.3 Historische Entwicklungen des urbanen Raums und sozioökonomische Aspekte der Ökologie

Zeitalter	Sozioökologische Struktur
Mittelalter: Stadt als lokaler, regionaler und überregionaler Marktplatz; Produktionsort und relativer Freiheitsort	Bedarfswirtschaft; Grundlegung des kapitalorientierten Warenaustauschs; Subsistenzökonomie; soziale Selbstversorgung
(Frühe) Industrialisierung: Landflucht, räumliche Stadterweiterung (Neustadt außerhalb der mittelalterlichen Stadtmauern)	Kapitalistische Marktökonomie; Klassengesellschaft; staatliche Grundfürsorge
Weimarer Zeit: Projekte „Neue Stadt"/ Gartenstadt/erste Trabanten	Entstehende ‚Überflussgesellschaft'
Wiederaufbauzeit: angebaute Siedlungen	Mangelwirtschaft, kollektive Nachbarschaftshilfe
„Wohnmaschinen" und Großsiedlungen 1960/70er Jahre	Möglichkeitsökonomie, Konsumorientierte Ökonomie, Ölpreiskrise
‚Rezentralisierung'/ausdifferenzierte, geteilte Stadt seit den 1980er Jahren	Ressourcenbewusstheit und Ungleichzeitigkeit von Entwicklungen/ Disparitäten
Bis 2008 (Finanzkrise) Privatisierung des Wohnungsmarktes	Deregulierung und Privatisierung, Neoliberalismus
Die neue sozioökonomisch und soziokulturell gemischte Stadt als sozial integriert und sozioökologisch nachhaltig	Partizipatives Urban Organizing als Moderation von Differenz, Konflikten und Interessenartikulation, sozioökologisches Ressourcenbewusstsein

sich Lebensverhältnisse und Lebenswelten der Menschen fortlaufend verändern und naturgegebene Ausgangsverhältnisse, wie etwa im forstwissenschaftlichen Sektor, kaum definierbar sind. Städte und ihre räumliche Umgebung modifizieren sich, ausgehend von sozioökonomischen und technologischen Entwicklungen permanent in ihren Innen- wie Außenbeziehungen. Im klassischen Verständnis von Nachhaltigkeit würde dies bedeuten, augenblicklich herrschende Verhältnisse und deren sozialen Ressourcenverbrauch nur so weit zu verändern, dass nachfolgende Generationen in ihren zukünftigen Entwicklungen über die gleichen lokalen bzw. sozialen Ressourcen verfügen können wie die derzeitig an diesen Orten lebenden Bevölkerungsgruppen. Dies würde auf eine sozialstrukturell eher stagnierende Entwicklung hinauslaufen, die einer modernen transformativen Gesellschaft nicht entspricht, und die gesellschaftliche Ungleichheitsbedingungen festschreiben würde. Ebenfalls ist es kaum möglich, sozialen Ressourcenverbrauch zu definieren und entsprechend zu quantifizieren. Ein soziales Verständnis von Nachhaltigkeit müsste deshalb dynamische Komponenten umfassen, die sich allgemein an den Prinzipien von Freiheit, Egalität und Solidarität, ergänzt durch gesellschaftliche Teilhabe und Partizipation orientieren.

Insofern wurden in der UN-Agenda 2030 unter dem Begriff „Sustainable Development Goals" (SDGs) eher Kriterien entwickelt, die sich an Amartya Sens Gerechtigkeitsvorstellungen anlehnen und für das soziale Miteinander vorteilhafte Voraussetzungen definieren. Diese beginnen mit der Armutsbekämpfung, einer gesunden Ernährung, einer hochwertigen Bildung, und führen über die Geschlechtergerechtigkeit, menschenwürdige Arbeit, die Inklusion von Minderheiten, die Schaffung von Chancengleichheit bis zum allgemeinen Wohlergehen.

Solche Kriterien lassen sich zwar nur eingeschränkt auf Stadtteile und Wohnquartiere herunterbrechen. In Verbindung mit ökologischen und sozialstrukturellen Aspekten ließen sich aber daraus mehrere Qualitätsaspekte für kleinräumige Stadtquartiere ableiten. Zum einen wären dies gesundheitsfördernde Kriterien wie die Luftqualität und Durchlüftung, der langfristige CO_2-Fußabdruck der Materialbeschaffenheiten, was z. B. bedeuten würde, zu erwartende Umbaumöglichkeiten ohne nennenswerte Veränderungen an der grundlegenden Bausubstanz jederzeit vornehmen zu können. Die Bausubstanz müsste sich variabel an sich permanent verändernde Lebens-, Wohn- und Arbeitsanforderungen anpassen lassen. Als in etwa planbaren soziostrukturellen Aspekten wäre zu berücksichtigen, dass es einerseits eine Kontinuität an Intergenerationalität und Geschlechtergerechtigkeit im Quartier gibt; d. h. dass Wohnformen und Wohnmöglichkeiten für sämtliche Altersgruppen und vielfältige Lebensbedingungen und Lebensformen gesichert wären, was über diverse Wohnungsgrößen, Bautypologien, Wohnungszuschnitte und Wohnformen erreichbar wäre. Zuletzt müsste aber auch die für eine Einwanderungsgesellschaft typische (metropolitane) Interkulturalität gewährleistet werden können, wie auch eine Offenheit als „Arrival City", als Ankunftsort für Flüchtlinge.

Die zentralen Fragestellungen in einem solchen Kontext beinhalten dabei Widersprüchliches, die es politisch auszuhandeln und auszubalancieren gilt, nämlich:

- Soll eine bereits bestehende soziale Struktur erhalten bleiben und dadurch möglicherweise stagnierende Folgen auslösen? Ist ihr Erhalt sozialpolitisch gerechtfertigt?
- Wer definiert, was als soziale Standardsicherung zu verstehen ist?

- Sind Nutzungsweisen und ‚Verbrauch des Sozialen' nur in dem Maße erlaubt, wie diese nicht zur Gentrifizierung führen?
- Was sind für wen sozial verträgliche Entwicklungen?

Für die soziale Stadtentwicklungsplanung stellt sich somit die Frage einer gleichermaßen sozial herausfordernden und animierenden, bedarfsorientierten wie sozial verträglichen Bewohnermischung in einem Quartier oder Stadtteil. Hierbei stellt sich die Anschlussfrage der Hyperkomplexität durch Verzahnungsvariablen ökonomischer, kulturspezifischer und soziokulturell-kommunikativer Gesetzmäßigkeiten.

Bricht man die Kriterien der zuvor erwähnten Sustainable Development Goals (SDGs) etwa auf neu entstehende Quartiere herunter, so landet man zwangsläufig bei interaktionalen und partizipativen Standards der Interessenabstimmung und des Interessenausgleichs etwa durch Verfahren „diskursiver Willensbildung" (in Anlehnung an die Diskursethik von Jürgen Habermas), die Ermöglichung des Ringens um geeignete Modelle in ungleicher Struktur von ungleichzeitiger klassen- und milieuspezifischer gesellschaftlicher Entwicklungsgeschwindigkeiten usw. Zielvorstellung könnte dabei eine ‚kohärente Vielfalt verschiedener diverser Quartiere' als langfristiger Entwicklungsprozess sein. In Verbindung mit bauökologischen Standards liefe dies auf eine besondere Subventionierung ökologischer Bauweise gerade auch für materiell benachteiligte Haushalte hinaus.

Im Ländervergleich der USA, Frankreichs und Deutschlands erkennt man allein unter den Aspekten zukunftsfähiger sozialer Strukturen ganz verschiedene Ansätze, wie etwa die in den USA bekannten ‚mixed-income-housing-areas', in Frankreich den Abriss von Hochhäusern und Massenbauweisen in einigen Banlieues oder bei uns das Bundes- und Länderprogramm der ‚Sozialen Stadt'. Letzteres wiederum umfasst drei zentrale Aufgabenaspekte mit diversen Einzelzielen (vgl. Übersicht 2.1).

Übersicht 2.1: Zielsetzungen des Programms „Soziale Stadt"

1. *Programme zur Umkehr residenzieller Segregation*
   a. durch die Verbesserung von Struktur, Ausstattung, Image durch Verbindung von lokaler Ökonomie und Wohnen;
   b. durch die Umkehr segregierender Kontexteffekte wie ungünstige Milieubildung, riskante Überlebenstechniken, normative Eigensysteme und Anomieerscheinungen mithilfe sozialer Kontrolle.

2. *Stabilisierung und Entwicklungsimpulse durch Quartiersmanagement über*
   a. eine Bildungsoffensive,
   b. Beschäftigung und Arbeit als Grundabsicherung,
   c. soziale Kommunikation,
   d. Aktivitäten im Stadtviertel.
3. *Stadtweite Impulse*
   a. durch Verhinderung von ‚Fahrstuhleffekten' und Verdrängungsprozessen, wie auch durch weiteren Zuzug Benachteiligter aus anderen Stadtvierteln;
   b. Platzierung überregionaler Einrichtungen zur Imageverbesserung.

Fazit

Als Fazit lässt sich festhalten, dass, ähnlich wie aus den Befunden der vorgestellten Expertisen hervorgehenden Aspekten moderner Stadtentwicklungen, sozialökologische Nachhaltigkeit in Stadtquartieren stadtspezifisch in singulärer Ausgestaltung zu planen wäre. Je nach bestehender stadtspezifischer Sozialstruktur wäre darauf zu achten, diversen Lebensbedingungen und Lebensformen jeweils durch adäquate Wohn- und Arbeitsformen, sowie spezifischen Reproduktions- und Bildungsangeboten zu begegnen. Bei der räumlichen Verortung wäre einerseits darauf zu achten, dass sich miteinander unverträgliche Lebensformen nicht direkt gegenüberstehen, sich aber im Quartier an bestimmten Orten begegnen können und sich dadurch gegenseitig wahrnehmen und zueinander vermitteln lassen. Umgekehrt sollten sich affine Lebensweisen einander (an)nähern können, wie bspw. durch wechselseitige Bezüge wie etwa vorlesende ältere Menschen (in altersgerechten Wohnungen/Wohnanlagen) mit Kindern in Kindertagesstätten und Grundschulklassen; oder Dienstleistungen Studierender für ältere Menschen. Auch könnten Studierende soziale Projekte vorantreiben und als Gegenleistung von Mietnachlässen profitieren (Beispiel GbG-Projekt im Mannheimer Stadtteil Hochstätt).

Diversität sollte somit in Prozessen gegenseitiger Wahrnehmungs- und Handlungsmöglichkeiten an zentraleren Orten und Einrichtungen, wohnungsbezogen aber sortiert nach Lebensbedingungen und Lebensformen als permanente Erfahrung wirksam werden können. Andererseits sind eigene soziokulturelle Rückzugsbereiche zur Entspannung notwendig. Im Sinne grundlegender Vielfalts-Standards wären alters-, geschlechts-, kultur- und milieuspezifische, soziale sowie ökonomische Diversität durch intelligente Veräußerungs- und Belegungspraxen der Wohnungen zu sichern.

Als Verfahren zur Aushandlung sozialer Ressourcenverteilung, deren Nutzung und deren Verbrauch eignen sich allein demokratische Strukturen und Organisationsformen. Diese müssten in Quartieren als alltagskulturelle Interaktionsformen implementiert bzw. unterstützt werden, wenn sich solche selbstorganisiert entwickeln (siehe Kap. 5). Da in einer multikulturellen Einwanderungsgesellschaft nicht damit zu rechnen ist, dass sich demokratische Lebensformen generell innerfamiliär von selbst ausprägen, ist deren Erlernen und Praktizieren in KiTa, Schule und Gemeinwesen als sinnlich erfahrbare Grundlage von Demokratie als Lebensform (vgl. John Dewey 2011; Kilb 2024, 7) notwendig. Im Verständnis sozialer Nachhaltigkeit müssten folgerichtig Partizipation und demokratische Handlungsprinzipien durch praktisches Handeln erfahrbar gemacht werden, um ein Gefühl dafür zu erlangen, das eigene Leben mitgestalten zu können. Hierzu gehört u. a. auch das Wissen zu Interessen und Lebenslagen anderer Milieus, Klassen und Schichten als Voraussetzung demokratischer Handlungsfähigkeit. Nur über solche Erfahrungen gelingt es, eigene Bedürfnisse und Interessen in ein Verhältnis zu Interessen und Bedürfnissen anderer stellen zu können, und zwischen Prioritäten im Sinne eines Gemeinwesens abzuwägen. Diese zunächst etwas aufwendig anmutenden Prozesse tragen zu Toleranzfähigkeit auch im Konfliktfall bei. Denn im demokratischen Ringen um die besten Ideen gibt es immer Gewinner und Verlierer. Mit den Verlierern gilt es dabei fair zu verfahren.

Übersicht 2.2: Standards von ‚Sozialer Nachhaltigkeit'

- Partizipation und Interessenausgleich: „diskursive Willensbildung" (Diskursethik Jürgen Habermas' nach dem Prinzip gleicher Augenhöhe)
- Ringen um geeignete Modelle in „heterogener" Struktur
- Repräsentation nach sozioökonomischer, altersbezogener, geschlechtergerechter, soziokultureller Vielfalt in Städten und ihren Quartieren
- ‚Vereinte Vielfalt' als langfristiger Entwicklungsprozess: wer und was verträgt sich weshalb mit wem am besten? Toleranz des Nebeneinanders von Unterschiedlichem
- Subventionierte ökologische Bauweise auch für materiell benachteiligte Bewohner/innen

---

Ländervergleiche
USA: mixed-income-housing-areas

FRA: Abriss Hochhäuser in Banlieus
GER: Programm ‚Soziale Stadt'; „Arrival City"-Modelle

2.5   Zusammenfassung

Sozial nachhaltiger Stadtentwicklung kommt sozialpolitisch die Aufgabe zu,
stadt- bzw. gemeinderäumliche und soziostrukturelle Aspekte in einer Art aufeinander zu beziehen, dass diese in ihren Ergebnissen positive Auswirkungen
auf gelingendes sozialräumliches Zusammenleben und demokratische Teilhabe
und Verständigung entfalten können. Dies gelingt i. d. R. besser in kleinräumigen als in großräumigen Formaten in Großstädten, und in vitaleren urbanen und
ländlich-dörflichen Kulturen als in, lediglich auf Schlaf- und Versorgungsfunk-
tionen angelegten Bau- und Siedlungsstrukturen. Mit dem sozialpolitischen Ziel
demokratischer Teilhabe und Aktivierung gilt es in einer soziokulturell pluralen
Gesellschaft in möglichst kleinräumigen Kontexten die Vielfalt der Bevölkerung möglichst breit abzubilden. Denn erfahrungsgemäß lassen sich Kohärenz
und soziales Miteinander am besten über nahe sozialräumliche Bezüge herstellen, nämlich kleinformatig in Nachbarschaften, im Wohnblock oder Quartier
und im lokalen Institutionenbezug. Kohäsionsfähigkeit gewinnt ein Quartier
schließlich über untereinander vernetzte Bezüge von zivilgesellschaftlichen Gruppen und Vereinigungen sowie Institutionen wie Kindertagesstätten, Schulen,
Kinder- und Jugendeinrichtungen, Bibliotheken und VHS, Bürgerhäusern oder
Community-Center.

Das Zusammenleben im sozioökonomischen und soziokulturellen Vielfaltsquartier ist gewöhnlich konfliktaffiner als das Zusammenleben unter Gleichen.
Es ist deshalb notwendig, die durch Vielfalt entstehenden Konflikte adäquat zu
moderieren, was oftmals nur durch institutionelle Unterstützung gelingt. Insbesondere in neu entstehenden und in sich strukturell verändernden Stadtquartieren
sind solche Unterstützungsformen angesagt. Als produktive Formen der Kon-
fliktverarbeitung fungieren demokratische Verfahren, die auch über intelligente
Formen der Stadtentwicklung und des Stadtmanagements gefördert und dadurch
erlernt werden können. Insgesamt sollte sich kleinräumige Quartierentwicklung
in einer Triade von Vielfaltsstrukturen, Kohäsionsförderung und Demokratie
positionieren können (Abb. 2.5).

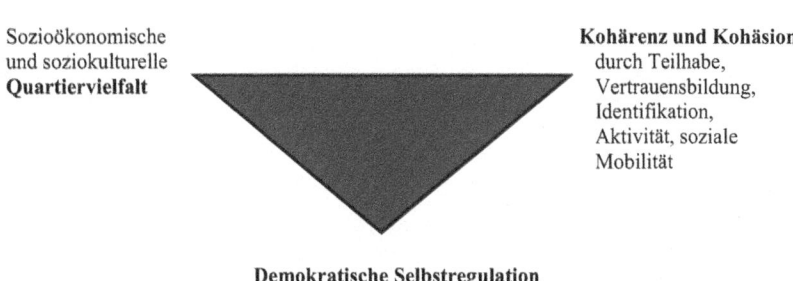

Sozioökonomische
und soziokulturelle
Quartiervielfalt

Kohärenz und Kohäsion
durch Teilhabe,
Vertrauensbildung,
Identifikation,
Aktivität, soziale
Mobilität

Demokratische Selbstregulation

Abb. 2.5 Triadische Programmatik in Vielfaltsquartieren

Exkurs: Aspekte feministischer und gendersensibler Architektur und Stadtplanung

3

Christina Budde

Noch ruft die feministische Perspektive auf Architektur und Stadtplanung von einschlägiger Seite gelegentlich Reflexe in Altherrenmanier wie: „Da geht's doch hauptsächlich um rosa Fahrradwege und Bürgersteige, die für High Heels taugen …" hervor.[1] Diese Kommentare kann man natürlich müde lächelnd abtun; bisherige gängige Ansätze zur Stadtplanung als androzentristisch, also männlich geprägt, zu entlarven ist dagegen eine ernsthafte Angelegenheit. „Städteplanung ignoriert alle, die keine Männer ohne Behinderung im Auto sind"[2] ist eine überspitzte, aber grundsätzlich zutreffende Analyse. Laut Statistik des Kraftfahrt-Bundesamts gingen 2022 34,6 % aller Neuzulassungen an Frauen und 65,45 %

---

[1] So auch im Baunetz-Newsletter vom 12.03.24 in einem Kommentar zu einer Veranstaltungsankündigung zum Wiener Gender-Mainstreaming mit Bezug auf die mehrheitlich weiblichen Straßennamen in der in der neu entstandenen Seestadt Aspern: „getriggered, was nur, wenn sich die strasse plötzlich als platz identifiziert? wird dann umbenannt?", https://www.baunetz.de/meldungen/Meldungen-Vortrag_in_Hamburg_8531799.html?bac kurl=https%3A%2F%2Fwww.baunetz.de%2Fmeldungen%2Findex.html.action=kommen tieren, abgerufen am 18.03.24.

[2] Pink Stinks, Warum Städte für Männer gemacht sind, 11.11.2021, https://pinkstinks.de/ warum-sind-stadte-fur-manner-gemacht/?cmplz-force-reload=1712327926903, abgerufen am 14.03.24.

C. Budde (✉)
Frankfurt, Deutschland

an Männer.[3] Auch wenn man dabei berücksichtigen muss, dass Frauen sicherlich auch Autos fahren, die vom „Haushaltsvorstand" angemeldet sind, so macht diese Zahl dennoch die Dominanz autofahrender Männer deutlich. Das Mobilitätsverhalten von Männern unterstreicht diese Wahrnehmung: Männer legen eher längere, lineare Wege zurück von der Wohnung zur Arbeit und zurück, während die Wegeketten von Frauen komplexer sind. Neben dem Weg zum Voll- oder Teilzeitjob übernehmen sie den Hauptteil der Sorgearbeit, sie bringen die Kinder in die Kita oder Schule, machen Besorgungen und begleiten ältere Angehörige zum Arzt, sie gehen mehr zu Fuß, fahren mehr Fahrrad oder nutzen den ÖPNV. Frauen sind nicht weniger mobil, ihre Mobilität misst sich jedoch eher in der Erschließung des Raumes und nicht so sehr in seiner schnellen Durchquerung.

So unterschiedlich, so wenig geschlechtsneutral Mobilitätsbedürfnisse im Alltag sind, so beharrlich jedoch scheinen Mobilitätskonzepte für immer gleiche, universelle Individuen gemacht zu sein, die vor allem jung, fit, wohlhabend und männlich sind.

3.1 Das Private ist weiblich ... und noch nicht politisch

Das Ideal der autogerechten Stadt, das die Nachkriegszeit prägte und bis heute nur zögerlich aus den Städten und den Köpfen verschwindet, ging einher mit klar definierten Rollenbildern, die die geschlechterstereotype Arbeitsteilung untermauerte. Die autogerechte Stadt wurde ergänzt durch die nach gesellschaftlichen Funktionen räumlich segregierte Stadt (Wohnen, Arbeiten, Konsum, Freizeit/Erholung, Verkehr/Mobilität) mit gravierenden Folgen für die Frauen.

Das „Ernährer-Modell", nach dem ausschließlich Männer der Erwerbsarbeit nachgingen, das Haus verließen und sich im öffentlichen Raum bewegten, fand sein Pendant in der „Hausfrauen-Ehe", nach der Frauen sich innerhalb der sogenannten vier Wände um Haushalt und Kinder kümmerten.

So „[...] dass in die baulich-räumliche Ausdifferenzierung der westlichen Stadt des 20. Jahrhunderts von Anfang die [.....] geschlechtsspezifische Teilung der gesellschaftlich notwendigen Arbeit eingelassen ist, welche den Bereich

---

[3] Kraftfahrtbundesamt, https://www.kba.de/DE/ Presse/Pressemitteilungen/ Fahrzeugzulassungen/2023/pm01_2023_n ww.kba.de/DE/ _12_22_pm_komplett.html, abgerufen am 14.03.24.

der nicht entlohnten Reproduktionsarbeit […] an Frauen delegiert, in die ‚Privatsphäre' der Wohnviertel einschließt (‚Haus-Frau') und damit auch räumlich auslagert" (Häußermann et al. 2004, 199).

Interessant in diesem Zusammenhang ist die Entwicklung des „Frauenraums" von der Wohnküche zur durchrationalisierten, minimal ausgestatteten Arbeitsküche, in der sich außer der arbeitenden Person niemand mehr aufhalten konnte, nicht selten in dem Einfamilienhaus in der Vorstadt oder der Großwohnsiedlung an der Peripherie zu finden.[4]

Virginia Woolfs berühmte Forderung „A Room of One's Own" in ihrem Essay von 1929, der bis heute zu den meist rezipierten Schriften der Frauenbewegung gehört, nimmt sich dabei geradezu zynisch aus. Suburbia war in der geschlechtsbezogenen Stadtforschung lange deckungsgleich mit der patriarchalen Raumpraxis.

Nach der einschlägigen Werbung des Wirtschaftswunders hatte eine Frau ohnehin nur „zwei Lebensfragen: Was soll ich kochen und was soll ich anziehen?"[5] Dazu reichte es allemal, dass Frauen sich lediglich im nahen Umfeld der häuslichen Wohnung aufhielten und nur wenig Anspruch auf den öffentlichen Raum erhoben.

„Räumliche Segregation bewirkte demnach weit mehr als bloße physische Distanzierung. Sie entfernt Frauen real und symbolisch von und aus der Stadt und der Öffentlichkeit, beschneidet ihre Wahl- und Aktionsmöglichkeiten und damit auch die Chancen der Veränderung ihres gesellschaftlichen Status" (Häußermann et al. 2004, 199 f.)

Die herrschende Raumpraxis erwies sich als echtes Emanzipationshemmnis. Das Private sollte auf lange Sicht strikt weiblich konnotiert bleiben.

Erst zu Beginn der 1960er Jahre, mit Inkrafttreten des Gleichberechtigungsgesetzes setzte ein Wandel ein und Frauen konnten endlich ohne Zustimmung des Ehemannes einer Erwerbstätigkeit nachgehen. Mit dem wachsenden Anteil berufstätiger Frauen bewirkte eine allmähliche Veränderung des Rollenverständnisses einen zunehmenden Bedeutungsverlust der „Hausfrau", und Frauen fingen

---

[4] Die „Frankfurter Küche", eine perfekt durchrationalisierte Küche auf gerade mal 6,25 qm soll damit keinesfalls in Misskredit gebracht werden. Die erste österreichische Architektin Margarete Schütte-Lihotzky hat diese Küche im Team des Stadtbaurats für das Wohnungsbauprogramm „Neues Frankfurt" 1926 entworfen und dabei Arbeitserleichterungen für die „Neue Frau", inzwischen berufstätig und von alten Traditionen und Rollenzuschreibungen befreit, im Blick gehabt. Aus der historischen Perspektive der 1920er Jahre war die „Frankfurter Küche" eine bahnbrechende Innovation

[5] Werbespot von Dr Oetker, 1954, in: Süddeutsche Zeitung, 07.03.2024, www.sudedeutsche.de, abgerufen 14.03.24.

an, das Private zu verlassen und Anspruch auf den öffentlichen Raum zu erhe-
ben – im wörtlichen Sinne „Raum zu ergreifen und Platz zu nehmen", wie
die Soziologin Marianne Rodenstein es beschreibt (Rodenstein 1994, 236 ff.).
Auch wenn Frauen nun als Akteurinnen im städtischen Raum mehr und mehr
sichtbar wurden, führte diese Entwicklung nicht automatisch zu mehr Flächenge-
rechtigkeit und einer neuen Aufteilung und einer „weiblicheren" Gestaltung des
öffentlichen Raumes. Schon gar nicht hatte man die Bedürfnisse von Frauen in
der Stadt im Blick. Noch ist die Stadt männlich und sie bleibt es in weiten Teilen
und mit wenigen Ausnahmen bis heute.

3.2   Hidden Figures and missing groups

Über diesen Tatbestand muss man sich vermutlich kaum wundern, denn warum
sollten die Bedürfnisse von Frauen als Nutzerinnen und Adressatinnen von
Architektur und Städteplanung im Fokus stehen, wenn sie gleichzeitig als Architektinnen und Städteplanerinnen nur eine marginale Rolle spielen? Die mangelnde
Berücksichtigung der Zielgruppe Frauen trifft sich mit der tendenziellen Unsicht-
barkeit von Frauen in der Planungspraxis; Frauen spielten weder als Aktive,
sprich Planerinnen noch als Passive, sprich Nutzerinnen, eine Rolle.

Dem entspricht eine deutliche Unterrepräsentanz von Frauen in Wohnungs-
wirtschaft, Stadtverwaltung, Jurys, Gremien, Wettbewerben, Berufsverbänden
und last not least bei der Vergabe von Architekturpreisen. Der amerikanische
Architekt Robert Venturi etwa erhielt 1991 den renommierten Pritzker Prize aus-
drücklich in Würdigung seiner Lebensleistung. Seine langjährige Partnerin Denise
Scott Brown dagegen ging leer aus. Auch die Kampagne 2013 zur rückwirken-
den Anerkennung wurde von der Pritzker Prize-Jury abgelehnt. Erst mit Beginn
des 21. Jahrhunderts haben es auch Architektinnen geschafft, mit dem Pritzker
Prize ausgezeichnet zu werden, allen voran Zaha Hadid im Jahr 2004, die es
allerdings hervorragend vermochte, auf der Klaviatur des männlichen Starkults
mitzuspielen.

Mehr Frauen als Männer studieren aktuell Architektur, Frauen machen mehrheitlich hervorragende Abschlüsse und doch hat die Verschiebung dieser Relation
kaum Auswirkung auf Profession und Lehre. Nach den aktuellen Zahlen der
Bundesarchitektenkammer kommen nur knapp 35 % der Absolventinnen auch
tatsächlich im Beruf an.[6] Viele Frauen steigen erst gar nicht ein, andere nach

---

[6] https://bak.de/kammer-und-beruf/daten-fakten/bundeskammerstatistik/,   abgerufen   am
18.03.24.

kurzer Zeit wieder aus – die „missing group" beträgt mehr als 20 %, mit wachsender Tendenz. Und denen, die weitermachen, gelingt in den seltensten Fällen der Sprung in die erste Reihe oder ins Licht der Öffentlichkeit.

Nach wie vor ist das Bild von Architektur im öffentlichen Bewusstsein männlich geprägt, insbesondere unter den Stars der Branche dominiert das Alphatier im dunklen Anzug mit der markanten Brille. So gibt es bei den führenden Architekturbüros in Deutschland derzeit kein einziges, das allein von einer Frau oder einem Team aus Frauen geführt wird.

3.3   Der feministische Blick auf die Stadt ... und nach Wien

Die Kritik der Zweiten Frauenbewegung an den Wohnverhältnissen der Nachkriegsjahrzehnte, der kleinbürgerlichen Suburbanisierung, der Isolation in anonymen Hochhaussiedlungen war in den 1970er Jahren der Ausgangspunkt feministischer Stadtplanung, in der die Gender-Perspektive weltweit ins Blickfeld der Architektur und des Städtebaus geriet.

Der Lebensalltag derjenigen, für die bislang nicht oder kaum geplant wurde, wurde zum planerischen Maßstab eines feministischen Architekturverständnisses. Weniger formal-ästhetische oder symbolische Kriterien für Bauwerke standen im Vordergrund, sondern eher die sozialen, nutzungs- und gebrauchswertorientierten Dimensionen von Planung und damit die Anforderungen an Wohnen und Stadt, die sich aus der alltäglichen Verrichtung von Haus- und Reproduktionsarbeit ergaben.

Die Stadt Wien war die Vorreiterin im Gender Mainstreaming in der Stadtplanung und hat dieses Thema zur Chefin-Sache gemacht und in den 1990er Jahren bewusst bei der Wiener Baudirektion angesiedelt.

„Gender Mainstreaming in der Stadtplanung ist eine prozessorientierte Strategie zur Qualitätssicherung planerischer Aufgaben. Die Wiener Stadtplanung berücksichtigt deshalb gezielt die unterschiedlichen Ansprüche und Interessen verschiedener NutzerInnengruppen, differenziert nach unterschiedlichen Lebenslagen, Lebensphasen, sozialem und kulturellem Hintergrund. Gender Mainstreaming ist daher unverzichtbar, um unterschiedliche Blickwinkel und Alltagsperspektiven gezielt einzunehmen, und hilft, »blinde Flecken« in der Planung gering zu halten" (Stadtentwicklung Wien 2013, 17 f.).

Bis heute ist das Konzept des Gender-Planning aufs Engste mit der Stadtplanerin Eva Kail verbunden, die in Zusammenarbeit mit dem Wiener Frauenbüro die Pilotprojekte „Frauen-Werk-Stadt I und II" auf den Weg brachte, bei denen die

Berücksichtigung des Alltags, der Bedürfnisse und Lebensrealitäten von Frauen im Mittelpunkt standen. Geplant von vier Architektinnen und einer Landschafts-architektin entstanden zunächst im 21. Wiener Bezirk in Floridsdorf zwischen 1992 und 1997 357 Wohneinheiten in Geschossbauweise, bis heute das euro-paweit größte von Frauen geplante Bauvorhaben, strikt nach den Kriterien des Gender Plannings realisiert. Innovative Grundrisslösungen machen die Wohnun-gen flexibel nutzbar und für jede Lebensphase adaptierbar, da die Zimmer gleich groß sind. Die ganze Siedlung ist autofrei und zeichnet sich durch eine Vielzahl von Gemeinschaftseinrichtungen, vielfältige Freiräume mit Aufenthaltsqualität, Geschäften, Kindertages- und Gesundheitseinrichtungen aus. Besonders auf die Freiraumplanung wurde viel Wert gelegt; waren die Grünflächen in der Regel häufig nicht mehr als das so genannte Abstandsgrün mit mehr oder weniger Wild-wuchs von Hecken und Büschen, hier und dort mit trostlosen Spielplätzen, die weder Erwachsene noch Kinder zum Verweilen einluden, so wurden nun Flä-chen mit offenen Eingangssituationen und vielen Sitzmöglichkeiten geschaffen, Spielplätze kreiert, die diesen Namen auch verdienen.

„Die Verknüpfung der Freiflächen und eine abgestufte Abfolge von privater bis öffentlicher Zugänglichkeit, Zuständigkeit und Kontrolle machen letztendlich die Qualität aus" (ebd. 26).

Der Pilotcharakter der Siedlungen „Frauen-Werk-Stadt" wich in den folgen-den Jahren der Implementierung einer gendersensiblen Planungskultur, die in der Wiener Stadtplanung fest verankert wurde, u. a. in dem Zielgruppenan-satz in der Leitstelle „Alltags- und Frauengerechtes Planen und Bauen" in der Stadtbaudirektion.

3.4 Die gendersensible Stadt: alltagsgerecht, sicher, barrierefrei, mit „kurzen Wegen"

Die lokale Gebundenheit und das Fixiertsein auf das häusliche Umfeld ist in unterschiedlichen Lebensphasen unterschiedlich stark ausgeprägt. So unterschei-det sich der Bewegungs- und Aktionsradius von Kindern naturgemäß erheblich von Erwachsenen im Erwerbsalter, aber möglicherweise nicht so sehr von Älteren im Ruhestand, die ggf. mobilitätseingeschränkt sind.

Dezentrale Standortkonzentrationen und ein hohes Maß an Nutzungsmischun-gen folgen dem Prinzip der „Stadt der kurzen Wege", erlauben eine bessere Vereinbarkeit von Familien-, Versorgungs- und Erwerbsarbeit, reduzieren kli-maschädliche Fahrten mit dem Auto und halten den Aufwand gering, den man treiben muss, um die Familie zu versorgen.

Der Arbeitsplatz für die unbezahlte Familienarbeit ist die Wohnung oder das Wohnumfeld. Auch wenn die traditionelle geschlechtsspezifische Arbeitsteilung zunehmend schwindet, ist die Aufteilung bezahlter Erwerbsarbeit und unbezahlter Sorgearbeit nach wie vor asymmetrisch und so sind es mehrheitlich die Frauen, die für Kinderbetreuung und/oder Pflege von Angehörigen zuständig sind. Aber auch unabhängig davon, wer die Familienarbeit künftig zu welchen Anteilen verrichtet, Planung muss den spezifischen Anforderungen gerecht werden und Möglichkeiten schaffen, dass die Betreuungsarbeit über ein dichtes Netz an Versorgungs- und Freizeiteinrichtungen, sozialer Infrastruktur erleichtert wird und Kinder, ältere Menschen und Menschen mit besonderen Bedürfnissen sich selbstständig im Quartier bewegen können.

Sicherheit im öffentlichen Raum erhält in diesem Kontext einen besonderen Stellenwert. Frauen fühlen sich häufiger Situationen ausgesetzt, die (subjektive) Unsicherheitsgefühle hervorrufen, nehmen Umwege in Kauf, um verlassene, schlecht beleuchtete Orte, die zu regelrechten „Angsträumen" werden, zu meiden. Frauen verlassen beispielsweise abends dreimal seltener das Haus und tendieren dazu, ihren Bewegungsradius ungewollt einzuschränken (vgl. Infratest dimap 2017).

Schon die amerikanische Urbanistin Jane Jacobs hat in den 1960er Jahren in ihrer wegweisenden Publikation „The Life and Death of American Cities" (1961) das Prinzip „sehen und gesehen werden" beschrieben und auf die Wirksamkeit von „social eyes" gesetzt, d. h. privater und öffentlicher Raum müssen klar voneinander getrennt sein, eine Erdgeschossnutzung sollte für die Belebung der Straße sorgen und Gebäude und Fenster sollten zur Straßenseite hin ausgerichtet sein. Und kleines Detail mit großer Wirkung: selbst in Zeiten knapper öffentlicher Haushalte sollte an der Straßenbeleuchtung nicht gespart werden.

Ein weiterer zentraler Faktor des Genderplannings ist die Barrierefreiheit, die sich durchaus nicht nur auf Menschen mit Einschränkungen bezieht, sondern ganzheitlich gedacht, tägliche Wege für alle Bedarfe und Bedürfnisse städtischer Nutzerinnen bequemer und sicherer gestalten will. Mit einem Kinderwagen unterwegs zu sein, gleicht häufig noch immer einem Hindernislauf, auf dem Gehsteig parkende Autos zwingen auf die Fahrbahn auszuweichen. So kann der „Raumbedarf" und die Wegbreite von Menschen mit Kleinkind und Einkaufstaschen, Menschen im Rollstuhl, zwei nebeneinander laufenden Erwachsenen erheblich variieren. Immerhin hat sich die barrierefreie Erreichbarkeit des öffentlichen Nahverkehrs, der Stationen und Fahrzeuge, sichtbar verbessert.

3.5   Von der feministischen zur solidarischen Stadt

Der feministische Blick auf die Stadt, der die Marginalisierung von Frauen im
öffentlichen Raum schonungslos offenlegt, weitet sich inzwischen und hat, wenn
man so will, ein Analyse-Instrument geliefert, die Situation all derer in den Fokus
zu nehmen, die in der Stadtplanung kaum vorkommen und demzufolge im städtischen Raum nur am Rande oder auch gar nicht repräsentiert sind: Kinder, Alte,
Mobilitätseingeschränkte, Männer und Frauen mit Migrationshintergrund, Menschen mit unterschiedlichen sexuellen Orientierungen und Geschlechtsidentitäten.
Die ‚feministische Stadt' ist ein Indikator für „holistische" Stadtplanung und das
Credo „Stadt für alle" ist unverhandelbar. In jüngster Zeit hat das Konzept der
‚Caring City', das Stadt als ein Konglomerat von „Räumen der Fürsorge" und
ein Netzwerk von Sorgebeziehungen definiert, die Debatte geprägt und den lange
ignorierten Care-Tätigkeiten wie Pflege, Erziehung, Versorgung den Stellenwert
gegeben, der ihnen im sozialen Miteinander sicherlich zukommt. Stadtplanung
jedoch ausschließlich unter dem Aspekt der Fürsorge zu sehen, könnte möglicherweise zu kurz greifen. Die ‚feministische' Stadt ist gleichermaßen Synonym
und Indikator für „holistische" Stadtplanung und macht das Credo „Stadt für alle"
unverhandelbar.

Feministische Stadtplanung denkt inklusiv, intersektional und solidarisch, fördert soziale Teilhabe und die gerechtere Verteilung von Raum und Ressourcen
und last not least den sozialen Zusammenhalt.

Misst man die Stadt an ihrer Alltauglichkeit für alle tatsächlichen und auch
potenziellen Nutzerinnen, so setzt das ein Verständnis von Planung voraus, dass
neben allem, was in der Stadt „in Stein gemeißelt ist", die Gestaltung von Raum
auch immer als fluiden Prozess begreift, also in der Lage ist, auf gesellschaftliche Entwicklung, Veränderung, Disruption zu reagieren, neu entstehende „blinde
Flecken" zu identifizieren und Handlungsfähigkeit immer wieder neu auszuloten.

Diversität im Stadtquartier als Konfliktpotenzial und Partizipationsgebot

Rainer Kilb

Funktionale, demografische wie auch sozioökonomische und soziokulturelle Diversität in Städten, in den Stadtteilen, Siedlungen und Quartieren können gleichermaßen Impulse für Streit und Konflikte in Gang setzen, aber auch Neugier für Anderes und Ungewohntes evozieren. Die Wahrscheinlichkeit, dass Konflikte auftreten, ist dann eher gegeben, sobald bei den beteiligten Akteuren unterschiedliche Interessen, Gefühle, Werte aufeinanderstoßen, aber auch wenn Ungleichheitsempfindung, Ungerechtigkeitswahrnehmung, Missachtung, fehlende Anerkennung und fehlendes Vertrauen in einem Gemeinwesen dominieren. Herrschen dagegen eher grundlegende egalitäre und sozioökonomisch abgesicherte Strukturen, können sich Neugier, Offenheit und Wissensbegierde leichter entfalten und für ein konstruktives exploratives Sozialklima sorgen. In der Kombination segregiert-marginalisierter sowie sozioökonomisch und soziokulturell gemischter Quartiere ist dagegen ein konstruktiv-exploratives Sozialklima eher weniger wahrscheinlich. Die in regelmäßigen Abständen ausgetragenen Revolten und Gewaltexzesse in den französischen Banlieues, in den schwedischen Trabanten Stockholms und Göteborgs, wie auch die exzessiven Auseinandersetzungen

R. Kilb (✉)
Frankfurt, Deutschland
E-Mail: r.kilb@hs-mannheim.de

© Der/die Autor(en), exklusiv lizenziert an Springer Fachmedien Wiesbaden GmbH, ein Teil von Springer Nature 2024
R. Kilb (Hrsg.), *Soziale Kohäsion und Vielfalt in Stadtquartieren*,
https://doi.org/10.1007/978-3-658-45231-5_4

meist junger Menschen an symbolträchtigen Orten oder Zeitpunkten in zahlreichen Großstädten Deutschlands mögen hierfür als Beleg dienen. Dortige Ausgrenzungs-, Ungleichheits- und Benachteiligungserfahrungen vermengen sich in Verbindung mit soziokultureller Vielfalt leicht in eine Spirale kollektiver Aggression nach innen und nach außen hin.

Im sozioökonomisch ausgewogen gemischten Vielfaltsquartier begegnen sich dagegen gesellschaftliche Widersprüche und sozioökonomische Ungleichheit konfrontativ und manchmal auch konfliktaffin in naher und direkter Form. Da es aber allein schon durch gemeinsame KiTa- und Schulbesuche von Kindern und Jugendlichen, ähnliche Wege zu Versorgungs-, Freizeit- und Erholungsangeboten zu ständigen schichtunabhängig verlaufenden Begegnungen kommt, ist die Wahrscheinlichkeit größer, sich trotz diverser materieller, kultureller und sozialer Kapitalausstattungen untereinander zu verständigen. Direkte Ungleichheitswahrnehmungen führen zwar auch zu sozialen Spannungen. Sie können aber in einem produktiven und vertrauensvollen Sozialklima nicht nur ein verträgliches Miteinander von Bewohnerinnen eröffnen, sondern durch Vergleich und Konkurrieren bei annähernd gleichen lokalen Chancenzugängen auch schichtübergreifend Impulse setzen. Durch die Verlagerung gesellschaftlich sozioökonomischer Ungleichheit auf den sozialen Nahraum der Quartiersebene als Handlungs- und Aktionsraum können durch Bekanntheit und direkte Nähe, durch gemeinsames Handeln, aber auch durch Friktionen der Bewohnerinnen untereinander sowohl Vertrauen entstehen als auch Gegensätze in Feindschaften umschlagen. In einer solchen Mixtur materieller, sozialer, kultureller und interessengeleiteter Vielfalt sind deshalb interaktive Verfahren der Information, der Vermittlung und Übersetzung, des fairen Streitens, der Streitregulation, des gemeinsamen Arrangements umso wichtiger. Streitaustragung wie Streitbeilegung erscheinen in ihrer Balance zueinander hier als Normalität öffentlicher Auseinandersetzung wie auch von Verständigung. Die Ausgewogenheit dieser Balance kann dadurch gefördert werden, dass es gelingt, sämtlichen Bewohnerinnen durch partizipative Möglichkeiten zumindest das Gefühl zu vermitteln, ihre jeweiligen Interessen entweder selbst artikulieren zu können oder aber darin durch andere vertrauensvoll vertreten zu werden. Partizipation und Konfliktaustragung als quartierbezogene Gestaltungs- und Verständigungsansätze gehören damit zur sozialen und interaktionalen Daseinsvorsorge, die von den Kommunen vorzuhalten wäre, wenn sie sich nicht zivilgesellschaftlich selbst entfaltet. Die Kommunen sollten als Verantwortungsträger dafür bereitstehen, dass hierüber demokratische Umgangs-, Verständigungs- und Entscheidungsfindungsverfahren auf Stadtteil- bzw. Quartierebene sowohl erlern- und erprobbar, als auch auf kommunalpolitischer Ebene als umsetzbar erfahren werden können. Die kommunal begleitende Quartiersarbeit, sei es institutionalisiert als Quartiermanagement oder durch Unterstützung und Zulassung zivilgesellschaftlich ehrenamtlicher Aktivitäten, wird hier zur allgemeinen politischen Bildungsaufgabe. Zivilgesellschaftliche Partizipation und politisch administrative Instanzen müssen sich dabei idealerweise so miteinander verzahnen, dass zivilgesellschaftliche Eigenaktivitäten perspektivisch das soziale Leben im Quartier selbst tragen können. Straßburger und Rieger (2014, 323 f.) beschreiben diesen Verzahnungsprozess von zwei Seiten aus in sechs aufeinander aufbauenden Stufen, deren Ziel zivilgesellschaftliche Selbstorganisationfähigkeit darstellt (Abb. 4.1).

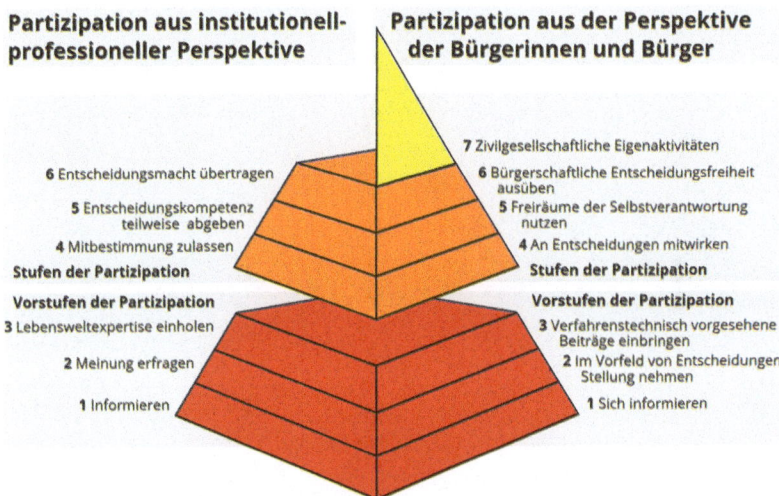

Abb. 4.1 Partizipationspyramide. (nach Straßburger und Rieger 2014, 323 f., in https://gaby-strassburger.de/partizipationspyramide_strassburger_rieger_web.pdf)

Die Entwicklung demokratischen Handelns als Interessenwahrnehmung und Interessenaushandlung in gemischten Wohngebieten

5

Ralf Vandamme

Die Annahme, dass das Wohnumfeld unser Verhalten und somit unsere demokratische Disposition beeinflusst, ist unmittelbar plausibel und in Fachkreisen weit verbreitet. Alexander Mitscherlich hat sie in seiner streckenweise erschreckend aktuell klingenden Streitschrift über die Unwirtlichkeit unserer Städte 1965 so formuliert: „Man pferche den Angestellten hinter den uniformierten Glasfassaden der Hochhäuser dann auch noch in die uniformierte Monotonie der Wohnblocks und man hat einen Zustand geschaffen, der jede Planung für eine demokratische Freiheit illusorisch macht. Denn sie ist nirgendwo mehr erfahrbar." Stattdessen fordert er in der Gestaltung der Städte die „Kühnheit des Versuchs" und „Fantasie an der *Gestaltung* der Gruppenbeziehungen" (vgl. Mitscherlich 1965, 41). Sonst bliebe „… dem einzelnen nur der Rückzug in archaisches Wunschträumen, das ohne starke Widerstände in dumpfes Handeln übersetzt werden kann. Das kritische Bewusstsein wird – wie unsere Nazivergangenheit es demonstriert – erfolgreich überrumpelt" (ebd.).

Wie schön wäre es, wenn umgekehrt bestimmte Wohnstrukturen automatisch zu zivilen Gruppenbeziehungen, kritischem Bewusstsein und demokratischer Kompetenz führen würden!

Dass dem nicht so ist, kann gerade an der ‚Karriere' mancher Hochhaussiedlung abgelesen werden, die ihrer monotonen Ästhetik zum Trotz begehrte Wohnlagen waren, mit Zentralheizung, Fernblick und sozialem Austausch und

R. Vandamme (✉)
Mannheim, Deutschland
E-Mail: r.vandamme@hs-mannheim.de

© Der/die Autor(en), exklusiv lizenziert an Springer Fachmedien Wiesbaden
GmbH, ein Teil von Springer Nature 2024
R. Kilb (Hrsg.), *Soziale Kohäsion und Vielfalt in Stadtquartieren*,
https://doi.org/10.1007/978-3-658-45231-5_5

erst später durch Spuren von Einbruchswerkzeug und mehrfachverriegelten Wohnungstüren ihren „sozialen Entwicklungsbedarf" auswiesen.

Die bauliche Struktur allein konnte den sozialen Status des Wohnens „unter dem Himmel" nicht bewahren. Es bleibt die Frage, wie das Wohnumfeld zu gelingenden demokratischen Prozessen beitragen kann. Darüber soll im Folgenden aus politikwissenschaftlicher Sicht nachgedacht werden, indem zunächst die Schlüsselbegriffe dieses Bandes aus dieser Perspektive betrachtet werden.

Begriffsklärung Politik und Krise der Demokratie bzw. „Demokratisierung"

„Demokratisches Handeln" ist politisch, und Politik ist im Kern Entscheidung. Die Kernfrage des Politischen ist: Wer entscheidet worüber?

Dies in Erinnerung zu rufen ist keineswegs trivial, da wir aktuell eine Ausdehnung des Politischen und seiner Schlüsselbegriffe erleben, die zu Bedeutungsverschiebungen und zu Missverständnissen führt. Ausdehnung des Politischen meint Ausdehnung des Bereichs, für den Politik verantwortlich sein soll oder will. Dieser Bereich nimmt automatisch zu, je weiter sich Gesellschaften ausdifferenzieren und neue Gruppen entstehen, die bislang Selbstverständliches infrage stellen, Regelungsbedarf markieren und Rechte einfordern (vgl. Selk 32).[1] Ebenso gelten die Entwicklung neuer Technologien (CO_2-Verpressung, KI, Autonomes Fahren) oder neue politische Ziele wie der Kampf gegen Klimawandel und für Lebensqualität in Kommunen (Dämmwerte von Wohnhäusern, kommunale Energiepläne und Tempo-30-Zonen) als Motor für zunehmende Steuerungs- und Regelungsbedarfe durch Politik.

Gleichzeitig hat eine soziale Zuwendungsformel Konjunktur: Protestwähler und -wählerinnen wollen „gehört werden". Demokratie wird in diesem Verständnis nicht mehr prioritär als Möglichkeit verstanden, eigene Anliegen zu artikulieren, sich mit anderen zu verbünden und für Mehrheiten zu werben, sondern als empathische Dienstleistung am „Bürger", der von der Politik in seiner persönlichen Lage (Einsamkeit, Enttäuschung) beachtet und respektiert, aber nicht bevormundet oder durch Regeln eingeengt werden will. Dadurch verschiebt sich die Bedeutung von und der Anspruch an Politik.

Nebenbei hat sich der Bürgerbegriff inflationär ausgedehnt auf alle Einwohnerinnen und Einwohner, ganz unabhängig davon, ob diese tatsächlich die mit dem Bürgerstatus einhergehenden Rechte und Pflichten wahrnehmen (dürfen). Der

---

[1] „Demokratiedämmerung" von Veit Selk kann als aktuelles Beispiel für die These herangezogen werden, dass die Ausdifferenzierung offener, moderner Gesellschaften zwangsläufig zu einer Ausdehnung und Überdehnung des Politischen führe. Er übersieht dabei, dass Partizipation nicht kontinuierlich gleich stark bleibt; Gruppen artikulieren Interessen und verstummen wieder.

Bürgerbegriff ist damit weitgehend sinnentleert und erfüllt nur noch die Funktion, den Konsumentinnen und Usern in politischen Reden zu schmeicheln. Man kann das mit einem Achselzucken hinnehmen – oder darin ein Zeichen dafür erkennen, dass auch der politische Betrieb sich bereitwillig der Ausdehnung des Politischen und seiner damit verbundenen Konturlosigkeit hingegeben hat. Wenn aber potenziell alles „politisch" wird, steigern sich folglich auch die Ansprüche an die Bedürfnisbefriedigung durch Politik ins Uferlose.

Manifester im aktuellen Krisendiskurs über den Zustand unserer Demokratie ist die Frage nach der Gefährdungskraft des Rechtspopulismus. Indem dieser Nichtwählerinnen und -wähler mobilisiert und neue Themen auf die Agenda setzt, kann er durchaus revitalisierende Wirkung auf eine Demokratie entfalten. Für einen Populismus, der Menschen und demokratische Institutionen verächtlich macht (Die Politikerinnen, die Medien, das Parlament und seine Verfahren) sowie Wahlergebnisse nicht anerkennt, gilt dies nicht. Stattdessen ist in diesem Zusammenhang eine teilweise offen kommunizierte, teilweise nur angedeutete Abkehr und Ablehnung von Demokratie zu diagnostizieren. Man könnte sie als Entdemokratisierung einzelner Bevölkerungsteile bezeichnen. Dies spiegelt sich auch in der Partizipationstiefe der Einzelnen wider: Wenn eine populistisch mobilisierte Masse die bestehende politische Elite durch ihre „Volksversteher" (also eine andere Elite) ersetzen will, ist damit im Sinne demokratischen Handelns verstanden als Partizipation der Bürgerinnen und Bürger nichts gewonnen.

Gleichzeitig entstehen aber durchaus immer wieder neue Bewegungen, die politische Entscheidungen herbeiführen oder rückgängig machen wollen, wie Anfang 2024 die Bauernproteste für die Rücknahme der Streichung von Dieselsubventionen. Es ließe sich also argumentieren, dass Prozesse der Demokratisierung und der Entdemokratisierung gleichzeitig *und* gegenläufig zueinander stattfinden – auch innerhalb der landwirtschaftlichen Protestbewegung, die teilweise von radikalen rechten und verschwörungsaffinen Gruppen unterwandert wurden.

Diese Situation unterscheidet sich deutlich von jener, die Mitscherlich 1965 beschreibt, als die „uniformierte Gesellschaft" (Erhard) sich dem Wirtschaftswunder hingab und sich weitgehend aus dem politischen Raum zurückzog – bis es 1968 zu einer bedeutenden partizipatorischen Welle in der Bundesrepublik kam.

Zusammenfassend lässt sich sagen, dass demokratisches Handeln Demokratie sowohl gefährden als auch revitalisieren kann. Seine Beurteilung hängt also von den Konsequenzen des jeweiligen Handelns ab. Maßgeblich dafür ist die Zustimmung zu oder Ablehnung von einer demokratischen Kultur, die sowohl den zivilen (gewaltfreien) Umgang miteinander als auch die partizipatorische Beteiligung an Entscheidung fördert.

Tab. 5.1 Phasenmodell politischer Entscheidungsprozesse

Emotionale Verbindung zum Quartier, „Betroffenheit"/Information	Vorpolitischer Raum
Problemdefinition	Politischer Raum
Formulierung einer konkreten Forderung	
Kampagne (Gewinnung von Mehrheiten)	
Entscheidung	
(gegebenenfalls) Umsetzung	
Revision	

Politik ist im Kern Entscheidung – und in einem weiteren Verständnis all das, was politische Entscheidung beeinflusst. Dies kann in einem Phasenmodell politischer Entscheidungsprozesse (Tab. 5.1) schematisch dargestellt werden, welches hilft, den Blick zu strukturieren und auf den vorpolitischen Raum auszuweiten.

Es ist dabei anzunehmen, dass nicht alle gesellschaftlichen Gruppen soweit an ihrem Stadtteil interessiert sind oder so artikulationsstark sind, dass sie in der Lage wären, einen politischen Prozess in Gang zu setzen.

5.1 Wohnquartiere vor dem Hintergrund von Kommunalpolitik

Eine Besonderheit des demokratischen Systems der BRD und seiner politischen Kultur ist die starke Stellung der Kommunen und deren Selbstverwaltung, welche es von den Systemen in den meisten anderen europäischen Ländern unterscheidet. Diese Besonderheit lässt sich zurückführen auf die 1808 etablierte Preußische Städteordnung, durch die Bürger weitreichende Rechte und Pflichten bekamen und – im Ehrenamt, also unentgeltlich – Aufgaben in der Selbstverwaltung übernehmen mussten. Dazu gehörte auch die städtische Armenpflege. Am bekanntesten ist jene der Stadt Elberfeld (heute Stadtteil von Wuppertal), in der laut Armenordnung „… jeder stimmfähige Bürger *verpflichtet* war, die Wahl zu einem unbesoldeten Amt in der städtischen Armenpflege anzunehmen" (Bogumil und Holtkamp 2006, 20).

Die Kommunen waren zu Beginn des 19. Jahrhunderts Motoren der Demokratisierung, was sich später durch die Einführung des Dreiklassenwahlrechtes änderte, welches reiche Kaufleute gegenüber Handwerkern begünstigte. Nach dem Zusammenbruch des Staates infolge des Zweiten Weltkrieges bildeten wiederum die Kommunen die erste funktionierende Verwaltungsebene in der BRD und sozusagen die „Schule der Demokratie". Mit diesem Begriff soll zugleich zum Ausdruck gebracht werden, dass für viele politisch Aktive ihre ersten politischen Gehversuche auf kommunaler Ebene begannen, weil hier die Zugangswege kürzer und die Hemmschwellen niedriger sind als in der Landes- und Bundespolitik. An dieser Stelle kommen als kleinste und lebensweltnahe kommunalpolitische Einheiten Wohnquartiere ins Spiel. Lokale, quartierbezogene Beteiligungsformate werden somit für das Lernen von Demokratie bedeutend.

Auch das Selbstverständnis von Kommunalpolitik ist ein anderes als das der „großen" Politik, insbesondere dort, wo sich die Menschen noch kennen, Persönlichkeitswahlen tatsächlich durch persönliche Begegnungen und Vertrauen entschieden werden, weniger durch die Überformung durch Parteien und ihre Programme. Lokale Politik wird durch Ehrenamtliche getragen, die meist nichts gemein haben mit der „Berufspolitik" im fernen „Raumschiff Berlin".

Doch diese Besonderheit findet weder in den Politikwissenschaften noch in den Medien mit großer Reichweite eine angemessene Beachtung. So werden z. B. Kommunalwahlen häufig als Stimmungsbarometer für Bundestagswahlen gewertet, was umso weniger der Fall ist, je kleiner eine Kommune und je besser die ehrenamtliche Politik mit der Bürgerschaft verzahnt ist. Damit droht ein Spezifikum der bundesrepublikanischen Demokratie vergessen zu werden.

Kommunalpolitik ist von Land zu Land unterschiedlich geregelt und von Ort zu Ort verschieden, sodass sie nur mit hohem Aufwand zu erforschen ist. Für Medien ist sie unattraktiv, weil durch sie lediglich ein kleiner (lokaler) Kreis an Rezipienten erreicht werden kann. Seit der Entstehung des Internets haben kostenlose Nachrichtenangebote Qualitätsmedien unter Kostendruck gesetzt und insbesondere lokale Medien finanziell ausgetrocknet. Kommunalpolitik ist in den Schulen kaum Thema, und so wachsen junge Menschen meist ohne Kenntnisse darüber und ohne Nachrichtendurst danach auf. „Lokale" Ereignisse bzw. solche des persönlichen Umfeldes betreffen die Peer-Group, die Schule, den Verein, vielleicht noch das Quartier aber kaum noch die Kommune, deren Grenzen die wenigsten, zumal in Ballungsräumen, überhaupt noch kennen. Damit erodiert die „Schule der Demokratie". Dies wiederum ist ein allgemein zu wenig beachtetes Krisenphänomen.

5.2 Gruppen, soziale Kohäsion und Politik

Soziale Kohäsion (oder gesellschaftlicher Zusammenhalt) gehört zu den meistgebrauchten Beschwörungsformeln einer auf Selbsterhalt bzw. den Erhalt demokratischer Strukturen hin ausgerichteten Politik und Ministerialbürokratie. Kaum eine öffentliche Tagung kommt folglich ohne sie aus. Insofern sind Begriff und Gegenstand zumindest verbal in „der Politik" angekommen. Dabei bleibt der Raum, in dem „gesellschaftlicher Zusammenhalt" stattfinden möge, ebenso unbestimmt wie die Akteure dieses Zusammenhaltes. Sollen wir in der Straßenbahn zusammenhalten, im Verein, in der Familie? Und was bedeutet Zusammenhalt genau? Ist mehr gemeint als die vage Vorstellung eines harmonischen Miteinanders im Korridor der bestehenden Gesetze und Regeln?

Wer sich hierzu Orientierung bei der OECD sucht, findet dort die Kriterien soziale Inklusion, soziale Mobilität und soziales Kapital (nach Putnam, nicht nach Bourdieu)[2] als Indikatoren für soziale Kohäsion. (vgl. Neu und Nikolic o. J., 175)

Es fällt auf, dass sich diese Indikatoren an Idealen einer offenen Gesellschaft ausrichten bzw. damit identifiziert werden. Aber wer sagt, dass es in autoritären Systemen keine soziale Kohäsion gäbe?

Soziale Kohäsion kann aber durchaus auch verstanden werden als Zusammenhalt von Jugendgangs, die „ihr Territorium" mit körperlicher Präsenz, repräsentativer Musik und Tags (Graffity-Symbolen) markieren und versuchen, andere Gruppen aus öffentlichen Räumen zu verdrängen (vgl. Kap. 2, Exkurs).

Die Fähigkeit, Gruppen zu schmieden, gehört zu den Kernkompetenzen politischer Mobilisierung. Insofern gehört (zumindest temporäre) soziale Kohäsion zur Grundausstattung des Politischen.

Im Rückblick erscheinen die Bürger in den preußischen Städten des ausgehenden 18. und beginnenden 19. Jahrhunderts als eine der ersten Gruppen, die mit ihren Partizipationsforderungen sich zugleich als Gruppe (kollektiver politischer Akteure) bildeten und demokratische Entwicklungen vorantrieben. Jene Kaufleute also, die im Schulterschluss mit dem verarmten Adel gegen die Vormachtstellung der Zünfte aufbegehrten und ihre eigenen Mitbestimmungsforderungen durchsetzten – nachzulesen etwa in den Briefen Heinrich von Kleists an den Reformer Freiherr vom Stein zum Altenstein aus dem Jahr 1806. Später schirmten sich diese gegen die Mitbestimmungsforderungen der Arbeiter ab, etwa durch das Dreiklassenwahlrecht, das ihnen aufgrund ihres Vermögens/ Einkommens Privilegien in den Stadträten sicherte (Vgl. Hein 1990, 78 ff.).

Die Arbeiterinnen und Arbeiter wiederum waren zunächst in Gewerkschaften organisiert, die der Gründung von politischen Parteien vorausgingen. Diese solidarischen Resonanzgruppen waren für die Entstehung von Demokratie und unser

---

[2] Während Bourdieu davon ausgeht, dass Soziales Kapital mit anderen Kapitalsorten korrelierbar ist und damit Privilegien verschafft (wer viele soziale Verbindungen hat, kann sich auch leichter ökonomisch durchsetzen), geht Putnam davon aus, dass Soziales Kapital (definiert als Beziehungen, Vertrauen und Reziprozitätserwartung) allen nützt, den Einzelnen und der Gesellschaft.

heutiges Verständnis davon prägend. Während utilitaristische Demokratievorstellungen davon ausgehen, politische Wahlen müssten sich rein nach Interessen und Sachfragen sortieren, also rational an individuellem Nutzen oder Interessen ausgerichtet sein, waren die Gewerkschaften unmittelbare Solidaritätsnetzwerke, die sich aus Gleichbetroffenen zusammensetzten, peer-Groups, Nachbarinnen und Nachbarn, die zusammen Lieder sangen, ‚soffen' und die Arbeiterkneipe zu ihrem Wohnzimmer machten. Jenseits aller Romantisierungen sind diese Kultur, das Standesbewusstsein und die solidarischen Wertevorstellungen Resonanzboden für Demokratieforderungen und Basis für politische Macht. Um nur ein wenig bekanntes Beispiel aus der Kommunalpolitik zu nennen: damit Arbeiter Bürgerrechte erwerben konnten, obwohl sie dafür ein unabhängiges Einkommen benötigten, legten mehrere zusammen, zahlten also in eine gemeinsame Kasse ein, um daraus einem einzelnen von ihnen ein Einkommen zu gewähren und ihm somit Bürgerrechte zu ermöglichen. Solidarität, Vertrauen, Reziprozität sind konstitutiv für das Entstehen von Demokratie.

Und doch sind romantisierende Homogenitätsvorstellungen gegenüber „der Arbeiterschaft" fehl am Platz. Obwohl sie in der ökonomischen Theorie und im historischen Rückblick als hochgradig homogen erscheinen, waren Arbeiterorganisationen nicht in der Lage, sich auf eine gemeinsame Utopie und Forderungen zu einigen, da sie sich stets in radikalere oder weniger radikale Gruppen ausdifferenzierten. Das von Marx postulierte objektive Interesse der Arbeiterklasse reichte nie als Bindemittel für alle, die (objektiv) dieser Klasse angehörten.

In seinem vielbeachteten Text „Der 18. Brumaire des Louis Bonaparte" analysiert Marx dessen populistische Verführungskraft, der es gelang, Kleinbauern, (vornehmes wie gemeines) „Lumpenproletariat" und Parzellenbauern zusammenzuschmieden – durch großzügige Versprechungen, die zu einem Staatsbankrott führen mussten (vgl. Münkler 2011, 205). Rechter Populismus setzt schon seit Bonaparte erkennbar nicht auf soziale Homogenität. Er ist vertikal bündnisfähig, verbindet Arm und Reich, wenn sie die gleichen Sorgen teilen wie Angst um die eigene Freiheit, um Nation oder Religion. Linke Mobilisierung hingegen setzt auf horizontale Bündnisfähigkeit: Gleichbetroffene, Angehörige einer Klasse verbinden sich zu internationaler Solidarität. Bündnisfähigkeit *in* Wohnquartieren wäre demzufolge sozial vertikal ausgerichtet, Bündnisse *zwischen* solchen bzw. zwischen gleich situierten Gruppen aus verschiedenen Wohnquartieren wären horizontal gelagert.

Die Bündnisfähigkeit von politischen Gruppierungen hängt also u. a. von Zugehörigkeit ab, von Verlässlichkeit in Solidaritätsnetzwerken, von klar benennbaren Interessen, von gemeinsamen Sorgen, Ängsten und/oder anschlussfähigen

Narrativen wie Nation oder Religionszugehörigkeit, die gegen ein feindliches Außen verteidigt werden müssen.

5.3 Sind Wohnquartiere kollektive Akteure[3] mit einem gemeinsamen politischen Interesse?

Die Menschen wohnen in A, arbeiten (lernen oder verbringen ihre Freizeit) in B und kaufen in C ein. Sie wissen wenig über ihre Kommune, kennen die Bürgermeisterin oder die Dezernenten kaum und beteiligen sich nur zu einem geringen Prozentsatz an den Wahlen. Die Orientierung in der Welt findet überwiegend mittels Smartphone statt, und dieses verbindet Menschen weitgehend unabhängig von geographischer, territorialer Zugehörigkeit. Das schließt virtuelle Zugänge in die eigene Nachbarschaft keineswegs aus, wie der Erfolg von nebenan.de und anderer Plattformen dieser Art belegt.

Die alltägliche Mobilität wird angesichts der funktionalen Entmischung urbaner Räume nur noch selten von temporärer Sesshaftigkeit durchbrochen. Vor diesem Hintergrund sind möglicherweise gerade ökonomisch und sozial weniger mobile Menschen eher als andere bereit, sich mit dem Ort zu identifizieren, an dem sie wohnen.

In Mannheim gibt es im Stadtteil Waldhof-Ost die sogenannten „Benz-Baracken", eine Wohnsiedlung mit einem hohen Anteil an Arbeitslosen und Menschen mit Anspruch auf Mindestsicherungsleistungen. Diese Siedlung wurde durch die Fernseh-Sendung „Hartz und herzlich" einem breiten Publikum bekannt, was zu einem peinlichen Besichtigungstourismus durch die Fans der Serie geführt hat, welche dort den eigenen sozialen Status im Kontrast zu einem vermeintlich niedrigeren erleben möchten. Direkt gegenüber von den „Benz-Baracken" wurden neue Wohneinheiten errichtet, deren Bewohnerinnen und Bewohner wiederum jenen der Benz-Baracken skeptisch gegenüberstehen: „Ich will auf keinen Fall in die Benz-Baracken ziehen"; „die sind doch schmutzig, dort liegt überall der Müll rum".

In einem studentischen Forschungsprojekt in Kooperation mit dem Landesdenkmalamt Baden-Württemberg wurden 2024 sowohl Außenstehende wie auch „Benzler" selbst befragt (HMA 2024). Diese schätzten ihre Wohnsiedlung im

---

[3] Mit „kollektiven Akteuren" sind nicht nur Einzelpersonen (jeglichen Geschlechts) gemeint, sondern auch Organisationen, sodass an dieser Stelle zum generischen Maskulinum gegriffen wird.

Gegensatz zu den Außenstehenden durchaus: „Hier ist besonders, dass wir aufeinander achten und zusammenhalten, auch wenn man sich nicht besonders mag."
„Die Benz-Baracken sind für uns Heimat. Unsere Kinder können rumlaufen ohne
Angst." „Ohne die Benz-Baracken würde etwas fehlen, die Gemeinschaft würde
fehlen."

Es zeigt sich ein deutlicher Unterschied zwischen der Selbst- und der
Fremdwahrnehmung. Soziale Kohäsion kann dort nachgewiesen werden, wo sie
möglicherweise nicht vermutet wurde.[4]

Ist diese soziale Kohäsion nun politisch mobilisierbar – und ist sie das im
und für das Quartier oder aber nur horizontal, also im Verbund mit ähnlichen
Interessen in anderen Quartieren?

Wie wäre solche politische Aktivität zu stimulieren? Durch Community-
Organizing, Prozesse also, in denen die Anwohnerinnen und Anwohner zunächst
Missstände und Ziele definieren, Kampagnen entwerfen, Entscheidungsträger
identifizieren und unter Druck setzen? Durch Quartiermanagement, das den
Betroffenen Räume für Diskussion bietet und den Weg zum Rathaus ebnet? Durch
Stippvisiten der Verwaltungsspitze und der Politik vor Ort? Durch eine Erhöhung
der Wahlbeteiligung? Die Wahlbeteiligung in sozioökonomisch benachteiligten
(oder in der Sprache der Mannheimer Statistikstelle „auffälligen") Stadtteilen ist
meist wesentlich niedriger als in Stadtteilen mit sozioökonomisch besser gestell-
ten Bewohnergruppen (vgl. Abb. 5.1). So lag sie in Waldhof-Ost bei den letzten
OB-Wahlen bei nur 23,6 % (bei 30,9 % im Durchschnitt der Gesamtstadt). Die
Grafik zeigt ebenfalls, dass sämtliche benachteiligten Stadtteile in Mannheim eine
niedrigere Wahlbeteiligung haben. Benachteiligte Wohnquartiere sind also weit
davon entfernt, als kollektiver politischer Akteur aufzutreten und die eigenen
Interessen für das Quartier oder gemeinsam mit anderen zu vertreten.

Soziale Kohäsion führt nicht automatisch zu politischer Aktivität. Und sie
muss nicht in gemeinwohlverträgliche Interessen münden. Dies legen die Erfahrungen mit ‚gut situierten' Wohnlagen nahe, die gezeigt haben, wie sich eloquente
Anwohnerinnen und Anwohner gegen die Ansiedlung von Flüchtlingswohn-
heimen wehrten oder ‚Gated Communities', also für Wohlhabende reservierte
und mit Mauern umgebene Wohnsiedlungen, die soziale Durchmischung nur
kontrolliert in Form bestellter Dienstleistungen zulassen.

---

[4] Um diese Fragestellung zu vertiefen, können die beständig (ungeplant) in allen Städten ablaufenden Segregationsprozesse analysiert werden ebenso wie die US-amerikanischen
Ghettos oder späteren Hyperghettos. Während Ghettos hinsichtlich bestimmter Merkmale
(Religion, (vermeintliche) Rasse) homogen, aber sozial durchmischt sind, bleiben in Hyperghettos die von sozialer Mobilität Ausgeschlossenen zurück und bilden so eine unfreiwillige
soziale Homogenität (Loïc Wacquant 2023, S. 47 ff.).

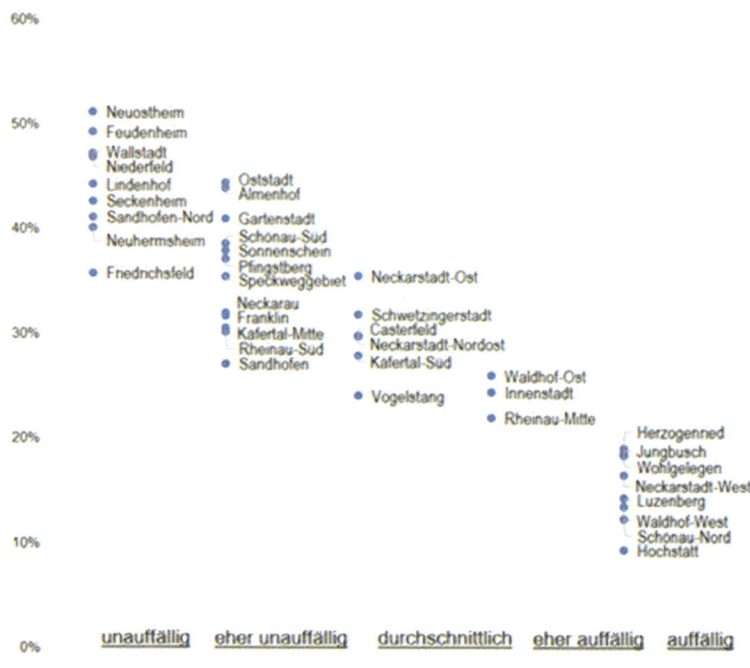

Abb. 5.1 Wahlbeteiligung in Mannheimer Stadtteilen im Vergleich. (Stadt Mannheim 2023)

Städtische Arbeitsformen und Lebensstile diffundieren in ländliche Räume – und umgekehrt können auch in städtischen Quartieren Prozesse stattfinden, die aus ländlichen Räumen bekannt sind. Dies gilt insbesondere für das allmähliche Herausbilden hoher sozialer Kontrolle, die in Dörfern ebenso wie in homogenen Quartieren beobachtet werden kann. Ein vor diesem Hintergrund relevantes Phänomen exkludierender Homogenisierung sind „rechte Dörfer". Unter dem Begriff „völkischer Landnahme" beschreiben Röpke und Speit, wie Gruppen mit nationalsozialistischer Gesinnung gezielt Immobilien in strukturschwachen Gebieten kaufen, um diese anschließend an Gleichgesinnte zu vermieten, die mit ihnen ‚offensives Deutschtum' inszenieren, mit Faltenrock und blonden Zöpfen (vgl. Röpke und Speit 2019, 190 f.). Einige Berühmtheit hat das Dorf Jamel in Mecklenburg, wo ein Künstlerehepaar dem rechten Mobbing seit Jahren standhält und mit dem alljährlichen Konzert „Jamel rockt den Förster" ein kulturelles Zeichen dagegenhält. Dies ist mit einem hohen persönlichen Risiko verbunden, das sich unter anderem durch einen Brandanschlag auf deren Scheune im Jahr 2015 zeigte (ARCH + 2019, 188).

Rechtsradikalismus auf dem Land zeichnet sich durch persönliche Direktheit aus, dadurch, dass sowohl Anhängerinnen und Anhänger wie auch Gegnerinnen und Gegner einander bekannt sind. Dies kann dazu führen, dass rechtsradikale Verhaltensmuster zunächst verharmlost werden. Radikalisierung ist ein schleichender Prozess. Daher ist es für jene, die diesen Prozess aus der Nähe miterleben viel schwieriger, das Kippen von latenter zu manifester Radikalität zu realisieren, als für Fremde, die mit dem Ergebnis des Prozesses konfrontiert werden. Hinzu kommt, dass die Konfrontation mit den Ansichten anderer umso schwieriger wird, je stärker die soziale Bindung ist – etwa, wenn man die radikalisierte Person möglicherweise schon als kleines Kind kannte, man sich regelmäßig trifft, beispielsweise im Verein, wo derjenige vielleicht eine verantwortliche Aufgabe übernommen hat, man sich immer gegenseitig half und Dinge des täglichen Bedarfs ausgeliehen hat. Die Hemmschwelle, in eine politische Auseinandersetzung oder einen dauerhaften persönlichen Konflikt einzutreten, ist höher als in einer Stadt, in der die Gegenmeinung lange anonym bleiben kann, bevor sie sich in einer realen Begegnung auf der Straße manifestiert (vgl. Akademie für S. u. S. 2015, 35).

5.4 Was können Wohnquartiere zur Demokratisierung beitragen?

Zunächst: Es ist in der Regel wenig sinnvoll, sich Quartiere als in sich geschlossene Einheiten vorzustellen, die gleichsam der Stadt den Rücken zukehren. Es ist ebenso wenig anzunehmen, dass sie dauerhaft als Interessengemeinschaft politische Ziele anstreben könnten, so wie es die Gewerkschaften des 19. Jahrhunderts taten und damit als Resonanzboden für ein identifizierbares politisches Milieu fungieren könnten. Stattdessen findet der Beitrag von Wohnquartieren zur Demokratisierung – oder besser: zur demokratischen Kultur eines Landes – eher im vorpolitischen Raum statt (vgl. Tab. 5.1).

Bevor demokratische Prozesse im Sinne dieses Modells mit einer Problemdefinition beginnen können, sind zunächst Vorbedingungen zu erfüllen. Menschen brauchen eine emotionale Verbindung zum Quartier, müssen dort in gewisser Weise sesshaft und beheimatet sein, um die Entwicklung dieses Raumes als eigenes Anliegen zu entdecken. Heimat entsteht in den Worten von Mitscherlich aus den „(…) menschlichen Beziehungen, die an einen Ort geknüpft sind."

Demokratieförderung kann daher sinnvoll auch mit scheinbar abwegigen Projekten beginnen, mit identitätsstiftenden Aktionen, dem Entwerfen und Malen eines Wandbildes, der Gestaltung eines Platzes oder Denkmales, der Anlage von Gärten.

Eine weitere Vorbedingung, die in der Flut an Push-Nachrichten leicht übersehen wird, ist die fehlende Information über den Nahraum Quartier oder die Kommune. Wie bereits unter dem Aspekt der „Schule der Demokratie" ausgeführt, muss für eine politische Mündigkeit zunächst einmal Information darüber verfügbar gemacht werden.

Digitalisierung und das Internet haben Lokalzeitungen weitgehend bedeutungslos gemacht; und es ist nicht anzunehmen, dass sich dieser Prozess umkehren lässt. Also sind dringend neue Formate zu entwickeln, die Menschen unverhofft treffen und interessieren; mit den Möglichkeiten der analogen Welt (Plakate, Büttel) *und* der Digitalisierung. Hier übernehmen die bestehenden Amtsblätter eine wichtige Funktion, ebenso wie Chat-Gruppen. Die Mobilisierungsstärke der Bauernproteste Anfang 2024 wäre ohne die Möglichkeiten digitaler Vernetzung und Chats undenkbar gewesen.

Entscheidend für politische Aktivität ist die Hoffnung, etwas bewirken zu können. Dazu gehören einerseits Vertrauen in das politische System und andererseits die Erfahrung und die Zuversicht, dass es auf „meine" Stimme ankommt.

Ein zentraler Erlebnisraum für diese Erfahrung ist die Zivilgesellschaft, also alles, was außerhalb des privaten Raumes, ohne die Absicht, Gewinne zu erzielen und jenseits staatlicher Aufgaben und Kontrolle geschieht; eben Bürgerschaftliches Engagement im Verein, in der Moschee, langfristig oder kurzfristig bei der ,Stadtputzete' (clean-up). Die Solidaritätserfahrung, mit anderen gemeinsam an einer Sache zu wirken und dafür Anerkennung zu erhalten, ist der Humus, aus dem demokratische Partizipation entstehen kann. Die Katalysatoren hierfür können Quartiermanagement sein, kulturelle, sportbezogene oder religiöse Gemeinschaften, Bürgervereine oder Freiwilligenagenturen. Diese sollten leicht erreichbar und mit anderen Angeboten verzahnt sein. Eine Stadtteilkoordinatorin fasst es so zusammen: „Viele Menschen finden erst einmal über eine Notsituation zu uns und wollen ganz konkrete Hilfe. Wir vermitteln sie dann weiter an Fachberatungsstellen. Aber der Kontakt ist geknüpft und viele sagen, dass sie helfen und das weitergeben wollen, weil ihnen die Hilfe wichtig ist" (Gesemann und Roth 2015, 41).

Um die Verzahnung von Angeboten zu erleichtern, werden diese teilweise erfolgreich unter einem Dach zusammengefasst, wie bspw. in Mehrgenerationenhäusern oder bei ,Tafeln', die gleichzeitig Beratungsangebote etwa für das Stellen von Hilfe-Anträgen bereithalten. Derzeit werden insbesondere in NRW und Baden-Württemberg sogenannte ‚Dritte Orte' gefördert. Der Begriff geht zurück auf das 1989 erschienene Buch von Ray Oldenburg, „The Great Good Place". ‚Dritte Orte' sind solche, die neben dem Zu-Hause und dem Arbeitsplatz der sozialen Interaktion dienen, mit möglichst geringen Zugangsbarrieren, also zum Beispiel ohne Konsumzwang. In diesem Gedanken werden neue Räume geschaffen, wie die Makerspaces, und bestehende umgewidmet, wie Bibliotheken, die flankierend Cafés eröffnen, in denen nicht, wie nebenan, nur geflüstert werden darf.

Es muss an dieser Stelle nicht verwundern, dass auch aus politikwissenschaftlicher Sicht eine leicht zugängliche, barrierearme und offene bauliche Infrastruktur als wichtige Unterstützung sozialer Infrastruktur und einer lebendigen Zivilgesellschaft gesehen und empfohlen wird. Sie ist zwar keine Garantie für zivilen Interessenausgleich, aber eine wichtige Voraussetzung. Es ist umso beschämender, dass Appelle, diese zu errichten, heute ebenso aktuell sind wir vor 60 Jahren.

Teil II

Das Projekt Spinelli-Quartier in Mannheim: Ideen, Planungen, Realisierung und Begleitung der soziokulturellen Verzahnung von bestehender Siedlung und neuem Quartier

Wie entsteht ein lebendiges Quartier? Über den Prozess der Quartierentwicklung durch intermediäre Kooperationen verschiedener Akteursgruppen

6

Sally Below und Jens Weisener

Die Konversion in Mannheim bot die Chance, großflächig Stadt weiterzubauen. Dabei brachte die Entwicklung der ehemaligen Spinelli Barracks und der angrenzenden Areale nicht nur die Bundesgartenschau 2023 und das Modellquartier Spinelli hervor, sondern auch wichtige Erkenntnisse, Erfahrungen und Prämissen für eine neue Planungskultur.

Ab 2007 schloss das US-amerikanische Militär einen Großteil seiner Einrichtungen in Mannheim, und ein neues Kapitel öffnete sich für die Stadt. Die Herausforderung bestand dann darin, rund 510 ha Fläche sinnvoll neu zu nutzen und zu gestalten. Die Stadt erwarb einen Teil der Areale vom Bund, um Raum für Grünflächen, Wohnen, Arbeiten und Freizeit zu schaffen. Für die Aufgabe, die Flächen städtebaulich zu entwickeln, richtete die Verwaltung eine Art Task Force ein: die Projektgruppe Konversion. Parallel belebte man die Mannheimer Entwicklungsgesellschaft wieder, die die Planungen umsetzen sollte. Ein Weißbuchprozess, der zahlreiche Veranstaltungen mit Bürgerinnen umfasste, sollte dazu beitragen, die Interessen der Stadtgesellschaft programmatisch zu

S. Below (✉)
Berlin, Deutschland
E-Mail: below@sbca.de

J. Weisener
Technisches Rathaus Mannheim, Mannheim, Deutschland

R. Kilb (Hrsg.), *Soziale Kohäsion und Vielfalt in Stadtquartieren*,
https://doi.org/10.1007/978-3-658-45231-5_6

fixieren. Mehr als die Hälfte der Areale waren anteilig für eine grüne Entwicklung vorgesehen. So konnte der notwendige klimaökologische Stadtumbau Mannheims mithilfe von Frischluftkorridoren vorangetrieben werden. Ein wichtiger Teil der Planung konzentrierte sich auf den Grünzug Nordost, der als Frisch- und Kaltluftkorridor dient und die Lebensqualität in der Stadt erhöhen soll. Im Zusammenhang damit bewarb sich Mannheim erneut für eine Bundesgartenschau, die im Jahr 2023 auf dem Spinelli-Gelände zu einem wichtigen Motor für die Entwicklung des Grünzugs wurde. Die rund 80 ha große ehemalige BuGa ist heute ein öffentlicher Park. Ein Radschnellweg verbindet ihn mit der Innenstadt.

Zwei Flächen bildeten den Kern der städtebaulichen Konversion: die ehemaligen Spinelli Baracks und das ehemalige Benjamin Franklin Village. Durch ihre Entwicklung wurde der im Norden Mannheims gelegene Stadtbezirk Käfertal der am stärksten wachsende Stadtteil Deutschlands. 2020 hatte er knapp 27.000 Einwohnerinnen. Rund 15.000 neue Bewohnerinnen kamen und kommen in den nächsten Jahren hinzu.

6.1   Das Modellquartier Spinelli – Next Practice

Bereits seit 2014 arbeitet die Stadt Mannheim zusammen mit verschiedenen Partnerinnen daran, das neue Quartier Spinelli zu gestalten. Die Entwicklung eines Quartiers ist nicht nur eine der schwersten und verantwortungsvollsten planerischen Aufgaben – Spinelli als Modellquartier hat aufgrund des in der Rahmenplanung definierten Anspruchs einen besonders hohen Schwierigkeitsgrad. Bei der Erarbeitung des Rahmenplans lag ein wesentlicher Fokus auf dem sozialen Miteinander sowie auf der Nutzung und Gestaltung öffentlich zugänglicher Räume. Modellquartier bedeutet aber auch, das vorhandene Planungsinstrumentarium sowie die finanzierbaren und administrativen Möglichkeiten der Einflussnahme im Rahmen der Genese eines resilienten Quartiers zu prüfen und neue Wege der Kooperation zu suchen und zu gehen.

Die Erweiterung bestehender Wohngebiete bietet auch die Möglichkeit, vorhandene Defizite vor Ort zu beheben bzw. zu korrigieren, während der Zuzug von neuen Bewohnerinnen bisweilen eine Herausforderung für die Alteingesessenen darstellen kann. Im Falle von Spinelli ging es vorrangig darum, erst einmal eine räumliche Schnittstelle zwischen Alt und Neu zu definieren und eine neue Angebotssituation für infrastrukturelle Einrichtungen unterschiedlicher Art in Käfertal-Süd zu generieren. Die prognostizierten maximal 5000 neuen Einwohnerinnen machten die Entwicklung eines Zentrums in Form eines neuen Quartiersplatzes mit fußläufigen kommerziellen Einrichtungen und die

Erschließung durch den schienengebundenen ÖPNV möglich, da beides erst durch die nun erreichte kritische Masse wirtschaftlich darstellbar war. Gleichzeitig müssen die Angebote aus dem Bereich der sozialen Infrastruktur erweitert werden. Für Käfertal-Süd bedeutete das: ein Stadtteil erfindet sich neu und wird durch den Zuzug zukunftsfähiger umgestaltet.

Im baulich-räumlichen Kontext einer gewachsenen Stadt entsteht auf Spinelli nach den Leitbildern „Stadt weiterbauen" und „Quartier statt Siedlung" ein Quartier, das noch höhere Maßstäbe setzt als das, was in Mannheim bisher schon umgesetzt wurde. Die gewachsenen Strukturen und das dazugewonnene Areal wachsen zusammen. Insbesondere das Gebot des Bestandserhalts sowie der schonende und gerechte Umgang mit Ressourcen, der Erhalt und die Um- und Neuinterpretation des Bestehenden verbunden mit neuen Ideen und Kooperationen sollen die Kennzeichen des Quartiers sein. Durch eine Einbindung und mögliche Neuausrichtung bestehender (sozialer) Infrastrukturen und die dazugehörigen Freiräume soll der Einsatz von Ressourcen minimiert werden. Ergänzt durch neue, vor allem soziale Strukturen und öffentlich zugängliche Freizeiteinrichtungen entstehen vielfältige Nutzungsmöglichkeiten für ein funktionierendes Miteinander. In diesem Kontext ist vor allem auch der experimentelle Prozess des SpinelliFreiRaumLabs und die Konsolidierung mit Hilfe des daraus resultierenden Netzwerks zu sehen, auf das später noch eingegangen wird.

6.2 Der Rahmenplan für Spinelli – Entwicklung des neuen Quartiers

In den Jahren 2014/15 wurde auf der Basis eines städtebaulichen Entwurfs der Städtebauliche Rahmenplan erarbeitet, der die Grundlage für den weiteren Prozess bildete. Um frühzeitig in eine kooperative Planung zu gehen und einen Dialog anzustoßen, wurden im Zuge des Rahmenplanprozesses seit 2016 mit Unterstützung einer Urbanistin zahlreiche Werkstatt-Veranstaltungen zu verschiedenen Themen wie Soziales, Biodiversität, Holzbau, Qualitätssicherung, Ökologie, Klima, Mobilität und Städtebau initiiert, deren Ergebnisse in den Rahmenplan einflossen. Vertreterinnen der entsprechenden Verwaltungsressorts, Expertinnen von Universitäten oder Initiativen und lokale Akteurinnen waren gleichermaßen beteiligt. Parallel arbeiteten Vertreterinnen des Karlsruher Instituts für Technologie (KIT) und der Hochschule für Technik Stuttgart (HFT Stuttgart) an einer Klima-Optimierung und neuen Nachhaltigkeitsansätzen für den Wettbewerbssieger im Städtebau Spinelli.

Darüber hinaus wurden auch die Mannheimer Stadtgesellschaft und die Nachbarinnen bei Veranstaltungen in der sog. U-Halle auf dem BuGa-Areal einbezogen. Die Stadt öffnete die Tore des vorher nicht zugänglichen Geländes für viele, die sich informieren, Anregungen und Kritik loswerden oder ihr Interesse an einer Wohnung bekunden wollten. Ein wichtiger Schritt, denn natürlich gab es, wie überall, Ängste vor Veränderungen oder Befürchtungen, beispielsweise dass der Bau des neuen Quartiers ein erhöhtes Verkehrsaufkommen und Parkplatzkonkurrenzen mit sich bringen würde. Und auch die Idee, eine BuGa auf dem Gelände auszurichten, wurde nicht von allen begrüßt. Ein Bürgerentscheid im Jahr 2013 ergab nur eine knappe Mehrheit für das Vorhaben, und einige Bürgerinnen wollten das Ergebnis nicht akzeptieren. Vor diesem Hintergrund waren die öffentlichen Veranstaltungen, die in den Jahren 2017 und 2018 auf Spinelli stattfanden, essenziell. Sie informierten, stellten Teilhabe sicher und feierten zugleich den Aufbruch. So stellten beispielsweise die Wissenschaftlerinnen vom Karlsruher Institut für Technologie KIT und der Hochschule für Technik Stuttgart HfT ihre Mitarbeit an den Entwicklungen vor, der Allgemeine Deutsche Fahrrad-Club ADFC informierte über den Radschnellweg, und das für den Städtebau verantwortliche Büro sowie BuGa-Vertreterinnen stellten ihre Planungen vor. Auch eine Werkstatt mit Jugendlichen sammelte Wünsche und Wissen ein.

Ein entscheidender Beitrag war zudem die aktive Teilnahme der Institutionen und Vereine aus Käfertal-Süd, die sich auf die neuen Nachbarinnen freuten. Vertreterinnen der Kirchengemeinden und des Turnverein 1880 Käfertal e. V. – die heutige Kerngruppe des Spinelli FreiRaumLabs – etablierten früh eine gemeinsame Willkommenskultur. Zur steigenden Akzeptanz und einer positiven Grundstimmung trug nicht zuletzt die Projektgruppe Konversion bei, die sich intensiv und sehr transparent mit allen Anregungen, Einwänden und Ideen der Bürgerinnen auseinandersetzte. Alle Ergebnisse wurden gesichert und im Städtebaulichen Rahmenplan, der dann vom Gemeinderat der Stadt Mannheim 2018 beschlossen wurde, in ein Programm transformiert. Auch ein Zwölf-Punkte-Programm zur Wohnungspolitik wurde in diesem Kontext entwickelt, um eine durchmischte Bewohnerschaft und anteilig kostengünstigen Wohnungsbau zu generieren. Mit einer kleinteiligen Vergabe der Grundstücke und einer Konzeptvergabe, bei der die Qualität und nicht der Preis im Vordergrund standen, folgte sukzessive die Umsetzung: eine Vergabe mit Blick auf eine gute Mischung, sowohl was die Bewohnerschaft betrifft als auch die unterschiedlichen Architektursprachen. Studierende wohnen neben Best-Agern, vom Wohnblock bis zum Punkthaus hält das Quartier ganz unterschiedliche Gebäude und als wichtiges Element eine gemeinsame, verbindende Grünfläche bereit. Die Bewohnerinnen können innerhalb ihres Blocks sowohl ihre privaten Rückzugsflächen als auch gemeinschaftlich eine Fläche nutzen, alles ist über Wege miteinander verbunden.

6.3 Das Spinelli FreiRaumLab – Neucodierung von (Stadt-)Räumen

Ein Ergebnis der langjährigen gemeinschaftlichen Arbeit vieler beteiligter Ressorts aus der Verwaltung, externer Fachleute, Vertreterinnen von Kirchen sowie lokaler Einrichtungen war auch die Erkenntnis, dass die Schnittstelle zwischen Käfertal-Süd und Spinelli ein Ort ist, der vielfältige städtische Herausforderungen vereint. An dieser Stelle treffen die katholische Kirchengemeinde Maria Magdalena mit der St.-Hildegard-Kirche, die evangelische Gemeinde Käfertal und im Rott mit der Philippuskirche, der TV 1880 Käfertal mit seinen Sportanlagen und dem Vereinsheim, die Bezirkssportanlage und der Caritas-Verband Mannheim mit dem Joseph-Bauer-Haus und dem Franz-Völker-Haus sowie eine Grünanlage aufeinander. Eine neue Grundschule und eine Kita sind direkt nebenan im Bau. Diese stadträumliche Situation soll die Grundlage für das neue soziale und grüne Zentrum bilden, das die Nachbarschaften verbindet. Aber sowohl die katholische als auch die evangelische Kirche werden von ihren Landeskirchen möglicherweise in den nächsten Jahren aufgegeben. Gleichzeitig braucht nicht nur der Sportverein mehr Platz für seine Aktivitäten, auch in der Nachbarschaft und in der Mannheimer Stadtgesellschaft besteht ein hoher Bedarf an flexibel nutzbaren Räumen. Wie vielerorts erschweren Nutzungskonflikte auf den Grünflächen und institutionelle Barrieren neue Wege.

Um gute Lösungen für eine effektive Zusammenarbeit zu finden und die verschiedenen Konstellationen zusammenzubringen, mussten die Akteurinnen neue Wege gehen. Sie schlossen sich 2021 – unter fachlicher und prozessgestaltender Begleitung der Urbanistin und des stellvertretenden Leiters der Projektgruppe Konversion – als Netzwerk Spinelli FreiRaumLab zusammen, um gemeinsam an der Realisierung einer ganz spezifischen Idee zu arbeiten: dem Teilen von Wissen, Ressourcen und Räumen. Neben der katholischen Gemeinde, der evangelischen Gemeinde, dem Sportverein und dem Caritas-Verband Mannheim kamen schon früh die Wohngruppen NeighborWood, Oikos und WohnWerk sowie der Projektentwickler Anundo hinzu, die auf Spinelli gebaut haben.

Auslöser war neben der Situation der Kirchen auch der Bedarf des TV 1880 Käfertal an einer Turnhalle, die jedoch nicht finanzierbar war. Auf der Suche nach einer Lösung kamen Überlegungen zu den bereits vorhandenen Räumlichkeiten ins Spiel – der Anstoß für einen kreativen, kooperativen Prozess, der auch in der Verwaltung als neuer Weg aufgegriffen wurde. Vor diesem Hintergrund wurde eine zum Anfang des Prozesses entworfene landschaftsarchitektonische Studie zugunsten eines offenen Prozesses zurückgestellt. Das erzeugte Bild stellte nur eine von vielen möglichen Umgestaltungsoption dar und sollte verdeutlichen, dass durch die Möglichkeit, einen Raum umzugestalten, am Ende Besseres entstehen kann – auch ohne, dass der erste Entwurf zwingend umgesetzt werden muss. ‚FreiRaum' sind nun im Sinne des Netzwerks Grün- und Erholungsflächen ebenso wie Kirchen- und Gemeinderäume, Sportflächen und Umkleiden, der Speisesaal im Pflegeheim oder die Gemeinschaftsräume der Wohngruppen. Viele von ihnen sind vielfältig nutzbare, sogenannte „weiße Räume", die – multicodiert und unspezifisch – für die Nutzung und Aneignung aller Altersgruppen und ihrer Bedürfnisse geeignet sind. In einer institutionsübergreifenden und flexiblen Nutzung solcher Räume liegt großes Potenzial. Solche offenen Raumangebote ermöglichen es den Bewohnerinnen, sich aktiv einzubringen und den öffentlichen Raum (gemeinsam) zu nutzen. Gleichzeitig kann das Angebot der einzelnen Akteurinnen und Institutionen vielfältiger und somit attraktiver gestaltet werden. Neben der Förderung der Gemeinschaft sind hier auch finanzielle und Nachhaltigkeitsaspekte relevant: Der Bestand und die Ressourcen werden intensiver genutzt, Abriss kann vermieden werden, Kosten werden reduziert. Räumliche und organisatorische Veränderungen sollen auch Raum für Vielfalt und Teilhabe bieten.

Mit diesem für die Stadtentwicklung über Mannheim hinaus relevanten Ansatz war das Spinelli FreiRaumLab schon Gastprojekt der Internationalen Bauausstellung Heidelberg 2022. Leitbild ist dabei die vom IBA-Kuratoriumsmitglied Dr. Karl-Heinz Imhäuser entwickelte These der „Kommunalen Wissens-Schaffens-Zentren". Grundlage der These ist, dass Wissen als Zukunftsressource der offenen Gesellschaft an reale Orte gebunden ist. Dieser theoretische Ansatz wird in die verräumlichte Praxis übertragen, um einen Ort hybrider Überlagerungen bisher getrennter Aufgaben und Orte der Begegnungen und des Austauschs im neuen Wohnquartier zu schaffen.

Im Zentrum der gemeinsamen Arbeit des Netzwerks Spinelli FreiRaumLab stehen die Fragen: Welche Flächen gibt es vor Ort, wie werden sie bisher genutzt, und auf welche Weise kann ihre Nutzung durch neue Verbindungen von Akteurinnen und Handlungen erweitert werden? Hierfür wurde unter anderem ein „Raumbuch" erarbeitet, das alle Flächen und Räume darstellt. Um institutionelle, nachbarschaftliche und organisatorische Grenzen zu überwinden, ist aber vor allem der Aufbau einer tragfähigen Struktur, die das Teilen der bestehenden Flächen und Räume praktisch ermöglicht, essenziell. Die größte Herausforderung ist die Begleitung der beiden Kirchen in die Zukunft – und das unter Zeitdruck. Denn ohne deren Gebäudeensembles fehlt ein wichtiger Baustein für das neue soziale und grüne Zentrum zwischen Alt und Neu. An einem Konzept für alle Räume arbeitet das Netzwerk gemeinsam. Das Öffnen bereits bestehender Konstellationen ist dabei schwer, aber entscheidend. Für die weitere Zusammenarbeit und die Etablierung einer langfristig eigenständig agierenden Netzwerkstruktur wurde eine Kooperationsvereinbarung formuliert, die von den Netzwerkpartnerinnen unterzeichnet werden soll.

6.4   Die *Piazza Spinelli* – Treffpunkt und Diskursort

Um das Spinelli FreiRaumLab zu stützen und das Teilen von Raum, Ressourcen und Wissen zu erproben, wurde im Rahmen des Präsentationsjahres der IBA Heidelberg im Sommer 2022 die Piazza Spinelli – ein performatives Installations- und Ausstellungsprojekt umgesetzt. Mit dem gemeinsamen Bauen von Möbeln und ersten Interventionen ging es los, Vorträge und Diskussionen thematisierten den Stadtraum und aktuelle Themen, die die Beteiligten und die Nachbarschaft bewegen. Begegnungen und Aushandlungsprozesse kamen behutsam in Gang, sodass die Piazza Spinelli jetzt ein Treffpunkt für viele geworden ist. Die Piazza Spinelli ist sowohl Schnittstelle zwischen den gebauten Strukturen und Grünzügen als auch aktivierende Plug-in-Struktur, die zwischen lokalen Akteurinnen und dem internationalen Städtebaudiskurs vermittelt. Im Zeitraum der BuGa 2023 lief neben den Aktivitäten der Netzwerkpartnerinnen wieder ein kuratiertes Programm, inzwischen ist das Kuratieren nicht mehr nötig.

Das Projekt „Bewegung auf der Piazza Spinelli" wurde vom TV Käfertal beim Programm „Gemeinsam Neues Schaffen" der BASF eingereicht und erhielt eine Spende für den Bau einer Gerätebox und ein Bewegungsprogramm, das Übungsleiterinnen für Kinder anbieten – sowohl in Form von Gymnastik auf öffentlichen Plätzen, wie es zum Beispiel in Asien üblich ist, als auch mit Geräten. Die Box wird gemeinsam mit Partnerinnen aus dem Netzwerk gebaut. Die Geräte selbst sollen auch der Kita St. Hildegard und Nachbarschaftsgruppen zur Verfügung stehen. Und mit der Open-Air-Ausstellung „Urlaub in Käfertal", die ihren Startpunkt an der Piazza Spinelli hatte und auf 31 markante und geschichtsträchtige Orte im Stadtteil sowie das neue Quartier hinwies, wurde Käfertal auch zur Ausstellung zeitgenössischer Stadt. Der begleitende „Reiseführer" lud ein, den Stadtteil auf eigene Weise zu entdecken, selbst zu deuten, neue Verknüpfungen zwischen Momenten herzustellen, neue Übergänge zu stiften. Dieses Angebot wurde von vielen Mannheimerinnen angenommen, die meist mit dem Fahrrad die Gegend erkunden.

6.5   Große und kleine Schritte in die Zukunft

Das Spinelli FreiRaumLab wurde von Anfang 2023 bis Mitte 2024 durch das Bundesministerium für Wohnen, Stadtentwicklung und Bauwesen im Rahmen der Nationalen Stadtentwicklungspolitik gefördert. Diese Förderung ermöglichte es, die seit Projektbeginn im Jahr 2021 entwickelten Methoden und Strukturen fortzuführen und weiterzuentwickeln. Neben dem laufenden Aufbau und der Etablierung des Netzwerks wurden zwei weitere wichtige Säulen des Vorhabens unterstützt: das Programm auf der Piazza Spinelli und die Dokumentation der Ergebnisse in einer Publikation. Damit sollten sowohl eine eigenständige und langfristig agierende Kooperationsstruktur geschaffen als auch die innovativen Ansätze des Projekts forschend begleitet und als Vorbild für andere Städte und Akteurinnen aufbereitet und nutzbar gemacht werden.

Um institutionelle, nachbarschaftliche und organisatorische Grenzen zu überwinden, ist der Aufbau einer tragfähigen Struktur, die das Teilen der bestehenden Flächen und Räume praktisch ermöglicht, nun essenziell. Es war und ist ein langwieriger Prozess. In den letzten Jahren hat sich einiges entwickelt, und das Netzwerk steht seit Beginn des Jahres 2024 an einem ganz entscheidenden Punkt: Der Diözesan-Caritasverband wird das Kirchengebäude von St. Hildegard kaufen und in eine Ausbildungsstätte für Erzieherinnen und Pflegekräfte umwandeln. Diese Nutzung fügt sich gut in das grüne und soziale Zentrum ein – und der bevorstehende Umbau bringt Dynamik in den Gesamtprozess. Es geht nicht darum, St. Hildegard aufzulösen, sondern die Kirche einer anderen Nutzung zuzuführen. Nun gilt es, den Caritasverband von der Idee des Netzwerks zu überzeugen, sodass vor allem die Räume im Erdgeschoss, etwa eine geplante Cafeteria, auch von Außenstehenden genutzt werden können. Es gab bereits positive Gespräche mit Caritasverband und der Schulleitung, die beide Interesse und Offenheit für eine Kooperation bekundet haben.

Eine Bedingung für die Zustimmung des katholischen Pfarrgemeinderats zur Veräußerung der Kirche war es, dass die Gemeinde einen neuen Gottesdienstort bekommt. Die evangelische Gemeinde öffnet hierfür die Philippuskirche, in der zukünftig beide Gemeinden Platz finden sollen. Dafür wiederum war die Bedingung, dass die Kirche noch fünf Jahre nutzbar ist. Die Landeskirche hat dieser Frist aufgrund der Kooperation vor Ort und der Netzwerkarbeit zugestimmt, aber danach wird sie keine Mittel mehr für die Philippuskirche zur Verfügung stellen. Das heißt nicht, dass diese und andere betroffene Kirchen als Konsequenz abgerissen werden. Die Kirchen können als Standorte bestehen bleiben, wenn sie sich selbst finanzieren können bzw. zukünftig mitfinanziert werden.

Da die aktuelle Planung eine weiterführende Schule im Quartier Spinelli vorsieht, die eine optimale Anbindung durch den schienengebundenen öffentlichen Verkehr erforderlich macht, ist es sehr wahrscheinlich, dass das Vereinsheim des TV Käfertal in den nächsten Jahren für die neue Trassenführung und die Haltestelle einer Straßenbahnlinie weichen muss. Für die Sportfelder gibt es unmittelbar angrenzende Ersatzflächen. Weiterhin gibt es Bemühungen seitens des Vereins, die Sporthalle der weiterführenden Schule mitnutzen zu können. Die Spinelli-Grundschule geht im September 2024 in Betrieb, die neue Leiterin wird sich an der Netzwerkarbeit beteiligen. Grundsätzlich wird das Raumthema für Schulen in den nächsten Jahren immer wichtiger, denn ab dem Jahr 2026 wird die Ganztagsbetreuung zur Pflicht. Gleichzeitig werden Querschnittsangebote und die institutionell übergreifende Zusammenarbeit bei der Ganztagsbetreuung an Schulen aufgrund von Personalmangel und steigenden Kosten zur zentralen Zukunftsaufgabe.

Die Wohngruppen im Spinelliquartier haben mittlerweile ihre Gemeinschaftsräume in Betrieb genommen. Eine von ihnen gründet einen Kunst- und Kulturverein, der in das Quartier hineinwirken und die Nachbarschaft miteinander verbinden soll. Und seit Erstellung des Rahmenplans ist das Areal Spinelli für Angebote der Mannheimer Jugendarbeit und die Etablierung einer Jugendeinrichtung im Gespräch. Hierfür kommen neben der U-Halle auch Räume des Spinelli FreiRaumLabs infrage. Abstimmungen hierzu werden derzeit fortgesetzt. Im Zuge dieser Entwicklung gewinnt die bereits 2022 beauftragte landschaftsarchitektonische Planung für eine neue und direkte Durchwegung sowie die Nutzung der Bezirkssportanlage wieder an Bedeutung. Nun kann auch geprüft werden, wie sich die Wegeführung auf dem Areal durch die aktuell entwickelten Bedarfe und nun wandelnden Nutzungen ändern sollte.

Als methodische und darstellende Grundlage für das Teilen der Räume wurde ein „Raumbuch" angelegt. Dieser Katalog beinhaltet alle relevanten Informationen zu den Räumen, die am Netzwerk beteiligte Institutionen zur Verfügung stellen, dazu ihre spezifischen Qualitäten und Eignungen für zusätzliche Nutzungen. Die vorhandenen Raumtypologien sind ausgesprochen vielfältig, was ganz unterschiedliche Nutzungen zulässt. Die im Raumbuch aufbereiteten Informationen sollen im nächsten Schritt in ein Online-Sharing-Programm eingepflegt werden. Dadurch wird es unter anderem möglich, Räume zu reservieren und Einblicke in die Aktivitäten und Angebote der Netzwerkpartnerinnen zu erhalten. Das Programm ist bei der evangelischen und katholischen Gemeinde bereits in Betrieb und wurde speziell für die Buchung von Gemeinderäumen entwickelt. Der wichtigste Schritt in die Zukunft ist das Konzept mit Nutzungsstudien und -szenarien, das derzeit erarbeitet wird. Auch schwierige Organisationsfragen und Themen wie

Schlüsselgewalt, Haftung und Finanzierung sind in diesem Kontext konstruktiv zu lösen. Das Konzept beinhaltet eine Darstellung der städtebaulichen Situation, Informationen über die Räume, Szenarien zu Raumtausch und gemeinsamen Nutzungen, zu einer Koordinierungsstelle, zur wirtschaftlichen Machbarkeit und zu Betreibermodellen.

Ein zentrales Thema ist die zukünftige Koordinierung und Betreuung. Fast alle Netzwerkpartnerinnen arbeiten ehrenamtlich, doch die Belastung ist groß und wird in den nächsten Jahren nicht weniger werden. Deshalb kommt der Finanzierung einer festen „Kümmerer-Stelle", der Organisationsform und der Trägerschaft eine große Bedeutung zu. Große Hoffnung ist nun, mit dem erarbeiteten Konzept Mittel für eine solche Stelle aus der Struktur heraus oder im Rahmen von Förderungen zu erhalten. Auch die Rolle der Stadt Mannheim innerhalb des Netzwerks ist zu definieren. Eine überwiegend auf ehrenamtlicher Arbeit beruhende Form der Organisation erscheint auch aus Sicht der Akteurinnen nicht akzeptabel. Die Stadt sollte grundsätzlich ein Interesse an solchen Initiativen haben, da diese vorsorglich und im besten Sinne nachhaltig ein lebens- und liebenswertes Wohnquartier entstehen lassen. Leider zeigt die Erfahrung, dass Kommunen in der Regel erst dann aktiv werden, wenn ein Wohngebiet zu einem Problemquartier wird. Die Regeneration ist dann mehr als mühsam und mit einem hohen finanziellen und personellen Aufwand verbunden.

6.6   Auf einem guten Weg, aber es geht um mehr

Das Netzwerk will Gemeinschaft, Gestaltung, Problemlösung, Diskurs, Wissensproduktion und Forschung zusammenbringen. Der Ansatz basiert auf der gemeinwohlorientierten Erschließung von Raumpotenzialen und der Entwicklung nachhaltiger Nutzungsstrategien für die Stadtgesellschaft. Ein wichtiger Faktor ist die intensive Zusammenarbeit mit der Verwaltung (der Projektgruppe Konversion der Stadt Mannheim) als disziplin- und institutionsübergreifendes Schaffen einer neuen kooperativen Methodik zum konstruktiven Umgang mit aktuellen städtischen Entwicklungen. Der Fokus liegt darauf, zu fragen, was Anerkennung und Qualifizierung des Bestehenden heute heißen kann. Damit trägt das Spinelli FreiRaumLab auch zum allgemeinen Diskurs über den Umgang mit der gebauten Stadt und einer neuen Planungskultur bei. Die erarbeitete Methodik ist auf andere Orte übertragbar und in einer Publikation „Piazza Spinelli – Übungsraum für die Stadt" zusammengefasst (Below und Dell 2024).

Fazit

Für eine Stadtgesellschaft ist es wichtig, Angebote und Orte zu schaffen, an denen Wissen entsteht und vermittelt werden kann (vgl. Kommunale Wissens-Schaffens-Zentren). Anders als eine Siedlung sollte ein Quartier Optionen zur Bildung eines Miteinanders durch Angebote fördern und das gesellschaftliche Nebeneinander unterschiedlicher gesellschaftlicher und Nutzergruppen im Kleinen repräsentieren. Ein funktionierendes Quartier fördert die politische Resilienz und den respektvollen Umgang miteinander. Quartiersentwicklung ist auch ein (räumliches) Angebot für eine individualisierte, plurale Gesellschaft, die Demokratie und Toleranz praktiziert und sich ständig weiterentwickelt.

Doch die Beliebtheit der Stadt als Wohnstandort stellt für die Kommunen bei der Bereitstellung der notwendigen infrastrukturellen Einrichtungen und Angebote eine große finanzielle Herausforderung dar, da sie chronisch unterfinanziert sind. Das Kernstück der kommunalen Selbstverwaltung sind die freiwilligen Leistungen, die neben den Pflichtaufgaben (z. B. öffentliche Ordnung, Schulen, Kindergärten, Sozialhilfe) aus dem kommunalen Haushalt finanziert werden müssen. Die stetig zunehmenden Pflichtaufgaben in den letzten Jahrzehnten haben zu einer sehr starken Belastung der Haushalte und in vielen infrastrukturellen Bereichen zum Investitionsstau geführt. Dies geht in der Regel zulasten der freiwilligen Ausgaben aus den Bereichen Kultur, Sport, Freizeit, die den Wohnwert einer Stadt oder eines Quartiers ausmachen – ein Teufelskreis. Tatsächlich hat sich die Stadt aus vielen Bereichen des öffentlichen Lebens zurückgezogen und sich auf das Pflichtprogramm und ein Minimum an freiwilligen Ausgaben konzentriert. Kirchen, gemeinnützige Organisationen, Vereine, Initiativen und Ehrenamtliche haben dabei zunehmend an Bedeutung gewonnen und das Angebot dort, wo die Menschen wohnen, aufrechterhalten. Da die chronische Unterfinanzierung der Kommunen nur langfristig durch umfangreiche Reformen gelöst werden kann, erscheinen Ansätze wie die hier dargelegte Bildung eines intentionell übergreifenden Netzwerks eine geeignete Lösung, um das Angebot weiter auszubauen und gleichzeitig die Kosten für alle Beteiligten zu minimieren.

Soziostrukturelle Aspekte bei den Planungen im Spinelli-Quartier

Rainer Kilb

In der Planung neu entstehender Stadtquartiere sollte die Antizipation einer durch die Quartiergestaltung, die Wohnungsbelegung und die Infrastrukturausstattung zu fördernde Gemeinwesenentwicklung eine zentrale Rolle spielen. Welche Faktoren hierbei zu beachten wären, ist Gegenstand der nachfolgenden Ausführungen. Dabei werden am Beispiel der Entwicklung der Spinelli-Konversionsflächen in Mannheim auch sozialökologische Aspekte unter Nachhaltigkeitsgesichtspunkten betrachtet.

Durch anhaltenden Zuzug in die Metropolregionen stehen insbesondere deren zentrale Großstädte vor der Aufgabe, nicht nur mehr Wohnraum auf meist nicht erweiterbarer Fläche anzubieten, Siedlungsdruck und ökologische Standards miteinander auszubalancieren, sondern auch sozialökologische Verträglichkeit unter sozialstrukturellen Aspekten zu antizipieren; also mit der Fragestellung umzugehen, unter welchen Bedingungen gelingt ein möglichst gelingendes Zusammenleben bei zu erwartender bzw. geplanter und erwünschter soziostruktureller Heterogenität und kultureller Vielfalt der zuziehenden Bevölkerungsgruppen. Diese Fragestellung spielt insbesondere dann eine große Rolle, wenn völlig neue Quartiere gebaut werden wie etwa in der Hafencity Hamburg, im Nordwesten Frankfurts und Kölns oder auf den diversen Mannheimer Konversionsflächen. Hierbei werden i. d. R. pauschal Mischbelegungen durch qualitativ unterschiedliche Wohnungstypen sowie eine Ausweisung bestimmter

R. Kilb (✉)
Frankfurt, Deutschland
E-Mail: r.kilb@hs-mannheim.de

Anteile öffentlich geförderter Wohnungen angestrebt. Eine solche, allein an formalen sozialpolitischen Zielsetzungen orientierte Maßgabe steht noch lange nicht für sozialökologische Nachhaltigkeitseffekte in den betroffenen Quartieren. Im Gegenteil kann eine pauschale und unreflektierte Addition solcher Mischungs-Standards wieder zu Mikrogettoisierungen oder auch zu anhaltenden Konflikten zwischen kulturell verschiedenen Lebensgewohnheiten führen. Hier wäre eher auf intelligente Kombinationen verschiedener, zueinander passender lebensweltlicher Aspekte zu achten, die es bei der räumlichen Anordnung verschiedener Wohn- und Lebensformen zu beachten gilt.

Im Rahmen des Mannheimer Spinelli-Modells wurde mithilfe einer multidisziplinär besetzten Planungskommission und damit über eine interdisziplinäre Kooperation und Planung diesen Fragestellungen nachgegangen und dadurch o. a. Anforderungen entsprochen.

Folgende Aspekte und Fragestellungen sollen hier im Einzelnen betrachtet werden:

1. Ist gelingendes soziales Zusammenleben überhaupt antizipier- und planbar?
2. Mit welchen Entwicklungen unter den neu zuziehenden Personen und/oder Familien ist zu rechnen?
3. Von welchen Selbstorganisationsimpulsen ist in einem neu entstehenden Gemeinwesen auszugehen?
4. Wie lassen sich mithilfe von Quartiergestaltung und institutioneller Unterstützung Integrationspotenziale entfachen und fördern?

Mit der Bebauung der Konversionsflächen der ehemaligen Spinelli-Barracks im Vorfeld und parallel zur Bundesgartenschau 2023 (BuGa) ergaben sich für die Stadt Mannheim einerseits diverse Möglichkeiten von Arrondierungen der bestehenden Stadtteile Käfertal, Feudenheim und Wallstadt; andererseits fungiert ein neu entstehender Grünzug als ökologische Mobilitätstransversale sowie als zentraler Erholungs-, Erlebnis- und Aktionsraum. Ihm kommen damit einerseits quartierübergreifende stadtweite funktionale und zudem auch Integrations- und Identifikationswirkungen zu. Der BuGa-Park erweitert andererseits räumlich die Binneninteraktionsmöglichkeiten der drei umliegenden Stadtteile.

Je nachdem, wie offen und aufnahmebereit sich die bereits existierenden Gemeinwesen den neu hinzuziehenden Bürgern gegenüber zeigen, arrondieren sich die bestehenden Stadtteile mehr oder weniger informell in ihren sozialen Strukturen. Je heterogener dabei die soziale Mischung (Kultur, soziale Schichtung, Milieus, Altersaufbau) bei der bestehenden, wie der neu hinzuziehenden

Bevölkerung ausfällt, umso größer wird ein gegenseitiger Verstehens- und Orientierungsbedarf ausfallen und umso höher ist auch der zu leistende integrative Aufwand. Die Annahme ist aber, dass sich ein solcher Aufwand eines sozialen und ökologischen Nachhaltigkeitskonzeptes nicht nur amortisiert, sondern auch fortlaufende Selbstentwicklungsprozesse in den verschiedenen Gemeinwesen auslöst.

Die baulichen Anordnungen bilden dabei den Rahmen für Verstärkungen oder Verhinderungen integrierender Effekte. Je größer ein neues Quartier ausfällt, je mehr es von seinen Bewohnern in seiner Wohnstruktur auf interne örtliche Arbeits- und Versorgungsverhältnisse hin orientiert ist, umso weniger wird es mit umliegenden Quartieren sozial verzahnt sein. Zur kommunikativen und sozialen Verzahnung bedarf es dann diverser informeller, institutioneller und personenbezogener Impulse (vgl. Kap. 6). Subzentrale institutionelle Integration findet gewöhnlich über die Einrichtungen der Kindertagesversorgung (KiTas), die Grundschulen, ggf. eine Bibliothek, eine VHS, die bestehenden Vereine oder einen Jugendtreff statt. Informelle Integrationswirkungen entfalten sich über Bezugsorte der Nahversorgung, der Reproduktion (Bewegung, Freizeitausübung, Erholung), Kleingärten, Spiel- und Sportplätze, Parkflächen sowie über „Entwicklungsflächen", auf denen durch gemeinsames Handeln erst ‚Kollektivität' entstehen kann, wie etwa Urban-Gardening- oder Kleingarten-Projekte. Angebote über religiöse und kulturelle Orte und/oder Gruppen, den Sport, die weiterführenden Schulen ergänzen diese Palette.

Entscheidend für die Entwicklung eines modernen, urban geprägten Gemeinwesens dürften mehrere Komponenten sein, die ggf. auch durch professionelle Impulse begleitet bzw. umgesetzt werden sollten:

- Im Rahmen einer geplanten und zu erwartenden breiten soziokulturellen und sozioökonomischen Bewohnermischung geht es um die Partizipation möglichst vieler und um Interessenabstimmungen. Dieser Prozess ist notwendig, damit sich die Bewohner ihr Quartier nach und nach als ihr eigenes Umfeld aneignen;
- In einer zu erwartenden ungleichen und uneinheitlichen Vielfaltsstruktur ringen die diversen Adressatengruppen um geeignete Modelle sozialer Lebensformen mit teilweise konfliktträchtigen Interaktionsformaten. Diese sind bei Bedarf möglichst auch professionell begleitet zu organisieren und ggf. zu moderieren;
- In einer lokal ‚vereinten Vielfalt' stellt sich erst in einem mittel- bis langfristigen Entwicklungsprozess heraus, wer und was sich weshalb mit wem am besten verträgt und was sich eher ausschließen wird. Deshalb ist gerade die Einzugsphase eines neuen Quartiers mit bestimmten Risiken verbunden.

Voraussetzung für nachhaltige Entwicklungen dieser drei Prozessvarianten sind eine offene und positive Einstellung zum bzw. eine Identifikation mit dem neuen Quartier. Um solche Prozesse anzustoßen, zu fördern und erfolgreich zu gestalten, eignen sich spezifische Rahmenbedingungen und Methoden für Aktivierung wie beispielsweise ein Quartierstreff in einer VHS-Außenstelle oder Bibliothek, individuell und gemeinschaftlich nutzbare Bau-, Garten- und Spielflächen als aktivierende Entwicklungs- und Aufbauangebote, wie auch bürgerschaftliches Engagement im Umfeld der Institutionen und informellen Projekte (Lesepaten, Mentoren, gemeinsame Bauprojekte usw.). Insbesondere ist die Einbindung der Bewohner von großer Bedeutung, denn erst hierdurch ergeben sich Zuständigkeiten, die sich sukzessiv zu Verantwortlichkeitsübernahme gegenüber dem quartierbezogenen Geschehen hin entwickeln können. Bestenfalls gehen neue Gründungen im Viertel dann auf Impulse aus der Bewohnerschaft zurück. Dabei entstehen Gemeinschaftsbildung und lokale Identität gewöhnlich entweder erst sukzessive und in einem dialektischen Prozess von Integration und Exklusion oder auch durch professionelle Unterstützungsformen wie dem Quartiersmanagement.

7.1   Zur Planbarkeit von gelingendem sozialem Zusammenleben

„Ja, mach nur einen Plan,

Sei nur ein großes Licht,

Und mach dann noch 'nen zweiten Plan,

Geh'n tun sie beide nicht!

Denn für dieses Leben

Ist der Mensch nicht schlecht genug,

Doch sein höh'res Streben

Ist ein schöner Zug."

(aus Berthold Brechts Ballade von der Unzulänglichkeit des menschlichen Strebens)
So könnte man auch den Versuch umschreiben, zu glauben, dass allein eine gute Stadt- bzw. Quartiersplanung, eine gelungene Architektur die Gewähr bieten könnten, dass es zu einem sozial funktionierenden Stadtteil, zu einem kollektiven Gefühl sozialen Zusammenhalts kommt. Die kaum zu planende Kohäsion durch eine nicht bestimmbare Zusammensetzung der Bewohner, die Ungleichzeitigkeit von Entwicklungen, die situativen Gegebenheiten sind alles Variablen,

die eine valide Antizipation zukünftigen sozialen Funktionierens nahezu unmöglich machen. Es sollen deshalb Einschränken erfolgen auf das, was realistisch planbar erscheint und was bei den sozialstrukturellen Überlegungen im Spinelli-Quartier eine Rolle gespielt hat: nämlich Szenarien zu Möglichkeitsräumen, zu Gelegenheitsstrukturen, zu Wahrscheinlichkeiten, die vorteilhaft sein könnten für ein möglichst sich selbst steuerndes Gemeinwesen, und die – vor allem – zukünftige Eigenentwicklungen zulassen können, die man zum augenblicklichen Zeitpunkt noch nicht erfassen kann. Dabei geht es um vier Planungsebenen, die es miteinander zu verzahnen gilt:

(1) Die architektonische Gestaltung, die im Sinne Vitruvs die Kriterien Firmitas (Festigkeit), Nützlichkeit (Utilitas) und Schönheit (Venustas) vereinen müsste. Die Gebäude in Spinelli sollten demnach, in die heutige Moderne übersetzt, den sozialpolitischen Bedarfen entsprechen: nämlich gemischten Bewohnerstrukturen, verschiedenen Wohn-, Arbeits- und Lebensmodellen gerecht zu werden. Und sie sollten in ihrer Ästhetik und Individualität für Erkennbarkeit und Identifikation als „mein Zuhause" stehen.
(2) Stadtentwicklungs- und Quartierplanung sollten das erkennbar Einzelne zu einem ästhetisch anspruchsvollen und sozial funktionierenden Ganzen integrieren können.
(3) Sozialstrukturplanung sollte sozialpolitisch erwünschte Bewohnerzusammensetzungen im Quartier so platzieren, dass möglichst viele Impulse für ein soziales Miteinander und zivilgesellschaftliche Selbstregulation erwartbar sind.
(4) Die Infrastrukturplanung sollte diese Prozesse unterstützen und ermöglichen.

7.1.1 Zu den sozialpolitisch erwünschten Zielen gemischter Bewohnerstrukturen

Spinelli ist als Quartier mit dem Ziel einer pluralen urbanen Bewohnermischung geplant. Dies entspricht einem anspruchsvollen kleinräumigen multi- und interkulturellen Stadtentwicklungskonzept, welches Segregationsprozesse wie in den französischen Banlieues oder den deutschen Trabantenstädten der 1970er Jahre möglichst ausschließen sollte. Das in Spinelli erwartete, mehr oder weniger zusammengewürfelte Aufeinandertreffen vieler unterschiedlicher Menschen verschiedener Lebensalter und Lebenswelten birgt in seiner Diversität zunächst einmal auch Konfliktpotenzial. Analog dem Diktum der Soziologen Georg Simmel und Max Weber, dass Konflikte konstitutiv für jede Vergesellschaftung seien, muss dies nicht negativ sein. Im Gegenteil, Konflikte können die Grundlage für eine dynamische Quartierentwicklung darstellen, nämlich dann, wenn sich diese im städtischen Raum und zwischen den Menschen artikulieren können und wenn die betroffenen Akteure dazu bereit sind, sich in oder auch über ihre Konflikte zu verständigen.

Während Konflikte gemeinschaftsbildend im Ganzen sein können und Energie und Engagement erfordern, stehen gewissermaßen, antipodisch hierzu, die Einzelkarrees in Spinelli, als intimere Rückzugsinseln, eher für vergleichbare Lebenslagen und einander verträgliche Unterschiede. Darüber hinaus werden in den größeren Häusern einerseits öffentlich geförderte und marktgängige Wohnungen für Familien, Alleinerziehende, gemeinschaftliche Wohnformen gemischt, andererseits aber auch nach Lebensaltersgruppen gezielt zusammengestellt: wie etwa Studierende und ältere Menschen in ihren temporären Wohnangeboten. Damit soll erreicht werden, dass die verschiedenen Lebensaltersgruppen, auf der längeren Zeitachse, möglichst kontinuierlich im Quartier präsent sein werden und keine Generationsdominanzen drohen. Auf die intimeren Karrees verteilt wurden gezielt auch die Baugruppen und genossenschaftlichen Bauträger mit teilweise gemeinschaftlichen Wohnformen. Ihnen kommt die Funktion als sozialräumliche Stabilitätsanker zu. Die Mitglieder beider Baugruppentypen ziehen i. d. R. gezielt motiviert in ihre neuen Quartiere, gepaart mit dem Interesse an und einer Offenheit für das neue soziale Umfeld. Dies zeigt sich über deren Angebote für quartiersbezogene Raumnutzung auch im jeweils eigenen Haus.

Offen bleibt die Frage eines verträglichen Nebeneinanders sozioökonomisch verschiedener Bewohnergruppen. Im Spinelli-Quartier wird es sowohl soziale Mischungsformen in einigen größeren Gebäuden geben, aber auch getrennte Unterbringungen in nah zueinanderstehenden Häusern. Hier kann vergleichend beobachtet werden, welche Mischungsformen sozial nachhaltiger sind.

Ein zusätzlicher Stabilitätsfaktor für gelingende Gemeinwesenstrukturen dürfte die Anbindung an die Siedlung Neu-Käfertal darstellen, mit ihren traditionellen kirchlichen, sportlichen und kulturellen Angeboten.

7.1.2 Stadtplanung oder Entwicklungsbegleitung und Interventionsmanagement?

Planung an sich stellt ein mehr oder weniger systematisiertes, gedankliches Vorwegnehmen einer zukünftigen Realität dar; Pläne reichen somit immer in eine phantasierte Zukunft. Je mehr Vorausschaubarkeit gegeben ist und je weniger sich mitwirkende Akteursinteressen, die in Planungen zu berücksichtigen sind, voneinander unterscheiden, umso präziser lassen sich Zielerreichung und Systematisierung von Abläufen planen.

Obwohl Planung eigentlich bedeutet, sich Zukünftiges vorstellen zu können, setzt sie aber – quasi im Widerspruch hierzu – meist an retrospektiven Erfahrungen an und projiziert diese auf vorweg gedachtes Zukünftiges.

Betrachtet man Planungsgegenstände im Stadtentwicklungs-, Sozial- und im Bildungsbereich, so multiplizieren sich die möglichen Einflussvariablen um ein Vielfaches. Traditionelle Planungsverfahren sind hierbei häufig überfordert und transformieren sich eher zu Foren sowohl individueller Interessenartikulation und Selbstinszenierung als auch von Aushandlung und gegenseitiger Abstimmung. Planungsdenken findet so in multipler, von Interessen geleiteter Form lediglich noch in individueller Aufbereitung beziehungsweise in Phantasien einzelner Akteure oder Akteursgruppen statt, die sich professionstypisch fachlich oder auch macht-, hierarchie- und ressourcenorientiert different und oft auch fremd gegenüberstehen und ihre jeweils eigenen Planungsvorstellungen zu realisieren gedenken.

Interessant in diesem Zusammenhang sind hier Begleiterscheinungen aus komplexen Sozial- und Bildungsplanungen, die Hinweise auf ganz neue Formen demokratischer Verständigung geben können, beispielsweise als sog. Governance-Modell (vgl. Böhmer 2017; Schubert 2017). Wenn sich nämlich staatliche, marktbezogene, zivilgesellschaftliche und informelle Netzwerke in komplexen „Planungen" miteinander verbinden, indem sie kooperieren oder teilweise auch gegeneinander ringen, transformiert sich ein zunächst als Planung initiierter Prozess hin zu einem fortlaufenden ‚Werden'. Anstelle von Planung treten dann gegenseitige Information, Kommunikation, Streit, Kooperation, Aushandlung und strategische Bündnisse. Solcherart Entwicklungsprozesse erfordern statt Planungs- dann eher auch Verfahrenskompetenzen, die mit Steuerung, Navigation oder auch Entwicklungsmanagement zu beschreiben wären.

Generell stellt sich also die Frage, wie man sich Entwicklungen im Bildungs-, im kommunalen Stadtentwicklungs- und sozialen Bereich sowohl wirkungsvoll als auch einigermaßen gerecht aushandelnd und gleichermaßen kontingent vorstellen könnte. Formale und technische Planungsaspekte wären in einem solchen integrierten Verfahren als Teilaspekte immer in permanent stattfindende Entwicklungsprozesse integriert, im Sinne einer Aufbereitung empirischer Daten, beispielsweise als Bildungs- bzw. als Sozialberichterstattung oder der Darstellung verschiedener möglicher Szenarien in der Stadtentwicklung. Kaltenbrunner (2020b, 114) weist auf ein neues Austarieren im Verhältnis von individueller Handlungsautonomie und sozialer Ordnung auf der städtischen Bühne hin, mit temporären Projekten statt Masterplänen, mit kurzfristigen Projekten an „kleinen

Orten". „Statt die Entwicklung der Verwaltung und der Ökonomie allein zu überlassen, versuchen die Aktivist:innen (sic) ein Aneignen der Stadt zu erproben"
(ebd.). Die Produktion urbaner Räume erfolge durch flexible, dynamische Strategien, die sich aus unübersichtlichen informellen Prozessen aus der Eigeninitiative
zivilgesellschaftlicher Akteure heraus entwickelten. Solcherart Prozesse stehen
der offiziellen Stadtplanung häufig störend gegenüber, sie seien aber relevant
für zivilgesellschaftliche Verantwortungsübernahme im Sinne eines Prinzips von
„Making Heimat" (vgl. DAM 2016). Die Stadt als Ganzes besitze Eigenschaften,
die den Teilen, aus denen sie besteht, fremd sind (Kaltenbrunner 2020b, 122).
Moderne Stadtentwicklung würde sich nach diesem Diktum unterteilen in einerseits begleitende Entwicklungs- und Prozessbeobachtung sowie in formalisierte
kommunalpolitisch legalisierte bauliche (Weiter-)Entwicklung der Städte.

Im Falle des Spinelliquartiers erfolgen diese beiden Planungsverständnisse
aufeinander aufbauend. Während über die städtebauliche, die Vergabe der Grundstücke nach vorher festgelegten Kriterien und die Planungen der einzelnen
Projekte in einer interdisziplinär arbeitenden Planungskommission entschieden
wird, erfolgt nach der baulichen Umsetzung in der Einzugsphase der neuen
Bewohnerinnen eine Prozessbegleitung in Form des sog. „Aufsiedlungsmanagements" (vgl. Kap. 14). Dieser Ansatz orientiert sich u. a. am US-amerikanischen
Modell des Community Organizing (vgl. Mohrlok et al. 1993), als Instrument,
als Methode und als sozialräumlicher Instanz in der Rolle, gleichermaßen beob-
achtend, Impuls gebend, organisierend, bedarfsbezogen-advokatorisch, Interessen
erkundend, prozessbegleitend und intermediär mediierend zu wirken. In dieser
Weise kann Urban-Organizing (und als Äquivalent für den ländlichen Raum
Rural Social Organization (Sanderson 1942)) als Entwicklungsmanagement zum
effektiven Instrument bildungs- und sozialpolitischer Gestaltung im kommunalen
Bereich werden. Bei diesem Ansatz müssen sich neben den planenden Sequenzen
die jeweiligen Lebenswelten der zu Organisierenden repräsentiert und deren Prot-
agonisten entsprechend eingebunden sein. Formale Planungtätigkeiten müssen
sich also mit gemeinwesenorientierter soziokultureller Entwicklungsarbeit verbinden lassen. Menschliche Lebenswelten schließen Zukunftswünsche immer mit ein
und malen diese in ihrer Phantasie aus. Im Sinne einer Bottom-up-Orientierung
lassen sich dadurch individuelle Zukunftsphantasien mit politischem und fach-
lichem Weit- bzw. Überblick in einem zukunftstauglichen Governance-Modell
vereinen.

In der Mannheimer Entwicklung des Spinelligeländes zum Quartier am
Rande einer Parklandschaft wurden solche Möglichkeiten frühzeitig mit räumlich-
stadtplanerischen Aspekten kontextualisiert.

7.2 Mit welchen Entwicklungen und Prozessen ist unter den zuziehenden Personen, Familien und anderen Verantwortungsgemeinschaften zu rechnen?

Von der sozialen Dynamik her treten in neu entstehenden Quartieren vergleichsweise ähnliche Entwicklungen wie in gruppendynamischen Prozessen auf. Hier kann das klassische Selbststeuerungsmodell von Tuckman (1965) für die sich sukzessiv herausbildenden Entwicklungen örtlicher Nachbarschafts- und Gemeinwesenbildungen herangezogen werden. Nach Tuckman vollziehen sich gruppendynamische Entwicklungen in neu entstehenden Gruppierungen über insgesamt fünf Phasen des Forming, Storming, Norming, Performing und Reforming (vgl. Abschn. 2.1.5).

In der Ankommens- bzw. Einzugsphase (Forming) sind Erwachsene und ältere Menschen zunächst eher auf die wohnungsbezogene Inneneinrichtung, die Verortung in der Hausgemeinschaft und auf die Organisation grundlegender Versorgung hin orientiert, während sich Kinder und Jugendliche mit zunehmendem Alter rasch explorativ im Quartier orientieren und bewegen. Diese Einstiegs- und Orientierungsphase ist über meist vorsichtige Kontaktbestrebungen gekennzeichnet.

In der Stormingphase finden erste Platzierungs- und Positionierungsprozesse statt, die nicht selten auch konflikthaft verlaufen können. Über die Konfliktaustragungspraxen bilden sich letztendlich normative sozialräumliche Standards über Verständigungen, Kontraktbildung und Enkulturation aus; das entstehende Gemeinwesen differenziert sich in spezifische Subgruppierungen oder kleinere Milieus. Solche soziographischen und soziostrukturellen Selbst- und Fremdzuordnungen stehen sich, je nach Quartiergröße, Quartierbeschaffenheit und Bewohnerstruktur, entweder räumlich eher direkt gegenüber oder sie verteilen sich in jeweils eigenen Bezugs- und Rückzugsräumen. Im hierauf folgenden Performing- und Reformingprozess pendeln sich schließlich die diversen Formen lokalen Zusammenlebens allmählich ein. Es entfalten sich nach und nach sowohl eine, aus der Innenperspektive betrachtet, quartierbezogene Identität, als auch ein eher von außen definiertes, und zugeschriebenes Image.

Sukzessiv kristallisieren sich dabei in dialektischer Weise über Integrations- und Desintegrationserfahrungen sowie über Marginalisierungseffekte i. d. R. mehrere perspektivische Tendenzen in der Bewohnerschaft heraus:

(1) Ein größerer Teil der Bewohner (die „Perspektivischen") entwickelt eine örtlich-lokale Perspektive mit sozialräumlichen Aneignungs- und Identifikationsimpulsen. Hierzu dürften im Mannheimer Spinelli-Quartier insbesondere

die Baugenossenschaften, Wohn- und Baugruppen, die Wohneigentumserwerbenden, die jüngeren Familien mit Kindern und die Menschen und Familien in Altenwohnungen und in öffentlich geförderten Wohnungen gehören; also vermutlich die Mehrheit der Neubürger.

(2) Eine zweite Typengruppe wird vermutlich durch die „temporär Funktionalen und temporär Überzeugten" gebildet, zu der Studierende, Auszubildende sowie jüngere und pendelnde Berufstätige zählen.

(3) Die dritte Typengruppe dürfte sich aus ortsunspezifischen und dem Quartier eher gleichgültig gegenüberstehenden Menschen zusammensetzen, die tendenziell sozialräumlich überlokal und daher lokal weniger vernetzt sind.

(4) Es ist davon auszugehen, dass eine weitere Gruppe aus Menschen besteht, die sich entweder in das neu entstehende Gemeinwesen nicht eingliedern können oder möchten, vielleicht auch unter falschen Vorstellungen zugezogen sind und tendenziell wieder wegziehen werden.

Die numerische Verteilung und die späteren Anteile der vier Typengruppen dürfte auch von gezielten Angeboten und Impulsen gerade in der Anfangszeit abhängig sein. Hierzu wurden im Spinelli-Quartier von Beginn, neben dem „Aufsiedlungsmanagement" (vgl. Abschn. 5.5.1), soziokulturelle Förderprojekte zur Verzahnung bestehender Käfertaler Vereine, Institutionen mit den neu hinzuziehenden Bewohnern vorangetrieben (vgl. Kap. 6).

7.3   Von welchen Selbstorganisationsimpulsen ist in einem neu entstehenden Gemeinwesen auszugehen?

Den zu erwartenden sozialräumlichen Vergemeinschaftungsprozess gilt es darüber hinaus nach den vier klassischen Lebensaltersdimensionen von Kindheit, Jugendalter, Erwachsenenalter und Seniorenalter differenziert zu betrachten. Während Kinder und schulpflichtige Jugendliche über die institutionellen sozialen und schulischen Angebote der Kindertagesbetreuung, der Grund- und weiterbildenden Schulen formell und dadurch meist sehr schnell in soziale Gruppen eingebunden werden, entstehen Kontakte der Eltern betreuter und schulpflichtiger Kinder und Jugendlicher oftmals im direkten Umfeld der jeweiligen Einrichtungen und Angebote. Beginnend mit gegenseitigen Übernachtungsbesuchen der Kinder in deren KiTa- und Grundschulphasen sowie über Elternabende und diesbzgl. Initiativen finden Eltern zusammen und aktivieren sich auch im Gemeinwesen, zunächst meist vor allem im Interesse ihrer Kinder. Bei den Erwachsenen stellt nach der eigenen Schul-, Ausbildungs- und Studienzeit die frühe Elternzeit eine zweite biografische Phase dar, in der neue und kontinuierliche Freundschaftsverhält- nisse entstehen, die letztendlich auch konstitutiv für gelingendes sozialräumliches Zusammenleben sind. Genau deshalb ist die anfängliche Ausstattung der betreu- enden und schulischen Angebote in neu entstehenden Quartieren von essenzieller Bedeutung für gelingende nachbarschaftliche Perspektiven und damit für soziale Nachhaltigkeit.

Neben den institutionell akzentuierten Formen der Vergemeinschaftung bil- den die spezifischen sozialräumlichen Verortungen der verschiedenen sozialen Bewohnerstrukturen im Zusammenspiel mit deren Begegnungsmöglichkeiten im öffentlichen Raum den zentralen Fokus einer gelingenden Gemeinwesenent- wicklung. Während Kinder den öffentlichen Raum eher spielend nutzen, ist jugendlicher Adoleszenz der Gestus des Raumbesetzens und der Selbstinsze- nierung immanent. Erwachsene und ältere Menschen nutzen dagegen öffent- liche Räume meist funktional, ob transitorisch, kommunikativ-begegnend oder kontemplativ-reproduktiv. Über solche funktional differenten Nutzungsformen entstehen Konflikte, über deren Austragung sich letztendlich in informeller Weise ein normatives Selbstverständnis im Quartier, im besten Sinne über Selbstre- gulation und soziale Kontrolle, im ungünstigeren Falle über intervenierende Regulationsanforderungen konstituiert. In solchen Friktionen kommen sogenann- ten Schlüsselpersonen in ihrer vermittelnden und mediativen Rolle oder durch ihre zeitlich-räumliche Präsenz zentrale Funktionen zu. In ihrer informellen Vari- ante können dies solche Personen sein, die in ganztägiger Weise dem Quartier beruflich, oder von ihrer allgemeinen alltäglichen Präsenz her verbunden sind, wie etwa Hausmeister, Beschäftigte in der unmittelbaren Versorgung oder den lokalen Dienstleistungsangeboten, in Erziehungsurlaub befindliche Erwachsene oder auch Rentnerinnen. Professionelles Quartiermanagement kann dann einge- richtet werden, wenn solche Selbstorganisationspotentiale fehlen oder sich nicht von selbst entfalten.

7.4   Wie lassen sich mithilfe planerischer Quartiergestaltung und institutioneller Unterstützung Integrationspotenziale entfachen und fördern?

Für die Planungen des Mannheimer Spinelli-Quartiers, eines aufgegebenen ehe- maligen amerikanischen Kasernenareals, wurde eine Planungskommission einge- setzt, die sich aus Architekten, Raum- und Stadtplanerinnen, Landschafts- und

Grünflächenplanerinnen, Energieexpertinnen und Sozialwissenschaftlern zusammensetzt. Die Stadt Mannheim entsendet Führungskräfte der Fachbereiche Stadtplanung und Baurecht, sowie der Klimaschutzleitstelle. Federführend fungiert die Mannheimer MWS Projektentwicklungsgesellschaft mbH (vgl. Kap. 9). Neben Aspekten ökologischer Nachhaltigkeit, die sich insbesondere über den CO_2-Abdruck bei Materialien sowie klimatisch wirkenden Impulsen abbilden, ist die soziale Nachhaltigkeitsdimension von hohem Stellenwert. In diesem Zusammenhang wurde einerseits planerisch-antizipierend darauf geachtet, dass sich in den Einzelquartieren einerseits diverse, aber miteinander verträgliche bzw. sich gegenseitig befruchtende *sozialräumliche Bezüge von Bewohnergruppen* entwickeln können. Hierbei spielten sowohl Aspekte der Zuteilung von Baufeldern an interessierte Bauträger, Baugruppen und Baugenossenschaften, als auch gezielte örtliche Platzierungen funktionaler Wohnnutzungskonzepte wie studentisches Wohnen oder altersgerechte Wohn- und Lebensformen eine Rolle (1). Weiterhin wurde die Lage und Gestaltung des *öffentlichen Raumes* unter den Gesichtspunkten gegenseitiger Wahrnehmungs- und Darstellungsmöglichkeiten, der Begegnung, der Kommunikation sowie gemeinsamer Aktivierungs- und Handlungsmöglichkeiten betrachtet (2). Darüber hinaus platzierte man die versorgende, bildende und *soziale Infrastruktur* nach ihrer, zu erwartenden integrativen Wirkung hin (3). Und zuletzt begleitet eine Expertengruppe den anstehenden *Gemeinwesenbildungsprozess* mit Vertretern bzw. Schlüsselpersonen aus den beiden bereits bestehenden Stadtteilen Alt- und Neukäfertal (4).

Zu (1): für *gelingende Nachbarschaftsverhältnisse* ist einerseits eine zu erwartende Kontinuität von Bewohnern wichtig. Diese ist am ehesten von Baugruppen und genossenschaftlichen Wohngruppen zu erwarten. Beide Gruppenformen dürften bereits erprobt sein in orientierenden und konfliktlösenden Prozessen während der Konstituierungs- und Planungsphase. Unsere bereits dargestellte Annahme ist, dass es dort ggf. bereits zur Exklusion von nicht Vereinbarem und entsprechend zu einer soliden Gruppenkohärenz gekommen ist. Die Mitglieder dieser beiden Baugruppentypen ziehen i. d. R. gezielt motiviert in ihre neuen Quartiere, gepaart mit dem Interesse an und einer Offenheit für das soziale Umfeld. Dies zeigt sich über deren Angebote für quartiersbezogene Raumnutzung auch im jeweils eigenen Haus. Die beiden Wohnformen wurden im Mannheimer Spinelli-Quartier als sozialräumliche Stabilitätsanker in verschiedenen Einzelquartieren platziert. Darüber hinaus wurde bei der Zuteilung von Baufeldern auf synergetische Effekte funktionaler Wohn- und Lebensformen geachtet. So befinden sich bspw. studentisches Wohnen räumlich am zentralen Platz. Die von Studierenden zu erwartende hohe Tagesmobilität gewährt Effekte von sozialer Kontrolle im Quartierzentrum. Weiterhin bilden Studierende gerade die Altersgruppe ab,

die aus den familiären Haushalten im Quartier i. d. R. ausbildungs- und berufs-
biografisch begründet ausziehen wird und ansonsten kaum mehr präsent wäre.
Die Studierenden sind darüber hinaus in der Nähe von Wohnprojekten älterer
Menschen angesiedelt, was die Möglichkeiten vor allem einfacher versorgender
und sozialer Dienstleistungserbringungen eröffnet. Ähnliche Synergieerwartungen
werden mit der ortsnahen Lage altersgerechter Wohnprojekte und Kindertagesein-
richtungen verbunden. Unter dem Primat sozialer Nachhaltigkeit stellt eine solch
lebensaltersspezifisch heterogene Belegung einen Kontinuitätsgaranten dar und
fungiert zudem als intergenerativer Sozialisationsimpuls.

Zu (2): Dem *öffentlichen Raum* kommen in Quartieren je nach Lage und Ausgestaltung verschiedene sozialräumliche Funktionen zu: Optimal für gelingende
sozialräumliche Vergemeinschaftung stellen sich in der Stadtsoziologie für eine
Quartiergröße wie Spinelli vier öffentliche Raumtypen dar, die wiederum miteinander korrespondieren sollten: zentraler Platz als Agora, Karree orientierte
Hinterhöfe, Ausweich- bzw. Rückzugsareale und Verbindungswege/-straßen.

Der zentrale Chisinauer Platz fungiert in Teilaspekten im Sinne der altgriechischen Agorá (ἀγορά) als Markt-, Versammlungs- und Verhandlungsort.
Stadtsoziologisch kommt der Quartierplatz den historischen Funktionen recht
nahe, wenn dort quartierzentrale Funktionen von Versorgung, Konsum, Mobilität, Verweilen, Erholung, Selbstpräsentation, Spielen, Kommunikation sowie
eine Verdichtung verschiedener Wohnformen in einer Gemengelage zusammenkommen, in der unterschiedliche Interessen aufeinandertreffen können: die
Spielbedürfnisse bei Kindern, der Raumaneignungs- und Besetzungsimpuls bei
Jugendlichen, die funktionale Nutzung von Erwachsenen und die Erinnerungsnarrative älterer Menschen. Über die dabei entstehenden Konflikte bildet sich
bestenfalls geopolitische Normativität und auch soziale Kontrolle heraus; beides Essentials für ein funktionierendes Gemeinwesen. Die Begegnungs- und
Aufenthaltswahrscheinlichkeit verschiedenster Bewohnergruppen und -milieus an
diesem Ort wird zudem durch ökologische und kommunikationsfördernde Platzgestaltung sowie eine zum Platz hin orientierte tribünenartige Treppenlandschaft
erhöht. Der Platz als Forum, die Treppe als Tribüne juveniler Performance und
als Zuschauerplateau entfalten im besten Falle gemeinsam mit der Stadtbahnhalte-
stelle eine sich an die Agora anlehnende Funktion von Vergemeinschaftung, eines,
sich als Ganzes wahrnehmenden und ‚begegnenden' Gemeinwesens (Abb. 7.1).

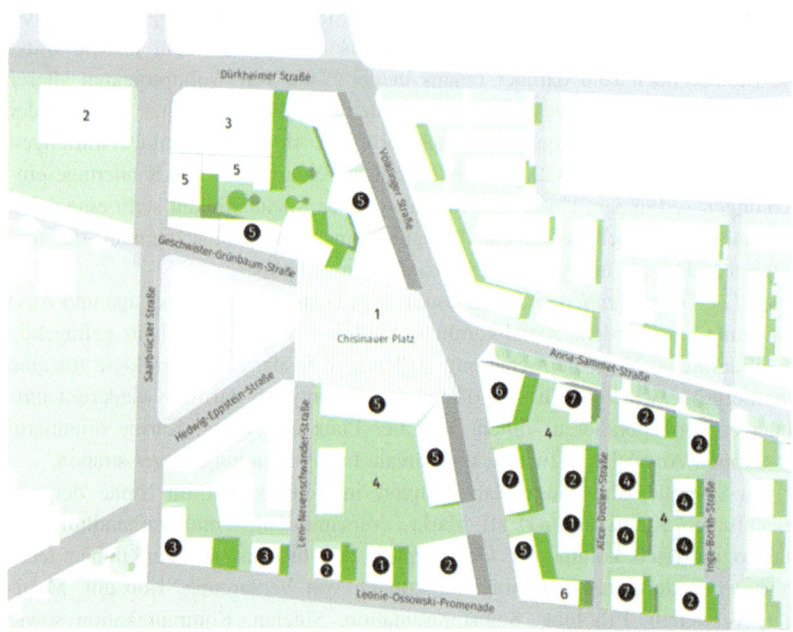

Quartiersplan

SPINELLI
im ersten Bauabschnitt

Mit SPINELLI entwickeln die städtische Entwicklungsgesellschaft
MWSP ein ökologisch und sozial nachhaltiges Quartier mit rund
1.800 Wohneinheiten. SPINELLI baut den bestehenden Stadtteil
Käfertal-Süd weiter und grenzt an 62 Hektar grünem Freiraum.

Der erste Bauabschnitt mit ca. 500 Wohneinheiten ist nahezu fertiggestellt. Erstmalig wurde eine 30%-Quote* für preisgünstigen
und geförderten Mietwohnungsbau in einem Quartier umgesetzt
- im ersten Bauabschnitt sind das rund 150 Wohnungen.

www.spinelli-mannheim.com

Raum für Zukunft

*Quotenberechnung Ohne Gemeinschaftliche Wohn-
projekte, Studentisches Wohnen und Reihenhäuser.

Wohnformen

① Gemeinschaftliche
   Wohnprojekte
② Genossenschaften
③ Wohnen 55+
④ Reihenhäuser
⑤ Gewerbe & Wohnen
⑥ Studentisches Wohnen
⑦ Sonstiges Wohnen

Projekte

1 Quartiersplatz
2 Spinelli Grundschule
3 Quartiersgarage
4 Grüne Gemeinschaftshöfe
5 Kindertagesstätte
6 Clusterwohnen und
  Wohnpflegegemeinschaft

Abb. 7.1   Quartiersplan Spinelli

In den gemischten Einzelkarrees fungieren die grünen Gemeinschaftshöfe idealerweise im Sinne eines demokratischen Mikrokosmos als Positionierungs-, Verständigungs- und Gestaltungsräume, die Straßen und Wege als Verbindungen dieser Mikrokosmen. Der Parkkante mit der boulevardähnlichen Promenade sowie dem BuGa-Park, mit dem Fahrradschnellweg bis in die Mannheimer Innenstadt, kommen einerseits durch ihre metropolitane Lage stadtweite, transitorische und verbindende Bedeutung zu. Andererseits fungiert der Park quartierbezogen als Rückzugs-, Bewegungs-, Erlebnis-, Spiel- und Erholungsraum. Er übernimmt zudem kathartische Funktionen sowohl einer ‚quartierausgelagerten' Konfliktaustragung, und somit auch der quartierinternen Konfliktregulation durch Entlastung und Entzerrung, also Möglichkeiten des Ausweichens und der Entspannung.

Die ansprechende Ausgestaltung und Verzahnung dieser vier Raumtypen helfen dabei, das Verständnis für Diversität als Chance in der Community zu begreifen, das Zulassen-Können von pluralen Strukturen eines Nebeneinanders im größeren Miteinander.

Zu (3): Die *soziale Infrastruktur* ist einerseits festgelegt durch vorgeschriebene institutionelle Angebote der Kindertages- und schulischen Versorgung sowie von Freizeitangeboten für Jugendliche. Sämtliche drei Einrichtungen werden im Spinelli-Quartier in räumlicher Nähe zueinander platziert, auch mit dem Ziel, sanfte Übergänge der Lebensaltersphasen zu ermöglichen und synergetische Effekte (z. B. gemeinsame Essensversorgung) zu unterstützen. Diese drei institutionellen Angebote sind unabhängig von Geschlecht, Kultur, sozialer Lage, Religion und politischer Einstellung für sämtliche Bewohnergruppen mit Kindern relevant und bilden dadurch ein zentrales Fundament der Gemeinwesenentwicklung. Über die Elternaktivitäten im direkten Umfeld, insbesondere bei KiTa und Grundschule entfalten sich zivilgesellschaftliche Potenziale, die der Quartierentwicklung perspektivisch zugutekommen.

Bereits bestehende Vereine und kirchliche Organisationen von Neu-Käfertal ergänzen diesen institutionellen Grundstock und wirken gemeinsam als „schürfende Sozialexplorer" (vgl. Kap. 6).

Zu (4): Da das neue Spinelli-Quartier sowohl eine städtebauliche Erweiterung des direkt angrenzenden Stadtteils Neu-Käfertal darstellt, aber mit dem zentralen Quartierplatz und den dortigen subzentralen Versorgungseinrichtungen gleichzeitig Pulleffekte erzeugen wird, werden sich hierüber zwei Quartiere zu einem sozialräumlich kohärenten Einzugsbereich verzahnen können. Eine solche Verzahnung von Alt und Neu besitzt den Vorteil einer Öffnungsmöglichkeit bisheriger, im bereits bestehenden Quartier gewachsener zivilgesellschaftlicher Aktivitäten und Organisationen für die neu hinzuziehenden Bewohner und

Bewohnergruppen. So planen etwa Vertreter zweier Kirchengemeinden gemeinsam mit alteingesessenen Sportvereinen eine zivile Nutzung einer der beiden
Kirchenräume; die bisherigen Sportplatzflächen bieten sich als frei zugängliche Bereiche für Freizeit-, Sport- und Bewegungskultur an. Eine solche, bereits
bestehende informelle Infrastruktur kann als zweiter Stabilisationsanker für das
entstehende neue Gemeinwesen fungieren. Hier gilt es nach der Erstbelegung des
neuen Quartiers abzuwarten, ob und wie sich Verbindungen von Vorplanungs-
vorstellungen und Partizipationsaktivitäten vorhandener und neu hinzuziehender
Akteure ergeben bzw. herstellen lassen. Insbesondere für die Anfangsphase bieten
sich ggf. Fachkräfte und Methoden des Quartiermanagements an, die in diesem
Fall Inklusions- und Integrationsprozesse miteinander koppeln helfen können. Im
günstigsten Fall eignen sich für einen solchen *Gemeinwesenentwicklungsprozess*
die bereits existierenden Arbeitsbezüge und Schlüsselpersonen, wenn diese sich
offen zeigen für sich neu artikulierende Interessen von Hinzuziehenden.

Ausblick

Als Fazit lässt sich festhalten, dass eine Orientierung an sozialökologisch akzentuierten Nachhaltigkeitsprinzipien als Qualitätskriterien für gelingende zukunfts-
fähige Stadtplanungs- und Entwicklungsprozesse dienen können. Letztendlich
fungieren diese als Orientierungsleitplanken für eine einigermaßen präzise
Antizipationsfähigkeit zukünftiger sozialräumlicher Vergemeinschaftung (vgl.
Anhang). Eine allein auf architektonisch-ästhetische, ökonomische und ökologische Aspekte sowie auf einen prozentualen Mischungsschlüssel hin beschränkte
Stadtentwicklungsplanung garantiert bei weitem nicht ein gelingendes soziales
Miteinander in neuen Wohngebieten. Das neu gebaute Spinelli-Quartier könnte in
seiner Form den Rahmen darstellen zur Selbstnavigationsfähigkeit, zur Entwick-
lungsoffenheit und Dynamik eines Gemeinwesens. Dies erfolgt dann optimal,
wenn auch Spannungen, Verunsicherungen, Irritationen zugelassen werden können und genutzt werden auf der Grundlage eines entstehenden Kontinuitätssockels
aus engagierten Personen und Institutionen, sprich Aktivitäten und Kommuni-
kationskulturen als noch zu schürfenden Potenzialen. Hervorzuheben ist hier
vor allem die Einrichtung eines sog. Aufsiedlungsmanagements (vgl. Kap. 14)
einerseits sowie ein Projekt, mit dem die bisher in der historischen Siedung Neu-
Käfertal existierenden zivilgesellschaftlichen Vereine und Organisationen auf das
Neubaugebiet hin ausgerichtet werden.

Ergänzend muss hinzugefügt werden, dass in größeren bzw. einzelnen Neubauquartieren weitere Ansiedlungskriterien berücksichtigt werden sollten, wie etwa Wohnungen für Flüchtlinge nach der Weiterverteilung der Landeserstaufnahmeeinrichtungen (LEAs) sowie spezielle Wohnformen der stationären Kinder- und Jugendhilfe (SGB VIII, §§ 27, 34: Jugendwohngruppen, Erziehungsstellen, Betreutes Wohnen), Einrichtungen der Mutter-Kind-Betreuung und Einrichtungen der Bewährungshilfe und der Wiedereingliederung. Optimal wäre eine Implementierung solcher Wohn- und Einrichtungsformen, sobald sich das neue Quartier strukturiert und stabilisiert hat.

Übersicht 7.1: Quartiers- bzw. Stadtteilfunktionen von Spinelli im Großstadtkontext

Geopolitische Anbindungen an bestehende Quartiere Feudenheim, Käfertal, Wallstadt – teilautonomes Subzentrum (Wachenheimer/Völklinger Str.) als gemeinwesenbezogener gemeinsamer Bezugsort

Soziostrukturelle Ausgangssituationen in den drei historischen Stadtteilen als Orientierungen für Neubebauungen: „Autochthone" und Zuzügler mit Wohneigentum, in Mietwohnungen, in öffentlich geförderten Wohnungen Fluchtmigranten („Arrival-City")

Antizipation von Lebenswelten/-situationen als Grundorientierungen der Bau- und Wohnformen: transitorisch, migrationsaffin, „autochthon" (Mietwohnungen, Eigentums-, Netzwerk-, Mehrgenerationengebunden, genossenschaftlich), flexibel-mobil, studentisch, Altersgerechtes Wohnen

Subzentrale institutionelle Integration: KiTas, Grundschule/Bibliothek, VHS, Vereine, Ju-Treff, Alterswohnen/gemischt? Community-/ Urban Organizing, Comm. Center?

Subzentrale informelle Integration: Bezugsorte der Nahversorgung, Bewegung, Freizeit, Kleingärten (Subsistenz), Dachgärten, Spielplätze, Sportplätze, Parkflächen, „Entwicklungsflächen", Gemeinschafts- und offene Räume bei Baugruppenprojekten

„Externe" Integration: Einrichtungen der Kinder- und Jugendhilfe, stadtweit orientierte psychosoziale Einrichtungen (noch nicht realisiert), religiöse und kulturelle Orte/Gruppen, Sport, weiterführende Schulen, City/ zentrale Plätze, ÖPNV, U-Halle, BuGa-Park

Die Wahrscheinlichkeit, dass dies so eintreten könnte, dürfte sich durch die erfolgte interdisziplinäre Planung von nur bedingt Planbarem deutlich erhöht haben. Die weiteren Entwicklungen sollten aber im Sinne eines „lernenden Quartiers" fortlaufend evaluiert werden.

Praxis interdisziplinärer Quartierentwicklung und Bewirtschaftung am Beispiel der Spinelli-Konversionsfläche in Mannheim

8

Rainer Kilb

Die bereits erwähnte interdisziplinäre Kooperation in der Planungs- und Umsetzungsphase des Spinelliquartiers war durch eine offene und respektvolle Zusammenarbeit geprägt. Der Planungskommission gehörten Vertreterinnen der Verwaltung verschiedener kommunaler Fachbereiche und Projektgruppen, der im Mannheimer Stadtparlament vertretenen Parteien sowie externe Expertinnen aus den Bereichen Stadt- und Raumplanung, Bauökologie, Architektur, Landschaftsplanung und Sozialwissenschaften an. Interdisziplinarität und interdisziplinäres Arbeiten ist dann relevant, wenn eine fachliche Expertise aus mehreren unterschiedlichen disziplinären Blickwinkeln notwendig ist, um komplizierte Zusammenhänge und Verzahnungen in größeren und komplexen Systemen verstehen und erfassen zu können. Interdisziplinarität stellt dabei das anspruchsvollere Konzept dar als Multidisziplinarität. In der Regel erfolgen Kooperationen von Vertreterinnen verschiedener Disziplinen eher multidisziplinär, nämlich als parallel an einem gemeinsamen Thema arbeitende Fachkräfte, die ihre jeweilige Expertise und Perspektive auf das Thema einbringen. Häufig wird dieses Verfahren als Entscheidungshilfe oder Entscheidungsvorbereitung für andere, nicht selbst in dieses Verfahren eingebundene Entscheidungträgerinnen angewandt.

Interdisziplinäres Arbeiten bedeutet dagegen, dass Vertreterinnen verschiedener Disziplinen ihr Wissen und ihre Methoden soweit austauschen, dass sich die

R. Kilb (✉)
Frankfurt, Deutschland
E-Mail: r.kilb@hs-mannheim.de

© Der/die Autor(en), exklusiv lizenziert an Springer Fachmedien Wiesbaden GmbH, ein Teil von Springer Nature 2024
R. Kilb (Hrsg.), *Soziale Kohäsion und Vielfalt in Stadtquartieren*,
https://doi.org/10.1007/978-3-658-45231-5_8

Expertinnen der anderen Disziplinen in die jeweils andere Wissens- und Den-
klogik hineinversetzen können und dadurch ein gemeinsames Ziel erreichen. Das
Mannheimer Verfahren war an der Schnittstelle dieser beiden Vorgehensweisen
angesiedelt. In der Spinelli-Planungskommission wurde zunächst das Expertin-
nenwissen sämtlicher Disziplinen auf die von verschiedenen Bauträgern und
deren Architektinnen präsentierten Entwürfe und Konzepte der einzelnen Bauvorhaben eingeholt, um sich schließlich in einer diskursiven Auseinandersetzung
für eine hierarchische Reihenfolge zu verständigen. In den Diskursen zeigten
sich an zahlreichen Stellen Schnittbereiche, an denen entweder nach Wichtigkei-
ten zwischen disziplinären Perspektiven abgewogen wurde oder aber disziplinäre
Dominanzen z. B. bautechnischer Art Abwägungen ausschlossen.

In den nachfolgenden Kapitel sollen Einblicke in die verschiedenen Sicht-
weisen der o. a. Disziplinen erfolgen, um sich einen solchen Diskurs in seiner
Vielschichtigkeit und Komplexität ausmalen zu können.

Interdisziplinäres Planungs- und Umsetzungsmanagement der Mannheimer Wohnungs- und Städtebau Projektentwicklungsgesellschaft mbH (MWSP)

9

Achim Judt

Wie plant und baut man eine Stadt für morgen?

Lebendige Nachbarschaften, gegenseitiges Verständnis, Akzeptanz und Solidarität sind die Grundlage für gesellschaftlichen Zusammenhalt und damit für uns als Stadtgesellschaft unabdingbar. Quartiere als Lebensräume, Rückzugs- und Wohlfühlorte für jeden von uns müssen als Einheit sowie im städtischen Kontext betrachtet und gedacht werden.

Insofern ist Stadtentwicklung nicht nur eine bauliche, sondern auch immer eine soziale Aufgabe. Zu glauben, es gäbe *die eine* Lösung für die hieraus resultierenden Herausforderungen oder es existiere gar eine Blaupause, die man nur aus der Schublade ziehen muss, ist ein Trugschluss. Denn alle Quartiere haben ihre jeweiligen Eigenarten, ihre Besonderheiten und ihre Rahmenbedingungen. Sie sind eingebettet in Nachbarschaften, entwickelt in ihrem historischen Kontext sowie in politischen Konstellationen, von denen sie weder unabhängig zu betrachten noch zu beurteilen sind. Insofern sind neue Quartiere weitere sozialräumliche Bausteine unserer polyzentrischen Städte, die heute besser, lebenswerter, gerechter und zukunftssicherer geplant werden sollen, vielleicht sogar geplant werden müssen, um allen aktuellen Herausforderungen zu begegnen.

Und – wir alle haben ein Zielbild im Kopf, wie unsere ,optimale' Stadt aussehen sollte....

A. Judt (✉)
MWSP mbH Mannheim, Mannheim, Deutschland
E-Mail: achim.judt@mwsp-mannheim.de

R. Kilb (Hrsg.), *Soziale Kohäsion und Vielfalt in Stadtquartieren*, https://doi.org/10.1007/978-3-658-45231-5_9

Um den ‚Mannheimer Weg' zu verstehen, braucht es einen Blick in die jüngste Vergangenheit, zu den Anfängen der Konversion im Jahr 2011.

In Mannheim hat sich mit Abzug der US-amerikanischen Militäreinheiten eine historische Chance ergeben, die als solche zunächst überhaupt nicht wahrgenommen wurde. 500 ha Fläche standen zur Debatte, Areale, für die man keinen Bedarf sah und auch keinen ‚Plan' hatte – eher unkalkulierbares Risiko als große Chance.

Die Stadt Mannheim entschied sich dann unter Federführung des damaligen Oberbürgermeisters Dr. Peter Kurz dazu, sich dieser Herausforderung zu stellen und die ehemaligen Kasernenflächen selbst zu entwickeln; diese Jahrhundertaufgabe also nicht der Privatwirtschaft zu überlassen und sich als Stadt rein auf das Instrument der Planungshoheit zurückzuziehen.

Die zwei ersten strategischen und zugleich kurzfristig umgesetzten Überlegungen erwiesen sich im Nachhinein als ‚goldrichtig': Eine eigene Stabsstelle Konversion in der Verwaltung, direkt angesiedelt beim Oberbürgermeister, wurde eingerichtet – und die Konversion damit zur Chefsache. Die Besetzung mit einem Sozialwissenschaftler war genauso ungewöhnlich wie erfolgreich. Von dieser Konversionsstelle aus wurde zunächst eine groß angelegte Bürgerbeteiligung auf den Weg gebracht, auf der Suche nach ‚1000 Ideen für eine Stadt, die sich neu baut'. Im Mittelpunkt stand also nicht nur die Frage, was *braucht* die Stadt, sondern auch was *will* die Stadt – oder besser die Menschen, die in ihr leben. Das Ergebnis wurde zusammengefasst in einem Weißbuch, eine Art Masterplan für die anstehenden Transformationen der Flächen. Aus diesem ersten Weißbuch wurden letztendlich vier Weißbücher. Noch heute dienen und funktionieren sie als Rahmensetzung.

Doch wie gelingt die Umsetzung einer solchen Jahrhundertaufgabe?

Schnell war klar, dass eine Verwaltung diese Aufgabe unter den vorhandenen Rahmenbedingungen nicht bewältigen kann. Und zwar aus einem einfachen Grund: kommunale Verwaltungsstrukturen sind nicht darauf ausgerichtet, schnell zu handeln. Dies sowie kurze Entscheidungswege sind jedoch wichtige Prämissen für den Projekterfolg.

Die Gründung einer eigenen städtischen Gesellschaft für Stadtentwicklung, der Mannheimer Wohnungs- und Städtebau Projektentwicklungsgesellschaft mbH (MWSP), war daher die logische Konsequenz, um allen Anforderungen und Bedingungen sowohl der Politik als auch der Stadtspitze und der Bürger und Bürgerinnen gerecht zu werden. Wichtig war, dass eine gemeinderätliche Kontrolle über ein politisch besetztes Aufsichtsgremium sichergestellt wird.

Die qualitative Entwicklung der ehemals militärischen Flächen der US-Armee zu nachhaltigen, attraktiven und zukunftsfähigen Quartieren und die Schaffung eines gesellschaftlichen Mehrwerts für Mannheim, wurde als Auftrag definiert. Im

Fokus stand daher von Beginn an nicht eine finanzielle Rendite, sondern als Zielvorgabe eine sogenannte ,schwarze Null'; und dies unterscheidet ein kommunales Unternehmen sicher von privaten Projektentwicklungsgesellschaften.

Die große Aufgabe und Herausforderung bestehen also darin, auf der einen Seite den städtischen Haushalt nicht zu belasten und auf der anderen Seite trotzdem eine Art ,Sozial-Rendite' zu erwirtschaften.

Spinelli – ein neues Stück Stadt und Stadt weiterbauen?
Im April 2020 erwarben wir den städtebaulichen Teil der ehemaligen Spinelli-Barracks von der Bundesanstalt für Immobilienaufgaben (BImA). Dies war nach den Kasernen Turley-, Taylor-, Sullivan- und Funari-Barracks sowie Benjamin-Franklin-Village die insgesamt sechste Fläche, die im Zuge bzw. mithilfe der sogenannten Erstzugriffsoption angekauft wurde. Vorausgegangen war hier auch der entsprechend intensive Verhandlungsprozess mit der BImA, da die bundeseigene Anstalt die Vorgabe hat, Flächen zum Verkehrswert zu veräußern. Diesen Verkehrswert vor dem Hintergrund der städtebaulichen Planungen und den Gegebenheiten vor Ort, insbesondere der bestehenden Bebauung, korrekt zu ermitteln und sich auf einen Kaufpreis zu einigen, war kein einfaches Prozedere.

Vorausgegangen war ein offener zweistufiger landschaftsplanerischer und städtebaulicher Ideen- und Realisierungswettbewerb nach den in der Bürgerbeteiligung erarbeiteten Leitideen und konzeptionellen Ausrichtungen zur Entwicklung der Fläche.

Die Durchführung der Bundesgartenschau 2023 galt hier als die zentrale Strategie für die Realisierung des seit langem planerisch vorbereiteten großen Grünzugs Mannheim-Nord-Ost. Dem Wunsch nach einer durchgehenden, nutzbaren und qualitativ hochwertigen Grünverbindung der Stadtplanung konnte nun endlich konkret nachgegangen werden. Die Bundesgartenschau war dabei das geeignete Hilfsmittel zur Umsetzung, obwohl sie eher eine Idee aus der Bürgerbeteiligung als eine gezielte Verwaltungsvorgabe war; hatten viele Mannheimer die emotionale und erfolgreiche Bundesgartenschau von 1975 doch noch in bester Erinnerung.

Zweifelsohne sind Räume endlich, und Städte stoßen aufgrund von Flächenknappheit heute vielerorts an ihre Grenzen. Eine sorgsame, allen Bedürfnissen gerecht werdende Planung ist daher zwingend. Die Entscheidung, den größten Teil der Konversionsfläche als Freiraum zu entwickeln, war auf der einen Seite mutig, im gesamtstädtischen Kontext aber genauso logisch, da er auch als Frischluftschneise für die in den Sommermonaten stark überhitze Innenstadt als Folge der klimatischen Veränderungen fungieren sollte.

Daraus ergab sich in der Konsequenz eine neue urbane Ausprägung auf der Arrondierungsfläche, die als neues Quartier entwickelt werden sollte. Die Schaffung von neuem Wohn- und Lebensraum für künftig rund 4000 Menschen, der trotz einer rechnerischen Verdichtung auch einen qualitativen Mehrwert für die Bewohner generieren sollte.

Ohne die Bebauung des angrenzenden Stadtteils zu ignorieren, basiert der Städtebau so auf dem präzisen Austarieren von räumlicher Nähe und verträglicher Höhe. Private und öffentliche Räume reagieren auf die Folgen des Klimawandels, werden zu Orten sozialer Kommunikation und nachbarschaftlicher Interaktion.

Als Folge hat die Bundesgartenschau auch für uns den zeitlichen Rahmen für die Realisierung des ersten Teilabschnitts gesetzt. Im April 2023 mussten die ersten Baufelder bebaut und bezogen werden, da die städtebauliche Kulisse mit den neuen Gebäuden als Teil der Gesamtinszenierung der Gartenschau gedacht war. Somit waren sowohl der Zeitplan für den ersten Bauabschnitt als auch der Anspruch für das neue Quartier mehr als herausfordernd.

Von den Ideen zur Transformation…

Jede Konversionsfläche fungierte für uns als eine Art Experimentierfeld, um neue Strategien und Konzepte zu testen, daraus für die nächsten, zu bebauenden Flächen zu lernen und zu versuchen, noch besser zu werden. Viele Ideen und Instrumente der MWSP basieren auf Erfahrungen der Entwicklung des Franklin-Areals, der größten Konversionsfläche Mannheims, einem neuen Stadtteil mit prognostizierten 10.000 Einwohnern. Für die Veräußerung von Grundstücken ist hier von uns ein eigenes Zertifikat entworfen worden, welches jede Investorin, jeder Investor erlangen musste, um so zu garantieren, dass mit ihren Einzelprojekten ein Beitrag zur Quartiersqualität geleistet wird.

Das Zertifikat ist in fünf unterschiedliche Kategorien unterteilt: *Soziale Durchmischung* und *Inklusion* sollte unter anderem sicherstellen, dass verschiedenste Wohn- und Gewerbetypologien in mehreren Preissegmenten für unterschiedliche Nutzergruppen entstehen. *Freiraum und Urbanität* legt das Augenmerk auf Aufenthalts- und räumliche Qualitäten außerhalb des Gebäudes, während *Architektur und Städtebau* eher klassische Gestaltungs- und Funktionskriterien, den Ort und die Nachbarschaft berücksichtigend, beinhalten. *Energie und* – das zunehmend wichtiger werdende Thema – *Mobilität* als infrastrukturelle Ergänzung zum Wohnen und Arbeiten werden separat betrachtet und müssen von Anfang an mitgedacht werden.

Das Zertifikat wird Anlage zum Kaufvertrag, sprich ohne Zertifikat kein Verkauf von Grund und Boden. Auf diese Weise stellten wir sicher, dass Qualitäten auf der Strecke nicht verloren werden.

Für die Ausstellung des Zertifikates braucht es eine unabhängige Fachkommission, die seitens der MWSP ins Leben gerufen wurde, der sogenannte Beraterkreis. Er ist, und das unterscheidet ihn von den klassischen Gestaltungsbeiräten, die es mittlerweile erfreulicherweise in vielen Großstädten gibt, ein prozessbegleitendes Expertengremium. Bei komplexen Planungsaufgaben dieser Größenordnung ist es wichtig, nicht nur punktuell mit einer Art Schlaglicht auf einzelne Projekte zu schauen, sondern Kenntnis über Hintergründe zu haben, alle Zusammenhänge zu kennen und das große Ganze nicht aus den Augen zu verlieren, um Monostrukturen zu vermeiden. Wir haben für dieses Gremium externe Fachleute ausgewählt, die unterschiedliche Hintergründe, verschiedene Professionen und Schwerpunkte besitzen. Architektinnen, Stadtplanerinnen und Landschaftsplanerinnen sollten dem Gremium ebenso wie Sozialwissenschaftlerinnen und Energieingenieurinnen angehören. Eine Ergänzung mit Fachleuten aus der Verwaltung, dem Bauordnungsamt und Stadtplanungsamt, hat sich bis heute als zielführend erwiesen.

Was bedeutete das für Spinelli?
Da sich dieses Vorgehen auf Franklin bewährt hatte, wurde es auf die Flächenentwicklung Spinelli übertragen. Hier wurde unmittelbar zu Beginn die *Planungskommission* mit einem analogen Auftrag installiert. Allerdings gab es einen Unterschied zu Franklin. Jedes Grundstück wird auf Spinelli mittels Konzeptvergabe ausgeschrieben. Konzeptvergaben sind bestens geeignet, um lebendige, gemischte Quartiere in hoher städtebaulicher und architektonischer als auch sozialer Qualität zu entwickeln. So kann aufgrund der jeweils ausgesuchten Konzeptqualität die Umsetzung wohnungspolitischer, sozial- und umweltpolitischer Ziele sowie eine entsprechende räumliche Entwicklung bei der Grundstücksvergabe garantiert werden. Das Grundstück wird von der MWSP also nicht zum Höchstpreis vergeben, sondern immer nach dem besten Konzept, welches sich in die Gesamtstrategie einfügen muss. Der Grundstückspreis selbst orientiert sich am Bodenrichtwert, falls dieser überhaupt vorhanden ist, ansonsten an den Werten der angrenzenden Gebiete. Es steht somit nicht mehr die Preiserzielung im Vordergrund, sondern die zu erfüllenden Qualitätsvorgaben und -anforderungen. Damit kann die MWSP durchaus preisdämpfend am Markt wirken. Für die Investorinnen hat dies den Vorteil, bereits im frühen Projektstadium finanzielle Planungssicherheit zu haben. Unsere Aufgabe ist und war es nie, nur Grundstücke baureif zu entwickeln und danach meistbietend zu veräußern.

Über das Konzept konnte also die gewünschte Nutzungsmischung definiert und überprüft werden, aber auch Dichte, städtebauliche Einfügung, Außenraumbildung und architektonische Gestaltung.

Zurück zur *Planungskommission:* Sie bewertet die eingereichten Konzepte und erarbeitet ähnlich einer Wettbewerbsjury einen Vergabevorschlag. Über die Vergabe der einzelnen Grundstücke hat letztlich der Aufsichtsrat der MWSP zu entscheiden. Da Investorinnen in der Regel bei einer Ausschreibung maximal bei zwei Bauflächen den Zuschlag erhalten können, obliegt es dem Expertinnengremium, die Mischung, die Zusammensetzung der Bauvorhaben, das Quartier zu ‚komponieren'.

So entstand im ersten Bauabschnitt eine Vielfalt an unterschiedlichen Wohnformen und -typologien, neben klassischem Geschosswohnungs- und Reihenhausbau auch drei selbstverwaltete Wohngruppenprojekte, ein Konzept 55plus, studentisches Wohnen, Clusterwohngemeinschaften, Work-Life-Einheiten, genossenschaftliche Projekte und gestapelte, reihenhausähnliche Maisonettwohnungen. Da jedes Gebäude ab zehn Wohneinheiten preisgebundenen Wohnraum inkludieren musste, konnte auch erstmals eine Quote für preisgünstigen Wohnraum umgesetzt werden, die höher als die vom Gemeinderat geforderten 30 % liegt. Auch der Anteil von Mietobjekten mit über 80 % ist deshalb ungewöhnlich hoch. Diese Voraussetzungen garantieren so eine interessante soziale und kulturelle Mischung an Bewohnerinnen.

Aber mit der Veräußerung endet nicht der Auftrag und Einfluss, die Beratungstätigkeit der *Planungskommission.* Alle Bauvorhaben werden im weiteren Planungsablauf von den Fachleuten begleitet, einzelne Planungsschritte müssen freigegeben werden. Diese neue Art der kooperativen Qualitätssicherung ist im Detail im Kaufvertrag festgeschrieben. Der Mehrwert für die eigenen Planungen wurde erst nach und nach auf der Strecke von den Investorinnen erkannt und geschätzt.

Auf Spinelli liegt ein besonderes Augenmerk neben den klimaökologischen Aspekten auf Bauweisen, die auf nachwachsende Baustoffe zurückgreifen, insbesondere dem Holzbau. Die Dichte an Gebäuden in Holz-, Holzmodul- oder Holzhybridbauweise ist in Mannheim bisher einzigartig. All diese Faktoren sind konzeptionelle Säulen der Quartiersentwicklung Spinelli und ‚zahlen' damit konkret auf das Leitbild 2030 der Stadt Mannheim ‚ein'.

Wir planen heute die Städte von morgen mit den Prämissen des Wohlfühlens und der Funktionalität. In Zeiten stetiger Urbanisierung wachsen Wohn- und Arbeitswelten stärker zusammen und verflechten sich. Hinzu kommen Anforderungen aufgrund von Klimawandel, Ressourcenknappheit und einer stärker werdenden sozialen Spaltung. Die Aufgabe, Lebensraum für Menschen zu entwickeln, gehört zu den herausforderndsten der heutigen Zeit und könnte nicht komplexer sein. Um möglichst wenig Fehler zu begehen, und auf der Strecke immer noch besser zu werden, strebt die MWSP zudem eine DGNB-Zertifizierung für die gesamt städtebauliche Planung und Umsetzung an. *‚Mit dem Zertifizierungssystem für nachhaltige Quartiere bietet die DGNB ein weltweit anerkanntes Planungs- und Optimierungstool* *an, das dabei hilft, eine ganzheitliche Nachhaltigkeitsqualität zielgerichtet, systematisch und wirtschaftlich umzusetzen. Es bietet für die Planungs- und Baupraxis die passenden Antworten auf unsere wichtigsten Zukunftsfragen', so die Deutsche Gesellschaft für nachhaltiges Bauen.* So können wir sicher sein, sämtliche zentralen Aspekte der Stadtentwicklung bei Spinelli permanent mitzudenken und neu zu hinterfragen (vgl. Kap. 12).

Kein anderes Stadtentwicklungsthema wird heute so kontrovers diskutiert wie die Frage des fließenden und ruhenden Verkehrs. Um die Klimaschutzziele der Stadt zu erreichen und die Stadt lebenswerter zu gestalten, muss sich schon heute etwas im Bereich Mobilität und beim Mobilitätsverhalten der Menschen ändern. Öffentliche Straßenräume sollten heute mehr sein als reine Transiträume. Wollen wir sie als Lebensräume betrachten, brauchen sie auch Aufenthaltsqualität. Nutzungsmöglichkeiten im Straßenraum müssen deshalb auf den Menschen fokussiert werden, auf die Bedürfnisse aller. Im Mittelpunkt der Überlegungen steht für uns die Gleichberechtigung aller Verkehrsteilnehmenden. Ziel bei Spinelli ist das autoreduzierte Quartier. Verkehrsströme werden so gelenkt, dass die meisten Straßen frei bleiben von regelmäßigem Verkehr. Der ruhende Verkehr wird erstmals in Mannheim in Quartiersgaragen organisiert, private Tiefgaragen sind nicht zulässig. Das hat zusätzlich auch einen nicht zu unterschätzenden sozialen Mehrwert: auf dem Weg zum Auto oder nach Hause läuft man durch das Quartier, lernt Nachbarn kennen und kommt ganz natürlich mit ihnen in Kontakt.

Für Franklin und das Spinelliquartier wurde eine eigene Mobilitätsmanagementgesellschaft mit dem Ziel, niederschwellig zugängliche Alternativen zum privaten PKW anzubieten, auf den Weg gebracht. Wichtig: Das Mobilitätskonzept sieht kein grundsätzliches Verbot privater PKW vor, sondern setzt sich ein für eine Shared-Economy, also die Möglichkeit, Autos, E-Roller, Fahr- oder Lastenräder nur bei tatsächlichem Bedarf zu mieten und mit anderen zu teilen. Als Ergänzung ist geplant, die bestehende Anbindung an das Netz des öffentlichen Nahverkehrs weiter zu verbessern.

Wie kann das Quartier Spinelli zum Leben erweckt werden?
Nach Planung und Realisierung begann für uns die dritte Phase, die Aufsiedlung einer weiteren neuen sozialräumlichen Grundeinheit der Stadt Mannheim sowie die ‚Belebung' des neuen Quartiers. Wir haben hierfür bei der MWSP ein eigenes Aufsiedlungsmanagement ins Leben gerufen (vgl. Kap. 14) . Hierbei stand die Idee im Hintergrund, nicht nur auf die einzelne Wohnung, das einzelne Gebäude zu achten, sondern diese im Kontext eines Gemeinwesens und der Nachbarschaften zu denken. Das Aufsiedlungsmanagement soll dabei Eigenengagement fördern, Privatinitiativen unterstützen, Netzwerke knüpfen helfen, Verbindungen schaffen und

als eine Art Quartiermanagement Bedarfe, Möglichkeiten und Probleme erkennen, bevor sie unter Umständen eskalieren. Auf Franklin wurden verschiedene Beiräte ins Leben gerufen und ein erster Verein gegründet. Hier hat sich bereits früh die Schaffung von Möglichkeitsräumen für temporäre Nutzungen als Erfolgsmodell herausgestellt. Die Einbindung von Pionierinnen zu Beginn des Prozesses, wenn auch nur für eine bestimmte Zeit, kann für beide Seiten ein Gewinn sein. Wenn sich die eine oder andere kulturelle oder soziale Zwischennutzung am Ende verstetigt, umso besser.

Für uns geht es dabei primär um Ausprobieren, Lernen und Bewerten von Methoden und Strategien. Heute wissen wir, dass transparente Kommunikation und Information, sowie Ansprechbarkeit und Erreichbarkeit von höchster Bedeutung für die Bewohnerinnen des neuen Viertels, aber auch für alle anderen Stakeholder sind.

Bleibt am Ende die Frage, wer den Prozess steuert?

Wir als städtische Entwicklungsgesellschaft sind zuständig und fühlen uns verantwortlich für den Projekterfolg. Das übergeordnete Ziel, Quartiere zu funktionierenden, belebten, zukunftsfähigen und bunten Lebensräumen zu entwickeln, bestimmt dabei unser Handeln. Diese große Aufgabe kann nur bewältigt werden, wenn die Steuerung der gesamten Entwicklung in einer Hand liegt. Hierbei ist es wichtig, sämtliche beeinflussenden Faktoren im Blick zu haben, um schnell und gezielt reagieren zu können, aber auch, sich zu kümmern, transparent zu kommunizieren, Konflikte zu erkennen und auszutarieren. Wenn wir ehrlich sind, tun wir uns erfahrungsgemäß alle schwer mit Veränderungen, die nur im größeren Maßstab funktionieren. Stadtentwicklung passiert dabei nicht von heute auf morgen, der Wandel und die notwendigen Veränderungen müssen von den Menschen verstanden und bestenfalls mitgetragen werden.

Lebensräume mit hoher Aufenthaltsqualität und eine gute Durchmischung im Quartier schaffen größere Akzeptanz und Identifikation der Menschen mit ihrem Wohn- und Lebensort.

Wir verstehen uns im Entwicklungsprozess als eine Art ‚Quartiersintendanz‘, ausgestattet mit einem ambitionierten Pragmatismus, beginnend bei ersten Überlegungen, bei Beteiligungsformaten, über die Planungen, die Grundstücksvergaben, die Baureifmachung, die Gestaltung und den Bau der öffentlichen Räume, bis zur Belebung der gebauten Räume.

Architekturbezogene Planungsperspektiven

10

Elke Reichel

Wenn man der Frage nachgeht, welchen Einfluss die Architektur auf das Wohlbefinden der Bewohner hat und wie und ob sie dazu in der Lage ist, Zusammenhalts fördernd zu wirken, so muss man zunächst betrachten, welcher Rahmen für die Architektur gesetzt ist, und welcher Spielraum besteht. Das Spinelli-Areal ist insofern ein geeignetes Beispiel für die Erörterung dieser Fragestellung, als dass von Beginn an wesentliche Entscheidungen dem formulierten Ziel eines gemischten kohärenten Stadtquartiers untergeordnet waren. Der Rahmenplan, der hierfür entwickelt wurde, legt mit all seinen Detailentscheidungen den Grundstein für den Städtebau, aber auch den Verkehr sowie die Nutzung der Stadt- und Freiräume. Die Ausformulierung der Architektur sowie der Freianlagen bauen darauf auf und setzen die vorab formulierten Ziele um. So logisch dies klingt, so oft ist genau dieses Zusammenwirken der drei Bausteine Städtebau, Architektur und Freiraum in der Realität schwierig, wenn sie nicht mit-, sondern gegeneinander gerichtet sind. Daher wurde bei der Planung des Spinelli-Quartiers besonderer Wert auf die Prozesse der Entscheidungsfindung gelegt, um Diskrepanzen frühzeitig auszuräumen.

Zunächst sollen die wesentlichen im Rahmenplan gesetzten Parameter beleuchtet werden, die die Architektur direkt beeinflussen und damit entscheidende Auswirkungen auf die entstandenen Gebäude haben. Dem anschließend

E. Reichel (✉)
Technische Universität Darmstadt|Fachbereich Architektur, EUG Fachgebiet Entwerfen und Gebäudetypologie, Darmstadt, Deutschland
E-Mail: reichel@eug.tu-darmstadt.de

215

werden die Planungs- und Entscheidungsprozesse betrachtet, die zum Gelingen des Quartiers beitragen.

10.1 Parameter des Rahmenplans mit den Auswirkungen auf die Architektur

Vielfältige Wohnangebote schaffen
Um unterschiedliche Menschen in einem neuen Quartier anzusiedeln, muss es ein vielfältiges Angebot an Wohnraum geben. Dabei stellt sich zunächst die Frage nach den Entscheidungsparametern Wohnungssuchender, also nach welchen Kriterien eine Wohnung ausgesucht wird. Diese sind unterschiedlich. Für viele Menschen steht die monetäre Betrachtung an oberster Stelle, wie viel Wohnraum bekomme ich für eine möglichst geringe Miete. Auch die Lage der Wohnung ist ein wichtiges Entscheidungskriterium. Möchte ich eher in einer ruhigen Seitenstraße wohnen und nehme dafür einen weiteren Weg zu Nahversorgung und Verkehrsanschluss in Kauf, oder möchte ich direkt im Quartierszentrum wohnen und genieße den Trubel vor der Haustür? Und die schlichte Frage nach Kauf oder Miete unterscheidet potenzielle Interessierte. Auch für Menschen, die nicht in einer klassischen Familienkonstellation leben, ist der Bedarf an Wohnungstypen mit besonderen Grundrissen hoch, wie z. B. bei Wohngruppen oder Patchworkfamilien, die besondere Bedürfnisse haben. All diese Fragen stellen sich natürlich nicht nur aus Sicht potenzieller Mieterinnen oder Käuferinnen. Die Investoren, die die Gebäude bauen, um zu vermieten oder zu verkaufen, interessiert vielmehr, welches Angebot am Markt am besten Anklang findet. Dies ist in der Regel die 2–3 Zimmerwohnung mit Küche und Bad, die zwar für einen Großteil der Bevölkerung passt, jedoch viele Menschen mit anderen oder spezifischen Bedürfnissen ausschließt. Es liegt in der Sache selbst, dass Angebot und Nachfrage nicht immer deckungsgleich sind, stellt man nicht gewisse Leitplanken auf. Der Rahmenplan des Spinelli-Quartiers sieht über die Vorgabe der Typologie bereits unterschiedliche Wohnformen vor. So gibt es Geschosswohnungsbau ebenso wie Reihenhäuser, Erdgeschosswohnungen mit Garten ebenso wie Wohnungen mit Balkon, Eigentumswohnungen und selbstverständlich auch viele Mietwohnungen. Besonders wichtig war es, einen maßgeblichen Anteil an gefördertem Wohnraum vorzusehen, um einen neuen Stadtteil für Menschen aller Einkommensschichten zu schaffen.

Möglichkeitsräume schaffen – Teilen ermöglichen

Die Lebenssituation der meisten Menschen in urbanen Zentren lässt aufgrund der Mietpreise nicht zu, dass üppig Raum für besondere Anlässe vorgehalten wird. So war es ein Anliegen, im Spinelli-Quartier Räume zu schaffen, die temporär von Bewohnerinnen z. B. für gemeinschaftliche Aktivitäten wie Familienfeiern, Feste oder Hobbys oder auch für Homeoffice genutzt werden können. Aber wie wird dies am besten finanziert und verwaltet, ohne dass größere Konflikte entstehen? Im Spinelli-Quartier wurde auf das Engagement der Hausgemeinschaft als regulierende Größe gesetzt. In etlichen Gebäuden werden diese Räume vorgehalten und als positives Miet- bzw. Kaufargument gesehen. Die Kosten werden auf alle Bewohnerinnen umgelegt. Aber auch die gemeinsam genutzten grünen Höfe ohne Zäune schaffen Möglichkeitsräume.

Quartiersgarage

Die Entscheidung, eine Quartiersgarage für alle Anwohner vorzusehen befreit die einzelnen Wohngebäude von der Notwendigkeit der Unterbringung von Autostellplätzen auf dem Grundstück. Dies hat maßgebliche Vorteile: Die hohen Kosten einzelner Tiefgaragen unter den Gebäuden werden gespart, zumal der hohe Erschließungsanteil bei kleineren Garagen erheblich ist. Der Platz im Untergeschoss kann anstatt dessen für Mieterkeller, Fahrradstellplätze oder Wasch- und Hobbyräume verwendet werden. Auch der Platzbedarf einer Einfahrt in die Tiefgarage (im Erdgeschoss im Gebäude oder im Freiraum neben dem Gebäude) ist nicht zu unterschätzen und fällt damit weg. Der Footprint von Tiefgaragen würde in der Regel aus Effizienzgründen größer als der des Gebäudes ausfallen. Fällt diese weg, kann das direkte Umfeld großzügig auch mit Bäumen bepflanzt werden, da ausreichend Wurzelraum zur Verfügung steht. Der wesentlichste Vorteil einer zentralen Parkierung ist jedoch, dass die Bewohnerinnen im Alltag, selbst wenn sie zum Auto gehen, den Straßenraum benutzen und damit Begegnung schaffen. Jeder Weg bedeutet Sichtbarkeit. Im Gegenteil hierzu würde der Weg aus der eigenen Wohnung mit dem Aufzug in die Tiefgarage und das Wegfahren ganz ohne eine Begegnung mit den Nachbarn erfolgen. Dies war im Spinelli-Areal nicht erwünscht. Schule, Kita, Nahversorger und ÖPNV-Anschluss sind fußläufig zu erreichen, ebenso wie der großzügige Park, der im Rahmen der BUGA 2023 entstanden ist.

Architektur als Würdigung des Menschen

Die positive Identifikation der Bewohnerinnen mit dem eigenen Stadtquartier ist für alle Beteiligten wohl das obere Ziel, dass es zu erreichen gilt. Wie kann das gelingen und welchen Beitrag kann die Architektur dazu leisten? Identifikation speist sich aus dem Zugehörigkeitsgefühl. Um sich zugehörig zu fühlen, muss Erkennbarkeit und Erfassen möglich sein. Das heißt, dass ein Quartier architektonisch erlebbar und nahbar sein muss. Man muss es kennenlernen, entdecken und den Rhythmus spüren können. Räume müssen sich aneignen lassen, und das von unterschiedlichen Altersgruppen. Eine gute Orientierung ist ebenso wichtig wie das Sichtbarmachen von Übergängen und Grenzen zu anderen Nachbarschaften. Es muss zu „meinem" Quartier werden. „Mein" Quartier behandle ich besser als einen neutralen Ort, zu dem ich keinen Bezug habe. Dabei kommt neben dem öffentlichen Stadtraum auch der Architektur eine besondere Rolle zu. Dies bezieht sich sowohl auf ein gelungenes Gesamtbild des Gebäudes als auch auf kleine, aber wesentliche Details. Wie würdig öffnet sich die Tür zur Straße, wie aufrecht kann ich durch diese gehen? Wie stolz bin ich auf das Haus, in dem ich wohne. Wie gerne zeige ich es Gästen? Wie freundlich empfängt es mich? Ist ausreichend Platz, um mit den Nachbarinnen ins Gespräch zu kommen? Sind die Grundrisse meiner Wohnung auch in vielen Jahren noch flexibel für Anpassungen der Lebenssituation? Fügt sich das Haus in die Nachbarschaft ein? Wie gut ist die Komposition des Stadtraumes?

Die Qualität der Architektur spielt eine wesentliche Rolle für ein gelungenes Wohnquartier. Dabei ist jeder einzelne Baustein wichtig, betrachtet man vor allem die Tatsache, dass die Gebäude 50, 100 oder 200 Jahre an diesem Ort stehenbleiben werden und damit Heimat für viele Generationen sein werden. Wichtig ist hierfür vor allem, dass die im städtebaulichen Konzept angelegten Stadtbausteine auch in der architektonischen Gestaltung auf die jeweilige Relevanz achten. Einzelne Solitäre, Hochpunkte oder besonders präsente Gebäude an Plätzen müssen ihrer besonderen Rolle auch in der Architektur gerecht werden. So wurde besonders auf die Ausformulierung des Quartierseingangs an der Völklinger Straße und den weiteren Gebäuden am Chisinauer Platz geachtet (vgl. Abb. 7.1). Ebenso wurden die Gebäude an der Parkkante einschließlich der Hochpunkte genau begutachtet, um dem neuen Park ein würdiges gebautes Gegenüber zu geben.

10.2 Projektvergabe und Sicherung der architektonischen Qualität

Zur Sicherung der architektonischen Qualität erfolgte die Entscheidung über die Grundstücke mittels Konzeptvergabe. Investoren in Teams mit Architekturbüros konnten sich mit einem Gebäudeentwurf sowie einem Nutzungskonzept für das Grundstück bewerben, welches sie im Zuschlagsfalle zum Festpreis erhielten. Zur Prüfung der Konzepte und Begleitung der Realisierung des Quartiers wurde eine Planungskommission gebildet, die interdisziplinär aus Architektinnen, Stadt- und Raumplanerinnen Landschaftsarchitektinnen, Ingenieurinnen und Sozialarbeitswissenschaftlerinnen zusammengesetzt ist. Die Kommission prüfte alle Bewerbungen sehr sorgfältig und wählte die besten Konzepte zur Realisierung aus. Dabei wurde besonderer Wert auf unterschiedliche Wohnraumangebote für eine diverse Stadtgesellschaft gelegt. Angebote für Gemeinschaftsnutzungen wurden ebenfalls positiv bewertet. Wichtig war der Kommission, dass die geförderten Wohnungen ablesbar optisch nicht schlechter gestellt sind, als z. B. Wohneigentum, um soziale Unterschiede der Bewohnerinnen nicht sichtbar werden zu lassen. Berücksichtigt wurden ebenfalls besondere Nutzungsformen für spezielle Altersgruppen oder integrative Wohngruppen. Die Konzeptvergabe unterstützte die sieben strategischen Ziele des Leitbildes 2023 der Stadt Mannheim vor allem hinsichtlich Gleichstellung, Lebensqualität und Klimagerechtigkeit. Für alle Planungsbeteiligten war die Umsetzung aus möglichst nachhaltigen Baumaterialien, vor allem Holz als Primärtragwerk und Fassadenmaterial, ein wesentliches Planungsthema im Konzept des Modellquartiers Spinelli. Zudem nahm die Qualität der Architektur eine übergeordnete Rolle ein, die hinsichtlich funktionierender Grundrisse, qualitätvoller Erschließungsbereiche, einladender Erdgeschosszonen und guter Fassadenkompositionen vor allem ein gemeinsames Gesamtbild prägen sollte. Trotz aller Unterschiedlichkeit der einzelnen Gebäude sollte übergeordnet eine Identifikation im Quartier gerade auch über die Architektur geschaffen werden. Im weiteren Planungsprozess wurden sämtliche Projekte von der Planungskommission begleitet und regelmäßig begutachtet, um die Qualität der Planung auch in der Umsetzung sowie den Detailentscheidungen in der Architektur und in der Freiraumplanung sicherzustellen.

Landschaftsplanerische Perspektiven 11

Elke Ukas

Der Zusammenhalt von Mitgliedern einer Gesellschaft wird von vielen äußeren Einflüssen bestimmt. Interdisziplinäre Planungen können ein gutes Miteinander unterschiedlicher sozialer Gruppen fördern. Das Wohnen im Quartier, im Kiez, im Stadtteil ist maßgeblich bestimmt von den vielfältigen Nutzungsstrukturen. Je vielfältiger und bunter eine Gesellschaft, desto mehr Toleranz muss von jedem Einzelnen aufgebracht werden. Aber das ist vielleicht auch der Grund, warum Leben in Quartieren für unterschiedliche Milieus und durch eine Durchmischung von Arbeit, Wohnen, Dienstleistung, Freizeit, Kultur oder Bildungsangeboten als sehr spannend, inspirierend und belebend für die Bewohner angesehen wird. Durch mannigfache Nutzungsstrukturen werden unterschiedliche Altersklassen angesprochen. Damit sollte zumindest der Boden für ein gutes Wohnquartier vorbereitet sein. Ein Wohnungsmix ist ebenso entscheidend für die Anziehungskraft eines Quartiers wie die Freiräume, die alle Nutzungen miteinander verbinden.

Der öffentliche Raum „gehört" allen und muss daher robust für unterschiedliche Nutzungen und Gesellschaften aber auch für Veränderungen tragfähig sein. Er ist oftmals das Spiegelbild einer Gesellschaft, die sich den öffentlichen Raum als solchen angeeignet hat. Der öffentliche Raum ist prädestiniert für einen Aneignungscharakter, wenn er nicht zu stark von bestimmten Inhalten für bestimmte Personengruppen geprägt ist. Meist ist er zweckbestimmt für beispielsweise Spielplätze, Sportanlagen, Parkanlagen, Fußgängerzonen und so weiter. Im Mannheimer Spinelli-Quartier wurde er von den Landschaftsarchitekten RMP Stephan

E. Ukas (✉)
EU Landschaftsarchitekten Karlsruhe, Schrozberg – Bartenstein, Deutschland

R. Kilb (Hrsg.), *Soziale Kohäsion und Vielfalt in Stadtquartieren*,
https://doi.org/10.1007/978-3-658-45231-5_11

Lenzen als „multicodierte Landschaft" für den Grünzug Nordost entwickelt. Der öffentliche Raum muss ein tragfähiges Mindestnetzwerk an Grünstrukturen sein, um den klimatologischen Veränderungen gerecht zu werden. Er muss das freiräumliche Gerüst einer gesamten Stadtstruktur sein zum Wohlbefinden aller. Unabhängig aller Zweckbestimmungen wird gerade der öffentliche Raum mit seinen Freiräumen die gesamte Entwicklung eines Quartiers stark mitbestimmen.

Es geht nur gemeinsam

Das Spinelli-Quartier ist quasi neu auf dem Reißbrett entstanden. Der Aufwand war und ist groß, um ein gutes und damit sozial ausgewogenes Wohnen in gemischten Quartieren mit sozialer Kohäsion zu schaffen. Stadtplanung und Landschaftsplanung, Architektur und Landschaftsarchitektur, Verkehrsplanung und Ingenieurskünste für die herausfordernden klimatologischen Ziele als zusammengeführte planende Disziplinen haben das Quartier gemeinsam entstehen lassen. Soziale Aspekte des Zusammenlebens sind bei allen Disziplinen in unterschiedlichem Ausmaß zwingend notwendig.

Schlechte Beispiele wie diejenigen der „Banlieues", den zahlreichen Vororten französischer Großstädte mit einem sehr hohen Anteil an Sozialwohnungen in Plattenbauweise und einem sehr hohen Anteil an Immigration gibt es reichlich. Sie sind das Ergebnis von Planungen, die vermutlich seinerzeit technokratisch in einzelnen Disziplinen entwickelt wurden, wohl nie aber unter dem Aspekt sozialen Kohäsion betrachtet wurden.

Zeit mit Freunden und der Familie zu verbringen hat unter anderem mit der immer dichter werdenden Bebauung der Städte an Bedeutung gewonnen. War es vor etwa 100 Jahren noch ein Privileg wohlhabender Menschen, sich eigene Parks und Gärten anzulegen, wurde mit der Idee der sog. Volksparks zu Beginn der 1920er Jahre für alle Stadt-Menschen die Möglichkeit eröffnet, den öffentlichen Raum zur Erholung nach schwerer körperlicher Arbeit zu nutzen.

Stadtgrün wird heute sowohl als Wert an sich, als auch als Gesundheitsfaktor von den Kommunen begriffen. Neben der spezifischen Planung des sozialen Umfelds wird vermehrt Wert auf die Entwicklung neuer grüner Infrastrukturen zum Wohl der Bevölkerung gelegt. Grün in der Stadt verhilft ihren Bewohnern zu schneller Erholung, sorgt für Begegnungen mit Nachbarn und fördert neue Bekanntschaften. Grün fördert soziales Miteinander und die Gesundheit (vgl. Hinz et al. 2018). Auch Freiräume sind gesundheitsfördernd. Man macht sich dies aber selten bewusst.

Der Spaziergang im Wald, das Joggen durch Wiesen und Felder, das Spielen und Treffen oder die Radtour durch die Landschaft gehören nicht selbstverständlich zum Alltag. Oftmals reduziert sich unsere Aktivität auf lediglich eine Freizeitaktivität am Wochenende, weil wir glauben, dafür kaum Zeit zu haben. Dabei sind Treffen und Begegnungen im öffentlichen Raum im Quartiersgrün oder im Privatgarten im eigenen Erleben und im Mitteilungsbedürfnis Ausdruck sozialer Teilhabe. Freiräume sind Orte zum Bewegen und Begegnen – Gespräche, belangloses Plaudern, der Gedankenaustausch, zufällige Begegnungen und das Miteinander unterschiedlicher Generationen und Kulturen – dienen der Orientierung und Wahrnehmung eines Jeden (vgl. ebd.).

Freiräume im Quartier

Die Bewohner und Besucher des Spinelli-Areals profitieren in großem Maß vom Grünzug Nordost als Naherholungsgebiet direkt vor der Haustür. Die multicodiert entwickelte Landschaft bietet einen großen Freizeit- und Aufenthaltswert mit attraktiven Spiel- und Bewegungsflächen. Biotope werden vernetzt. Ein Radschnellweg verbindet das Stadtquartier mit der Innenstadt, dem benachbarten Käfertal und dem Umland. Von Norden nach Süden verlaufende Wegachsen und Straßen reihen das Wohnen, das Arbeiten und die Aktivitäten im Grünzug aneinander, fördern Sichtachsen und bringen kühlende Luft ins Quartier.

Im Spinelli-Quartier besteht ein geordnetes Geflecht aus privaten und halböffentlichen Freiräumen, die back-to-back zu gemeinschaftlichen Grünstrukturen entwickelt wurden. Die ausgewogenen Größenfestlegungen durch den Bebauungsplan bestimmen die Grünstrukturen im Innern der einzelnen Nachbarschaften. Sie sind frei von Autoverkehr und werden von privaten Garten-, Terrassen- und Balkonnutzungen oder vom gemeinsamen Gärtnern bestimmt. Kleinere Nachbarschaftsplätze überbrücken die Grundstücksgrenzen. Nachhaltige Konzepte für das Niederschlagswasser entsprechen dem „Sponge-City"-Modell, der sog. Schwammstadt.

Menschen sollen sich wohlfühlen

Die Freizeit oder Teile der freien Zeit im Grünen oder allgemein im Freien zu verbringen bringt Zufriedenheit, Erholung, Gelassenheit, kurzum, den Kopf frei von manchem beruflichem und sonstigem Alltagsstress.

Ein wichtiger Begegnungsplatz mit Maßnahmen zur Anpassung an den Klimawandel ist der Quartiersplatz im Zentrum des Spinelli-Quartiers. Er ist das Ergebnis eines Realisierungswettbewerbes aus dem Jahr 2020. Ein „urbaner Stadtwald" als kühlende Mitte mit vielen attraktiven Aufenthaltsbereichen prägt dieses 2023 umgesetzte Konzept von Landschaftsarchitekten und Stadtplanern. „Klimabäume" unterschiedlicher Arten, Habitus und Farben bilden ein Blätterdach für vielfältige Nutzungsmöglichkeiten, für Aufenthalt und Begegnungen im Freien.

Wasser spielt dabei eine große Rolle: Wasserdüsen zum Spiel und zur Abküh-
lung an Hitzetagen beleben den Platz vor allem in den Sommermonaten. Ein
unter dem Platz befindliches flächiges Wasserspeichersystem dient der Nachhaltigkeit in punkto Niederschlagswasser. Der Platz ist von den Fassaden her zur
Mitte durch veränderte Oberflächenstrukturen bis zur wassergebundenen Decke
von ‚dicht' nach ‚offenporig' abgestuft und unterstützt dabei die unterschiedlichen
Nutzungsstrukturen. Die Ausführung in unterschiedlichen Betonstrukturen stellt
zudem ein starkes Identifikationsmittel als „genius loci" dar. Lampionartige Lichte-
lemente werden subtil eingesetzt und schaffen zusammen mit dem ‚Stadtwald' eine
anregende Atmosphäre am Abend und einen Übergang zu den rahmengebenden
Fassaden mit unterschiedlichen Nutzungen incl. Café. Der Platz bietet vielfältige
Sitzmöglichkeiten. Eine Haltestelle für die Straßenbahn ist integriert.

Innerhalb der Wohnblöcke haben sich Eigentümergemeinschaften zusammen-
geschlossen, um gemeinsame zusammenhängende, zaunfreie Freiräume für die
Bewohner zu kreieren. Die Aspekte „Gemeinsames Gärtnern", das Treffen in
den Höfen, zentrale Spiel- und Treffbereiche, gemeinsame Fahrradanlagen oder
das oberflächennahe Ableiten von Niederschlagswasser sind oft Gegenstand des
interdisziplinären Planens gewesen.

Ein Lernprozess
Sämtliche dieser interdisziplinären Herangehensweisen in Planung und Ausführung
stellen den zukünftigen Rahmen auch für Lernprozesse der neuen Bewohner dar.
Über die Jahre hin wird sich zeigen, ob auch hierüber ein gelingendes Miteinander zustande kommt, ob diese Rahmenvoraussetzungen dazu führen, dass Einzelne
gemeinsam Verantwortung für das Ganze übernehmen. Die grüne Infrastruktur spielt
dabei eine zentrale Rolle für das Gelingen von Nachbarschaften. Dabei muss die
zukünftige „Quartier-Gesellschaft" auch aushalten lernen, sich nachbarschaftlich
auseinanderzusetzen und Konflikte für gemeinsame Ziele, zum Beispiel für die
wichtigen Klimaziele, möglichst fair auszutragen. Hierbei muss auch das Laub vor
der eigenen Haustür akzeptiert werden.

Aber es sollten auch Rückzugsmöglichkeiten und Ruhebereiche innerhalb der
Gemeinschaftsflächen möglich sein. Das Zusammenleben von Alt und Jung ist nach-
weislich förderlich für das gegenseitige Interesse und die gemeinsame Teilhabe
am Leben. Dafür braucht es begegnungs- und bewegungsfördernde Nutzungsan-
gebote für alle Generationen. Unterschiedliche Lautstärke-Pegel müssen hin und
wieder, im Besonderen beim Spiel der Kinder ausgehalten werden. Das bewusste
Zusammenagieren einzelner Gruppen innerhalb der öffentlichen Räume schafft
durchaus Konfliktpotential bei Nutzung und Gestaltung. Aber die Entscheidung,

es gemeinsam zu tun, ist dabei bereits ein erster Schritt zur gemeinsamen Teilhabe, als Grundvoraussetzung gelingenden Zusammenlebens und sozialen Miteinanders.

Und welches Grün, bitte schön?
Schattenspendende, klimagerechte und nicht nur einheimische Bäume, eine artenreiche Vegetation und Biotope im Kleinen zur Vernetzung mit dem Größeren, Wiesen und Staudenflächen bis hin zu angemessen großen Rasenflächen sind für die unterschiedlichen Nutzungen von großer Relevanz.

Die Begrünung von Fassaden ist ebenso ein wichtiges Ziel. Es zeigt sich jedoch, dass viele Eigentümergemeinschaften und Architekten entweder nicht mit einer pflanzlich und technisch angemessenen Fassadenbegrünung planerisch zurechtkommen oder aber eine Begrünung schlichtweg nicht erwünscht ist. Pflanzungen in Trögen oder auf Balkonen bedürfen eines ausgefeilten und technisch hochwertigen Systems, um die Pflanzen dauerhaft zu erhalten. Erdgebundene Fassadenbegrünungen sind immer noch ein sehr probates Mittel mit starken Wachstumseffekten. Die Pflege von Stauden ist zwar aufwendiger als einen Rasen glatt zu trimmen. Aber bei richtiger Pflanzenauswahl für den jeweiligen Standort sind Stauden ein großer Mehrwert; Haptik, die Farben, das Fühlen oder der Duft – alles für die Sinne. Wieseneinsaaten für unterschiedliche Standorte sorgen für eine hohe Artenvielfalt an Insekten. Das gleiche gilt auch für extensive Dachbegrünungen.

Und wie sehen Beläge aus? Im Quartier sind sie oft multicodiert erstellt. Fürs Spielen, als Treffpunkt, als Auffangbereich für Niederschläge – nach jeweiliger Anforderung nutzbar und in der Oberflächenstruktur – nicht immer auf den ersten Blick als solches erkennbar.

Freiräume sollten in vielen Bereichen multifunktional angelegt sein, da sich Nutzungen mit neuen Bewohnern ändern können. Die jeweils zeittypische Planung kann nie Garant sein für ein gelungenes Wohngebiet für alle Zukunft. Sie kann aber ein geeignetes Fundament sein, durch eine durchdachte grüne Infrastruktur auch perspektivisch individuellen wie auch pluralen gesellschaftlichen Anforderungen zu entsprechen.

Stadtökologische Perspektiven auf soziale Kohäsion

12

Dita Leyh

Was hat Stadtökologie mit sozialer Kohäsion zu tun, könnte man sich fragen. Je nachdem, wie man Stadtökologie definiert, doch erstaunlich viel. Ich möchte hier den Begriff der Stadtökologie nicht im Sinne biologischer Lebensräume, also Biotoptypen in der Stadt verwenden, sondern breiter gefasst im Sinne eines städtischen Ökosystems mit seinen Stoff- und Energieflüssen, anthropogenen Einflussfaktoren wie Wohnsiedlungen und Verkehrsflüssen, vor allem aber auch seinen zwischenmenschlichen Beziehungen. Im Gegensatz zu natürlichen Ökosystemen, in denen sich Kreisläufe rückkoppeln und selbst regulieren, benötigt das System Stadt (noch) Stoff- und Energiezufuhr von außen. Ziel eines nachhaltigen Städtebaus wäre langfristig ein „Ökosystem Stadt", das sich an ein natürliches Ökosystem annähert und seine Stoff- und Energieflüsse immanent im System erhält. Durch die anthropogenen Einflüsse ist das System Stadt allerdings eines der komplexesten Ökosysteme, da sich menschliche und natürliche Faktoren gegenseitig beeinflussen. Auch die soziale Kohäsion ist einer dieser Einflussfaktoren, die dementsprechend nicht für sich allein betrachtet werden können, sondern im Zusammenspiel mit vielen weiteren städtischen Aspekten, wie der Mobilität, der Ökonomie, der Architektur oder auch der Freiraumgestaltung, um nur einige zu nennen.

D. Leyh (✉)
Hochschule Darmstadt, Darmstadt, Deutschland
E-Mail: dleyh@stadtbauatelier.de

Am Fallbeispiel Spinelli möchte ich auf diese Aspekte eingehen und untersuchen, welche davon einen entscheidenden Einfluss auf die soziale Kohäsion eines Quartiers haben, bzw. wie sie stadtplanerisch beeinflusst werden können.

Ich begleite die Entwicklung des Quartiers als Auditorin für nachhaltige Stadtquartiere der DGNB (Deutsche Gesellschaft für nachhaltiges Bauen) auf dem Weg zu einem Nachhaltigkeitszertifikat. Die DGNB vergibt mit der Auszeichnung ein Zertifikat für nachhaltiges Bauen, das verschiedene Quartiere in Bezug auf Nachhaltigkeitskriterien vergleichbar macht. Es bietet sich daher an, anhand der Kriterien der DGNB zu untersuchen, ob und welche dieser Kriterien die soziale Kohäsion des Quartiers positiv beeinflussen können sowie der Frage nachzugehen, ob ein solches Zertifizierungssystem überhaupt ein geeignetes Mittel ist, einen Beitrag dazu zu leisten.

Das Zertifizierungssystem der DGNB für nachhaltige Stadtquartiere ist in fünf gleichgewichtete Kriteriengruppen gegliedert:

- Die *„ökologische Qualität"*, mit Untersuchungen zu Wirkungen auf die globale und lokale Umwelt, bzw. die Ressourceninanspruchnahme, wie einer Ökobilanz
- Die *„ökonomische Qualität"*, mit Aspekten wie Lebenszykluskosten, Werterhalt oder auch Flächeneffizienz
- Die *„soziokulturelle und funktionale Qualität"*, mit den Themen Gesundheit, Behaglichkeit, Nutzerzufriedenheit, Barrierefreiheit oder auch soziale und funktionale Mischung
- Die *„technische Qualität"*, die technische Infrastruktur wie Energie oder Wertstoffmanagement umfasst sowie die Kriteriengruppe zur Mobilität
- Die *„Prozessqualität"*, die Partizipation, Management und Governance während der Planungs- und Bauphase und die Qualitätssicherung in der Nutzungsphase bewertet.

Wenn man alle Kriterien unter dem Aspekt der sozialen Kohäsion betrachtet, wird schnell deutlich, dass nicht nur die Kriteriengruppe „soziokulturelle und funktionale Qualität" relevant ist. Tatsächlich spielen Aspekte aus allen fünf Kriteriengruppen eine Rolle und beeinflussen sich im System Stadt gegenseitig. Alle Kriterien, die in Bezug auf die soziale Kohäsion relevant sind, laufen im Grunde auf die gleiche Zielsetzung hinaus – es geht um den Stadtraum, also den Raum zwischen den Gebäuden, v. a. öffentlichen, teils aber auch privaten Freiraum, der als Vermittler zwischen den unterschiedlichen Bewohnern der Stadt fungieren muss. Er muss als Treffpunkt dienen, er muss Kommunikation zwischen den verschiedensten Bevölkerungsgruppen zulassen und unterstützen. Er muss für alle nutzbar, offen und aneignungsfähig sein, er muss nicht nur Begegnungen zulassen, sondern auch gemeinsame Aktivitäten fördern. Stadtraum kann im weiteren Sinne auch öffentlich, oder teils öffentlich nutzbare Innenräume, wie Gemeinschaftsräume beinhalten.

Darüber hinaus müssen die Funktionen der Stadt, wie Mobilität oder Wohnraumversorgung für alle Mitglieder der Stadtgesellschaft offenstehen und gleichberechtigt nutzbar sein, es darf keine Benachteiligung aufgrund der Zugehörigkeit zu einer bestimmten Gruppe entstehen.

Ein wesentlicher Aspekt ist auch eine starke Identität der Stadt, bzw. des jeweiligen Wohnquartiers, denn nur, wer sich mit seinem Quartier identifiziert, wird auch bereit sein, sich dort zu integrieren und bewusster Teil der Stadtgesellschaft zu werden.

Doch welche Kriterien sind in der Praxis geeignet, um diese Ziele umzusetzen?

„Ökonomische Qualität"

V. a. in Bezug auf die Schaffung von Identität sind es Kriterien aus mehreren Kriteriengruppen. Tatsächlich kann man mit der „ökonomischen Qualität" beginnen. Nachhaltige ökonomische Qualität beruht auf Wertstabilität, auf ökonomischer Resilienz des Quartiers, d. h. die Anpassungsfähigkeit auf sich verändernde ökonomische Bedingungen. Dazu gehört auch eine gewisse Flexibilität des städtebaulichen und architektonischen Konzeptes, das sich verschiedenen, in Zukunft vielleicht wechselnden Nutzergruppen anpasst und eine möglichst hohe Nutzerakzeptanz aufweist. Hier interagieren wieder städtebauliche und architektonische Kriterien, wie Grundrissflexibilität und auch eine möglichst große Mischung an Nutzungen, Bautypologien und Eigentumsformen. Diese kleinräumliche Mischung, auch der Nutzergruppen verhindert beispielsweise die gleichzeitige Alterung der Bewohner und damit einer zukünftigen Überalterung und Segregation. Im DGNB-System werden diese Faktoren unter anderem mit dem Kriterium des „Diversifikationsindexes" dargestellt. Er zeigt den Grad der Diversifikation eines Quartiers, in Anlehnung an den Berry-Index, der eigentlich aus dem betriebswirtschaftlichen Bereich stammt. Er wird berechnet als Komplement der Summe der quadrierten Nutzungsanteile sämtlicher Nutzungen im Quartier und ist auf Spinelli durch die starke Mischung unterschiedlicher Nutzungen sehr hoch. Auch das Baurecht muss diese Mischung gezielt fördern. Positiv ist beispielsweise eine Vielzahl an Gebietstypen nach BauNVO oder auch die Anwendung eines Mischgebietes, wie im zentralen Bereich von Spinelli oder des urbanen Gebietes. Positiv für eine zukünftige

Wandlungsfähigkeit ist auch die auf Spinelli geplante Ausweisung unterschiedlicher Gebäudehöhen oder die Möglichkeit einer zukünftigen Veränderung der Straßenbreiten.

Ein weiteres ökonomisches Kriterium ist die „Flächeneffizienz", d. h. die möglichst effiziente Ausnutzung von Bauland in Bezug auf Erschließung und Baudichte. Natürlich ist dies ökonomisch sinnvoll, hat aber auch positive Auswirkungen auf die Nachhaltigkeit des Quartiers im Sinne der Reduzierung von Versiegelung und Baulandverbrauch. Darüber hinaus haben hohe Dichten aber auch einen positiven Einfluss auf die soziale Kommunikation im Quartier – nur wo viele Menschen zusammenkommen, können sich auch Nutzungen etablieren, die von vielen Gruppen genutzt werden. Sei es der Bäcker an der Ecke, der Spielplatz oder auch Gemeinschaftsräume, die nur bei einer gewissen Dichte ökonomisch darstellbar sind.

Auf Spinelli werden auf den Bauflächen sehr hohe Dichten von 200–300 Einwohnern/ha realisiert, was z. B. vergleichbar mit innerstädtischen Quartieren in Paris ist – einer der dichtesten Städte weltweit. Zumindest die Voraussetzungen für ein lebendiges Quartier sind damit geschaffen.

Um die Identität des Quartiers zu fördern, spielt auch die „Vermarkung" eine Rolle. Eine Marktanalyse hilft die Zielgruppen zu bestimmen und den richtigen Nutzungsmix festzulegen. Dabei sollte v. a. das Umfeld miteinbezogen werden, mit dem Ziel, vorhandene Nutzungen zu ergänzen oder neu zu durchmischen. Im Spinelli-Areal wurden beispielsweise bewusst fehlende Wohntypologien, wie Geschosswohnungsbau, im von Einfamilienhäusern geprägten Umfeld ergänzt, um im gesamten Stadtteil Käfertal Süd/Im Rott die Vielfalt der Wohnungsnachfrage abzubilden. Darüber hinaus entstehen durch die höhere Bewohnerdichte die Möglichkeit, bestehende Organisationen und Institutionen, wie den Sportverein Käfertal oder kirchliche Einrichtungen auszubauen.

Eine qualitätsvolle Vermarkung kann schon vor dem Bau die Identität des Quartiers beeinflussen. Dazu können beispielsweise Events, wie Bau- oder Quartiersfeste beitragen, die auf das neue Gebiet aufmerksam machen. Auch große Festivals, wie im Falle von Spinelli, der Einbezug des Quartiers in die Bundesgartenschau, ergänzt durch die Städtebauausstellung „Spinelli NOW" in den öffentlichen Räumen des neuen Quartiers können unterstützen. Zusätzlich sorgen Newsletter oder z. B. die Infoblätter „Spot-On" für ständig aktuelle Informationen über den Fortschritt des Quartiers und stärken damit die Identität.

Identität schafft Stabilität, auch ökonomisch. Nur wertstabile Quartiere schaffen langfristig eine hohe Akzeptanz und damit auch die Bereitschaft sich dort zu integrieren.

„Soziokulturelle und funktionale Qualität"

Die nächste Kriteriengruppe „soziokulturelle und funktionale Qualität" befasst sich schwerpunktmäßig mit den Themen Städtebau und Freiraum. Erwartungsgemäß finden sich hier die meisten Stellschrauben in Bezug auf soziale Kohäsion.

Auch hier spielt das Thema „Identität" eine entscheidende Rolle, diesmal nicht aus dem ökonomischen Blickwinkel, sondern aus gestalterischer Sicht betrachtet. Eine bewusst gestaltete Umwelt, die auf einem klaren Gestaltungskonzept beruht, kann die Identität eines Quartiers stärken. Instrumente dazu können beispielsweise ein Gestaltungshandbuch, Richtlinien oder auch eine Gestaltungssatzung für Fassaden und Freiräume sein oder aber, wie beim Spinelli-Areal die Einberufung einer interdisziplinären „Planungskommission". Ähnlich einem Gestaltungsbeirat begleitet sie jedes Bauprojekt, bewertet die Projekte in der Zusammenschau mit den umliegenden Projekten und gibt konkrete Hinweise für die weitere Realisierung. Hinzu kommt bei Spinelli zur Sicherung der Gestaltungsqualität das Instrument der Konzept-Vergabe, das bei der Kriteriengruppe „Prozess" näher erläutert wird.

Ein weiterer Aspekt zur Stärkung der lokalen Identität ist der Einbezug oder die Schaffung von Merkzeichen, Attraktoren oder Impulsprojekten. Dies können bestehende historische Gebäude sein, oder auch besonders innovative neue Gebäude, Hochpunkte oder ähnliches, die dem Gebiet einen eigenen Charakter und Wiedererkennungswert verleihen. Im Spinelli-Areal wurde beispielsweise ein leerstehender Hochbunker an der Wachenheimer Straße und die U-Halle auf dem zukünftigen Parkgelände als prägende Orte erhalten, um zukünftig öffentliche und gemeinschaftliche Funktionen aufzunehmen.

Die Völklinger Achse, eine historische Wegeverbindung zwischen Käfertal und Feudenheim, ist ein weiteres identitätsstiftenden Element, das für die Öffentlichkeit wieder zugänglich und nutzbar gemacht wird (vgl. Abb. 7.1).

Neben der Identität ist ein wichtiger Aspekt für die Entwicklung sozialer Kohäsion die funktionale und soziale Mischung – innerhalb des Quartiers, aber auch quartiersübergreifend mit der Umgebung. „Stadt weiterbauen" heißt das Schlagwort bei Spinelli, d. h. vorhandene Strukturen von Käfertal-Süd funktional, gestalterisch und in Bezug auf das Erschließungsnetz mit dem neuen Quartier zu verweben. Konkret entsteht im Schnittpunkt zwischen Bestandsgebiet und Neubaugebiet ein neues „soziales Zentrum" – die bestehenden Einrichtungen, wie der Sportverein Käfertal, Einrichtungen der katholischen Gemeinde St. Hildegard, das Pflegeheim „Joseph-Bauer-Haus" werden durch weitere Einrichtungen, wie der neuen Grundschule und der Kindertagesstätten ergänzt und damit zum Treffpunkt für alte und neue Bewohner. In nächster Nachbarschaft entsteht mit dem „kommerziellen Zentrum" ein weiterer gemischtgenutzter Treffpunkt, der v. a. die Einrichtungen für den täglichen Bedarf beherbergt (Apotheke, Bäcker, Supermarkt).

Alle Infrastruktureinrichtungen sollten fußläufig oder einfach mit dem ÖPNV erreichbar sein, nur durch eine Nutzung der Fußwege entstehen zufällige Begegnungen mit der Nachbarschaft – Voraussetzung für die Entwicklung sozialer Interaktion. Ein weiterer städtebaulicher Aspekt ist in diesem Zusammenhang auch die Verdichtung von Bauflächen an ÖPNV-Knoten oder zumindest Haltestellen – auch gemeinsames Warten kann die Kommunikation fördern.

Soziale Mischung wird darüber hinaus durch unterschiedliche Wohnformen, Eigentumsformen und Typologien erreicht. Dies schafft nicht nur, wie bereits unter dem Aspekt „Ökonomie" beschrieben eine Robustheit gegenüber zukünftigen gesellschaftlichen Veränderungen, sondern ermöglicht es auch, flexible Angebote für die unterschiedlichsten kulturellen Formen des Wohnens anzubieten. v. a. auch innovative Wohnformen sollten gefördert werden, was im Spinelli-Areal durch das Instrument der Konzeptvergabe ermöglicht wird. Hier stehen Baugruppenhäuser neben Investorenbauten, Gemeinschaftswohnungen, sozialem Wohnungsbau, Wohnungen im Erbbaurecht oder genossenschaftlichen Bauten. Dabei wurde ein Schlüssel von 30 % öffentlich gefördertem Wohnraum umgesetzt.

Der öffentlich nutzbare Bereich zwischen den Gebäuden ist vorrangig der Raum für soziale Interaktion. Die Erdgeschosszonen bilden dabei „auf Augenhöhe" sozusagen den „Filter" zwischen privaten Wohnbereichen in den Obergeschossen und diesem öffentlichen Interaktionsraum. Die Erdgeschosse sollten daher vorrangig Nichtwohnnutzungen vorbehalten sein. Je weniger kommerziell und je niederschwelliger, durch alle Generationen nutzbar, desto einfacher entsteht soziale Kohäsion durch die gemeinsame Nutzung dieser Räume. Im Spinelli-Areal sind dies z. B. Nutzungen wie Kinderbetreuung oder Gemeinschaftsräume wie das „Machbar" der Wohnbaugenossenschaft „WohnWerkMannheim", die eine Brücke ins Quartier schlagen möchte. Das „Machbar" versteht sich als Kontaktbörse für die Nachbarschaft, hier können Werkzeuge oder Spielgeräte ausgeliehen, Räume für kulturelle Veranstaltung, Krabbelgruppen, Yoga und ähnliches genutzt oder auch Ernteerzeugnisse der solidarischen Landwirtschaft abgeholt werden. Ein selbstverwaltetes Projekt, das durch die Ideen der Nachbarn weiterwächst und reift.

Die DGNB-Kriterien in Bezug auf den Freiraum weisen viele Schnittstellen mit den bereits dargelegten Kriterien aus dem Städtebau auf. Auch hier ist das Ziel, Freiräume so niederschwellig, flexibel und zu möglichst vielen Zeiten, z. B. auch bei schlechtem Wetter, nutzbar zu machen, um soziale Interaktion zu fördern. Wichtig ist ein breitgefächertes Angebot und eine klare Hierarchie der Freiräume, um unterschiedlichen Nutzungsmustern zu entsprechen. Das beginnt bei den großen Stadtplätzen, die für Events, Versammlungen oder zum „Sehen und gesehen werden" geeignet sind, über mittelgroße Quartiersplätze, die eher Treffpunkte der Nachbarschaft sind, bis hin zu kleinen Nischen, Verschwenkungen in der Gebäudeflucht oder Aufweitungen der Gehwege, die zu einem kurzen Plausch im Vorübergehen mit dem Nachbarn einladen. Dazu kommen übergeordnete Stadtparks und Grünzüge für Freizeit, Spiel, Sport und Naherholung, die das Quartier mit der Umgebung vernetzen.

Auch die Verkehrswege, Straßen und Fußwege dürfen in der Hierarchie nicht vernachlässigt werden. Sie machen den größten Teil der Freiräume einer Stadt aus, sind die, die am meisten für die täglichen Wege genutzt werden und verbinden die wichtigen Plätze miteinander. Sie sind die Adern einer Stadt und werden doch oft in der Gestaltung vernachlässigt.

Nur interessante, lebendige Stadträume, die die Stadt in immer wieder spannenden Sequenzen erlebbar machen, laden dazu ein, zu Fuß zu gehen. Und nur bei den langsamen Geschwindigkeiten des Zu-Fuß-Gehens entstehen zufällige Begegnungen, die bei wiederholtem Male zu einem „Hallo" herausfordern und irgendwann dann vielleicht doch zu einem neugierigen Gespräch an der (aufgeweiteten) Straßenecke führen. Sie sollten vor allem auch multifunktional nutzbar sein, über die reinen Verkehrsfunktionen hinaus, z. B. auch dem Kinderspiel, dem Aufenthalt oder sportlicher Betätigung dienen.

Im Spinelli-Areal wird diese Hierarchie mit einer großen Bandbreite an Freiräumen umgesetzt. Der Chisinauer Platz (vgl. Abb. 7.1) als großer Stadtplatz mit den Einrichtungen des täglichen Bedarfs, bildet den Hauptplatz, der über das Straßen- und Wegenetz mit der Parkpromenade verbunden ist, die sich immer wieder zu autofreien Platzbereichen aufweitet. Die zweite Hierarchie der Quartiersplätze wird auf Spinelli durch die Quartiersstraßen gebildet, die als Mischverkehrsflächen, verkehrsarm, jeweils einen eigenen Charakter erhalten, mal als grüner Anger, mal mit grünen Seitenzonen und damit multifunktional genutzt werden können. Eine Besonderheit im Quartier bilden die grünen Blockinnenhöfe, die als halböffentliche Bereiche von allen Seiten für die Öffentlichkeit zugänglich sind und durch ein Wegenetz untereinander verbunden werden. Trotz ihres offenen Charakters dienen sie eher dem Austausch innerhalb einer Nachbarschaft und sind beispielsweise der ideale Ort, an dem Kinder zu Spielkameraden Kontakte knüpfen können, die sich bestenfalls auf die Eltern ausweiten. Diese gemeinschaftlichen Freiräume werden auf einigen Gebäuden auf die Dachflächen hin erweitert. So sind dort beispielsweise bei einem Projekt Gewächshäuser für die Bewohner untergebracht, bei einem anderen grenzen die gemeinschaftlichen Nutzflächen, wie Waschküche oder Partyraum direkt an den gemeinsamen Dachgarten an. So können die Kinder dort miteinander spielen, während beispielsweise die Wäsche gewaschen wird.

Auch die privaten Freiräume spielen für die soziale Kohäsion eine wichtige Rolle. Sie müssen unterschiedliche Grade an Privatheit ermöglichen, um beispielsweise auch auf kulturelle Unterschiede des Bedürfnisses nach Privatheit zu reagieren.

In den grünen Gemeinschaftsflächen der Blockinnenbereiche wurde möglichst auf Zäune verzichtet, um den sozialen Austausch zu stärken. Trotz allem sollte dafür Sorge getragen werden, dass an anderen Stellen, beispielsweise an Balkonen, auch private Rückzugsorte in die Architekturgestaltung mit eingeplant werden. Sonst entstehen die an vielen anderen Orten sichtbaren, in Eigenregie angebrachten Bambuszaun- und ähnliche Sichtschutzelemente an den offenen Balkongeländern, die das Gesamtbild und damit die Identität des Quartiers beeinträchtigen.

Die direkt ans Quartier angrenzenden großen Grünflächen des ehemaligen Kasernenareals, die sich mit vielfältigen Nutzungen entlang des gesamten Quartierrandes ziehen, bilden die Vernetzungsbereiche mit der Umgebung, mit Käfertal und anderen angrenzenden Stadtteilen, über den Grünzug Nord-Ost bis hin zur Mannheimer Stadtmitte. Hier sind attraktive Nutzungen wie ein Wasserspielplatz, Kletterpark oder Urban Farming Flächen untergebracht, die gesamtstädtische Anziehungskraft für verschiedenste Bevölkerungsgruppen ausüben.

Wichtig bei der Gestaltung der öffentlichen Räume ist die flexible Nutzbarkeit für alle Bevölkerungsgruppen, die Möglichkeit, sich die Räume anzueignen, ggfls. auch direkt mit dem Raum zu interagieren, ihn zu gestalten, wie dies beispielsweise durch „Urban Farming" ermöglicht wird.

Um für alle Bewohner gleichermaßen nutzbar zu sein, muss die Erreichbarkeit und v. a. auch die Barrierefreiheit gewährleistet sein. Auch ältere und anderweitig motorisch oder sensorisch eingeschränkte Personen profitieren von der Barrierefreiheit. Dies bedeutet, dass nicht nur bestimmte Plätze selbst, sondern auch die Zugänge und Verbindungen barrierefrei ausgebildet sein sollten. Dazu gehören z. B. auch Rastplätze über Gehwegaufweitungen bei Straßen mit stärkerem Gefälle oder vor den Eingängen wichtiger Infrastruktur, wie Schulen, Geschäften oder Pflegeeinrichtungen. Um die Erreichbarkeit für alle Bevölkerungsgruppen zu erleichtern, sollten Abstände von 200 m Luftlinie zu Bildungseinrichtungen, Spielplätzen, Haltestellen, aber auch Behinderten-WCs sowie 400 m zur Nahversorgung, Arzt oder Gastronomie nicht überschritten werden.

„Ökologische Qualität"

Der Stadtraum sollte nicht nur für alle nutzbar sein, sondern bestenfalls immer, d. h. zu verschiedenen Jahres- und Tageszeiten Aufenthaltsqualität bieten. Hier kommt die Kriteriengruppe „ökologische Qualität" ins Spiel, allen voran die Aspekte des Stadtklimas. Eine gute Durchlüftung und Verschattung sorgen im Sommer für angenehme Temperaturen, während im Winter ausreichend Sonnenschein die Nutzbarkeit öffentlicher Bereiche verbessert. Die DGNB hat in Bezug auf das Mikroklima und die gefühlte Temperatur quantitative Kriterien entwickelt, wie beispielsweise eine Besonnungsdauer von min. drei Stunden am sonnenärmsten

Jahrestag, dem 21. Dezember oder eine Verschattung von min. 10 % der Flächen im Sommer. Dabei ist das Ziel nicht, eine gleichförmige Klimazone im gesamten Gebiet zu schaffen, sondern bewusst unterschiedliche Mikroklimazonen zu planen, die den Ansprüchen unterschiedlicher Stadtbewohner gerecht werden.

Die Aspekte des Stadtklimas waren auch bei der Planung von Spinelli eine wichtige Leitlinie. Mannheim gehört zu einer der deutschen Städte, die besonders vulnerabel im Hinblick auf die Klimaerwärmung sind. So wurden während der Planungsphase die Stadtstrukturen immer wieder unter Bezugnahme stadtklimatischer Gutachten verändert, die Blockrandstrukturen zum Park hin aufgelockert, um die Durchlüftung der Innenhöfe und nördlich liegenden Bereiche zu gewährleisten.

Auch das Regenwassermanagement spielt nicht nur eine technische Rolle, sondern kann durch die Verdunstung von Wasserflächen zu einer Kühlung der Stadträume beitragen. Die technisch notwendigen Elemente der Entwässerungs- und Regenwasserrückhaltemaßnahmen können bei qualitätsvoller Umsetzung auch mehrere Funktionen erfüllen, z. B. als Gestaltungs- oder Spielelemente. Auf dem Chisinauer Platz sind so Baumrigolen entstanden, die nicht nur die Funktion der Regenrückhaltung erfüllen, sondern durch das entstandene Baumdach zur Verschattung und Verdunstung beitragen sowie dem Platz durch die unterschiedlichen Baumarten eine ganz eigene Identität verleihen.

„Technische Qualität"

Gibt es weitere „technische Elemente" die zur sozialen Kohäsion beitragen können? In der Kriteriengruppe „technische Qualität" der DGNB finden sich hierzu Aspekte, v. a. im Bereich der Mobilität.

Soziale Kohäsion bedeutet auch die gleichberechtigte Teilhabe an technischer Infrastruktur der Stadt, bzw. gleichwertige Lebensbedingungen in der Stadt. D. h. auch, dass jeder dieselben Möglichkeiten haben sollte, sich fortzubewegen und mobil zu bleiben. Benachteiligt sind hier, v. a. in den sog. „autogerechten" Städten, die ältere und die jüngere Generation sowie die, die kein Auto, bzw. Führerschein besitzen. Hier können innovative Mobilitätskonzepte einen Beitrag zu gleichwertigen Bedingungen für alle leisten. Dies beginnt bei der Erreichbarkeit der ÖPNV-Haltestellen, Minimum 350 m Luftlinie, besser 200 m, sodass auch mobilitätseingeschränkte Personengruppen einen guten Zugang haben. Es geht über die Gestaltung der Haltestellen, mit Überdachung und Sitzmöglichkeiten, vielleicht sogar multifunktionalen Elementen, die das Warten erleichtern (Spielpunkt, Regiomat o. ä.), bis hin zu multimodalen Mobilitätspunkten, an denen individuelle Verkehrsmittel wie Roller, Fahrräder, Carsharing- oder Carpooling-Fahrzeuge genutzt werden können. Im Spinelli-Areal führt ein Schnellradweg durch die Grünanlagen auf kürzestem Wege in die Innenstadt. Ein Radfahrer hat somit keinen

zeitlichen Nachteil im Vergleich zum Autofahrer, der einen längeren Weg zurückle-
gen muss. Fast alle Gebäude haben Radabstellanlagen, die bequem erreichbar und
wettergeschützt sind. Darüber hinaus gibt es für die Bewohner vergünstigte Tarife
beim Carsharing-Anbieter Franklin-Mobil.

Ein anderer Aspekt aber, der nicht in erster Linie mit sozialer Kohäsion in Verbindung gebracht wird, ist das Konzept der Sammelgaragen. Durch die konzentrierte
Anordnung der Stellplätze in gemeinsamen Parkhäusern, statt im eigenen Haus,
sind zum einen die Wege zum Auto, bzw. zur ÖPNV-Haltestelle gleich weit, zum
anderen aber, sind die Bewohner „gezwungen" den öffentlichen Raum zu Fuß zu
nutzen und interagieren so zwangsläufig mit der Nachbarschaft. Schade ist, dass
im Spinelli-Areal die Sammelgaragen auf die Mehrfamilienhäuser beschränkt wurden und die Einfamilienhäuser ihre eigenen Stellplätze am Haus haben. Genau hier
wäre eine Stellschraube für eine stärkere Durchmischung der unterschiedlichen
Bewohnerschaft gewesen.

Ein weiterer Vorteil in Bezug auf die am Rand liegenden Sammelgaragen ist aber
natürlich auch die Verkehrsreduktion innerhalb des Quartiers, was die Qualität des
öffentlichen Raums steigert.

Ein zusätzlicher technischer Aspekt ist das Thema „smarte Infrastruktur" und
Digitalisierung. Auch hier gibt es Optionen zur Förderung sozialer Interaktion, z. B.
über „Quartiersapps", die als Tauschbörse, Informationen für Zugezogene, dem Auf-
finden von Gleichgesinnten oder auch der Mobilität dienen können, beispielsweise
über Mitfahrangebote.

„Prozessqualität"

Die letzte Kriteriengruppe umfasst die Aspekte der „Prozessqualität", es geht um die
Beteiligung der Bürgerschaft vor, während, aber auch nach dem Planungsprozess.

Besonders wichtig ist eine Beteiligung der Gruppen, die sonst eher solchen
Beteiligungsformaten fernbleiben. Dies kann über Vertreter der jeweiligen Bevölkerungsgruppen erfolgen, wie beispielsweise bei Spinelli über den Vorsitzenden
des Migrationsbeirats oder auch über eine Zufallsauswahl aus bestimmten Gruppen
über das Melderegister oder einer „aufsuchenden Beteiligung" direkt vor Ort bei
den Betroffenen.

Die Bürger waren bei der Entwicklung von Spinelli im Weißbuchprozess schon
vor der Planung beteiligt. Sie entwickelten die übergeordneten Leitideen für die
zukünftige Entwicklung der Mannheimer Konversionsflächen. Im später folgenden Wettbewerb wurde neben der Fachjury auch eine Bürgerjury integriert. Auch
während des Bauprozesses wurde die Beteiligung fortgeführt, sie erstreckte sich
von Informationen, wie den regelmäßig erscheinenden „Spotlight" Flyern, über
Baufeste bis hin zu Sprechstunden.

Die schon erwähnte „Konzeptvergabe" durch die interdisziplinäre Planungskommission war sicherlich eine der effektivsten Steuerungsinstrumente in Bezug auf soziale Kohäsion im Quartier. Hierbei werden die städtischen Grundstücke nicht an die Höchstbietenden vergeben, sondern an die Bauherren, die das Beste, bzw. für den Ort passendste Konzept präsentieren. Ähnlich einem Wettbewerbsverfahren können sich Teams aus Bauherrn und Architekt mit einem Bebauungs- und Nutzungskonzept bewerben, die Planungskommission wählt dann im Zusammenhang mit der Umgebungsbebauung das für diesen Ort passendste Konzept aus. Hierdurch ergibt sich die Möglichkeit, beispielsweise Synergien zwischen unterschiedlichen Nutzungen zu erzeugen und auch gestalterisch die Identität zu fördern. Aus dieser Konzeptvergabe ist z. B. das „Machbar" entstanden, das die Vernetzung der Bewohnerschaft auch nach dem Einzug weitertreiben soll.

Für die Phase danach ist das Kriterium „Governance" entscheidend. Die Beteiligung sollte nach dem Einzug nicht aufhören. Ein Quartiersmanager kann hierbei hilfreich sein, Beratungsangebote, z. B. für Baugruppen, Handbücher, Infos, aber auch Events, wie Quartiersfeste. Eine weitere Möglichkeit ist der Einbezug der Bewohner in die Selbstverwaltung des Quartiers. Dies kann z. B. die Organisation von Einkaufsgemeinschaften sein oder die Übernahme der Pflege von Grünflächen, z. B. über Baumpatenschaften.

Fazit

Ob soziale Kohäsion tatsächlich funktioniert, zeigt sich erst nach dem Einzug.

Abschließend lässt sich feststellen, dass alle dargelegten Kriterien in dieselbe Richtung zielen. Es geht um den Stadtraum, bzw. alle öffentlichen Bereiche der Stadt, die Begegnung ermöglichen, zu Kommunikation und sozialer Interaktion anregen müssen. Es geht um einen gleichwertigen Zugang zu städtischen Funktionen, wie Wohnraum, Kultur oder Mobilität. Und es geht nicht zuletzt um die Schaffung, bzw. Erhaltung oder Weiterentwicklung einer Identität des Quartiers. Nur in einer Umgebung, die man wertschätzt, möchte man sich integrieren, bzw. ein Teil davon werden – Einheit in Vielfalt.

Die Analyse der DGNB-Kriterien hat gezeigt, dass verschiedenste Aspekte des Ökosystems Stadt zur Erreichung dieser Ziele zusammenspielen und sich gegenseitig bedingen. Oft wird bei städtebaulichen Planungen der Fokus zu einseitig auf architektonisch-ästhetische Aspekte gelegt. Die Preisgerichte bei Wettbewerbsjurys werden vorwiegend mit Architekten und Stadtplanern besetzt, Fachleute aus anderen Bereichen, wie den Sozialwissenschaften fehlen zumeist.

Eine Zertifizierung kann daher als Checkliste während der Planung dienen und Voraussetzungen zu sozialer Kohäsion schaffen – im Spinelli-Areal sind diese Voraussetzungen gegeben. Ob Kohäsion in quartierbezogener Vielfalt dann tatsächlich eintritt, wird die Zukunft zeigen.

Quartiermanagement als Methode zur Förderung lebendiger Quartierentwicklung

13

Rainer Kilb

Quartiermanagement (QM) ist der übergeordnete Begriff für professionell begleitende Verfahren der kommunalen Stadtteil-, Siedlungs- und Quartierentwicklung. Neben dieser Bezeichnung finden sich mit der Gemeinwesenarbeit (GWA) und dem Community Organizing (CO) noch zwei weitere Begriffe aus verschiedenen historischen Epochen und unterschiedlichen Handlungsfeldern, denen aber eine Zielsetzung gemein ist, nämlich Grundlagen dafür zu schaffen, dass Bewohnerinnen von Stadtteilen und Quartieren dazu befähigt werden, ihre Interessen im Kontext kommunaler sozialräumlicher Organisation und Steuerung besser zu artikulieren und ggf. auch durchzusetzen. Das Quartiermanagement hat sich seit den 1970er Jahren, zunächst unter der Bezeichnung „Gemeinwesenarbeit", von einer Unterstützungsagentur für benachteiligte Bevölkerungsschichten in zunächst ausschließlich segregierten, meist städtischen Wohnarealen zu einer intermediären Vermittlungsinstanz und Managementmethode für heterogen strukturierte Stadtteile, Siedlungen und Quartiere entwickelt. Damit wurden neben der Partizipation von Bewohnerinnen die sozialräumliche Integration und Identifikation zum zweiten zentralen Ziel des QM. Die heutige Zielgruppe des Quartiermanagements ist keinesfalls ausschließlich auf benachteiligte Wohngebiete mehr konzentriert, sondern umfasst vor allem städtische Areale und Bereiche, die von Umbrüchen, Transformationen, von soziokultureller Heterogenität betroffen sind oder völlig neu entstanden sind. Darüber hinaus kann QM auch auf ethnische

R. Kilb (✉)
Frankfurt, Deutschland
E-Mail: r.kilb@hs-mannheim.de

© Der/die Autor(en), exklusiv lizenziert an Springer Fachmedien Wiesbaden GmbH, ein Teil von Springer Nature 2024
R. Kilb (Hrsg.), *Soziale Kohäsion und Vielfalt in Stadtquartieren*,
https://doi.org/10.1007/978-3-658-45231-5_13

Communitys hin ausgerichtet sein. Community Organization (CO) geht auf US-amerikanische Wurzeln der Bürgerrechts- und Gewerkschaftsbewegung zurück. Ziel ist hier, benachteiligte Bewohnerschichten in die Lage zu versetzen, mit Hilfe spezifischer Strategien und Organisationsformen ihre eigene Lebenslage erträglicher zu gestalten. CO und die klassische GWA sind eher politisch akzentuierte Handlungsstrategien, QM dagegen eher ein intermediäres und methodisches (Management-)Verfahren.

Das Quartiermanagement zeichnet sich dadurch aus, dass es einerseits Bürgerinteressen mit Verwaltungs- und Politikstrukturen in Verbindung zueinander setzt und andererseits Verwaltungs-, Bürgerschafts- und Wirtschaftsinteressen in einem gewachsenen sozialgeografischen Raum miteinander in Beziehung bringt. „In diesem Sinne handelt es sich bei QM um einen komplexen Prozess horizontaler Vernetzungen innerhalb der Quartiere und Verwaltungen sowie der vertikalen Vernetzung von ‚Verwaltungs- und Alltagswelt' vor Ort. Kommt einer dieser Aspekte zu kurz, so drohen unter Umständen eine Aufgabenüberlastung der Stadtteilbüros, ein zu starkes ‚Top-down'-Management der Quartiere (anstelle von Managementformen mit und für die Quartiere) und/oder ‚Sprachlosigkeit' zwischen Verwaltung und Quartierrealität" (DIfU 2009). Quartiermanagement wird mittlerweile vor allem von Kommunen und von Wohnungsbaugesellschaften eingesetzt. Aufgrund allgemein großer Zu- und Wegzugsmobilität in den Großstädten und damit zusammenhängenden permanenten Integrationsanforderungen ist Quartiermanagement meist zu einer Daueraufgabe geworden und orientiert sich methodisch an Verfahren und Elementen aus Sozialer Arbeit, Kulturarbeit, Urbanistik und Stadtentwicklung.

Historische Entwicklung des Quartiermanagements in Deutschland
Das Quartiermanagement in Deutschland hat sich über mehrere Phasen zur heutigen Ausformung hin entwickelt. In einer ersten Gründungsphase nach 1945 führte die ökonomische Depression Ende der 1960er-Jahre zur Diskussion struktureller Ursachen der aufkommenden gesellschaftlichen Krise und zur Rezeption von, an US-amerikanische Modelle angelehnter Gemeinwesenarbeit (GWA) als Möglichkeit zur Überwindung struktureller Ursachen sozialer Probleme, zunächst reformorientiert als eine sehr auf Anpassung und Integration hin akzentuierte Auslegung einer Technik Sozialer Arbeit. Müller spricht von einer versuchten „Anpassung der Betroffenen an die Strukturen, unter denen sie zu leiden haben" (Müller, C.W. 1971).

In der Zeit zwischen 1966 und 1975 fungierte GWA als Zugeständnis von Kommunen an sozial Benachteiligte und zur Konfliktbewältigung in einem „aufgeheizten" politischen Klima; insbesondere in Arbeitersiedlungen und in Obdachlosengebieten wurde mithilfe der GWA versucht, die damaligen politischen Strukturen über Bewohneraktivierungen mit offensiv-aggressiven Konzepten zu überwinden. Zentrale Aspekte waren die Parteilichkeit im Sinne der Betroffenen, die Unterstützung der Selbstorganisation, eine zielbezogene Konfliktorientierung und ein Verständnis als (vor-)politische Tätigkeit. Die Probleme dabei waren, dass es zu Loyalitätskonflikten der Fachkräfte mit ihren Anstellungsträgern und zu einer Überforderung der Betroffenen kam (vgl. Kilb 2023a, 349).

In der sich anschließenden Phase sog. „Disziplinierung" wurden zahlreiche GWA-Projekte Mitte der 1970er-Jahre gestrichen. Ein damals so genannter Ansatz „katalytisch aktivierender Gemeinwesenarbeit" (vgl. Karas und Hinte 1978) integrierte zumindest theoretisch die bisherigen Verständnisse.

Es folgte in den 1980er-Jahren eine Integration zahlreicher Arbeitsprinzipien der historischen GWA in die Verwaltung und in bestehende Handlungsansätze von Sozialer Arbeit. Parallel hierzu entwickelten sich eher projektbezogene Ansätze, allerdings unter anderen Begrifflichkeiten, wie etwa der meist eher politisch akzentuierten „Stadtteilarbeit" oder recht allgemein der „gemeinwesenorientierten Sozialarbeit". Aus der Methode hatten sich einerseits ein Arbeitsprinzip und andererseits eine Zuständigkeitsadministration etwa in der Regionalisierung der kommunalen Sozialen Dienste (ASD) ergeben.

Anfang der 1990er-Jahre experimentierten erstmals Wohnungsbaugesellschaften mit sozialarbeiterischen Methoden im Rahmen von Konfliktschlichtungen und Wohnwerterhaltungs-Programmen in einzelnen Wohnkomplexen, in Sonderwohngebieten bzw. in segregierten Stadtteilen. In Ansätzen entstanden hier erste Konturen des heutigen Verständnisses von Quartiermanagement. Die damalige Angst vor „französischen Verhältnissen" insbesondere in den Plattenbau- und Trabantensiedlungen der neuen Bundesländer führte, periodisch begleitet von den immer wieder neu aufflackernden Jugendunruhen in den französischen Banlieus, zur Initiierung des „Bund-Länder-Programms Soziale Stadt", verbunden mit der Etablierung des Quartiermanagements als Arbeitsmethode (vgl. Kilb 2023a, 349 f.).

Die Anzahl der Projekte von QM erstreckt sich im Rahmen des „Bund-Länderprogramms Soziale Stadt" von anfangs 300 im Jahr 2003 (in 214 Städten und Gemeinden) bis Ende 2013 auf 617 in 378 Städten und Gemeinden. Hierbei dominieren zwei Gebietstypen, nämlich gründerzeitliche Altbaugebiete mit altindustrialisierter Prägung und einem vielfältigen Nebeneinander kleinteiliger Siedlungsstrukturen sowie überwiegend industriell gefertigte Neubausiedlungen der 1960er bis 1980er Jahre. Anfang der 2000er Jahre entstanden zunehmend geförderte

Projekte in Neubaugebieten. Projekte in Altbaugebieten machten dagegen nur noch 20 % der nach dem Städtebauförderungsgesetz finanzierten Projekte aus (vgl. Walter 2002).

Seit den 2010er Jahren wird das Quartiermanagement vermehrt auch segregationsunabhängig eingesetzt. Es ist methodisch an Verfahrensweisen aus dem allgemeinen Management und der Sozialen Arbeit angelehnt und verfolgt vornehmlich die Ziele, Bewohnerinnen zu aktivieren und zu befähigen, ihre Interessen zu artikulieren und Möglichkeiten zu erschließen, diese zu befriedigen. Man erhofft sich dadurch eine höhere Identifikation und eine Verantwortungsübernahme zur quartierbezogenen soziokulturellen Selbstregulation und sozialen Kontrolle. Um das segregationslastige Image zu verändern, wird z. T. mit anderen Begriffen, wie etwa dem „Aufsiedlungsmanagement" oder dem Begriff des „Quartierbüros" in Neubaugebieten operiert.

Theoretische Grundlagen

Das Quartiermanagement orientiert sich einerseits stark an Theoriebildungsprozessen der früheren Gemeinwesenarbeit. Unter Gemeinwesen werden sowohl subjektive wie kollektive Handlungs-, Bezugs- und Orientierungsräume als auch die soziale Struktur im Sinne eines Gefüges, einer normativen, gesetzlichen, konflikt- und aktionskulturellen Struktur verstanden. Hierfür steht in integrierender Form die Theoriefigur der „Sozialraum-Community" als geografischer oder auch virtueller Handlungsraum. Das Gemeinwesen ist dabei als soziales System mit mehreren Funktionen zu sehen:

- Es grenzt in meist räumlicher Form häufigere und dichtere Handlungsbezüge einer Bevölkerungsgruppe, unter unterschiedlichen Aspekten wie etwa des gemeinsamen Wohnens, der Produktion, der Distribution oder Konsumtion betrachtet, von denen anderer Gruppen und deren Handlungsräumen ab.
- In solchen räumlich-handlungsbezogenen Einheiten staffeln sich die Bezüge von einzelnen Akteuren und/oder Akteursgruppen im Binnensystem noch einmal unterschiedlich dicht und intensiv nach außen wie auch nach innen.
- Es verfügt über eine spezifische Reproduktions- und somit auch Sozialisationsstruktur bzw. -infrastruktur. Diese umfasst diverse sozialisatorische Familienmilieus und -traditionen, nachbarschaftliche Bezüge und Mitgliedschaften in religiösen, kulturellen, sportlichen, politischen, freizeitbezogenen oder soziokulturellen Zuordnungsgruppen, die Kindertagesstätten und Schulen sowie ggf. sozialisationsergänzende Aspekte wie etwa die betriebliche Sozialisation, Kinder- und Jugendhilfemaßnahmen, Vereinstätigkeiten und die Traditionspflege.

- Im Sinne eines Inspirations- und Regulationsraumes kommen dem Gemeinwesen in wiederum abgestuften Formen die Funktionen der sozialen Kontrolle und Regulation, aber auch der Inspiration und Förderung des sozialen Engagements zu. Es entwickeln sich hierbei eigene Werte und Sanktionssysteme und entsprechende Ritualisierungsformen wie auch diverse Formen von Konfliktaustragung und deren Bewältigung, von Arrangements bzw. interner Abgrenzungen.
- Ein Gemeinwesen ist durch sämtliche seiner Funktionen und Ereignisse, also seine Geschichte und Traditionen, seine Schlüsselpersonen und seine Art der Selbstorganisation, aber auch seine morphologisch-räumlichen Formen, seine Stadtplanung und Architektur und seine Funktionalität in größeren Raumkontexten immer auch „symbolischer Raum" und damit mehr oder weniger Identifikations- oder Abgrenzungsraum (vgl. Kilb 2023a, 351 f.).

GWA und das Quartiermanagement setzen auf diesen Ebenen an und machen je nach Zielsetzungen die unterschiedlichen Ebenen zum Bearbeitungsgegenstand. Das kontextuell im „Bund-Länder-Programm Soziale Stadt" umgesetzte Quartiermanagement (QM) schließt stärker als die GWA planerische, administrative und intermediäre Aufgaben ein und ist häufiger von temporärer Anlage. Über seinen Programmstatus gelingt es erstmals, das auch für die GWA relevante Ziel einer Impuls-Setzung hin zur Erlangung quartierbezogener Selbsthilfebefähigung umzusetzen. Methodisch zeichnet es sich „vorrangig durch Aktivierung und Organisation der materiellen und personellen Ressourcen eines Stadtteils aus" (Litges u. a. 2005, 562).

Seit den 2020er Jahren vermischen sich die deutschen Ansätze auch wieder vermehrt mit angelsächsischen Modellen des Community Organizing, in denen demokratieerfahrende und demokratiefördernde Aspekte eine größere Rolle spielen, wenn es etwa um die Bildung sog. „deliberativer Gemeinschaften" geht (vgl. Nanz et al. 2023). In diesem Ansatz wird angestrebt, demokratisches Handeln erst wieder zu erlernen, und zwar durch praktisches kollektives Handeln in überschaubaren Lebensräumen, wie Quartieren oder Stadtteilen. In „deliberativen Prozessen" verfährt man nach vier Bausteinen bzw. Schritten:

(1) einer Veränderung der Grundeinstellungen der Bewohnerinnen hin zum Verständnis eines „emanzipatorischen Bewusstseins kollektiver Handlungsfähigkeit" und Handlungsmacht.
(2) Vernetzung durch Kommunikation und Bündelungen gemeinsamer Kräfte in Vielfaltskulturen, sodass inklusive Solidaritätsbeziehungen und Vertrauen in der deliberativen Gemeinschaft entstehen.

(3) Eröffnen neuer Wege der Kreativität durch partizipatives Planen und Entscheiden in breit angelegten Verfahren, in denen sämtliche, von den Entscheidungen betroffenen Akteure und Akteursgruppen einbezogen sind.

(4) Durch eine solche Verständigung im Rahmen bürgerschaftlichen Engagements wird eine politische Schlagkraft entfaltet, die sich als Durchsetzungsimpuls nach Außen und als Integrationsfördernd nach Innen erweist (Nanz et al. 2023, 29 ff.).

Diese Ansätze lehnen sich wieder stärker an die politisch akzentuierten Modelle der US-amerikanischen Gewerkschaftsbewegung zu Beginn der Industrialisierung an, werden aber jetzt wieder re-aktualisiert, um deliberative Demokratieformen zu fördern, von denen man annimmt, dass sie aktuell zu kurz kommen bzw. verlorengegangen sind.

Methodenaufbau und Durchführung

Relativ ähnlich gestalten sich die Arbeitsprinzipien von GWA und QM (Übersicht 13.1) (vgl. Oelschlägel 1981, 198 f.).

Übersicht 13.1: Arbeitsprinzipien von Gemeinwesenarbeit und Quartiermanagement

1. GWA und QM sind auf ein Gemeinwesen gerichtet und machen Nachbarschaften, Stadtteile, Siedlungen und Gemeinden zum Gegenstand sozialpädagogischer bzw. (quartier)managementbezogener Einflussnahme.

2. Probleme werden in dialogischer Form, aber nicht nur individuell und gruppenbezogen, sondern aus einem weitergehenden Erklärungskontext heraus definiert.

3. GWA integriert verschiedene Methoden wie Einzelfall- und Gruppenarbeit, Therapie, QM nur Information, Beratung, politische Aktivierung, empirische Sozialforschung, Planung.

4. GWA und QM sind meist institutions-, trägerübergreifend und kooperativ ausgerichtet.

5. Sie arbeiten zielgruppenübergreifend.

6. Sie zielen auf die Aktivierung der Eigenkräfte im Gemeinwesen/Quartier.

7. Ausgangspunkte der GWA sind meist soziale Konflikte, beim QM eher „Stadtteile mit besonderem Entwicklungsbedarf", wie etwa Quartiere, die sich rasant verändern.

8. GWA und QM sind präventiv ausgerichtet.

9. Sie setzen an den Alltagserfahrungen der Bewohnerinnen an.

10. GWA versteht sich als Bildungs- und Qualifizierungsarbeit, die Einsichten in die strukturelle Bedingtheit von Konflikten/ Problemen vermittelt.

11. GWA und QM sind professionell-berufliche Tätigkeiten.

12. Sie sind intermediär auszurichten und verbinden die sozialen und soziokulturellen Themen mit der lokalen Ökonomie.

13. QM ist immer zeitlich limitiert und kann nach Bedarf weitergeführt werden.

In der Regel gleichen die Ablaufschritte bzw. Phasen der GWA bzw. des QM denen in der Sozialplanung und der allgemeinen Projektarbeit. Einer Bestandsaufnahme (Sozialraum- und Bestandsanalyse) und Erkundungsphase (Interessenerkundung) folgt in der Regel eine gemeinsame Analyse der Probleme und Potenziale durch die beteiligten Akteure, bevor man sich einer Zielverständigung und einer Priorisierung von Zielsetzungen zuwendet. In der nachfolgenden Planungs- und Konzeptionierungsphase werden Wege und Maßnahmen sowie organisatorische Dimensionen und Ressourcen zur Zielbearbeitung fixiert, bevor man über die Erarbeitung einer präzisen Vorgehens- bzw. Maßnahmenplanung (u. a. Finanzierungsfragen) in die Umsetzungs- bzw. Aktionsphase übergehen kann. Gerade in den professionellen Varianten von GWA und QM sind reflexive und evaluierende Aspekte von großer Bedeutung. Hierüber lassen sich nicht nur Erfolge nachweisen, sondern auch nicht gelingende Prozesse hinterfragen und ggf. neu ausrichten (Übersicht 13.2). Bei fortlaufender Quartierarbeit verlaufen die Vorgehensphasen mit verschiedenen Zielgruppen häufig auch parallel zueinander und uneinheitlich.

Übersicht 13.2: Ablaufphasen der Gemeinwesenarbeit/des Quartiermanagements

1. Bestandsaufnahme (Sozialraum- und Bestandsanalyse)
2. Erkundungsphase (Interessenerkundung, aktivierende Befragung)

3. Analyse der Probleme und Potenziale durch die beteiligten Akteure
4. Zielverständigung und Priorisierung von Zielsetzungen
5. Planungs- und Konzeptionierungsphase
6. Ressourcen- und Aktivierungsrecherche
7. Erarbeitung einer präzisen Maßnahmenplanung (u. a. Finanzierungsfragen)
8. Umsetzungs- bzw. Aktionsphase
9. ablaufbegleitende reflexive und evaluierende Maßnahmen
10. Auswertung und Transfer in die Selbständigkeit

Seit den 2000er Jahren spielt der Fokus auf „bürgerschaftliches Engagement" in der Quartierarbeit eine größere Rolle und gewinnt vor allem in homogener geschichteten Quartieren an Bedeutung. Eine solche Fokussierung gehört mittlerweile auch zu einem modernen QM-Verständnis. Hierzu bedarf es allerdings einer bereits vorhandenen Identifikation zumindest von Bewohnerteilgruppen, eingeübter Konfliktlösungsarrangements und einer akzeptierten Form sozialer Selbstkontrolle im Wohngebiet.

Das Quartiermanagement soll nachfolgend über zwei unterschiedlich ausgerichtete Praxismodelle in seiner praktischen Vorgehens- und Wirkungsweise dargestellt werden. Zunächst wird das in Mannheim sogenannte „Aufsiedlungsmanagement" vorgestellt, welches in den zu Wohnquartieren hin entwickelten Konversionsflächen eingesetzt wird. Zum Vergleich wird anschließend auf das in einer hessischen Kleinstadtsiedlung praktizierte klassische Quartiermanagement eingegangen, welches sich noch stärker an den Prinzipien der Gemeinwesenarbeit orientierte.

„Aufsiedlungsmanagement" in Neubauquartieren

14

Anja Lösch

Weshalb Aufsiedlungsmanagement?
Entwickelt wird immer für Menschen – Dieser Grundsatz steht bei der MWS Projektentwicklungsgesellschaft mbH (MWSP) am Anfang jeder Planung. Stadtentwicklung verstehen die Entwicklerinnen nicht nur als bauliche, sondern auch als soziale Aufgabe. Deshalb enthielten bereits die ersten Pläne für die Konversionsflächen in Mannheim Ideen für ein sogenanntes Aufsiedlungsmanagement. Dieser Begriff wurde gezielt als Abgrenzung zum Quartiermanagement gewählt, um damit die Aufgabe genauer zu benennen und einzugrenzen. Das Aufsiedlungsmanagement sollte die neu entstehenden Quartiere vom Start weg für eine begrenzte Zeit auf dem Weg zu einer positiven Entwicklung begleiten.

Ziel der Arbeit des Aufsiedlungsmanagement (ASM) ist es, eine hohe Lebens- und Aufenthaltsqualität in den jeweiligen Quartieren entstehen zu lassen. Dazu gehören neben dem Aufbau einer nachhaltigen sozialen und kulturellen Infrastruktur sowie der dazu gehörenden Netzwerke vor allem die möglichen Verbindungen in die bestehenden anliegenden Stadtteile. Für das Spinelliquartier ist dies der Mannheimer Stadtteil Käfertal.

Bei den zuerst entwickelten Konversionsflächen der ehemaligen Turley- und Franklin-Kaserne wurde unter anderem zu diesem Zweck ein sogenannter Beirat ins Leben gerufen. Dieses beratende Gremium versammelte die unterschiedlichsten Akteure und Akteurinnen: Dort trafen sich Investoren, soziale Initiativen wie Kirchen oder Sozialträger, Wohngruppen oder Künstlerinnen, die auf den frei gewordenen Flächen neue Kunstformen erprobten. Die Ausrichtung beider Beiräte hat

A. Lösch (✉)
MWSP Mannheim, Mannheim, Deutschland
E-Mail: anja.loesch@mwsp-mannheim.de

sich in den letzten Jahren jedoch gewandelt. Parallel zu den Veränderungen in
den Quartieren stehen nun die Initiativen und Organisationen im Mittelpunkt, die
diese Quartiere in sozialer und ökologischer Hinsicht stärken sowie die Entwicklung einer damit verbundenen Gemeinwesenarbeit oder Nachbarschaftspflege. Die
Arbeit orientiert sich mehr an den alltäglichen Bedürfnissen und Wünschen der
Bewohnerinnen und Akteurinnen. Die Beiräte sind „näher" dran an den aktuellen
Fragen der Quartiere.

Angeregt durch diese Erfahrung wurde im Spinelliquartier von Beginn an genau
dieser Ansatz zur Netzwerkbildung gewählt: Statt eines „offiziellen" Beratergremi-
ums setzt die MWSP hier auf eine Herangehensweise, die aus der Graswurzelbewe-
gung bekannt ist: Über Nachbarschaftstreffen, in unterschiedlichen Formaten, die
Bewohnerinnen zu aktivieren, sich ihr Viertel anzueignen.

Entwicklung

Die erfolgreichen Bürgerbeteiligungsprozesse bei der Entwicklung der Konversionsflächen wurden auf der größten Konversionsfläche, dem Franklinquartier mit
der sog. Franklin Factory weitergeführt. In Form von Townhall Meetings wurden
Anwohnerinnen und Interessierte nicht nur informiert, sondern hier sollte auch der
Dialog über die Gestaltung des öffentlichen Raums weiter in Bewegung bleiben.

Ziel war es, auf diesem Weg unmittelbar die Bedürfnisse zu erkennen und alte
Fehler zu vermeiden. In diesen Factorys wurde unter anderem die Zwischennut-
zung verschiedener Gebäude sowie der Grünflächen auf dem Gelände beraten und
beschlossen. Ergebnis waren kulturelle Aktionen z. B. durch das Nationaltheater
Mannheim (Hotel Shabby Shabby), ein Bauwettbewerb für Studierende wurde
abgehalten oder das „Zeitstromhaus" (heute: House of MAemories) als Ort der
Erinnerung eröffnet. Viele dieser Nutzungen prägen heute das Quartier, wie der
Bauwagen der Kirche oder Theateraufführungen auf der Fläche.

Im Jahr 2015 entwickelte die MWSP ein Konzept für das Aufsiedlungsmanagement, das die bis dato eher „zufälligen" Einzelaktionen moderat steuern und in
gemeinsame Bahnen lenken sollte. Der Zeitplan umfasste die Jahre bis 2020 und
bezog auch Spinelli als dritte Fläche mit ein. Kernthemen waren, neben der oben
genannten Bespielung wichtiger Flächen und Orte, vor allem der Aufbau einer
sozialen Daseinsvorsorge. Die auf den Flächen tätigen Investoren sollten die Aufsiedlung mit Beiträgen unterstützen. Nach der Zustimmung durch den Gemeinderat
unterstützte die Stadt Mannheim das Projekt ebenfalls vier Jahre lang mit jährlich
75.000 €. So konnten unter anderem Informationen für die ersten Bewohnerinnen finanziert, Bürgerbeteiligungen fortgeführt oder Mietpreise für Organisationen,
wie unter anderem das Zentrum für Globales Lernen oder das Interkulturelle Haus
Mannheim (IKHM), bezuschusst werden. Seit dem Jahr 2020 trägt die MWSP die

Finanzierung des Aufsiedlungsmanagements für die Konversionsflächen Franklin, Turley und Spinelli selbst.

Während dieses Prozesses und durch die tägliche Arbeit entstand eine Kompetenz, die die MWSP auch in bestehenden Quartieren aktiv werden ließ: Das Unternehmen engagierte sich im Rahmen der lokalen Stadterneuerung (LOS) Mannheim in drei weiteren Stadtteilen (Neckarstadt-West, Rheinau, Vogelstang). Von 2020 bis 2024 war es zudem Träger des Quartiermanagement Neckarstadt-West.

Organisation

Das Aufsiedlungsmanagement ist im Team Organisation|Quartiersarbeit angesiedelt. Derzeit betreuen drei Kolleginnen die wichtige Netzwerkarbeit in den neuen Quartieren.

Sie sind erste Ansprechpartnerinnen für alle Anfragen der Bewohnerinnen, auch aus den angrenzenden Stadtteilen Käfertal und Vogelstang.

Für Spinelli ist derzeit eine Kollegin in Vollzeit tätig. Unterstützt wird sie durch die Teamassistenz und Kolleginnen der Abteilungen Planung/Bau und Kommunikation. Eine enge Absprache vor allem mit Planung/Bau ist für die Kommunikation mit den Bewohnerinnen und zum aktuellen Stand der Bebauung im Quartier eine der wesentlichen Grundlagen der Arbeit.

Ein Überblick über das Quartier Spinelli im Frühjahr 2024

Im April 2024 leben über 600 Menschen im Quartier, das im ersten Bauabschnitt aus sieben Straßen besteht. Von besonderer Bedeutung ist dabei zum einen die Völklinger Straße, durch die ein Radschnellweg verläuft und die den Stadtteil Käfertal mit dem neuen Quartier verbindet. Zum anderen die Leonie-Ossowski-Promenade entlang des BUGA-Parks, die zum Flanieren einlädt. Ein Restaurant hat sich dort bereits zum Treffpunkt im Quartier und darüber hinaus entwickelt, eine Eisdiele wird im Sommer folgen.

Viele junge Familien haben auf Spinelli ein Zuhause gefunden. Drei Wohnprojekte – Oikos, Neighborwood und Wohnwerk Mannheim – bringen die Idee des gemeinschaftlichen Wohnens ins neue Viertel. Alle Bewohnerinnen der drei Projekte tragen zudem aktiv zur Belebung des sozialen Lebens bei.

Als Mitte des Quartiers ist der Chisinauer Platz geplant, der ebenfalls im Frühjahr 2024 fertiggestellt wurde. Die Spinelli-Apotheke hat bereits geöffnet, im Herbst folgen ein Supermarkt und eine Bäckerei. Der Platz lädt aber auch durch seine Gestaltung, vielen Sitzmöglichkeiten und der Bepflanzung zum Verweilen ein.

Einige Gebäude im ersten Bauabschnitt werden in den nächsten Monaten noch bezogen oder sind in der Fertigstellung begriffen, während die Arbeiten am zweiten Bauabschnitt beginnen und der dritte Abschnitt vorbereitet wird. Das Quartier wird für lange Zeit also attraktiver Wohnraum am Rand einer großen Parkfläche und Großbaustelle zugleich bleiben.

Was soll erreicht werden? Wo liegen die besonderen Herausforderungen des Quartiers?

Das Aufsiedlungsmanagement übernimmt auf den Konversionsflächen in erster Linie eine vermittelnde Funktion: Es hält die Verbindung zwischen Bewohnerinnen und Stadtentwicklung aufrecht und kommuniziert in beide Richtungen, vom Quartier in die Organisation, von der Stadtentwicklung sowie der Stadtverwaltung zu den Bewohnerinnen. Ein Ziel dieser Vermittlung ist es, einen Ab- und Ausgleich der Interessen herzustellen. Aber auch bestehende Strukturen sollen durch die Zusammenarbeit gestärkt und erweitert werden, sodass ein stabiles Netzwerk im Quartier Spinelli, im Stadtteil Käfertal und dazwischen entstehen kann.

Um Letzteres zu erreichen, ist die Kontaktpflege zu bereits vorhandenen Initiativen, Sozialträgern oder auch Investoren wichtig. Der Kontakt zu den Investoren dient vor allem der Vermittlung zwischen den alltagsbezogenen Angeboten im Stadtteil und den Möglichkeiten, die die Investoren in den jeweiligen Gebäuden vorhalten, vor allem, was die Bereitstellung von Räumen angeht.

Darüber hinaus fördert das Aufsiedlungsmanagement Kooperationen und geht selbst Partnerschaften ein. Beispiele hierfür sind die Zusammenarbeit mit der Stadtbibliothek Mannheim oder dem „Freiraumlab", einem Netzwerk verschiedener Akteure aus Käfertal, das die Gemeinschaft und Nachbarschaft im Stadtteil stärken und zukunftsfähig machen möchte. Dazu tragen auch Veranstaltungen und die gezielte Förderung gemeinsamer Projekte bei.

Herausforderungen für die Arbeit finden sich in drei Bereichen: der soziostrukturellen Zusammensetzung des Quartiers, der unterschiedlichen Vorstellungen und Ansprüche der Bewohnerinnen sowie den Umständen, die eine Großbaustelle dieser Art mit sich bringt.

Knackpunkt in diesem Bereich ist vor allem das Mobilitätskonzept des autoarmen Stadtteils mit all seinen Vor- und Nachteilen wie mehr Platz für Fußgängerinnen und Radfahrende einerseits und bewirtschafteten und vermeintlich fehlendem Parkraum andererseits. Die Auseinandersetzungen zu diesen Nutzungen des öffentlichen Raums zu moderieren, fällt nicht immer leicht. Eine besondere Situation ergab sich zudem durch die Bundesgartenschau (BUGA) im Jahr 2023, als im Durchschnitt täglich mehr als 900 Menschen den nördlichen Eingang über die Parkschale genutzt haben – und so durch das Nadelöhr der zentralen Völklinger Straße passierten. Ein erster Stress-Test für die Hinzugezogenen. Während der Monate, in denen die Einrichtungen der BUGA zurückgebaut wurden, konnten sich die Menschen im Quartier erholen. Allerdings gab es schon einen ersten Vorgeschmack auf die

Öffnung des Parks im Frühjahr 2024: Der Freizeitverkehr am Wochenende wird zusätzliche Vermittlung zwischen Bewohnerinnen und Gästen erfordern.

Maßnahmen und Kooperationen
Zu den ersten Maßnahmen des Aufsiedlungsmanagements auf der Fläche gehörte die Organisation von Umzugsterminen: Die ersten Bewohnerinnen zogen ein, während auf Baustellen daneben mit Hochtouren an der Fertigstellung gearbeitet wurde. Die Stadt Mannheim hatte die Vorgabe erlassen, dass bis zum Beginn der BUGA 2023 alle nach außen sichtbaren Arbeiten abgeschlossen sein sollten. Damit sich Baustellen- und Umzugsfahrzeuge nicht in die Quere kamen, übernahm das ASM eine Art Umzugslogistik, in Absprache mit den Investoren, Hausverwaltungen und Bewohnerinnen. Hierbei wurden bereits erste wichtige persönliche Kontakte geknüpft, die bei den weiteren Maßnahmen hilfreich waren.

Gleichzeitig stiegen die Beschwerden aus dem „alten" Stadtteil, die sich in erster Linie um Einschränkungen wegen des höheren Verkehrsaufkommens, des umfangreichen Straßenbaus und des Ausbaus des BUGA-Geländes insgesamt, drehten.

In dieser Phase war die Präsenz vor Ort von großer Bedeutung: Durch die direkte Ansprache konnten schnell Lösungen für enge Zeitpläne gefunden oder in akuten Konflikten vermittelt werden. Die wöchentlichen Sprechstunden im sog. SPOT, einem zum Büro umgebauten Container, wurden sehr gut genutzt und entwickelten sich schnell zur ersten Anlaufstelle.

Vor Beginn der BUGA zog diese in ein zentral gelegenes Büro in der Völklinger Straße um: Dieser HUB wiederum war Teil der städtebaulichen Ausstellung, die im Sommer 2023 über die Entwicklungen und Besonderheiten des Quartiers informierte.

Der SPOT war auch der Ort für die erste niederschwellige Veranstaltung des Aufsiedlungsmanagements im Quartier: Bei herrlichem Sommerwetter fanden sich im Juni 2023 mehr als 40 Menschen zum Kennenlernen bei Bier und Brezel ein. Dieser erste Nachbarschaftstreff zog nicht nur die aktiven Bewohnerinnen der Wohnprojekte an. Aus allen seinerzeit bewohnten Gebäuden fanden sich Interessierte ein. Die ungezwungene Atmosphäre des Treffens hat sich seither bei allen weiteren Terminen, zu denen in regelmäßigen Abständen eingeladen wird, erhalten. Es gibt Bewohnerinnen, die bei allen Treffen dabei sind, und immer wieder neue interessierte Nachbarinnen.

Ein Ergebnis dieses Nachbarschaftsabends war unter anderem das Kuchenbuffet, das zum offiziellen Quartiersfest auf die Beine gestellt wurde. Bei dem vom Aufsiedlungsmanagement organisierten Kuchenverkauf sammelten die Nachbarinnen 200 €, die sie dem Jugendtreff Käfertal spendeten.

Überhaupt war das erste Spinelli-Fest ein guter Anlass, um die Vielfalt des Quartiers und die Verbindungen zum umliegenden Stadtteil darzustellen. Das Fest-Programm enthielt unter anderem einen Vortrag des Nachbarschaftschors sowie der ZUMBA-Gruppe des lokalen Sportvereins TV Käfertal. Beide Programmpunkte waren das Ergebnis von Kooperationen. Die bei den ersten Gesprächen zurückhaltenden Funktionärinnen des TV Käfertal konnten durch verschiedene gemeinsam organisierte Aktionen, wie einem Laternenumzug im November, überzeugt werden, dass das neue Quartier auch für den Verein Gutes bewirken kann.

Ein weiterer Kooperationspartner ist das SPINELLI Freiraumlab (vgl. Kap. 6). Im Netzwerk unter der Federführung der ehemaligen Projektgruppe Konversion der Stadt Mannheim schlossen sich die christlichen Kirchengemeinden, der Caritas-Verband, der TV Käfertal sowie die Wohngruppen auf Spinelli zusammen, um durch gemeinschaftliche Aktionen und Projekte das neue Quartier und das „alte Käfertal" miteinander zu verbinden und die Gemeinsamkeit zu stärken. Im Fokus stehen dabei vor allem Grün- und Erholungsflächen sowie Räume, die in den verschiedenen Gebäuden zur Verfügung stehen: Kirchen- und Gemeinderäume, Bezirkssportanlage, Pflegeheim, Sportflächen und Vereinsheim und die Gemeinschaftsräume der Wohngruppen.

Die MWSP ist mit dem Aufsiedlungsmanagement bei den Sitzungen des Netzwerks mit dabei.

Zusammen mit der Stadtbibliothek Mannheim rief das Aufsiedlungsmanagement den Lesekreis *Spinelli liest* ins Leben. Mittlerweile treffen sich die Leserinnen regelmäßig, um über ihre Lieblingsbücher zu sprechen. Die Gruppe besteht aus ca. zehn Personen, von denen einige auch aus dem benachbarten Stadtteil Käfertal kommen. Die ersten Lesezirkel fanden noch im HUB statt, mittlerweile zieht die Gruppe durch die Räume der verschiedenen Wohnprojekte.

Diese Wohngruppen sind auf der Fläche einer der aktivsten Kooperationspartner: Als Multiplikatorinnen sind NeighborWood, Oikos und WohnWerk ein wichtiger Knoten im Netzwerk. Die Idee der Wohngruppen, Menschen verschiedenster Altersgruppen und Lebensrealitäten in einer Gemeinschaft zu vereinen, wirkt über die Projekte hinaus in das Quartier und unterstützt die soziale Entwicklung einer nachhaltig tragfähigen Nachbarschaft. Zurzeit diskutieren engagierte Bewohnerinnen, von denen ein Großteil aus den Wohngruppen kommt, die Gründung eines Nachbarschaftsvereins.

Eine besondere Gruppe bilden die ukrainischen Familien, die im Quartier ein neues Zuhause gefunden haben. Hier ist die Sprachbarriere recht hoch, um wirklich direkt ins Gespräch zu kommen. Speziell für diese Familien wurden im letzten Jahr in Kooperation mit dem Beauftragten für Integration und Migration der Stadt

Mannheim zwei Sprechstunden mit einer ukrainischen Übersetzerin angeboten; mit großem Erfolg. Viele der Familien nehmen an Nachbarschaftstreffen und anderen Angeboten im Quartier teil.

Ein Thema, das bei allen Bewohnerinnen von Beginn an oben auf der Agenda stand, ist das besondere Mobilitätskonzept im Quartier. Mit einem Parkschlüssel von 0,8, weniger öffentlichen Parkplätzen sowie Quartiersgaragen steht Spinelli als Modell für zukünftige Auto arme Quartiersentwicklung. Obwohl das Konzept lange vor den ersten Bauten bekannt und veröffentlicht war, spalten sich auch die Bewohnerinnen in zwei Gruppen. Es gibt Engagierte, die aus diesem Grund ins Quartier gezogen sind, und Bewohnerinnen, die das Konzept regelrecht ablehnen oder zumindest für verbesserungsbedürftig halten. Hier ist die vermittelnde Funktion des Aufsiedlungsmanagements am stärksten gefragt.

Meist geschieht das in direkten Gesprächen oder Telefonaten. Eine größere Menge erreichte das Aufsiedlungsmanagement aber mit einem sog. Mobilitätstag im Herbst 2023, der alle Angebote aus diesem Bereich, von ÖPNV bis Sharing, präsentierte. Eine Codieraktion des ADFC sowie ein von der MWSP bestellter Fahrradcheck lockten viele Interessierte zur Veranstaltung, auf der sich die eine oder andere Diskussion ergab.

Geplante Aktionen und Projekte

Der Mobilitätstag wird aufgrund des immer noch hohen Kommunikationsbedarfs im Jahr 2024 wiederholt. Er wird den Veranstaltungsreigen auf dem zentralen Chisinauer Platz eröffnen. Zusätzlich zu Informationen und Dienstleistungen rund um die Fortbewegung wird die regionale Kampagne: „Umsichtig unterwegs in Mannheim" vor Ort sein, die auf die Herausforderungen für seh- und hörbeeinträchtigte Menschen im Straßenverkehr aufmerksam macht und zur Rücksichtnahme aufruft.

In den nächsten Monaten werden noch weitere der bereits erfolgreich durchgeführten Maßnahmen erneut durchgeführt, wie zum Beispiel ein weiteres Quartiersfest im Frühsommer.

Zusätzlich wird es eine Premiere geben: Ein von den Bewohnerinnen initiierter Flohmarkt, mit Standanmeldungen aus allen Straßen rundum. Ein weiterer Beleg dafür, dass die Nachbarschaft doch Stück für Stück zusammenwächst.

Für einen positiven Schub wird in dieser Frage sicher die Eröffnung der Spinelli-Grundschule sorgen. Die Schulkinder sind derzeit noch in einem alten Schulhaus im nahe liegenden Franklinquartier untergebracht. Mit der Schulleitung ist das Aufsiedlungsmanagement bereits in Kontakt, eine Begrüßung der ersten Grundschulkinder gab es ebenso wie einen gemeinsamen Spielplatz-Check. Ab dem Schuljahr 2024/ 2025 wird die Zusammenarbeit im Neubau fortgesetzt.

Daneben plant das Aufsiedlungsmanagement eine neue Kooperation: Zusammen mit dem städtischen Start-Up und Kulturzentrum NEXT Mannheim sollen Investoren angeschrieben werden, die Gewerberäume im Quartier anbieten. Viele dieser Räume stehen noch leer und warten auf zukünftige Mieterinnen. Ein vom Aufsiedlungsmanagement entwickeltes Konzept zur Zwischennutzung durch zum Beispiel Pop-up-Stores oder Akteure aus den Bereichen Kunst und Kultur soll gemeinsam umgesetzt werden, um die Flächen zu beleben und so zur weiteren Belebung des Quartiers beitragen.

Ansätze und Erfahrungen des Aufsiedlungsmanagements im Franklinquartier

Das Franklinquartier ist eines der größten Stadtentwicklungsprojekte in Deutschland. Der Rahmenplan für das Quartier im Nordosten Mannheims wurde im Jahr 2013 entwickelt, vier Jahre später zogen die ersten Menschen in die neugebauten Wohnungen ein.

Viele dieser Bewohnerinnen bezeichnen sich selbst als Pionierinnen; zu Recht, leben einige von ihnen doch seither auf einer nicht zu übersehenden rund 144 Hektar großen Baustelle.

Das Aufsiedlungsmanagement für Franklin stellt eine Blaupause für alle anderen Konversionsflächen dar. Ausgangspunkt waren die bereits beschriebenen FRANKLIN Factorys. Das Format eignete sich gut, um die Bedürfnisse der Bewohnerinnen zu ermitteln und mögliche Lösungen zu diskutieren. Wie so viele Veranstaltungen wurde auch die Factory von den Corona-Einschränkungen getroffen; der gewünschte Dialog konnte in der Form nicht weitergeführt werden.

Dies hatte Auswirkungen auf die Kommunikation zwischen Bewohnerinnen und MWSP, dem Aufsiedlungsmanagement im Besonderen. Schnelle Veränderungen im Quartier, wechselnde Bedürfnisse und Herausforderungen wurden verspätet wahrgenommen. Es kam zu Kommunikationsbrüchen, eine durchgehende Begleitung der Aufsiedlung fand nicht statt.

Diese setzte erst mit einer neuen Organisationsstruktur wieder ein, die im September 2022 die Kompetenz der MWSP in den Feldern Aufsiedlungs- und Quartiermanagement in einem Team zusammenfasste. Seither werden Netzwerkfäden auf Franklin an einer Stelle neu geknüpft, an der anderen gestärkt.

Hierzu einige Beispiele:

Mit dem sozial-kulturelle Beirat hat sich ein Gremium entwickelt, das die wichtigsten Initiativen und Organisationen der Fläche zusammenführt. Daraus hat sich unter anderem die AG Jugendarbeit entwickelt, deren Teilnehmerinnen eng mit der mobilen Jugendarbeit im Quartier zusammenarbeiten.

In den Grünflächen wurde das ökologische Projekt der Nutzgärten aufgebaut. Die MWSP stellt auf drei Flächen insgesamt 100 Nutzgartenparzellen her. Diese wurden mit einer Begrenzung, jeweils einem Gartenzaun und Wasserversorgung ausgestattet. Die Verwaltung der Nutzgärten sowie die Kommunikation mit den Pächterinnen lagen beim Aufsiedlungsmanagement, das diese Aufgabe zusammen mit Mikro-Landwirtschaft über mehrere Jahre ausgefüllt hat. Im Jahr 2023 wurde die Übergabe an die Stadt vorbereitet. Eine der Voraussetzungen war die Gründung eines Nutzgartenvereins. Das ASM beriet die Vereinsgründerinnen und förderte den Gründungsprozess.

Die FRANKLIN Church ist das prägende Bauwerk in der Mitte des Quartiers. Die Kirche der US-Garnison hat für viele Ehemalige eine große Bedeutung. Das Gebäude soll als soziales Zentrum des Stadtteils ausgebaut werden und von einem Verein verwaltet werden. Das Aufsiedlungsmanagement begleitet den Prozess, stößt Gespräche an zwischen Planung und Verein und sucht nach möglichen Unterstützerinnen von außen.

Die direkte Kommunikation mit den nicht-organisierten Bewohnerinnen erfolgt ebenfalls über regelmäßige Sprechstundenangebote sowie der Teilnahme an der „Abendstimmung FRANKLIN", der Kooperation einer Bank, Franklin mobil sowie zweier Verkehrsverbünden.

Quartiermanagement in Bestandsquartieren

15

Heike Bülter

Chance erkannt

„Die Siedlung", wie sie allgemein genannt wird, liegt östlich der Hattersheimer Kernstadt zwischen der Eisenbahnlinie und dem Südring. 25 % der Bevölkerung aus den Stadtteilen Hattersheim, Okriftel und Eddersheim leben hier. Das Quartier ist geprägt vom sozialen Wohnungsbau der 1920er-, 50er- und 60er-Jahre. Zwei- bis achtgeschossige Wohnhäuser zwischen großzügigen Freiflächen prägen das Bild. Die ersten Siedlungshäuser entstanden in der Nachkriegszeit, denn der Flüchtlingsstrom aus dem Osten machte die Schaffung neuen Wohnraums unumgänglich. Wenig später kamen weitere Häuser und Wohnungen für die Arbeitskräfte der ortsansässigen, expandierenden Unternehmen, wie der Sarotti AG, hinzu.

Während sich anfangs die Bewohnerinnen der Siedlung in erster Linie aus den nach dem Zweiten Weltkrieg Geflüchteten und Facharbeitern deutscher Herkunft zusammensetzten, änderte sich im Zuge der Anwerbung von Gastarbeiterinnen aus Italien, Spanien und Portugal, später aus der Türkei und Marokko, die ethnisch-kulturelle Bevölkerungsstruktur. Heute liegt der Anteil der Menschen mit Migrationshintergrund in der Siedlung mit knapp 42 % deutlich über dem städtischen Durchschnitt von 21,7 %. Der Anteil der Menschen, die auf Transferleistung angewiesen sind, liegt ebenfalls über dem Durchschnitt der Gesamtstadt.

Hattersheim am Main war eine der ersten Kommunen in Hessen, die 1999 in das neue Städtebauförderprogramm „Soziale Stadt" aufgenommen wurde. Die Veränderungen in der Bewohnerinnenstruktur und ein städtebaulicher Erneuerungsbedarf waren nicht zuletzt der Anlass, die Möglichkeit des Bund-Länder-Programms für „die Siedlung" in Anspruch zu nehmen.

H. Bülter (✉)
Stadtteilbüro Hattersheim am Main, Frankfurt, Deutschland

R. Kilb (Hrsg.), *Soziale Kohäsion und Vielfalt in Stadtquartieren*,
https://doi.org/10.1007/978-3-658-45231-5_15

257

Die Wohn- und Lebenssituation im Förderbereich stellte sich wie folgt dar: Neben ihren individuellen Problemlagen waren die Menschen im Quartier zusätzlich durch das Wohnumfeld benachteiligt und belastet. Das Zusammenleben gestaltete sich konfliktreich, da auf engem Raum zugleich viele Familien mit Kindern, als auch viele ältere Menschen über sechzig Jahren wohnten. Ferner wirkte sich belastend aus, dass im Vergleich zur Gesamtstadt ein hoher Anteil an Bewohnergruppen in riskanten und schwierigen Lebenssituationen hier ihren Lebensmittelpunkt hatten. Dazu gehörten Menschen mit Migrationshintergrund, mit niedrigem Bildungsniveau, in Arbeitslosigkeit, mit mangelnder Existenzsicherung und in schwierigen familiären Konstellationen. Darüber hinaus führten kulturelle Unterschiede zu Missverständnissen und Konflikten. Bei einem Teil der Migranteninnen verhinderten Defizite in der Sprachkompetenz den Einstieg in, bzw. die Teilhabe an Beschäftigung. Es mangelte an Angeboten für Jugendliche, aber auch an solchen, die den vorhandenen geschlechtsspezifischen Bedürfnissen gerecht wurden. Aufgrund fehlender Kinderbetreuung hatten Alleinerziehende mit Kleinkindern beim Erwerb von Qualifizierungsmaßnahmen wesentlich schlechtere Chancen. Die unzureichende Infrastruktur im Quartier führte dazu, dass besonders ältere Menschen mit wenig Mobilität unter den eingeschränkten Konsummöglichkeiten litten und eine ausreichende Gesundheitsversorgung wegen fehlender Arztpraxen nicht gewährleistet war. Die Senioreninnen waren deshalb in einem besonderen Maße auf nachbarschaftliche, aber auch pflegerische Hilfe angewiesen. Dass es kaum wohnortnahe Ausbildungs- und Arbeitsplätze gab, traf vor allem Jugendliche, aber durchaus auch Alleinerziehende und Familien. Es fehlten Angebote, in denen Schlüsselkompetenzen im sozialen wie beruflichen Bereich erworben werden konnten, um dadurch die Chance auf einen Ausbildungsplatz zu erhöhen. Mädchen und junge Frauen scheiterten oft bereits beim Übergang von der Ausbildung auf den Arbeitsmarkt, da sich die Ausbildungswünsche nach wie vor auf „typisch weibliche" Berufe und wenig zukunftsträchtige Berufssparten konzentrierten. Dagegen konnte bei Jungen und jungen Männer festgestellt werden, dass sich schon der Übergang von der Schule in den Beruf schwierig gestaltete.

Umfeld und Menschen stärken

Das Bund-Länder-Programm „Soziale Stadt" hatte zum Ziel, eine Verbesserung der Lebenssituation von Bewohnerinnen in Quartieren mit besonderen Problemlagen – bezogen auf soziale, bauliche und auch wirtschaftliche Aspekte – zu erreichen. Es stellte dabei die Beteiligung in den Mittelpunkt des Handlungsansatzes. Projekte sollten gemeinsam mit den Bewohnerinnen entwickelt und umgesetzt werden. Im Rahmen des Programms wurde im Jahr 2000 ein Stadtteilbüro in eigens dafür erbauten Räumlichkeiten mitten im Quartier eröffnet. Damit war frühzeitig eine niedrigschwellige Anlaufstelle geschaffen. Die personelle Besetzung bestand aus einer Diplompädagogin mit Schwerpunkt Gemeinwesenarbeit und einer Stadtplanerin. Diese Kombination als gleichberechtigtes Tandem direkt vor Ort war im Gegensatz zu anderen Standorten des „Soziale Stadt"-Programms einzigartig. Später kam eine Verwaltungskraft hinzu. Der Caritasverband Main-Taunus übernahm die Trägerschaft in enger Kooperation mit der Stadt und der städtischen Hattersheimer Wohnungsbaugesellschaft mbH (Hawobau).

Die Maxime war von Anfang an eine integrierte Betrachtung und Bearbeitung des Quartiers. Dies machte die Zusammenarbeit der verschiedenen Akteure vor Ort (Bewohnerinnen, Stadtteilbüro, Hawobau, Kita, Schule etc.) und innerhalb der Verwaltung notwendig. Die Steuerung des Projekts „Soziale Stadt" in Hattersheim lag bei einer Ämter- und Institutionenübergreifenden Lenkungsgruppe. Zu ihr gehörten die relevanten Referate der Stadtverwaltung (das Referat für Wirtschaftsförderung, die Kämmerei, das Referat für Planen, Bauen, Umwelt sowie das Referat für Jugend, Senioren und Soziales), die Geschäftsführung der Hawobau, die Bereichsleitung des Caritasverbands Main-Taunus sowie die Mitarbeiterinnen des Stadtteilbüros.

Auf der Ebene des Stadtteils wurde der „Runde Tisch" als Gremium der Bewohnerinnen gebildet. Vereine und Einrichtungen konnten Vertreterinnen in das Gremium entsenden oder sich, wie aus dem Kreis der politischen Parteien, als interessierte Teilnehmerinnen anschließen. Der „Runde Tisch" war und ist ein zentrales Element der Bürgerbeteiligung. Die Bewohnerinnen werden darin als Expertinnen ihrer Lebenssituation anerkannt.

Der „Runde Tisch" war das Diskussionsforum für die Abstimmung von Planungsprojekten in der Siedlung. Hier wurden diese vorgestellt, Anregungen und Bedenken wurden aufgenommen und flossen in Stellungnahmen und Vorschläge ein, die dann den politischen Gremien der Stadt (Magistrat, Ausschüsse, Stadtverordnetenversammlung) zur Entscheidung vorgelegt wurden. Immer ging es um die Mitsprache der Bewohnerinnen als Expertinnen vor Ort. Bei den Planungsprojekten war es deshalb besonders wichtig, größtmögliche Transparenz an den Tag zu legen und die Bewohnerinnen ernst zu nehmen sowie ihre Vorschläge, sofern sie umsetzbar waren, zu berücksichtigen.

Zum Start des Programms „Soziale Stadt" wurden eine repräsentative Umfrage, eine aktivierende Befragung, sowie mehrere Zukunftswerkstätten durchgeführt. Auch ein integriertes Handlungskonzept wurde erstellt. Mit diesen Ansätzen war es möglich, einen guten Überblick über die bestehenden Bedarfe im Stadtteil zu erhalten. Aufgrund der engen Zusammenarbeit zwischen den Institutionen (z. B. Schule und Kita), aber auch den freien Trägern (AWO, Caritas, DRK etc.) konnten erzielte Resultate fortlaufend überprüft und aktualisiert werden.

Erfreulich schnell gelang es, die Bewohnerinnen für ein Bürgerinnenengagement zu aktivieren, wodurch ihr Selbstbewusstsein und ihre Kommunikationskompetenzen gestärkt wurden. Gefördert werden konnten dadurch der Erwerb sozialer Qualifikationen wie die Teilnahme am Projektmanagement oder auch die Organisation selbstverwalteter Vereine. Ein gutes Beispiel dafür war die Gründung des Vereins „Südringtreff", der die im Rahmen des Förderprogramms neu geschaffenen Bürgerräume selbst verwaltet. Das Integrationslotseninnen-Projekt, in dem Menschen mit Migrationshintergrund ihre Erfahrungen und ihr Wissen an Flüchtlinge und Migranten weitergeben und diese beratend unterstützten, war ein weiteres Erfolgsprojekt. Als Modellprojekt wurde das Konzept später von Kommunen im gesamten Main-Taunus-Kreis übernommen.

Weitere Vorhaben waren die Unterstützung von benachteiligten Frauen in der Vereinbarkeit von Familie und Beruf sowie die Stärkung von Selbsthilfepotenzialen durch die Organisation von generationenübergreifender Nachbarschaftshilfe, wie z. B. Haushaltshilfen oder Kleinkinderbetreuung. Die Einrichtung einer „Tafel" für Seniorinnen, die Organisation eines Begleitdienstes für Menschen mit Behinderungen und die Qualifizierung im Bereich der Betreuung wurden in Angriff genommen.

Bei den männlichen Jugendlichen sollte durch gezielte Maßnahmen die Schulabbruchquote reduziert werden. Bei den weiblichen Jugendlichen wurde die Verbesserung des Übergangs von Ausbildung zum Beruf angestrebt. Übergreifend sollten die sozialen Kompetenzen als Schlüsselfunktionen für den Arbeitsmarkt gefördert werden.

Gute Gelegenheit bot sich ab 2004 durch die Aufnahme in das Bundesprogramm LOS (Lokales Kapital für soziale Zwecke), mit dem Menschen, vorwiegend junge Erwachsene, die am Arbeitsmarkt besonders benachteiligt waren, gefördert werden konnten. Vier Jahre lang wurden aus Mitteln des Europäischen Sozialfonds zahlreiche Mikroprojekte unterstützt.

Ein gemeinsamer Begleitausschuss, wiederum mit Vertreterinnen städtischer Referate, aber auch dem Kreissozialamt, vergab die Fördermittel an 47 Mikroprojekte, die von 17 verschiedenen Projektträgern durchgeführt wurden. Angebote wie die Vermittlung in Praktika und Qualifizierungsmaßnahmen, in Beschäftigungsverhältnisse oder in die Selbstständigkeit, aber auch Projekte zur Netzwerkgründung und Suchtprävention konnten dadurch im Rahmen des „Sozialen-Stadt"-Projektes umgesetzt werden. Der Auftrag, lokale Ökonomie im Quartier zu fördern, erwies sich allerdings als Überforderung und konnte als Ziel nicht erreicht werden.

Ein besonderer Fokus des Förderprogramms „Soziale Stadt" lag auf der Schaffung eines positiven Images für den Stadtteil. Die Aufwertung des Wohnumfelds war deshalb im städtebaulichen Bereich des Quartiersmanagement ein erklärtes

Ziel. Es galt Orte des Zusammentreffens zu schaffen und die Anbindung des Stadtteils an die Gesamtstadt zu verbessern. In der Gemeinwesenarbeit ging es um die Herstellung nachhaltiger Strukturen, die Einbeziehung von bisher nicht erreichten Bevölkerungsgruppen in die Stadtteilarbeit sowie die Förderung von Bildung im Stadtteil. Deshalb kam mit der Entwicklung und Durchführung von Kultur- und Umweltprojekten ein weiterer Schwerpunkt in der Stadtteilarbeit hinzu. In Zusammenarbeit mit dem Büro für Öffentlichkeitsarbeit der Stadtverwaltung und der „KulturRegion FrankfurtRheinMain" konnte sich „die Siedlung" zu einem attraktiven Veranstaltungsort nicht nur für die Gesamtstadt, sondern für die Region entwickeln.

Das Förderprogramm „Soziale Stadt" sah als ein Programm aus dem Wirtschaftsministerium auch bauliche Maßnahmen zur Aufwertung des Quartiers vor. Da die Siedlung am Südring ein vergleichsweise kleines Gebiet umschließt und nach vier Jahren die größeren Bauprojekte, wie der Neubau der Fußgängerinnen-Brücke „Eiserner Steg", der Bürgerinnen-Treff Südring, die Spielplatzgestaltung und der Bolzplatz, abgeschlossen waren, entschloss sich die Stadtplanerin, das Team des Stadtteilbüros zu verlassen. Zwischenzeitlich hatte sich herausgestellt, dass Kinder- und Jugendliche nur wenig in die Beteiligungsprozesse eingebunden werden konnten, und es war schwierig gewesen, einen Teil der Migrantinnen zu erreichen. Folgerichtig wurde die Stelle der Stadtplanerin durch einen Sozialarbeiter mit dem Schwerpunkt Kinder- und Jugendarbeit sowie eine Soziologin mit dem Schwerpunkt Arbeit mit Migrantinnen besetzt.

Ein weiteres Modellprojekt, mit dem auch die Medienkompetenz von Jugendlichen gefördert wurde, war 2002 die Gründung des Mieter-TV-Kanals „K4". Zehn Jahre lang wurden über das Medium fast 500 Filmbeiträge zu Baumaßnahmen und Beteiligungsprojekten in der „Sozialen Stadt", über Veranstaltungen, Feste oder Ausstellungen, über Aktuelles aus der Stadt und der Region produziert. Anfangs kamen die Beiträge des Aufnahmeteams nur in die Wohnzimmer des Quartiers, fanden bald aber über das Internet nicht nur Interesse in der Gesamtstadt und der Region, sondern weltweit. Noch heute können wöchentlich ausgewählte frühere Beiträge über die Homepage des Stadtteilbüros (www.stadtteilbuero.hawobau.de) abgerufen werden.

Nach zwölf Jahren sollte das Förderprogramm „Soziale Stadt" Ende 2012 auslaufen. Aber die Bewohnerinnen der Siedlung, alle ihre Einrichtungen und Institutionen sowie Teile der Stadtgesellschaft setzten sich für den Fortbestand des Stadtteilbüros ein und sorgten mit ihrer Strickmob-Aktion „Stricken für die Soziale Stadt" für ein viel beachtetes Ausrufezeichen. Der Forderung zum Erhalt des Stadtteilbüros wurde gegenüber den politischen Vertreterinnen von Stadt und Land an einem Aktionstag mit Podiumsdiskussion Nachdruck verliehen. Ein dreihundert Meter langer

Schal rund um den Südringtreff unterstrich die Demonstration des Willens (Im Landeswettbewerb „Sozialer Zusammenhalt" wurde 2020 diese Form der innovativen Bürgerbeteiligung nachträglich noch ausgezeichnet). Schließlich übernahm die Wohnungsbaugesellschaft Hawobau 2013 die mittlerweile etablierte und von den Bürgerinnen geschätzte Einrichtung in ihren Verantwortungsbereich.

Miteinander und voneinander lernen
Durch die konstante personelle Besetzung des Stadtteilbüro-Teams konnte viel Vertrauen in die Gemeinwesenarbeit aufgebaut werden. Deren Zielsetzung, die Angleichung der Lebensverhältnisse innerhalb Hattersheims, der Abbau von Benachteiligung und sozialer Ausgrenzung sowie ihre Vermeidung, konnten glaubhaft im Sinne der Siedlungsbewohnerinnen fortgesetzt werden. Ein großer Gewinn war, dass in vielen Projekten das ehrenamtliche Potenzial gehoben werden konnte, wobei die Förderung von aktiven Nachbarschaften und die Schaffung von Begegnungsmöglichkeiten im Fokus standen.

Aus der anfänglich angedachten „Tafel" für Seniorinnen war ein „Bistro" für alle geworden. Zweimal im Monat sind Bewohnerinnen der Siedlung und Gäste aus der Stadt herzlich willkommen, ein Mittagessen für kleines Geld zu genießen. Der Kreis der ehrenamtlich tätigen Köchinnen setzt sich aus Siedlungsbewohnerinnen unterschiedlicher Kulturen und Freunden aus der Gesamtstadt zusammen. Der Südringtreff wurde so zu einem wichtigen Kommunikationszentrum, nicht nur für die Siedlung. Auch die Kulturveranstaltungen in Kooperation mit dem Kulturreferat der Stadt, das Musik-, Literatur- und Theaterprogramm „Über den Dächern", haben sich zu Publikumsmagneten über Hattersheims Grenzen hinaus entwickelt. Die Siedlungs-, Frühlings- und Gartenfeste werden gut angenommen und von Ehrenamtlichen aus der Siedlung und verschiedenen Vereine bestritten. Das Projekt „Essbare Siedlung", ein Urban-Gardening-Projekt von 2013, hat nicht nur einige Preise eingeheimst, sondern wurde oft Ziel von Exkursionen externer Besuchergruppen. Die Nachfragen kamen aus ganz Hessen. Aber in erster Linie ist mit dem Quartiersgarten neben der Möglichkeit, Gemüse anzubauen, ein Begegnungsort der Generationen und des kulturübergreifenden Austauschs entstanden.

Die Kinder- und Jugendarbeit hat einen besonderen Stellenwert im Quartier. Zwei Generationen von Heranwachsenden kennen „ihre Siedlung" nur *mit* dem und *über* das Stadtteilbüro, das ein wichtiger Anlaufpunkt für die meisten von ihnen wurde. Ehemalige Jugendliche kommen als inzwischen junge Erwachsene mit ihren eigenen Kindern vorbei. Mit dieser Kontinuität wurde die Akzeptanz der Stadtteilarbeit nicht unwesentlich gefördert. Durch die enge Zusammenarbeit der Grundschule mit dem Stadtteilbüro, insbesondere mit dem für die Jugendarbeit zuständigen Mitarbeiter, konnte der Kontakt zu Kindern wie auch zu deren Eltern intensiviert werden.

Der Aufbau neuer Netzwerke wie „Bildung und Familie" konnte in enger Zusammenarbeit mit dem Förderprogramm „Familienoffensive Hattersheim" und dem zu dessen Unterstützung gegründeten Förderverein erreicht werden. Gebündelt durch das Familienbüro gibt es mittlerweile ein vielseitiges Angebot für Familien mit Kindern im Quartier, etwa Sprachförderung für Frauen, offene Lernhilfe, Beratungsangebote, aber auch Aktionen wie die Durchführung von Flohmärkten oder die alljährliche Weihnachtsaktion mit Buchgeschenken für Schulkinder. Überhaupt konnten in den letzten Jahren viele Akteure auch außerhalb der Trägerlandschaft gewonnen werden. Durch die Unterstützung etwa des Lions Club Hattersheim-Kriftel waren in der Vergangenheit schöne Projekte für Kinder- und Jugendliche umgesetzt worden. Die Unterstützung und Anerkennung aus der Bevölkerung der Gesamtstadt Hattersheims ist enorm gewachsen.

Das Team des Stadtteilbüros hat sich immer als Vermittler zwischen Kulturen, Altersgruppen und Lebenswelten verstanden. Die Aktivierung zur Teilnahme am gesellschaftlichen Leben ist ein wichtiger Faktor in der Umsetzung von Gemeinwesen orientiertem Quartiersmanagement. Die Arbeit der letzten 23 Jahre hat den Zusammenhalt und das Miteinander gefördert, und es ist in Teilen ein Wir-Gefühl entstanden. Wichtig war auch, dass das Quartier durch kulturelle Angebote und Veranstaltungen für die Reststadt attraktiv gemacht wurde. Durch Begegnung konnten Vorurteile abgebaut und das Image „der Siedlung" positiv verändert werden. Das heißt nicht, dass alle Gruppen erreicht und alle Aufgaben umgesetzt werden konnten. Aber soziokulturelle Vielfalt bietet eine große Chance für ein buntes, stabiles und lebenswertes Quartier, soweit die unterschiedlichen Interessen gewahrt bleiben. Ein Miteinander kann man erlernen!

Begleitung gewährleisten
Fazit: Sozialer Zusammenhalt ist als stetiger Prozess mit professioneller Begleitung machbar. Allerdings müssen bestimmte Randbedingungen stimmen. Es bedarf einer Unterstützungsstruktur, um ein Miteinander verschiedener Menschen zu organisieren und zu moderieren. Aber auch der politische Wille zur Chancengleichheit durch Förderung im Bildungs- und Ausbildungsbereich muss vorhanden sein. Die Schaffung bezahlbaren Wohnraums muss unbedingt wieder auf der Agenda der Kommunen und Landkreise stehen. Dazu gehören auch Sozialwohnungen. Ein harmonisches Miteinander von Menschen, die fast alles haben, mit denen, die nur das Nötigste besitzen, ohne dass für alle eine Win-Win-Situation entsteht, wäre nur schwer vorstellbar.

In der jetzigen Zeit werden die Bemühungen um Zusammenhalt erschwert. Die Veränderungen der letzten Jahre, Coronapandemie, Krieg in der Ukraine, Zuzug von Flüchtlingen, Energie- und Klimakrise oder Inflation, müssen bei der Quartiersarbeit berücksichtigt werden. Die Menschen sind verunsichert. Ihre Existenzängste sind größer geworden. Der Wohnungsmangel macht sich immer stärker bemerkbar. Verunsicherung und Angst führen zu Ausgrenzungen und Ablehnung, insbesondere gegenüber Asylbewerberinnen, aber auch gegenüber Menschen, die „anders" sind. Es ist zu beobachten, dass Toleranz nachlässt und Rassismus drastisch zunimmt. Ein Teil der Medien und der Politik ist an solchen Entwicklungen nicht unschuldig, wird doch mit den Ängsten der Menschen zum Teil in unverantwortlicher Weise umgegangen.

In dieser Zeit ist es wichtig, auf demokratischer Ebene Zusammenhalt zu zeigen und zum Wohle der Bürgerinnen zu agieren. Das gilt auch für die Kommunen. Förderprogramme oder Beratungsangebote in der jetzigen Situation zu kürzen oder gar zu streichen ist gefährlich. Die Gemeinwesenarbeit und das Quartiersmanagement in den Siedlungen sind nach wie vor wichtig, sie brauchen aber die Unterstützung durch Förderung und den Willen der Politik. Die praktizierte Bürgerbeteiligung, die Anerkennung der Bewohnerinnen als Expertinnen vor Ort muss dringend beibehalten werden, denn nur so fühlen sich die Menschen ernst genommen und können ihren Teil zur soziokulturellen Vielfalt beitragen.

Ausblick und Übertragungsmöglichkeiten

16

Rainer Kilb

Allgemeine Entwicklungsszenarien in den gesellschaftlichen Rahmenbedingungen zukünftiger Stadtentwicklung

Schaut man sich die bisherigen historischen Entwicklungen der Stadtplanung in Deutschland, in Europa und weltweit an, so könnte man zu dem Schluss kommen, einen Zukunftsausblick entweder gar nicht oder nur sehr verhalten zu wagen. Berücksichtigt man zudem die aktuellen Einwanderungsbewegungen und deren gesellschaftspolitischen Druck Anfang der ersten beiden Dekaden der 2000er Jahre und geht bspw. von Lebensbedingungen Einwandernder aus Afghanistan, Syrien, den afrikanischen Ländern südlich der Sahara wie z. B. Nigerias oder indischer Metropolen aus, so könnte man leicht zu dem Schluss kommen, dass sich unsere Städte in West- und Mitteleuropa auf parallel zueinanderstehenden Korridoren von Lebensweisen und Lebensbedingungen entwickeln könnten. In einem ersten Korridor wäre dies gewissermaßen eine Fortsetzung bisheriger Ansätze von sozioökonomisch und soziokulturell gemischten Städten in einem klar umrissenen Ordnungs- und Regelkanon baurechtlicher und stadtplanerischer Bestimmungen. In diesem Szenario der Stadtentwicklung würden sich vor allem *die* Bewohner wiederfinden, die in westeuropäisch standardisierte, „übliche" Arbeits- und Wohnverhältnisse eingebunden wären und, dem entsprechend, einigermaßen standardgemäße Lebensformen praktizieren können.

R. Kilb (✉)
Frankfurt, Deutschland
E-Mail: r.kilb@hs-mannheim.de

Zum anderen wäre denkbar, dass sich im Zuge weiterer, weitgehend unkontrollierbarer und erdrückender klima-, kriegs- und wirtschaftsbedingter Migration
parallel hierzu provisorische Überlebens- und Existenzformen am Rande der
Städte oder auf unattraktiven innerstädtischen ‚Inseln' entfalten, die zumindest
übergangsweise akzeptiert werden. Denn deren Bewohner bedienen in ihrer
ersten Einwanderungsphase vor allem den ökonomisch nachgeordneten, statusniedrigen Dienstleistungs- und Handelssektor, der für die historische Phase
des neoliberalen Kapitalismus von nicht minderer Bedeutung ist. Daugh Saunders' „Arrival-Cities" wären hierfür das bekannte und naheliegende Modellbild,
welches sich einerseits auf ökonomische Nachfrage stützen würde, aber ord-
nungspolitisch gleichermaßen teils halb- oder außerlegalen Charakter besäße
und deshalb politisch und administrativ umstritten bliebe. Ginge man z. B. von
aktuellen Lebensbedingungen in Metropolen wie Kabul, Lagos, Dhaka oder Neu-
Delhi aus, so könnten sich, an diese in etwa angelehnte Lebensbedingungen und
Lebensweisen in den ‚Arrival-Cities' der zweiten Variante abbilden. Solche pro-
visorischen Stadtquartiere oder Stadtinseln würden ggf. in weitgehend autarker
Selbsthilfe und in kollektiver Gemeinschaftsleistung nach einfachen Überlebens-
und Sicherheitsstandards entstehen, mit vermutlich höheren Wohn- und Ver-
sorgungsstandards als in den afghanischen Vorstädten Kabuls oder den Slums
von Lagos, Dhaka oder Neu-Delhi oder kriegszerstörter syrischer Städte. Den
„Arrival Cities" und ihren Bewohnern kämen, in Anlehnung an die historisch-
materialistische Wirtschaftstheorie, die Rolle einer „industriellen Reservearmee",
einer sog. „Surplus-Bevölkerung" zu. In Ansätzen scheint diese Entwicklung
längst eingetreten zu sein, wenn man sich etwa, in institutionalisierter Form,
die überfüllten Landeserstaufnahmeeinrichtungen (LEAs), oder außerinstitutio-
nell die oftmals heruntergewohnten Massenunterkünfte einiger Großkonzerne der
Fleisch- und Bauindustrie und großer internationaler Handelskonzerne sowie einzelne überbelegte Wohnhäuser in Großstädten bis hin zu Wohnzwecken benutzte
Kleingartenanlagen betrachtet.

Für die Stadtentwicklung würden sich in diesem Szenario andere Aufgaben
stellen als in einem Szenario der ersten Variante allmählicher sukzessiver und
geordneter Integration im gesamtstädtischen Raum. Ein Modell zwischen diesen
beiden Varianten von Immigration und Stadtentwicklung wäre das verdichtete
Zusammenleben in bereits überwiegend von Migrantengruppen bevölkerten Stadtteilen und Quartieren. Eine vierte Variante stellt die eher passive und relativ
permissive, wenig gesteuerte Form zukünftiger Stadtentwicklung dar, die ausschließlich spontan und wenig antizipierend auf externe Impulse reagiert (vgl.
Übersicht 16.1).

Übersicht 16.1: Szenarien zukünftiger Stadtentwicklungen

Szenario I: Sozioökonomisch und soziokulturell gemischte, programma-tisch entwickelte und strukturierte Stadt *(Konzeptionell entwickelte Stadt)*

Szenario II: Kombination von „geordneter" und „provisorischer Stadt" *(konzeptionelle und autopoietische Doppelstruktur)*

Szenario III: Verdichtetes Leben in bisherigen Einwanderungsstadtteilen und Quartieren *(Sich selbst generierende Stadt)*

Szenario IV: Wenig geordnete Stadtentwicklung als „permissiver Prozess" und autopoietischer Selbststeuerung *(Sich selbst überlassene Stadt)*

Sämtliche dieser vier Szenarien scheinen nicht nur möglich, sondern existieren bereits jetzt in den Kommunen. Umso wichtiger ist, dass sich Gebietskörperschaf-ten der Länder, Landkreise und Kommunen für eine Strategie und Programmatik in Umgang und Management des triadischen Bezugsgeflechts von Vielfalts-strukturen, Kohäsionsförderung/Integration und Demokratiepraxis positionieren. Organisierter städtischer Raum ist sowohl Abbild demokratischer Entscheidungs-prozesse als auch Erfahrungsraum demokratischen Zusammenlebens. Tendiert städtische Entwicklungspolitik mehr hin zu den letzteren Szenarien III und IV, umso weniger ist mit demokratischer ‚Selbst-Reproduktion' zu rechnen. Unter-bleibt eine konzeptionelle Orientierung, so nimmt man insbesondere die beiden letzten Szenarien in Kauf, die den Städten und Gemeinden nur wenige bis gar keine Navigations- bzw. Gestaltungsmöglichkeiten eröffnen. Ihnen bleibt dann nur, auf Entwicklungen, die von außen auf ihre Stadt oder Gemeinde einströmen und einwirken, mit dem Notwendigsten und Machbaren zu reagieren.

Sich verändernde Funktionen des städtischen Raums
Da allein schon die Folgen keiner dieser vier möglichen Varianten klar zu antizipieren sind, stellt sich zudem noch die Frage, welche Auswirkungen zu erwartende neue Arbeits-, Konsum- und Wohnwelten, neue ökologische und klimabedingte Anforderungen, neue technologische Entwicklungen im kommu-nikativen Bereich auf Architektur, Stadtplanung und Stadtentwicklung haben. In diesem Zusammenhang erfährt der Begriff des städtischen Raums schon deshalb eine Renaissance, da sich räumliche Bedingungen des Lebens permanent und radikal wandeln. Insbesondere soziale Beziehungen lösen sich sukzessive aus ihren bisherigen eher ortsgebundenen Interaktionszusammenhängen heraus und

restrukturieren sich in tendenziell unbegrenzten „Raum-Zeit-Spannen", während sich gleichzeitig das Lokale mit dem Globalen in einer Art und Weise verschränkt, „dass es zu neuen Formen der (Wieder-)Verankerung und einer neuen Betonung des Lokalen kommt" (Lossau 2012, 185). Globale Vielfalt bildet sich bereits hierdurch auch auf lokaler Ebene ab. Es scheint deshalb nur konsequent, auch diese Multikulturalität der Bevölkerung in den Quartieren abzubilden und zu verankern. Städtischer Raum akzentuiert sich im Rahmen des ‚Spatial-Turn' nicht nur geografisch, sondern auch symbolisch. „Raum fungiert hier als Chiffre für die Anerkennung unterschiedlicher Stellen, Orte und Standpunkte, von denen aus Bedeutung in kontextspezifischer Art und Weise produziert wird". Der Begriff des Raums verweist auf relationale, also subjektive Positionen, von denen aus gesellschaftliche Wirklichkeit produziert, wahrgenommen und angeeignet wird. Verknüpft ist dieser mit der symbolischen Ebene der Raumpräsentation (ebd., 187). Räumliche Relationalität stellt sich schon über die unterschiedlichen Funktionen, die Raum auf die verschiedenen Lebensaltersgruppen ausübt und die diese umgekehrt auf den Raum ausüben, her (Kilb 2012/2024, 615). Städtischer Raum ist somit immer mehrperspektivischer, symbolischer, kultureller, sozialer wie auch geografischer Aneignungsraum. Dadurch ist er latent konfliktaffin. Seine Art der ‚Bespielung' und Aneignung steht sinnbildlich für „glokale" normative Ordnungs- und Regulierungsprinzipien. Er fungiert in seiner quartierbezogenen Rolle gleichermaßen als normatives Orientierungsschema nach innen, wie auch als ‚Aushängeschild' nach außen hin. Geografische, physische Räume changieren dabei in ihrer sozialen Bedeutung zwischen Kulisse und Ereignisorten medialer (Selbst-) Inszenierung und Aneignungsorten habitueller Repräsentation, Präsenz und Dominanz. Als Interaktionsorte nehmen sie verbindende, trennende und hierarchisierende Funktionen ein. Sie zeichnen ein Bild der inneren sozialen Ordnung eines Quartiers, die zentralen Räume einer ganzen Stadt. Auch dienen sie der Konfliktaustragung; sie stehen gleichermaßen dialektisch für Regulierung und Deregulierung des soziokulturellen Lebens.

Singularität der Stadtentwicklungspraxis
Je nach geopolitischer Lage und sozioökonomischer Struktur der einzelnen Metropolen und Großstädte, nach bundes- und länderspezifischem Einwanderungsdruck, nach diesbzgl. Pull- und/ oder Push-Faktoren, diesen meist entsprechender Migrations- und Integrationspolitik, nach jeweils landes- und kommunalpolitischer Kontur und Programmatik, nach kommunalen zivilgesellschaftlichen Aktivitätspotenzialen würden sich die Städte in eine oder mehrere dieser vier Szenarien entwickeln. Dem in dieser Publikation favorisierten und kritisch diskutierten Vielfaltsquartier kämen dabei modellhafte orientierende Funktionen im

Sinne grundlegender politischer demokratischer Bildung und Aktivierung zu. Das Vielfaltsquartier bildet bestehende und zukünftige gesellschaftliche Pluralität ab und fungiert deshalb gleichermaßen auch als Erfahrungs-, Lern- und Handlungsraum. Tendenziell in eine solche Richtung sollten sich auch die bestehenden Einwandererquartiere allmählich entwickeln können. Das Quartier als sozialräumliche Lebensform stände dann unter immigrationsspezifischen Integrationsaspekten in einer Entwicklungsabfolge an dritter Stelle nach der „Arrival City" und des zunächst communitynahen geografischen Zusammenlebens.

Stadtplanung und Stadtentwicklung kämen die Aufgabe zu, einen solchen Prozess fachlich kompetent zu begleiten und in diesem konzeptionell und zielorientiert zu navigieren. Stadtplanungs- und Stadtentwicklungstätigkeit müssten verknüpft werden mit operativen sozialen, kulturellen, freizeitorientierten und politischen Aktivitäten vor Ort in den Quartieren. Stadt- und Quartiermanagement wären an solchen Schnittstellen zu implementieren. Die Komplexität der jeweils zusammenspielenden Variablen begründet die Singularität eines jeden Quartierentwicklungsprojektes.

Übertragbarkeit und Generalisierbarkeit des methodischen Vorgehens
Jede Gebietskörperschaft ist angehalten, sich für Transformationsprozesse der Stadtentwicklung konzeptionell aufzustellen. Im Falle der Städte ist dabei eine Dualität der Betrachtung auf die Stadt als Ganzes sowie ihre Stadtteile, Siedlungen und Quartiere notwendig. Die Quartiere sind wiederum einerseits im Bezug zum Ganzen der Stadt, andererseits in ihrem jeweiligen Eigenleben zu analysieren (vgl. Anhang). Gerade diese Verbindung von Eigendynamik und Stadtbezogenheit in den kleinräumigen Arealen stellt sich häufig als widersprüchlich und komplex dar. Zudem muss sich Stadtentwicklung als permanenter Prozess verstehen, der methodisch und gleichermaßen zivilgesellschaftlich partizipativ, als auch nach parlamentarischen Mehrheitsverhältnissen zu gestalten wäre. In einem solchen vernetzten Entwicklungsprozess gilt es zunächst, parlamentarische Mehrheiten und zivilgesellschaftliche Akzeptanz und Unterstützung für den sozioökonomisch und soziokulturell gemischten Quartiertypus herzustellen. Dabei ist von grundlegenden Eckpunkten und Prämissen in den Transformations- und Vermittlungsprozessen auszugehen (vgl. Übersicht 16.2).

Übersicht 16.2: Soziostrukturelle Axiome zukunftsfähiger Vielfalts-Quartiere

- Je **heterogener die soziale Mischung** (Kulturen, Soziale Schicht, Altersaufbau) ausfällt, umso größer ist ein **gegenseitiger Verstehens- und Orientierungsbedarf** erwartbar;
- Je **heterogener eine soziale Mischung** ausfällt, umso **erforderlicher** und **höher** ist der **integrative Aufwand:** Förderung, Unterstützung und Hilfe bei der Entwicklung sozialer Interaktion und sozialer Kontrolle;
- Die hierbei relevanten **Inklusions- und Integrationsebenen** unterscheiden sich nach der Mischung **funktional-struktureller, informeller, institutioneller und personenbezogener Aspekte;**
- **Bauliche Anordnungen** bilden einen **Rahmen** für **Verstärkungen oder Einschränkungen** und **Verhinderungen inkludierender** und **integrierender** Prozesse und Effekte;
- Je **größer ein neues Quartier** ausfällt, je mehr es in seiner Wohnstruktur auf diverse **externe Arbeitsverhältnisse** orientiert ist, umso weniger ist es **in sich selbst** und mit **umliegenden Quartieren sozial verzahnt.**

Individuelles und Soziales in Stadtentwicklung und Architektur neu austarieren
Riken Yamamotos Feststellung, der aktuelle architektonische Ansatz betone die Privatsphäre und negiere gleichzeitig die Notwendigkeit gesellschaftlicher Beziehungen (Maak 2024, 11) könnte als Markierungszeichen für neue Leitbildverständnisse der Stadtplanung stehen und korrespondiert in seiner Kritik mit den Ideen zu Jan Gehls Diktum einer „menschenorientierten Stadt". Die Stadt als Gemeinwesen sollte danach zuallererst lesbar sein als sozialer Raum, als Interaktionsraum, der einerseits in seiner historischen Gestalt feste räumliche Gestaltungsmerkmale und damit verbundene Narrative vorhält, seine Bewohnerinnen damit historisch fundamentiert und verankert. Andererseits sollte der bauliche Rahmen ständig veränderbar sein, um den neuen schnelllebigen und disruptiven Entwicklungen nicht im Wege zu stehen. Historischer, wie auch neu gebauter städtischer Raum müssten also in permanenter Veränderung jederzeit neu ausgestaltbar sein. Die moderne Stadt ist gewissermaßen ein *adoleszenter Raum,* der fortlaufend und aktualisierend nach neuer Identität strebt. Dabei gilt es einerseits, an bestimmten grundlegenden Axiomen festzuhalten und diese auf die jeweiligen gesellschaftlichen, also individuellen und sozialen Anforderungen

anzupassen. Die Axiome sollten sich im Rahmen *stadtplanerischer* und *architektonischer Gestaltung* an Vitruvs klassischen Kriterien Firmitas (Festigkeit), Nützlichkeit (Utilitas) und Schönheit (Venustas) orientieren. Unter Aspekten der Utilitas sollten die Quartiere demnach, in die heutige Moderne übersetzt, folgende Anforderungen erfüllen können:

(a) Die Quartiere sollten den *sozialpolitischen Bedarfen* entsprechen; nämlich gemischten Bewohnerstrukturen sowie den verschiedenen Wohn-, Arbeits- und Lebensmodellen gerecht werden.
(b) Sie sollten *funktional gemischt* sein.
(c) Die einzelnen Gebäude sollten in ihrer Ästhetik und Individualität für Erkennbarkeit und Identifikation als *„mein Zuhause"* bzw. *„unser Zuhause"* stehen können.
(d) *Stadtentwicklungs- und Quartierplanung* sollten das erkennbar Einzelne zu einem ästhetisch anspruchsvollen und sozial funktionierenden Ganzen integrieren können.
(e) *Sozialstrukturplanung* sollte sozialpolitisch erwünschte vielschichtige Bewohnerzusammensetzungen im Quartier so platzieren, dass möglichst viele Impulse für ein soziales Miteinander und soziale Kontrolle erwartbar sind.
(f) Die *Infrastrukturplanung* sollte diese Prozesse unterstützen und ermöglichen.

Diese Aspekte der ‚Utilitas' lassen sich zu neun Axiomen zusammenfassen, die für gelingendes soziales Zusammenleben in Städten relevant sind:

(1) funktionale Mischungen von Versorgung, Arbeit, Konsum, Handel, Mobilität, Bildung, Regeneration, Aktivitäten, Kommunikation
(2) Sozialräumlich-geographische Überschaubarkeit
(3) Spezifische (symbolische) Erkennungsmerkmale mit Identitätskompetenz
(4) Sozioökonomische und soziokulturelle Vielfalts- und Inklusionsorientierung
(5) klassenunspezifische Gestaltungen der Wohngebäude (Stigmatisierungsverhinderung)
(6) Sozialraumdifferenzierende Balance zwischen öffentlichen, halböffentlichen Räumen (für lokale Teilgruppen), Rückzugsräumen, Schwellenräumen, privaten Räumen
(7) Förderung der Gelegenheiten informeller und formeller Kommunikation
(8) Gewährleistung und Strukturierung sozialer Kontrolle und Sicherheit

(9) Ausgewogenheit als Lebensweltangemessene und „gesunde" Räume: Regenerations-, Spiel-, Sport-, Aktivitätsräume, Konfliktaustragungsarenen, exzessive Räume, ‚unfertige' kreative Räume.

Für das jeweilige Austarieren von individuellen und privaten Bereichen einerseits sowie öffentlichem Geschehen andererseits spielen spezifische Transferräume oder sog. ‚Schwellenräume' eine große Rolle, seien es hausnahe Bereiche wie Vorgärten, Innenhöfe, Eingangsbereiche und Hausflure, Balkone, Terrassen, Zugangswege, Aufzüge, sog. Zwischen- und „Abstandsflächen" in Siedlungen, oder aber nicht unmittelbar im Umfeld von Wohnungen platzierte Klein-, Schrebergärten und Urban-Gardening-Flächen. Diesen Flächen gebührt besondere Beachtung in ihrer Gestaltung und Bewahrung.

Soziale Kohärenz und Kohäsion trotz städtischer Vielfalt als Programmatik demo-kratiefördernder Stadtentwicklung
Die Fragestellung der Kohäsionsfähigkeit von Vielfaltsquartieren ist eine heikle. Denn das gesellschaftspolitische Leitbild sozialer Kohäsionsfähigkeit steht in einem gewissen Spannungsverhältnis zum kommunalpolitischen Motto der Vielfalt, wenn sozioökonomische und soziokulturelle Diversität in der Stadtentwicklung auf kleinteilige geografische Areale wie die der Stadtquartiere übertragen werden sollen. Der appellative und konzeptionell formulierte Anspruch steht zunächst einmal im Widerspruch zu kulturanthropologischen sozialen Zuordnungstendenzen des „Gleich und gleich gesellt sich gern"- Prinzips, welches sich in der historischen soziostrukturellen Stadtgliederung abbildet. Diesem Widerspruch zwischen konzeptionellen gesellschaftspolitischen Zielvorstellungen vielfältigen Zusammenlebens und zivilgesellschaftlicher Selbstverortungstendenzen hin zu eher sozial homogener privater Umgebung ist scheinbar nur dadurch zu begegnen, dass sich sozialpolitische Programmatik und deren bauliche Realisierungen gegen private Einzelinteressen längerfristig behaupten können und den Realitätstest bestehen. Denn etwas programmatisch sinnvoll zu finden, bedeutet nicht, sich persönlich den Ergebnissen dieser Programmatik auch unterzuordnen, wenn dies subjektiv nicht unbedingt erforderlich ist. Die These, Vielfalt schließe Kohäsion nicht aus, sondern fördere diese *unter Umständen* sogar, läuft auf eine Analyse dieser ‚Umstände' hinaus. Ihre Verifizierung wäre an das experimentelle Risiko gebunden, dass sich unterschiedlichste Bewohnergruppen zunächst einmal darauf einlassen müssten, das alternative Prinzip „Gleich und *ungleich* gesellt sich" für sich selbst zu akzeptieren und sich diese „Ungleichheits-Zumutung" nicht nur gefallen zu lassen, sondern ihr durch eigenes aktives und neugieriges Handeln zu begegnen. Eine solche Ungleichheits-Zumutung erscheint in Phasen

großer Wohnungsnachfrage oder, wie im Falle des Spinelli-Quartiers durch die qualitativ hochwertige Parkrandlage praktikabler umzusetzen als an eher städtebaulich unattraktiven Orten. Die Zukunftsfähigkeit solcher quartierbezogener sozialer Mischformen hängt entscheidend davon ab, wie es entweder über den baulichen Rahmen oder aber mithilfe eines kommunal moderierten Prozesses gelingt, die Bewohnerinnen darin zu empowern, sich das Quartier als ihr Gemeinwesen selbst zu erschließen. Eine zweite Voraussetzung kommt hinzu, nämlich den dauerhaften Erhalt des Anteils öffentlich geförderter Wohnungen und deren adäquate Belegungen.

Die sozialpolitisch akzentuierte Programmatik des Vielfaltsquartiers steht Anfang der 2020er Jahre eigentlich nicht mehr zur Disposition, da ökonomisch notwendige Einwanderungs- und armuts-, klima- und kriegsbedingte Fluchtbewegungen zur dauerhaften Realität werden dürften. Die Großstädte würden hierdurch perspektivisch zu einer systematisierten Mixtur von ‚Arrival-City', historisch segregierter Stadtteile, Vielfaltsquartieren und möglichst multikulturell repräsentativen und integrierenden Innenstadtquartieren.

Ein zweites starkes Argument für das Vielfaltsquartier ist theoretischer Natur. Die in den Theoriekapitel dargelegten gesellschaftlichen Entwicklungen hin zu mehr Individualität, Pluralität und Singularität bei gleichzeitig sich vollziehender sozialer und kultureller Fragmentierung legen nahe, das Modell Vielfaltsquartier auch als experimentelle Herausforderung gegen diese Tendenzen zu verstehen. Im Vielfaltsquartier wird demokratisches Handeln im Zusammenwirken von Bürgerinnen unterschiedlicher sozialer Klassen, Schichten und Milieus erfahrbar, erprob- und erlernbar. Allein schon die geringe Wahlbeteiligung in sozial segregierten Stadtteilen deutet auf Distanzierungen ganzer Bevölkerungsgruppen gegenüber dem herrschenden politischen System hin (vgl. Kap. 5/Tab. 5.2). Dieser im Segregationsquartier sich selbst verstärkende Effekt könnte zumindest ausgebremst werden, wenn im Vielfaltsquartier unterschiedliche Teilhabe- und Partizipationsmodelle für alle sichtbar werden und als wirkungsvoll erlebt werden. Wichtig wird hierbei sein, dass verschiedene kommunikative und kulturelle Partizipationswege eröffnet werden, um soziokultureller und sozioökonomischer Differenz entsprechen zu können.

Nur durch ein unmittelbares Sichtbarwerden des Anderen, des bisher Fremden, bei gleichzeitiger Einbindung der vermutlich unterschiedlichen Interessen sämtlicher Akteure und Akteursgruppen entfaltet sich letztendlich das Verbindende in seiner Unterschiedlichkeit. Stadtentwicklung wird hierdurch zum Bestandteil, zum Rahmen und zur Performance auch *bildungspolitischer Aufgaben.*

Unkonventionelle Einbindung von Akteursgruppen mit besonderen existentiellen, materiellen und psychosozialen Risiken

Ungleiche Teilhabemöglichkeiten in Gesellschaften sozialer Marktwirtschaften im neoliberalen Zeitalter schaffen benachteiligende Lebensbedingungen für Teile ihrer Mitglieder, die schon aus ethischen Gründen zu kompensieren wären. Auf die Gebietskörperschaften und die Zivilgesellschaft kommen deshalb spezifische unterstützende Anforderungen und Aufgaben zu, die es auf verschiedenen Ebenen zu bewältigen gilt. Für die Stadtentwicklung, die Stadt- und Sozialplanung bedeutet dies, nach sozial verträglichen und lebenswerten Orten für psychosoziale, schützende und existenzsichernde Sondereinrichtungen Ausschau zu halten. Hierzu gehören Einrichtungen und Unterkünfte der stationären und ambulanten Kinder- und Jugendhilfe, der Straffälligenhilfe, (anonyme) Schutzeinrichtungen für misshandelte und verfolgte Personen ebenso wie Wohnungen für psychisch kranke, obdachlose und geflüchtete Menschen. Da die Aufgabenstellungen, für die in helfenden Einrichtungen untergebrachten Personen und Familien sehr unterschiedlich sind, gibt es keine verallgemeinerbaren Verteilungs- bzw. Zuordnungskriterien. Allein um multiplizierende negative Etikettierungsprozesse auszuschließen wäre darauf zu achten, Hilfeeinrichtungen in möglichst stabilen sozialen Quartierstrukturen zu platzieren. Unter sozialpolitisch kompensatorischen und Sicherheitsaspekten bieten sich z. B. Quartiere mit privilegierten Bewohnergruppen für Schutzeinrichtungen misshandelter und/oder verfolgter Personen an. Dies gilt ebenso für Erstaufnahmeeinrichtungen von Flüchtlingen. Einrichtungen wie etwa Tagesgruppen der ambulanten Erzieherischen Hilfen wären eher schul- und wohnungsnah, Wohngruppen der stationären Kinder- und Jugendhilfe dagegen eher in sozial stabilen Stadtteilen bzw. schulnah zu verorten. Housing-first-Projekte für obdachlose Menschen könnten in bzw. im Umfeld kirchlicher Einrichtungen platziert werden.

Insgesamt ist zu beachten, dass es zu keiner Konzentration von Sondereinrichtungen in bestimmten Stadtteilen oder Quartieren kommt. In Fragen der jeweiligen Platzierungen wäre darauf zu achten, frühzeitig die umliegend lebenden Bewohnerinnen einzubeziehen, deren Toleranzen und Unterstützungsbereitschaft auszuloten, aber auch deren soziale Empathie einzufordern.

Prozessuale Begleitung von Entwicklungen in Vielfaltsquartieren

Quartiermanagement ist aktuell die bekannteste Form bundesweiter, landesspezifischer und kommunaler entwicklungsbegleitender Maßnahmen in Quartieren, Siedlungen und Stadtteilen. Durch die Vielseitigkeit und die Komplexität von Aufgaben im Rahmen der Weiterentwicklung in Quartieren, insbesondere in

Veränderungsphasen, ist professionelle Quartierarbeit im Format des Quartiermanagements zum Bestandteil kommunaler sozialer Daseinsvorsorge geworden. Möchte man aus den im Vielfaltsquartier üblichen Friktionen und Konflikten soziale und sozialpolitische Potenziale schöpfen, ist professionelle moderierende Begleitung zumindest in Gründungs-, Umbruch- oder starken Veränderungsphasen notwendig. Zur Kohäsionsfähigkeit von Quartieren sind gleichermaßen bauliche, strukturelle, interaktionelle wie auch persönliche Ressourcen vonnöten. Durch hohe Bewohnerfluktuationen in Großstädten sind gerade ‚persönlichkeitsbezogene Ressourcen‘ immer wieder neu zu ersetzen, was durch ‚natürliche‘ Prozesse nicht immer gewährleistet ist. Da früher übliche formelle und institutionelle Schlüsselpersönlichkeiten (Pfarrerinnen, Ärztinnen, Polizistinnen, Lehrerinnen, Vereinsvorsitzende etc.) heute solche Rollen kaum mehr ausfüllen können, müssen deren Funktionen teilweise auf professionelle Fachkräfte übertragen werden, damit Quartiere, Siedlungen oder Stadtteile als Gemeinwesen oder als Community funktionsfähig bleiben können. Alternativ zum professionellen Quartiermanagement eignen sich auch bspw. Impulse zu soziokultureller intermediärer Kooperation, wie in Kap. 6 beschrieben. Deren Vorteile liegen in ihrer nachhaltigen Wirkung.

Schlussfazit
Vielfältige sozioökonomische und soziokulturelle Bewohnerstrukturen an sich produzieren weder gesellschaftlichen Zusammenhalt im Quartier selbst noch darüber hinaus im Ganzen einer Stadt. Erst die Interaktion, die Bezüge der diversen Bewohnerinnen und Bewohnergruppen untereinander sowie deren lokales Engagement lassen aus einer rein additiven Ansammlung Wohnender und im Quartier Lebender ein Gemeinwesen bzw. eine Community entstehen. In den diversen Interaktionsprozessen vollziehen sich über gegenseitiges Wahrnehmen, gemeinsame Interessenartikulation, über das Austragen von Konflikten, über solidarisches Handeln und über lokale und politische Aktivitäten allmählich normative Strukturen und Ordnungen, die gleichermaßen dialektisch inklusive wie exkludierende Wirkungen entfalten können und Entwicklungen anstoßen. In solchen Prozessen der Communitybildung geht es darum, möglichst viele Bewohnerinnen zu animieren und zu empowern, aktive Rollen zu übernehmen und eine Vertrauensbasis im Miteinanderumgehen, im gemeinsamen Tun und Handeln herzustellen. Zum Gelingen kohärenter und vielleicht sogar kohäsiver Entwicklungen tragen vier kontextuelle Faktoren bei: *Raum, Zeit, Personen und Interaktion*. Erst über die Interaktionen von Personen in diversen Zeitzusammenhängen (eigenes Lebensalter, Geschichte des Quartiers) in spezifischen räumlichen Kontexten können sich soziale Bezüge und damit einhergehende Verbundenheit entwickeln, die

ein Gemeinwesen mit verschiedenen sozialen Intensitätsstufen von Bindungen und Beziehungen, zwischen additivem Nebeneinander, Kohärenz und Kohäsion, aber auch Exklusionspraktiken ausformen.

Das Quartier als sozialer Raum sollte in seiner baulichen Anlage als impulsgebender Möglichkeits- und Gelegenheitsraum für seine Bewohnerinnen wirken können. Die Bewohnerinnen sollten ihren ‚Sozialraum Quartier' tendenziell sowohl intergenerativ als auch intragenerativ, als Kind bespielend, als Jugendliche besetzend und aneignend, als Erwachsene funktional nutzen können. Im Alter fungiert sozialer Raum im Sinne von Erinnerungsnarrativen. Erst über Friktionen, Konflikte und Verständigungen in diesen biografisch diversen und teilweise widersprüchlichen Raumnutzungen entstehen quartiertypische Storys, verbunden mit Gefühlen des Mit-, Neben- und Gegeneinanders als gemeinsamem Agieren. Erst solche morphologisch-interaktionalen soziokulturellen ‚Allmendegüter' verleihen dem Quartier den Charakter einer „Heimat". Letztendlich kommt es auf die Persönlichkeiten und Gruppen an, den Raum nicht nur zu nutzen, sondern im aktiven Tun und Handeln zu „ihrem Raum" weiterzuentwickeln. Neu- und Umgestalten, aber auch Vandalismus, Demontage oder Zerstörung stehen dabei im Wechsel für Umbrüche und Erneuerungen. Sie bilden in ihrer Gegensätzlichkeit eine dynamische Einheit. Kohärenz und vielleicht auch Kohäsion bilden sich dann heraus, wenn das Miteinander aufgrund gegenseitigen Vertrauens, gegenseitigen Aufeinander-Angewiesenseins trotz Verschiedenheiten dominiert und in kollektive affektive Verbundenheit mündet. Dieser etwas euphemistische Befund zielt sicherlich nur auf Aktivitäten eines Kerns engagierter Akteurinnen in Quartieren.

Dabei verlaufen quartierbezogene Entwicklungsprozesse im besten Fall in einer triadischen intermediären Beziehung zwischen guter kommunaler Administration, politischen Teilhabemöglichkeiten und zivilgesellschaftlichen Selbstorganisationspraktiken (vgl. Tab. 2.5). Geeignete bauliche Strukturen und passende sozioökonomische und soziokulturelle Vielfaltsmischungen in der Quartierbevölkerung bilden hierbei zugleich Rahmen und Struktur. Insbesondere in Gründungs-, Bruch- und Übergangsphasen können Vielfalts-Quartiere in ihrer Selbststeuerungsfähigkeit überfordert sein. Soziale Kohärenz und bestenfalls soziale Kohäsion gelingen dann nur mithilfe professioneller Impulse und Unterstützungen. Vielfaltsquartiere stellen eine Herausforderung für alle beteiligten Akteure dar, weil in ihnen vielfältiges Privates untereinander sozial nahbar, dadurch verstehbar und zugänglich werden kann; umgekehrt produzieren sie Stör- und Verstörungsfaktoren. Vielfalt stiftet aber letztendlich zu kreativem, ungewöhnlichem und überraschendem Handeln an. In der Bewohnerinnen-Vielfalt liegt somit disruptives Potenzial. Diese Herausforderung sollte unbedingt angenommen werden!

Anhang

Beispiele von Evaluationskriterien für Soziale Nachhaltigkeit in Mannheimer Stadtquartieren

Soziale Nachhaltigkeit ist ein auf die Bewahrung bzw. auf die Herstellung zukunftsfähiger und gerechter Lebenschancen ausgerichtetes Kriterium. Nachhaltigkeitspolitik wird damit zu einer Prozessbegleitung, in deren Rahmen zu verschiedenen Zeitpunkten die angestrebten Entwicklungen überprüft werden müssen. Wie bei jeder Evaluation ist es hierzu notwendig, Ziele zu benennen, Indikatoren zu identifizieren, die als Messgrößen aussagerelevant sind, sowie Zeitkorridore festzulegen, in denen die Fort- bzw. Rückschritte von Entwicklungen zu beobachten wären. Da Stadtquartiere immer auch im Kontext einer gesamtstädtischen Entwicklung zu betrachten sind, müssten darüber hinaus auch deren jeweilige gesamtstadtbezogenen Funktionen definiert werden. Exemplarisch sollen nachfolgend Kriterien einer Evaluation und die jeweils relevanten Indikatoren in einer Übersicht dargestellt werden, die Entwicklungen darstellbar machen könnten. Die Kriterien und Indikatoren sind an den im theoretischen Teil diskutierten Themen orientiert.

Übersicht: Kriterien zu Aspekten sozialer Nachhaltigkeit in Mannheimer Konversions-Quartieren und Stadtteilen

1 Allgemeine Aspekte und Faktoren sozialer Nachhaltigkeit/ Indikatoren in den Konversionsquartieren und neuen Stadtteilen

1.1 Ziele

1.1.1 Soziale Kohäsionsfähigkeit eines Quartiers

Mögliche Indikatoren: Bekanntheit der Bewohnerinnen untereinander, gelingende Nachbarschaftsbildungen, gegenseitige Unterstützung und Hilfe, Engagement und Partizipationsinteresse, zivilgesellschaftliche Initiativen (Vereine, lokale religiöse Gemeinschaften, Mitgliedschaften, lokale Initiativen etc.), soziale Kontrolle (Kriminalitätsstatistik), Offenheit für Neuhinzuziehende, Integrationsbereitschaft, Konfliktbearbeitungsbereitschaft, Identifikationsintensität, lokale Veranstaltungen, Feste, Feiern, Kooperationen von Institutionen, Organisationen und zivilgesellschaftlichen Initiativen und Akteurinnen.

(*Instrumente:* Bewohnerbefragungen, Beobachtungen, Expertenbefragungen, polizeiliche Kriminalitätsstatistik)

1.1.2 Herstellung sozialer Gerechtigkeit in Diversitätsstruktur zwischen Alter, Geschlecht, sozialer Schicht, körperlicher/psychosozialer Handicaps, ethnischkultureller Wurzeln, Bildungsvoraussetzungen, Quartiernutzungsinteressen, diverser Nutzungs- und Wohnzeiten usw

Mögliche Indikatoren: Kompensationshilfen/ -angebote, Spendenaufkommen, Sponsoring, kommunalpolitisches Engagement, Zufriedenheitsindikator, ehrenamtliches Engagement.

(*Instrumente:* Bewohnerbefragungen, Beobachtungen, Expertenbefragungen)

1.2 Planerische Aspekte, durch die soziale Nachhaltigkeitsziele erreicht werden sollen

1.2.1 Multiple Sozialstruktur diverser Milieu- und Einkommensgruppen, die ein produktives Miteinander gewährleisten können.

Mögliche Indikatoren: Anteile öffentl. geförderten Wohnens, Miet- und Eigentumswohnungen unterschiedlicher Preisstufen nach dem Modell der „Hamburger Drittelung"; diverse Wohnformen (gemeinschaftliches Wohnen, Genossenschaften); Wohndauer; jährl. Weg- und Zuzugsquoten.

1.2.2 Sich selbst reproduzierende Altersgemischtheit: junge Familien, Familien nach Kindesauszug, ältere Menschen in besonderen Wohnformen, Studierende, Flüchtlinge und Jugendhilfe-Wohnungen (in länger bestehenden Quartieren mit Communityeigenschaften)

Mögliche Indikatoren: Bevölkerungsstatistik, Statistiken soz. Dienstleistungen

1.2.3 Spezifisches Verhältnis von Wohnen, Arbeiten und Mobilität nach gesamtstädtischen Bedarfen und quartierbezogenen Profilen

Mögliche Indikatoren: Bevölkerungsstatistik (Pendlerquoten, Arbeitsplätze im Quartier)

1.2.4 Kommunikative und soziale Infrastruktur für sämtliche Bewohner/ innengruppen (vgl. 3)

Mögliche Indikatoren: Platzzahl KiTas, Grundschulen, Altentreffs, Familienzentren, Jugendclub, Spielplätze, Sportareale, Kulturtreffs usw.

1.2.5 Sicherung bzw. Förderung von kontinuierlichen Ortsbezügen als Garanten der Community-Fähigkeit: Eigentumswohnungen, Baugenossenschaften, Baugruppen, altersgerechte Wohnmöglichkeiten, lebensphasenbezogene Umzugsmöglichkeiten

Mögliche Indikatoren: jährliche Zu-/ Wegzugsraten

1.3 Spezifische sozial förderliche Standards für Vergemeinschaftungsprozesse

1.3.1 Quartierzentrale Orte mit Treff-, Begegnungs- und Aktions-/ Aktivierungscharakter: Quartiersplatz mit Nahversorgungsangeboten, kommunikationsfördernde Angebote in Ambivalenz von Sich-nähern-können und Aus-dem-Weggehen-können, Sehen und Gesehen-werden

Mögliche Angebote: Chisinauer Platz

1.3.2 Grundausstattung von Kultur, Bildung, Erziehung und Betreuung schon zu Beginn der Baufertigstellungen: Kita, Hort, Grundschule, ggf. Kinder- und Jugendtreff, Familien-/ Altentreff, Community-Center (VHS, Bibliothek, Jugendclub, Altenclub, Vereinsräume, Musikräume, Partyräume etc.)

Mögliche Angebote: N.N.

1.3.3 Aktionsflächen für Spiel, Sport, Kultur, Gartenbau und Erholung

Mögliche Angebote: N.N.

1.3.4 Milieuspezifische Rückzugsbereiche.

Mögliche Angebote: N.N.

1.4 Zivilgesellschaftliches Engagement und politische Partizipation

1.4.1 Entstehung von quartierbezogenen Initiativen

Mögliche Angebote: N.N.

1.4.2 Wahlbeteiligung/Mitarbeit in Parteien und Initiativen

Mögliche Angebote: N.N.

2. Allgemeine Aspekte und Faktoren sozialer Nachhaltigkeit/ Indikatoren in der *Gesamtstadt* mit ihren diversen Quartieren und Stadtteilen

2.1 Ziele

2.1.1 Soziale Kohäsionsfähigkeit der Gesamtstadt mit ihren verschiedenen Quartieren und Milieus (vgl. SINUS-Milieus): mit den Indikatoren Sichtbarwerden und Begegnungswahrscheinlichkeiten und Repräsentanzen verschiedener Bewohner/innengruppen und Milieus an zentralen innerstädtischen Kulminationsorten und Verkehrsmagistralen: Paradeplatz, Marktplatz, Neckarufer/Rheinufer (Sommer), Bahnhofsvorplatz, Wasserturm, Luisenpark, Neuer Messplatz, Kurpfalzstraße, Planken; soziale Kontrolle in Selbstorganisation und als kommunales Management, Repräsentation und Integration, Konfliktbearbeitungskultur und -bereitschaft, Identifikationsintensität

2.1.2 Herstellung sozialer Gerechtigkeit in Diversitätsstruktur zwischen Alter, Geschlecht, sozialer Schicht, körperlicher/psychosozialer Handicaps, ethnisch-kultureller Wurzeln, Bildungsvoraussetzungen, Nutzungsinteressen mit den Indikatoren: Kompensationshilfen/ -angebote, Spendenaufkommen, Sponsoring, kommunalpolitisches Engagement, Zufriedenheitsindikator, institutionelle Repräsentanz benachteiligter Sozialmilieus an zentralen Orten (z. B. Abendakademie in Innenstadt) und repräsentative Einrichtungen in benachteiligten Stadtarealen (z. B. SAP-Arena in MA-Hochstätt)

2.2 Planerische Aspekte, durch die o.a. Ziele erreicht werden sollen

2.2.1 Gesamtstädtische Sicherung einer multiplen Sozialstruktur diverser Milieu-und Einkommensgruppen in verschiedenen Stadtteilen/Quartieren (nach Kriterien eines produktiven Miteinander und sozialer Verträglichkeit): Transitorische Quartiere (Ankommens- und metropolitan-urbane Stadtteile mit Übergangs-bzw. Verteilfunktionen: City, Jungbusch, Neckarstadt-West); gemischten subzentralen Traditions-Quartieren im Innenstadtbereich (Schwetzingerstadt/ Oststadt, Neckarstadt) und Außenbereich (Waldhof/ Gartenstadt, Käfertal); historische Gemeinwesen-Stadtteile (Feudenheim, Seckenheim, Rheinau, Neckarau, Wallstadt, Ilvesheim, Friedrichsfeld, Neckarhausen, Edingen); sozialstrukturell homogene Siedlungsquartiere (Vogelstang, Herzogenried, Wohlgelegen, Hochstätt, Pfingstberg, Schönau, Luzenberg, Lindenhof, Almenhof); sozialstrukturell heterogenen Siedlungsquartieren (Franklin, Spinelli, sonst. Konversionsquartiere).

2.2.2 Sich selbst reproduzierende Altersgemischtheit: junge Familien, Familien nach Kindesauszug, ältere Menschen in besonderen Wohnformen, Studierende, Flüchtlinge und Jugendhilfe-Wohnungen (in länger bestehenden Quartieren mit Communityeigenschaften); Indikatoren: Bevölkerungsstatistik

2.2.3 Spezifisches Verhältnis von Wohnen, Arbeiten und Mobilität nach gesamtstädtischen Bedarfen und quartierbezogenen Profilen

2.2.4 kommunikative und soziale Infrastruktur für sämtliche Bewohner/innengruppen (vgl. 3)

2.2.5 Repräsentanz der verschiedenen Bewohnermilieus und Schichten im innerstädtischen Bereich (vgl. 1.1): zentrale städtische und zivilgesellschaftliche Infrastruktur- und Versorgungsangebote an verschiedenen Orten der City

3. Spezifische sozial förderliche Standards für Vergemeinschaftungsprozesse

3.1 **Stadtzentrale Orte** mit Treff-, Begegnungs- und Aktions-/Aktivierungscharakter: zentrale Plätze und Einkaufsstraßen mit überregionalen Konsum- und Kulturangeboten, Nahversorgungsangeboten, kommunikationsfördernden Angeboten in Ambivalenz von Sich-nähern-können und Aus-dem-Weg-gehen-können, Sehen und Gesehen-werden.

3.2 **Grundausstattung von Kultur, Bildung, Sport, Konsum, Freizeit- und religiösen Angeboten**

3.3 Aktionsflächen für **Spiel, Sport, Kultur und Erholung**

3.4 Milieuspezifische **Rückzugsbereiche.**

Literatur

Akademie für Sozialpädagogik und Sozialarbeit e. V. und Bundesnetzwerk Bürgerschaftliches Engagement (2015): Gemeinsam Handeln: Für Demokratie in unserem Gemeinwesen! Handlungsempfehlungen zum Umgang mit Rechtsextremismus im Ländlichen Raum. Halle/Berlin.

Amlinger, C./Nachtwey, O. (2023): gekränkte Freiheit. Aspekte des libertären Autoritarismus. Bonn.

ARCH+ (2019): ohne Autor, „Völkische Siedler*innen", Heft Nr. 235; Berlin. S. 188–189.

Aristoteles (1981): Politik, Hamburg.

Baumeister, R., Miquel, J. F. (1889): Massregeln zur Erreichung gesunden Wohnens. In: Deutsche Vierteljahreszeitschrift für öffentliche Gesundheitspflege. 21. Ffm, Band. S. 9–41.

Bauwelt (2023): Stadtraum aktivieren. Heft 21/2023. Berlin. S. 21–53.

Barlösius, E. (2018): Dörflichkeit? Theoretische und empirische Reflexionen über einen heterodoxen Begriff. In: dies./Neu, C. (Hrsg.), Zeitschrift für Agrargeschichte und Agrarsoziologie 66/2 (2018), Themenschwerpunkt Dörflichkeit und Ländlichkeit. Frankfurt am Main: 64 ff.

Bartelheimer, P. (1998): Durchmischen oder stabilisieren? – Plädoyer für eine Wohnungspolitik diesseits der ‚sozialen Durchmischung'. In: Schader Stiftung: Öffentliche Wohnungsbestände im Widerstreit der Interessen: Markt – Stadtplanung – Sozialpolitik. Darmstadt, S. 8–20.

Bartelheimer, P. (2001): Durchmischung oder stabilisieren? – Plädoyer für eine Wohnungspolitik diesseits der „sozialen Durchmischung". In: vhw Forum Wohnen und Stadtentwicklung 2/2001. Berlin.

Bauer, U. (2023): Sozialisation in der Kontroverse. Weinheim.

Baum, D. (2007): Die Stadt in der Sozialen Arbeit. Wiesbaden.

Becker, M./ Krätschmer-Hahn, R. (Hrsg./ 2010): Fundamente sozialen Zusammenhalts. Mechanismen und Strukturen gesellschaftlicher Prozesse, Frankfurt am Main

Below, S./ Dell, C. (2024/ Hrsg.): „Piazza Spinelli" – Übungsraum für die Stadt. Berlin

Benevolo, L. (1991): Die Geschichte der Stadt, Ffm/New York.

Berding, N./ Bukow, W. D. (2020/Hrsg.): Die Zukunft gehört dem urbanen Quartier. Das Quartier als eine alles umfassende kleinste Einheit von Stadtgesellschaft. Wiesbaden.

© Der/die Herausgeber bzw. der/die Autor(en), exklusiv lizenziert an Springer Fachmedien Wiesbaden GmbH, ein Teil von Springer Nature 2024
R. Kilb (Hrsg.), *Soziale Kohäsion und Vielfalt in Stadtquartieren*,
https://doi.org/10.1007/978-3-658-45231-5

BertelsmannStiftung (2023): Gesellschaftlicher Zusammenhalt. https://www.bertelsmann-stiftung.de/de/unsere-projekte/gesellschaftlicher-zusammenhalt/projektbeschreibung (abger. 02.10.2023).

Böhmer, A. (2017): Zum aktuellen Stand der Sozialplanung. In: Sozialmagazin, Heft 5–6, S. 6–13. Weinheim.

Böhnisch, L. (2020): Sozialpädagogik der Nachhaltigkeit. Weinheim/ Basel.

Bogumil, J., Holtkamp, L. (2006): Kommunalpolitik und Kommunalverwaltung. Eine policyorientierte Einführung. Wiesbaden.

Bourdieu, P. (1991): Physischer, sozialer und angeeigneter physischer Raum. In: Wentz, M.: Stadt-Räume Frankfurt am Main.

BBSR (Bundesinstitut für Bau-, Stadt- und Raumforschung) (2020): Zukunft Bauen. Forschung in der Praxis, Bd. 23. Bonn.

BDA (Bund Deutscher Architekten) Köln (2023): Innenstädte in Bewegung – wo geht es in Köln hin? https://www.bda-koeln.de/2023/12/nachbericht-bda-montagsgespraech-innenstaedte-in-bewegung-wo-geht-es-in-koeln-hin (abger. 18.04.2024).

BMWSB (Bundesministerium für Wohnen, Stadtentwicklung und Bauwesen) (2023): Programmstrategie Städtebauförderungsprogramm Sozialer Zusammenhalt – Zusammenleben im Quartier gemeinsam gestalten. Berlin.

Cohn, R. C. (1975): Von der Psychoanalyse zur themenzentrierten Interaktion. Von der Behandlung einzelner zu einer Pädagogik für alle. Stuttgart.

Coser, L.A. (2009 [1956]): Theorie sozialer Konflikte. Wiesbaden.

Dangschat, J. (2000): Segregation. In: Häußermann, H.: Großstadt. Leverkusen.

Dewey, J. (2011/1993/1915): Demokratie und Erziehung. Weinheim, Basel.

DAM/Deutsches Architekturmuseum (2016): Making Heimat. Frankfurt am Main.

DIfU (Deutsches Institut für Urbanistik/Bergische Universität Wuppertal) (2015): Nutzungsmischung und soziale Vielfalt im Stadtquartier. Berlin.

DIfU Deutsches Institut für Urbanistik (2009): Was ist eigentlich Quartiermanagement? In: https://difu.de/nachrichten/was-ist-eigentlich-quartiermanagement (abger. 3.01.2024).

Dirksmeier, P./Sackmann, R./Rees, J./Vogel, B. (2024): Gleich und Gleich gesellt sich gern. In: Sackmann et al. (Hrsg.): Sozialer Zusammenhalt vor Ort. Frankfurt/New York, S. 7–20.

Dragolov, G., Zsófia I., Lorenz, J., Delhey, J., Boehnke, K. (2013): Social Cohesion Radar – Measuring Common Ground. An International Comparison of Social Cohesion. Methods Report. Gütersloh.

Durkheim, E. (1977): Über die Teilung der sozialen Arbeit. Frankfurt am Main.

Durkheim, E. (1992 [1930]): Über soziale Arbeitsteilung. Studie über die Organisation höherer Gesellschaften. Frankfurt am Main.

Eckhardt, F. (2012/2024/Hrsg.): Handbuch Stadtsoziologie. Wiesbaden.

Eisner, M. (1997): Das Ende der zivilisierten Stadt. Frankfurt am Main/New York.

Engels, F. (1973): Die Lage der arbeitenden Klasse in England. München.

Engels, F. (1962/1845): Die Lage der Arbeitenden Klasse in England. MEW Bd. 2, Berlin, S. 229–502, 276.

Etzioni, A. (1975): A Comparative Analysis of Complex Organizations. On Power, Involvement, and their Correlates. New York.

Europäischer Rat der Stadtplaner (2003/Hrsg.): Die Neue Charta von Athen 2003: Vision für die Städte des 21. Jahrhunderts.

Feldtkeller, A. (2020): Städtebau: Quartiere offen für Vielfalt, in: Nina Berding, Wolf-Dietrich Bukow, Karin Cudak (Hrsg.): Die kompakte Stadt der Zukunft. Auf dem Weg zu einer inklusiven und nachhaltigen Stadtgesellschaft, Wiesbaden, S. 31–52.

Fischer, K. (2024): Deutsches Idyll: Der Kleingarten und seine Geschichte. In: National Geografic London/München: https://www.nationalgeographic.de/geschichte-und-kultur/2024/04/deutsches-idyll-der-kleingarten-und-seine-geschichte?utm_source=pocket-new tab-de-de (abger. 24.04.2024).

Flagge, I. (1999): Die Geschichte des Wohnens, Bd. 5, Stuttgart.

Foroutan, N. (2023): Es wäre einmal deutsch. Berlin.

Forst, R. (2003/ 2014): Toleranz im Konflikt. Frankfurt am Main.

Forst, R. (2020): gesellschaftlicher Zusammenhalt. Zur Analyse eines sperrigen Begriffs. In: Deitelhoff, N. et al. (Hrsg.): Gesellschaftlicher Zusammenhalt. Frankfurt am Main, S. 41–53.

FAZ/Frankfurter Allgemeine Zeitung (2023): Frankreichs Schulexperiment. Nr. 280/2023. Frankfurt am Main, S. 3.

FAS/Frankfurter Allgemeine Sonntagszeitung (2024): Man merkt, ob jemand Kleingärtner ist". In FAS Nr. 16 vom 21.04.2024, Frankfurt am Main, S. 31.

Freie und Hansestadt Hamburg (2014): Wohnungsbau für die große Stadt. Hamburg. www.hamburg.de/instrumente-wohnungsbau (abger. 20.01.2020).

Fritsche, A. (2023): Willkommenskultur im Kleingarten. In: ND vom 20.03.2023 (https://www.nd-aktuell.de/artikel/1171855.migration-willkommenskultur-im-kleingarten.html) (abger. 22.04.2024).

Gaitanides, S. (1994): Interkulturelles Lernen in einer Multikulturellen Gesellschaft. In: sozialmagazin 2/1994. Weinheim.

Gans, H. (1974a): Die ausgewogene Gemeinde: Homogenität oder Heterogenität in Wohngebieten? In: Herlyn, Ulfert (Hrsg.): Stadt- und Sozialstruktur. Arbeiten zur sozialen Segregation, Ghettobildung und Stadtplanung, München (Nymphenburger), S. 187–208.

Gans, H. (1974b): Urbanität und Suburbanität als Lebensformen: Eine Neubewertung von Definitionen. In: Herlyn, Ulfert (Hrsg.): Stadt- und Sozialstruktur. Arbeiten zur sozialen Segregation, Ghettobildung und Stadtplanung, München (Nymphenburger), S. 67–90.

Gehl, J. (2018): Städte für Menschen. Berlin.

Gelernter, D. (2010): Die Zukunft des Internet. In: Frankfurter Allgemeine Sonntagszeitung Nr. 8; S. 23–25.

Gesemann, F., Roth, R. (2015): Engagement im Quartier; in: Aus Politik und Zeitgeschichte 14–15/2015. Bundeszentrale für Politische Bildung, Bonn.

Graham, G. J. (1984): Consensus. In Science Concepts – A Systematic Analysis, in: Giovanni Sartori, Beverly Hills, S. 89–124.

Grunow, D., Sachweh, P., Schimank, U., Traunmüller, R. (2022): Gesellschaftliche Sozialintegration. Frankfurt am Main.

Hamburger, F. (1991): Erziehung in der Multikulturellen Gesellschaft. In: IZA 4/1991. Frankfurt/M.

Haeckel, E. (1866): Generelle Morphologie der Tiere. Berlin.

Häußermann, H. (2000): Großstadt. Leverkusen-Opladen.

Häußermann, H./ Siebel, W. (2001): Soziale Integration und ethnische Schichtung. Zusammenhänge zwischen räumlicher und sozialer Integration. Berlin/Oldenburg.

Häußermann, H./ Siebel, W. (2004): Stadtsoziologie. Frankfurt/ New York.

Häußermann, H./ Siebel, W./ Frank, S. (2004): Stadtsoziologie. Eine Einführung, Frankfurt am Main.

Harlander, T/ Kuhn, G. (Hrsg. 2012): Soziale Mischung in der Stadt. Case Studies – Wohnungspolitik in Europa – Historische Analyse. Stuttgart.

Harlander, T. (2020): Soziale Mischung im Quartier – 12 Thesen. In: Berding/ Bukow: Die Zukunft gehört dem urbanen Quartier. Wiesbaden, S. 93–102.

Heidenreich, F. (2022): Demokratie als Zumutung. Für eine andere Bürgerlichkeit. Bonn.

Hein, D. (1990): Badisches Bürgertum. Soziale Struktur und kommunalpolitische Ziele im 19. Jahrhundert. In: Lothar Gall (Hrsg.): Stadt und Bürgertum im 19. Jahrhundert. Oldenbourg, München.

Helbig, M. (2023): Hinter den Fassaden. Zur Ungleichverteilung von Armut, Reichtum, Bildung und Ethnie in den deutschen Städten (WZB-Studie). Bamberg, Berlin.

Hink, M./ Schäfer, N./ Schelhorn, D./ Ukas, E./ Danner, F. (2018): Allez – Bewegung und Begegnung -Planen im öffentlichen Raum. Münster.

Hirdina, H. (1984): Versuch über das Neue Frankfurt. Dresden, S. 11–61.

Hiss, F.; Schneider, H.; Wegener, H. U. (1976): Soziologische Theorie und sozialräumliche Ungleichheit, in: Stadtbauwelt 49, 1976, 44ff.

Hochschule Mannheim (2024): Unveröffentlichter Forschungsbericht. Mannheim.

Holm, A. (2009): Soziale Mischung. Zur Entstehung eines Mythos. In: Forum Wissenschaft 1/09, S. 23–26, Marburg.

Holm, A. (2012): Gentrification. In: Eckhardt, Frank (Hrsg.): Handbuch Stadtsoziologie. Wiesbaden. S. 661–687.

Hurrelmann, K. (2002: Einführung in die Sozialisationstheorie. Weinheim, Basel (Aufl. 8).

Jessen, J. (2018): Leitbilder der Stadtentwicklung. In: ARL – Akademie für Raumforschung und Landesplanung (Hrsg.): Handwörterbuch der Stadt- und Raumentwicklung, Hannover. S. 1399–1410.

Kail, E. (2005): Gender Mainstreaming in der Stadt- und Verkehrsplanung: eine neue Strategie der Qualitätssicherung. Gastkommentar zum Thema Gender und Nachhaltigkeit auf www.nachhaltigkeit.at. 10/ 2005.

Kaltenbrunner, R. (2017): Wichtig ist auf'm Platz, in: DIE ZEIT No 1, 28. Dezember 2017.

Kaltenbrunner, R. (2020a): Wichtig ist auf'm Platz. Zur politischen Relevanz des öffentlichen Raumes im Netzzeitalter – und zur Frage seiner Gestaltbarkeit. In: Breckner, I., Göschel, A., Matthiesen, U. (Hrsg.): Stadtsoziologie und Stadtentwicklung. Handbuch für Wissenschaft und Praxis. Baden Baden. S. 129–140.

Kaltenbrunner, R. (2020b): Planen oder gärtnern? In: Wüstenrot Stiftung (Hrsg.): Bedingt planbar. Ludwigsburg. S. 112–125.

Karas, F./Hinte, W. (1978): Grundprogramm Gemeinwesenarbeit. Wuppertal.

Kern, L. (2022): Feministische Städte schaffen. Goethe-Institut USA. https://www.goethe. de/ins/us/de/kul/liv/22955268.html (abger. 30.11.2023).

Keupp, H. (2000): Eine Gesellschaft der Ichlinge? München.

Kilb, R. (1998): Arm dran in einer reichen Gesellschaft. In: Frankfurter Rundschau. Frankfurt am Main; Nr. 212/1998.

Kilb, R. (2004): Interessen von Jugendgruppen in Wiesbaden-Biebrich. Frankfurt am Main/ Wiesbaden.

Kilb, R. (2006a): Integrations- und Segregationsmaschine Großstadt. In: Sozialextra Heft 1/ 2006). Wiesbaden.

Kilb, R. (2006b): Integrationsmaschine Stadt – Analysen, Impulse und Strategien für soziale Brennpunkte. In: SPI/BMFSFJ: Dokumentation der Bilanzkonferenz „Die Soziale Stadt für Kinder und Jugendliche" der BMFSFJ-Programmplattform „Entwicklung und Chancen junger Menschen in Sozialen Brennpunkten". Berlin 2006 (www.eundc.de/dow nload/51000.pdf).

Kilb, R. (2007): Sozialräumliche Politikstrategien zur Verhinderung sozialer Exklusion von Kindern und Jugendlichen. In: Deutsches Jugendinstitut (DJI): Dokumentation des EU-Kongress „Kinder und Jugendliche in sozialen Brennpunkten – Neue Strategien der Kohäsion" des BMFSFJ und des DJI in Leipzig. München 2007.

Kilb, R. (2011): Jugendgewalt im städtischen Raum, Wiesbaden.

Kilb, R. (2012, 2024): Die Stadt als Sozialisationsraum Jugendlicher. In: Eckhardt, F. (Hrsg.), Wiesbaden.

Kilb, R. (2017): Zur Planbarkeit von Prozessen – kritische Anmerkungen zur Planung als Teil Sozialer Arbeit. In: neue praxis 4/2017. S. 340–353.

Kilb, R. (2018): Über die Entstehung von Gemeinschaft und sozialem Miteinander. In: Stadt Mannheim: Spinelli – Die Entwicklung eines Modellquartiers, S. 132.

Kilb, R. (2020): Konflikte, Radikalisierung, Gewalt. Weinheim/Basel.

Kilb, R. (2023a): Gemeinwesenarbeit und Quartiermanagement. In: Kilb/ Baldus (Hrsg.): Soziale Arbeit in Schulen. München, S. 346–355.

Kilb, R. (2023b): Von anderen Milieus abgekoppelt: Leben Grüne in einer Parallelgesellschaft? In: Der Tagesspiegel. 28.11.2023. Berlin.

Kilb, R. (2024): Wie lernen Kinder Demokratie? In: Frankfurter Allgemeine Zeitung Nr. 27, Frankfurt am Main, S. 7.

King, L. (1985): Ein Rückblick als Ausblick. Veränderungsprozesse und Stadtkonzepte. In: Kabisch, W. (Hrsg.): Und hinter der Fassade. Aspekte der Gestaltung unserer Umwelt durch Architektur und Stadtplanung. Köln. S. 314–328.

Kostof, S. (1993): Die Anatomie der Stadt, Ffm/New York.

Krajewski, C./Wiegandt, C. C. (Hrsg./2020): Land in Sicht – Ländliche Räume in Deutschland zwischen Prosperität und Peripherisierung. Bonn.

Krätschmer-Hahn, R. (2010): Verbindlichkeit. In: Becker, M./ Krätschmer-Hahn, R. (Hrsg.): Fundamente sozialen Zusammenhalts. Mechanismen und Strukturen gesellschaftlicher Prozesse, Frankfurt am Main: S. 58–70.

Krege, W. (1977): Begriffe der Gruppendynamik. Stuttgart.

Leipzig Charta zur nachhaltigen europäischen Stadt (2007). Leipzig.

Lepenies, P. (2022): Verbot und Verzicht. Berlin.

Lessenich, S. (2023): Nicht mehr normal – Gesellschaft am Rande des Nervenzusammenbruchs. Bonn.

Lindner, W./ Kilb, R. (2005): Jugendarbeit und Kommune. In: Kessl, F. u. a.: (Hrsg.): Handbuch Sozialraum. Wiesbaden.

Litges, G./ Lüttringhaus, M./ Stoik, C. (2005): Quartiermanagement. In: Kessl, F. et al.: Handbuch Sozialraum. Wiesbaden, S. 559–576.

Löw, M. (2001): Raumsoziologie. Berlin.

Löw, M. (2008): Soziologie der Städte. Frankfurt am Main.

Lossau, J. (2012): Spatial Turn. In: Eckhardt, F. (2012/Hrsg.): Handbuch Stadtsoziologie. Wiesbaden, S. 185–198.

Maak, N. (2024): Ist das Private überbewertet? In: FAZ Nr. 56 vom 06.03.2024. Frankfurt am Main: 11.

Mau, S./ Lux, T./Westheuser, L. (2023): Triggerpunkte – Konsens und Konflikt in der Gegenwartsgesellschaft. Berlin.

Menzl, M. (2020): Nachbarschaft und Quartier in der Stadtentwicklung. In: Breckner, I., Göschel, A., Matthiesen, U. (Hrsg.): Stadtsoziologie und Stadtentwicklung. Baden-Baden. S. 245–255.

Mitscherlich, A. (1965): Die Unwirtlichkeit unserer Städte. Anstiftung zum Unfrieden., Frankfurt am Main.

Mohrlok, M./Neubauer, M./Neubauer, R./Schönfelder, W. (1993): Let's organize – Gemeinwesenarbeit und Community Organization im Vergleich. München.

Müller, C. W. (1982): Wie Helfen zum Beruf wurde. Weinheim/Basel.

Münkler, H. (2011): Populismus, Eliten und Demokratie. Eine ideengeschichtlich-politiktheoretische Erkundigung; in: Totalitarismus und Demokratie, Heft 8, Göttingen.

Muchow, M. (1998): Der Lebensraum des Großstadtkindes. Beltz-Juventa. Weinheim, München.

Mumford, L. (1979): Die Stadt, Bde. 1 und 2. München.

Munzinger, T. (2020): Mischen! Aber was? In: Berding, N./ Bukow, W.-D. (Hrsg.): Die Zukunft gehört dem urbanen Quartier – Das Quartier als eine alles umfassende kleinste Einheit von Stadtgesellschaft. Wiesbaden: S. 83–92.

Nanz, P./Taylor, C./Taylor, M. B. (2023): Das wird unsere Stadt. Bonn.

Nassehi, A. (2023): Gesellschaftliche Grundbegriffe. München.

Neu, C. /Nikolic, L. (2020): Mythos Gemeinschaft? Vom sozialen Zusammenhalt in ländlichen Räumen. In: Krajewski/Wiegandt. Bonn: S. 170–183.

Neu, C., Nikolic, L. (o. J.): Mythos Gemeinschaft? Vom sozialen Zusammenhalt in ländlichen Räumen. Göttingen. https://www.uni-goettingen.de/de/document/download/b53 c0754af9fa0c991c68eca34b1c577.pdf/10362_Laendliche-Raeume-Seite170-183_web. pdf (abger. 23.4.2024).

Neue Leipzig-Charta 2020: Die transformative Kraft der Städte. Leipzig.

Oehlschlägel, D. (1981): Theorie, Methode, Strategie, GWA. Rundbrief 1, S. 198–199

Park, R. E./Burgess, E./McKenzie, R. (1925): The City. Chicago.

Pfeifer, W. (2018): Etymologisches Wörterbuch des Deutschen. Lahnstein.

PPU/Programms Projets Urbains (2011/Hrsg.): Soziale Mischung und Quartierentwicklung: Anspruch versus Machbarkeit, Bern.

Putnam, R. D. (2000): Bowling Alone. The Collapse and Revival of American Community. New York.

Pries, L. (2013): Zusammenhalt durch Vielfalt. Wiesbaden.

Reckwitz, A. (2017): Die Gesellschaft der Singularitäten. Berlin.

Risse, H. (1984): Frühe Moderne in Frankfurt am Main 1920–1933, Frankfurt am Main.

Rodenstein, M. (1994): Mehr als ein Dach über dem Kopf. In Brückner/ Mayer (Hrsg.): Die sichtbare Frau, Freiburg.

Röpke, A., Speit, A. (2019): Völkische Landnahme; in: ARCH+, Zeitschrift für Architektur und Urbanismus: Rechte Räume. Bericht einer Europareise, Heft Mai 2019, Berlin.

Roskamm, N. (2013): Das Leitbild von der „Urbanen Mischung". Geschichte, Stand der Forschung, Ein- und Ausblicke. Studie im Auftrag der Senatsverwaltung für Stadtentwicklung und Umwelt. Berlin.

Roth, B. (2020): Open City – Der öffentliche Raum in der Stadt der kurzen Wege. In: Berding/ Bukow: Die Zukunft gehört dem urbanen Quartier. Wiesbaden, S. 103–138.

Sackmann, R./ Mayer, I. (2024): Raummuster sozialen Zusammenhalts in Deutschland. In: Sackmann et al. (Hrsg.): Sozialer Zusammenhalt vor Ort. Frankfurt/ New York, S. 37–56.

Sackmann, R./Dirksmeier, P./Rees, J./Vogel, B. (Hrsg./2024): Sozialer Zusammenhalt vor Ort. Analysen regionaler Mechanismen. Frankfurt/ New York.

Sächsische Hans-Carl-von-Carlowitz-Gesellschaft e. V. (Hrsg./ 2013): Die Erfindung der Nachhaltigkeit. München.

Sanderson, D. (1942): Rural Social Organization. New York.

Sampson, R./Groves, B. (1989): Community Structure and Crime. In: American Journal of Sociology. 94. Jg.

Saunders, D. (2013): Die neue Völkerwanderung – Arrival City. München.

Saunders, P. (1987): Soziologie der Stadt. Frankfurt/ New York.

Schäfers, B. (2006): Stadtsoziologie. Wiesbaden.

Schmoller, G. (1983/ 1890): Ein Mahnruf in der Wohnungsfrage. In: Frank, H.; Schubert, D. (Hrsg.): Lesebuch zur Wohnungsfrage. Köln: S. 159–174.

Schnur, O. (2012): Nachbarschaft und Quartier. In: Eckhardt, F.: Handbuch Stadtsoziologie. Wiesbaden: S. 449–474.

Schubert, H. (2017): Entwicklung einer modernen Sozialplanung – Ansätze, Methoden und Instrumente. In: Archiv der Wissenschaft und Praxis Sozialer Arbeit, H. 1: S. 4–19.

Selk, V. (2023): Demokratiedämmerung. Eine Kritik der Demokratiedämmerung. Berlin.

Sen, A. (2017): Die Idee der Gerechtigkeit. München.

Shaw, C./McKay, H. (1931): Social Factors in Juvenile Delinquency. Washington.

Siebel, W. (2013): Was ist los mit unseren Nachbarschaften? In: vhw FWS 4/Juli – September 2013. S. 185–189.

Siebel, W. (2023): Auf gute Nachbarschaft. In: FAS Nr. 46. Frankfurt am Main: S. 55.

Simmel, G. (1983): Soziologie – Untersuchungen über die Formen der Vergesellschaftung. Berlin.

Simmel, G. (1992 [1908]): Der Streit.

Sonne, W. (2020): Stadtquartiere bauen – aus Erfahrungen lernen: 10 Prinzipien. In: Berding, N./ Bukow, W. D. (Hrsg.): S. 47–73.

Spiegel, E. (2001): Soziale Stabilisierung durch soziale Mischung. In: vhw Forum Wohnen und Stadtentwicklung 2/2001. Berlin.

Stadtentwicklung Wien, Magistratsabteilung 18 – Stadtentwicklung und Stadtplanung (2013/ Hrsg.): Handbuch Gendermainstreaming in der Stadtplanung und Stadtentwicklung der Stadt Wien, Werkstattbericht 130.

Stadt Mannheim (2017): Spinelli – Die Entwicklung eines Modellquartiers. Mannheim.

Stadt Mannheim. Kommunale Statistikstelle (2023): Wahlbeteiligung bei den Mannheimer OB-Wahlen. Statistischer Bericht Mannheim N°8/2023.

Stahl, E. (2002): Dynamik in Gruppen. Weinheim, Basel, Berlin.

Stiftung SPI (2006): Regiestelle E&C – Sechster Zwischenbericht, Berlin.

Straßburger, Gaby (2001): Stand der Integration von Zuwanderern in Frankfurter Stadtteilen, Frankfurt a. M.

290 Literatur

Straßburger, G./Rieger, J. (Hrsg./2014): Partizipation kompakt: für Studium, Lehre und Praxis sozialer Berufe. Weinheim, Basel.
Strohmeyer, Klaus (2000): James Hobrecht (1825–1902) und die Modernisierung der Stadt. Berlin.
Teichler, N., Gerlitz, J-Y., Cornesse, C., Dilger, C., Groh-Samberg, O., Lengfeld, H., Nissen, E., Reinecke, J., Skolarski; S., Traunmüller, R., Verneuer-Emre, L. (2023): Entkoppelte Lebenswelten? Soziale Beziehungen und gesellschaftlicher Zusammenhalt in Deutschland. Erster Zusammenhaltsbericht des FGZ. Bremen: SOCIUM, Forschungsinstitut Gesellschaftlicher Zusammenhalt. (Kurz- und Langfassung) https://doi.org/10.26092/elib/2517.
Tönnies, F. (1887): Gemeinschaft und Gesellschaft, Leipzig.
Tuckman, B.W. (1965): Developmental sequence in small groups. In: Psychological Bulletin. 63: 384–399.
Vereinigung für Stadt-, Regional- und Landesplanung (SRL) (2003): Die Neue Charta von Athen. Vision für die Städte des 21. Jahrhunderts. Berlin (https://www.srl.de/228-europa/dokumentation-ectp/4673-ende-2003-hat-der-ectp-die-neue-charta-von-athen) (abger. 12.09.2023).
Wacquant, L. (2023): Misère de l'ethnographie de la misère. Èdition Raisons d'agir, Paris.
Walther, U.-J. (Hrsg.) (2002): Soziale Stadt – Zwischenbilanzen: ein Programm auf dem Weg zur Sozialen Stadt? Leverkusen-Opladen.
Wichert, F. (1928/ 1984): Die neue Baukunst als Erzieher. In: Hirdina, H.: Neues Bauen – neues Gestalten: Das Neue Frankfurt, die neue Stadt. Dresden: S. 277–279.
Wüstenrot Stiftung (Hrsg./2018): Große Siedlungen in kleinen Städten. Ludwigsburg.
Wüstenrot Stiftung (Hrsg./2020): Bedingt planbar. Städtebau und Stadtentwicklung in Deutschland und Europa. Ludwigsburg.www.soziale-stadt-nrw.de/das-programm/programmphilosophie-und-zielsetzungen.
Zeiher, H. (1983): Die vielen Räume der Kinder. In: Preuß-Lausitz u. a.: S. 176–195; Beltz-Juventa, Weinheim/München.
Zeiher, H. (1994): Orte und Zeiten der Kinder. Soziales Leben im Alltag von Großstadtkindern. Beltz-Juventa, Weinheim/München.
Zick, A./Rees, J. (2020): Gesellschaftlicher Zusammenhalt – Eine sozialpsychologische Sicht auf das Konzept und aktuelle gesellschaftliche Herausforderungen an den Zusammenhalt. In: Deitelhoff, N./Groh-Samberg, O./Midell, M. (Hrsg.): Gesellschaftlicher Zusammenhalt. Zur Analyse eines sperrigen begriffs. Frankfurt a. M., S. 130–151.
Zychlinski, J., Frischknecht, S., Franklin-Habermalz, U., von Büren, C. (2015): Soziale Durchmischung – Mythos oder Realität. Bern.

SPRINGER NATURE

GPSR Compliance

The European Union's (EU) General Product Safety Regulation (GPSR) is a set of rules that requires consumer products to be safe and our obligations to ensure this.

If you have any concerns about our products, you can contact us on ProductSafety@springernature.com

In case Publisher is established outside the EU, the EU authorized representative is:

Springer Nature Customer Service Center GmbH
Europaplatz 3
69115 Heidelberg, Germany

The manufacturer's authorised representative in the EU is Springer
Nature Customer Service Centre GmbH, Europaplatz 3, 69115 Heidelberg,
Germany. If you have any concerns regarding our products, please
contact ProductSafety@springernature.com

Printed and bound by CPI Group (UK) Ltd, Croydon, CR0 4YY

28/04/2026

02098467-0004